本书受中国社会科学院—贵州省人民政府战略合作
专项经费资助出版

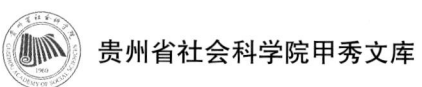
贵州省社会科学院甲秀文库

布依族古代社会制度文化研究

黄德林 著

中国社会科学出版社

图书在版编目（CIP）数据

布依族古代社会制度文化研究 / 黄德林著. —北京：中国社会科学出版社，2024.6
ISBN 978-7-5227-3442-2

Ⅰ.①布… Ⅱ.①黄… Ⅲ.①布依族—社会制度—文化研究—中国—古代 Ⅳ.①K286.8

中国国家版本馆 CIP 数据核字（2024）第 076033 号

出 版 人	赵剑英
责任编辑	许　琳　姜雅雯
责任校对	王佳玉
责任印制	郝美娜

出　　版	中国社会科学出版社
社　　址	北京鼓楼西大街甲 158 号
邮　　编	100720
网　　址	http://www.csspw.cn
发 行 部	010-84083685
门 市 部	010-84029450
经　　销	新华书店及其他书店

印刷装订	北京君升印刷有限公司
版　　次	2024 年 6 月第 1 版
印　　次	2024 年 6 月第 1 次印刷

开　　本	710×1000　1/16
印　　张	19.25
字　　数	304 千字
定　　价	108.00 元

凡购买中国社会科学出版社图书，如有质量问题请与本社营销中心联系调换
电话：010-84083683
版权所有　侵权必究

目　　录

绪　论 ·· (1)

第一章　政治制度文化 ·· (42)
第一节　羁縻制度 ··· (44)
第二节　土司制度 ··· (54)
第三节　保甲制度 ··· (62)
第四节　亭目制度 ··· (66)

第二章　经济制度文化 ·· (76)
第一节　石器时代经济 ·· (77)
第二节　牂牁时代经济 ·· (79)
第三节　大姓时代经济 ·· (83)
第四节　领主时代经济 ·· (86)

第三章　法律制度文化 ··· (112)
第一节　习惯法源流 ··· (112)
第二节　习惯法特点 ··· (119)
第三节　习惯法分类 ··· (139)

第四章　社会组织制度文化 ··· (156)
第一节　宗族制 ·· (156)
第二节　寨老制 ·· (166)
第三节　议榔制 ·· (171)

第五章　教育制度文化 (176)
第一节　教育机构的设置 (176)
第二节　教育内容和方式 (189)
第三节　教育类型和特点 (204)

第六章　婚姻家庭制度文化 (215)
第一节　婚姻形态 (216)
第二节　婚姻程序 (221)
第三节　婚姻习俗 (228)
第四节　家庭状况 (240)

第七章　宗教制度文化 (247)
第一节　宗教信仰 (247)
第二节　宗教活动 (267)
第三节　宗教职业 (271)

第八章　丧葬制度文化 (274)
第一节　丧葬习俗 (274)
第二节　丧葬礼仪 (278)
第三节　丧葬制度的文化意义 (288)

结　语 (298)

参考文献 (301)

绪　　论

全国第七次人口普查数据显示，布依族总人口357.6752万人[①]，排名56个民族人口第十一位。其中，贵州省布依族人口271.0606万人[②]，占全国布依族总人口的75.78%。主要分布在黔南布依族苗族自治州的惠水、长顺、平塘、罗甸、独山、荔波、龙里、贵定、福泉、瓮安、三都等县（市、自治县）；黔西南布依族苗族自治州的册亨、望谟、安龙、贞丰、普安、晴隆、兴仁、兴义等县（市）；安顺市的镇宁、关岭、紫云、普定、平坝、西秀等县（自治县、区）；六盘水市的六枝特区、盘州市、水城区；毕节市的威宁、黔西、金沙、织金、赫章等县（自治县）；贵阳市的花溪、白云、乌当、清镇、开阳、息烽等县（市、区）；黔东南苗族侗族自治州的黎平、麻江等县；遵义市的仁怀市；铜仁市的石阡县。此外，云南省的马关、河口、罗平、师宗、富源、东川、巧家等县（区），四川省的宁南、会理、会东等县（市）也有部分布依族居住。另外，越南、缅甸等国也有少量布依族分布。

布依族人民世代主要繁衍和生息于北盘江[③]流域、南盘江[④]北岸、蒙江流域、金城江上游、曹渡河流域，大多分布于云贵高原到广西盆地的

[①] 数据来源：2021年全国第七次人口普查。
[②] 数据来源：2021年贵州省第七次人口普查。
[③] 北盘江发源于云南省沾益县乌蒙山脉马雄山西北麓，自西北向东南流经云南省宣威市和贵州省盘州市、普安县、晴隆县、兴仁市、贞丰县，流入册亨县境后，与南盘江汇合形成红水河。主河道总流程为449千米，总流域面积27680平方千米。
[④] 南盘江发源于云南省沾益县乌蒙山脉马雄山南麓，自西北向东南方向流经云南省沾益县、宜良县和贵州省兴义市、安龙县，流入册亨县境后，与北盘江汇合形成红水河，是贵州省与广西壮族自治区的界河。主河道总流程为936千米，总流域面积56177平方千米。

过渡地带,也有部分居住在乌江上游的三岔河、六冲河、独木河等地。布依族大多依山而向,临水而居,与云贵高原山水相依相伴。布依族居住地大多山清水秀、风光旖旎,仅在贵州境内就有兴义马岭河峡谷、黄果树瀑布、荔波小七孔等著称于世的自然风光。特殊的地理环境及深厚的文化积淀孕育了布依族独特的生产方式、生活方式、民族性格、思维特征及审美情趣。在长期的历史发展过程中,布依族人民创造了本民族的物质文化、制度文化及精神文化,极大地丰富了中华民族文化的宝库,为中华民族的发展、繁荣作出了重要贡献。

自布依族被国家确认为单一民族共同体以来,布依族文化研究随之兴起,并于20世纪50年代末内部印发了《布依族简史简志合编》,80年代公开出版了《布依族简史》。90年代黄义仁公开出版的《布依族史》以及随后其他专家学者出版的系列布依族文化历史论著,从不同学术视角对布依族远古时代社会历史进行了研究探索。

笔者在研读前人关于布依族文化研究的基础之上,力图围绕布依族古代社会制度文化展开深入研究。为完成这项研究任务,需要对以下内容进行总体概述:一是布依族族源、族称及与其他民族融合发展情况;二是布依族古代社会制度文化相关概念;三是布依族古代社会制度文化研究背景。

一 布依族族源

关于布依族族源,理论学术界长期存在诸多观点,黄义仁在《布依族史》[①]一书中,概括为四个观点:第一,源于古濮人;第二,源于古越人的一支——骆越人;第三,源于"调北征南"[②];第四,源于八番[③]。

---

① 黄义仁:《布依族史》,贵州人民出版社1999年版。

② 调北征南:大明洪武十四年(1381年),明太祖朱元璋调派其正在北方与北元作战的傅友德、沐英等将领挥军南下,与蓝玉率领的三十万大军征战云贵西南地区,意图消灭元朝梁王把匝剌瓦尔密的势力,夺取对西南的统治权。第二年,亦即洪武十五年(1382年)闰二月,占领了云贵。洪武十七年(1384年)三月,傅友德、蓝玉奉诏班师回朝,沐英及数十万明朝官兵留下驻守西南。之后的岁月里,由于战乱频繁,明廷又陆续调派了大批明军进入云贵作战。为了维持明朝对云贵高原的统治,这些明朝不同时期调往云贵作战的汉族军人大多便以军屯的形式驻扎下来,留在了当地。这便是"调北征南"。

③ 八番:历史上有马殷派遣马平、龙得寿等率领邕管柳州八姓兵讨伐两江溪洞而留在贵州据守的记载,八姓为龙、方、石、程、韦、洪、卢、张姓,后来演变成为宋元时代的"七番""八番"。

黄义仁认为："布依族是南北盘江红水河一带的原住民族。"① 周国茂教授在《山水布依·布依族》中认为："近几十年来，我国民族学界对布依族族源进行了孜孜不倦的深入研究，取得了诸多成果。目前大家公认，布依族是古百越后裔，是从古百越中的一支骆越发展而来，同时与古濮人有渊源关系。"② 周国茂教授及民族学界大多数人的观点，更倾向其"源于百越一支，与古濮人有渊源关系"。这充分说明，布依族先民源于骆越一支，与古濮人有渊源关系，是南盘江北岸、北盘江与红水河流域的原住民族。多年以来，笔者感到凡是布依学相关的论著、文章，往往会在著作序言或者文章开头，直接表明布依族源于何处。但是，对于布依族族源深层次原因探寻、全面系统化分析，仍然存在研究空间。为此笔者经过长期反复思考，认为要从理论上回应布依族族源问题，首先应当构建一个系统分析框架，从系统论视角进行综合分析研判，唯有如此，分析结果才能更加接近客观和使读者更加信服。

笔者在研读相关研究成果，查阅大量文献资料并深入田野调查之后，慢慢厘清了一条分析思路：从布依族聚居区域水文化环境、出土文物显示、民间文学反映、原始习俗遗存、区划地名命名五个方面加以综合分析，最后得出布依族是"南盘江北岸、北盘江及红水河流域的土著居民"的基本结论。

从布依族水文化环境看。布依族主要聚居区地处南盘江、北盘江、红水河流域，这里有奔流不息的盘江河、飞流直泻的黄果树瀑布、雄伟幽深的兴义马岭河峡谷、磅礴深邃的安顺龙宫暗湖溶洞群、层层叠叠水瀑蜿蜒的罗平九龙瀑布、山清水碧风光迷人的高原明珠贵阳花溪等。布依族儿女世代临水而居，与云贵高原山水相依相伴，盘江河水环境成为布依族先民最重要和最富民族特色的生存环境，盘江水资源成为布依族先民的生命资源，盘江水孕育滋养着盘江两岸的布依族儿女。水是一切生命的源泉，更是人类文明的源头。希腊神话中"让我们帮助多头水蛇

---

① 黄义仁：《布依族史》，贵州人民出版社1999年版，第10页。
② 周国茂：《山水布依·布依族》，贵州民族出版社2014年版，第14页。

排尽它的雾气吧"①成为西方文化关于水的较早记录。1993年秋天，湖北发掘出土的竹简楚国文献《太一生水》曰："太一生水，水反辅太一，是以成天。……神明者，天地之所生也。天地者，太一之所生也。"凸显水是万物之源。《诗经》中的《关雎》曰："关关雎鸠，在河之洲。窈窕淑女，君子好逑。"②以水鸟、河水、沙洲勾勒出一幅美丽动人的水乡情境，描绘人的心灵被河水幻影迷惑，温柔的幽影沐浴着阳光的水景象，生机盎然。《山海经》里的《南海经》记载："……有兽焉，其状如禺③而白耳，伏行人走，其名曰狌狌④，食之善走。丽麂之水⑤出焉，而西流注于海。"⑥在连江之畔，有一种叫狌狌的野兽，形如猕猴，耳为白色，跑起来像人一样健步如飞。狌狌是一种灵长类动物，在这里水文化成为人类源初文化。老子《道德经》："水善利万物而不争，处众人之所恶，故几于道……"老子认为水之德是近于道的，川流不息的自然之水已经人格化，并上升为"道"的哲学高度等，道出水与人类生命的内在关联性，水环境为人类生命起源提供生存基础。布依族傍水而居，择渔而业，稻作农耕，服饰水纹等彰显"水边族"特质和水文化环境。布依族先民在生产劳动中，总结出用卵石垒坝蓄水灌田，或用竹木制成筒车、龙骨车等担水灌溉，以人力戽水到田中滋润干旱的禾苗。布依族先民在长期治水、用水、护水等方面，以约定俗成的乡规民约规范和调整着人们的行为。布依族先民认为水是潜龙之地，把出水的地方看成造水神灵，称水井为"龙井""龙泉"，称水潭为"龙""龙溪""龙宫"等，体现出布依族先民的自然崇拜心理和对"种族繁衍""万物生灵""生态平衡"的强烈意识。千百年来，布依族聚居地区水文化环境的形成，正是得益于布依族水神话原始水文化观、水崇拜心理和生产生活中的生态实践。尼罗河、幼发拉底河、底格里斯河、恒河、黄河等河流孕育出古埃及、

---

① 杜小真主编：《巴什拉文集》第4卷《水与梦——论物质的想象》，顾嘉琛译，商务印书馆2019年版，第3页。
② 沐言非主编：《诗经》，团结出版社2017年版，第4页。
③ 读yù：古书中记载的一种猴，形如猕猴，白耳、红眼、长尾。
④ 同"猩猩"。
⑤ 河名，或即连江，是珠江水系北江的最大支流，又被称为"小北江"。
⑥ 陈民镇译注、贺红梅绘：《山海经》，岳麓出版社2020年版，第2—3页。

古巴比伦①、古印度②、中国等光辉灿烂的人类文明古国。布依族把盘江视为"母亲河",南盘江、北盘江系珠江流域上游,这些地区虽然并不是人类文明的发源地,但早在原始社会时期,盘江流域已有人类活动。

从布依族聚居区出土文物看。北盘江上游一带旧石器时代有人类活动。1944年4月22日,我国考古学家许德佑、陈康、马以思三人在贵州省普安县兴中乡③乡府所在地罐子窑小学附近发现了一块化石,这块石头内有一个螺丝④。中华人民共和国成立后,国家高度重视考古工作,并进行大规模的考古发掘工作。1972年1月,在贵州省遵义市桐梓县九坝乡,发掘出土两枚人类牙齿化石,1984年又发现四枚人类牙齿化石。经分析和科学测定,人类牙齿化石为旧石器中期直立人,俗称猿人化石,距今约二十万年,学术界将其命名为"桐梓人"。1973年冬天,在北盘江上游左岸水城⑤三岔河右岸硝灰洞内,出土一枚老年男性的左上犬齿,距今约十万年,学术界将其命名为"水城人"。水城人左上犬齿的发现,填补了我国早期智人犬齿的空白。1973年,在贵州省长顺县青龙洞,发现一具完整的头骨化石,其形态特征与晚期智人相似,属晚期智人,学术界将其命名为"青龙洞人"。1975年,在贵州省兴义市顶效镇附近猫猫洞岩层内,发现人类化石有下颌骨和股骨,距今约一万二千年,系旧石器时代晚期人类化石,学术界将其命名为"兴义人"。1975年,在贵州省安龙县观音洞文化遗址发掘,获得石器、骨器、陶片以及古人类和各种动物遗骸四万多件,初步确定该文化遗址属于旧石器时代晚期,距今约一万多年至五六千年,是新旧石器的交替时代。1981年,发现贵州省平坝区飞虎山遗址,出土大熊猫、剑齿象等化石,石制品均为打制,文化时代为旧石器时代晚期。1983年,在贵州省普定县城郊穿洞发现完好的头骨(修复)、下颌骨、上颌骨、桡骨、胫骨、单个牙齿,是贵州在同一个洞里发现人类化石最多的遗址,距今约一万六千年,系旧石器时代晚期遗址,学术界将其命名为"穿洞人"。

---

① 今伊拉克。
② 今印度和巴基斯坦。
③ 今贵州省普安县罐子窑镇。
④ 当地方言,指田螺。
⑤ 今贵州省六盘水市水城区。

关于北盘江上游一带新石器时代的人类活动，飞虎山文化是目前布依族聚居区发现唯一完整的新石器时代文化遗址，位于贵州省中部平坝区的白云镇，周围是河流坝区。出土的新石器石质坚硬，磨制精良，有锛、斧、纺轮、箭头、石球、磨石等工具，其中一件石锛上还遗留岩浆胶结。石锛有斜刃或直刃，无肩无段，很具区域文化代表性。箭磨制锋利，呈锐角等腰三角形。骨器又发现骨铲，都是由小动物肢骨制成。飞虎山文化遗址还出土了大量陶器碎片以及圆饼状和两端截尖的饼式陶纺轮。陶器以夹灰沙陶为主，较坚硬，火候高；刻有细绳纹及波纹、方格、菱形、圆圈、绳纹、云雷纹等纹饰。特别是在一片乳黄色陶片上，发现一段带状红彩，是贵州高原石器文化中出土的第一片彩陶，其颜料的红色矿石，也出土于相应的地层中。从纹饰看，制陶技术比赫章可乐出土的陶器还要进步。赫章可乐新石器时代距今约四五千年，已进入母系氏族社会，那么飞虎山文化估计距今四千年，也已进入母系氏族社会。从征集到的石器遗物看，多年来在布依族地区征集的新石器时代遗物，如水城区有段石锛11件，有肩石锛2件[1]。通过考古发掘的普安县罐子窑田螺化石、黔西市沙井观音洞遗址、安龙县观音洞文化遗址、平坝区飞虎山遗址，以及"桐梓人""水城人""青龙洞人""兴义人""穿洞人"相关文物、化石的出土，大多分布于布依族聚居地区的南盘江和北盘江流域，这表明，距今一万年以前，这些地区就有原始人居住。除采集外，绝大部分原始人是靠渔猎生活。他们的生产工具有砍砸器、刮削器、尖状器等不同用途的骨器和角器。而且，他们还知道用火，如用火烧熟兽肉、祛寒、驱逐野兽。当然，根据这些地区出土的人骨化石、动物化石、植物化石、石制工具，通过科学分析判断，可以测定出大致年代，但是至今没有直接证据来证明这些原始人具体是哪一个民族的祖先，还不能证明这些原始人群与某一个具体民族存在血缘遗传关系，这些都有待于科学技术的不断进步而得出明确的答案。本书之所以要选择"文物显示"这一说，旨在试图从南盘江北岸、北盘江流域及其以北地区零星的人类化石分布图，与布依族先民聚居区的分布图两张图的"交叉、重合"部分，为布依族是"南盘江北岸、北盘江及红水河流域的土著居民"结论

---

[1] 李衍垣：《贵州清镇、平壩发现的石器》，《考古》1965年第4期。

的得出，努力构建一个新的分析框架和拓宽研究的想象空间。

从布依族民间文学反映看。首先，布依族"摩经"记述的史实表明，南盘江北岸、北盘江及红水河流域，早在原始社会时期就有人类活动。布依族"摩经"是布依族先民在漫长的社会发展中，逐渐形成有布依族特色的自然宗教观念的体现。布依族"摩经"文化反映了布依族先民对宇宙万物起源的朴素认识、布依族社会各个历史时期的关系和布依族悠久的农耕、稻作文化，是布依族民间信仰文化的一种表现，有布依族"百科全书"之称。布依族所信仰的"摩教"经典，布依语称"selmol"，是集体创作、改编和传承并配合宗教仪式进行吟诵的一种原始宗教典籍。例如，明末清初顾炎武所撰写的《天下郡国利病书》一书中对布依族"摩经"有比较早的记录："自有番书，卜日不同于中国。"[1] 这里提到的"番书"指的是布依族"摩经"。布依族"摩经"很古老，历代只凭口传，后来汉字传入，乃以汉字记录而用布依语诵读，也有用本民族文字符号记录的"摩经"。至今，在布依族的一些古老村寨，布摩或摩公家里仍然有许多"摩经"手抄本。布依族"摩经"手抄本的出现，最早可以追溯到汉代。因为那时布依族地区已出现一批文人学士，他们学会汉文字并能用汉字记录口传的"摩经"，这是布依族"摩经"成书的先决条件。布依族"摩经"主要叙述布依族先民的生活情景，经历代补充，故而也包括伦理道德故事等。例如，在布依族宗教经典"摩经"[2] 中提到"独颖"（duez vingX）和"独又"（duez eeul）两种人，前一种"穴居野处"，不用火；后一种住岩洞，知用火。在原始社会早期，布依族先民们过着"同与禽兽居，族与万物并"的原始生活。另外，布依族"摩经"《咒牛经》，主要流传于贵州省镇宁县一带，记录了祭祖砍牛习俗的由来。相传在远古洪荒时代，布依族的祖先与猿类[3]生活在一起，猿类的父母死了，会将其肉拿来吃，同时约人去分食。当人的父母死后，人不忍心吃自己父母的肉，就想办法将父母的尸体埋掉，猿类得知后，向人索要其已故

---

[1] 明末清初顾炎武撰写的《天下郡国利病书》卷六九。该书是记载中国明代各地区社会政治经济状况的历史地理著作，共120卷。

[2] 这里的"摩经"，布依族称"诗借"（seilies）或"诗摩"（sel moi），是超亡人所念的经书，有的地方译为"牛经书"。

[3] 指野人。

父母的肉来充饥。布依族先民为了避免与猿类发生直接冲突，同时又能保住父母尸体不被猿类吃掉，就想了一个办法即"砍牛"，用牛肉来替代自己父母的尸体，把牛肉分给猿类吃，猿类同意了这一做法，这样才化解了人与猿类的纠纷，使人与猿类和平共处，相安无事。从此，布依族老人去世后就有砍牛分而食之的习俗。正如恩格斯所说："由于食物来源经常没有保证，在这个阶段上大概发生了食人之风，这种风气，后来保持颇久。"①《咒牛经》记录了布依族丧葬习俗中祭祖砍牛的由来，是贵州省镇宁县扁担山一带布依族先民们，历经野蛮的原始社会阶段丧葬文化的生动写照。同时，说明在这一区域内原始社会时期已经有早期的人类活动。与《咒牛经》吟诵内容相似的布依族"摩经"《解"稳"》，流传于贵州省兴仁市屯脚镇长清一带布依族聚居区，这首"摩经"又叫作"解高位"，汉语的意思是破坏灵柩的怪物，解"稳"指善食人肉的精灵。《解"稳"》里的"怪物""精灵"其实就是指野人，这首"摩经"同样吟诵了人用牛肉替代父母尸体给野人吃，人与野人和解的情节。这说明在原始社会时期，今天贵州省兴仁市布依族聚居地屯脚镇长清一带，已经有了早期的人类活动。

其次，布依族古歌、神话、传说记述的史实也表明，南盘江北岸、北盘江及红水河流域，早在原始社会时期就有人类活动。布依族民间文学包括古歌、神话、传说等，这些通过口耳相传的民间文学形式，蕴含着诸多民族学、民俗学、人类学和社会学的历史信息和记录，是研究布依族文化不可或缺的材料，是书面文献记载的补充与佐证。

布依族古歌，布依语"温肖贯（wenlxEu^{6}Kon^5）"，是指"老辈人的歌或者古时候的歌"，一般在民俗仪式过程中用布依语吟唱，且歌词和曲调相对固定。布依族古歌有广义和狭义之分："广义的布依族古歌就是指距今一百年以上的布依族韵文体歌谣；狭义的布依族古歌是指原始社会时期布依族韵文体歌谣。布依族古歌历千年、越百世在布依族人民中广为传诵，经久不衰。这充分显示出布依族古歌旺盛的生命力和重要的生存价值。"② 古歌反映布依族原始社会时期人类生活图景，从古歌传唱内

---

① 恩格斯：《家庭、私有制和国家的起源》，人民出版社1972年版，第20页。
② 黄德林：《文化生态视野下布依族古歌生存价值研究》，中国社会科学出版社2014年版，第21页。

容体现出布依族先民在盘江河畔的生产、生存状况。例如，流传于贵州省安龙县、册亨县一带的布依族古歌《造万物》[①]里的"造太阳和月亮"唱段把太阳、月亮说成是人们用石头打制、磨制而成，从一个侧面说明在布依族原始社会中，原始人群使用打制石器和磨制石器这一历史特点。直到如今，布依族社会中仍然保留这样一种自然崇拜的原始观念，认为石头是伟大、坚固、永久的，石能取火取金属，巨石有威力，屹立而不可动摇，大小山峦皆有神灵不得触犯，所以巨大的山岩山石也是值得敬奉的神，奇石巨石也被视作保护村寨的神灵等。1963年8月，贵州省黔南文学艺术研究室组织民间文学爱好者到贵州省望谟县收集布依族古歌，其中收集到的古歌《创火》生动形象地描绘出布依族先民创造火的历史画卷，凸显布依族先民的勤劳与智慧。

布依族神话是布依族最古老的口头散文作品，主要包括布依族先民解释自然的神话和描述征服自然的神话。正如高尔基所说："神话乃是自然现象，对自然的斗争，以及社会生活在广大的艺术概括中的反映。"[②]可以说神话是社会历史发展到一定阶段的产物，布依族神话故事折射出先民们所历经的社会现实，并以浪漫主义色彩彰显布依族先民对社会生活的体验和对未来美好生活的向往。例如，神话《洪水潮天》表明，远古洪荒时代布依族聚居区曾经遭受过史无前例的洪水洗劫的灭顶之灾，反映出布依族先民临水而居的生存环境。布依族聚居区大部分属温带，年降雨量大，夏季多雨。如遇山洪暴发，河水必然猛涨，给生活在河畔、江边坝子里的布依族先民带来极大的灾难。因此，神话《洪水潮天》正是滔滔洪水之后，鸟兽绝迹、人类濒于灭绝境地这种现实的客观写照。布依族神话《勒戛射日和葫芦救人》反映，原始社会时期布依族先民认为自然和人一样都是有生命的，而且大自然的一切都是由人的器官演变而来，这是早期人类对自然界一种朴素的认识和理解。神话反映和突出人的力量，表现出布依族先民们坚韧不拔的探索精神和难能可贵的民族自信心。

布依族人民在古代社会历史长河中，以广阔的社会生活为背景，创

[①] 中国民间文艺研究会贵州分会编印：《民间文学资料》（第六十四集，布依族古歌、丧葬歌），1984年。

[②] ［苏］高尔基：《苏联的文学》，曹葆华译，上海文艺出版社1959年版，第2页。

作出了瑰丽多彩的民间传说。鲁迅说："迨神话演进，则为中枢者渐近于人性，凡所叙述，今谓之传说。传说之所说：或为神性之人，或为古英雄。"① 这说明传说中的神是人格化了的神，传说比起古歌、神话更加接近现实。布依族传说主要包括人物传说、农民起义传说、民俗传说、风物传说等。例如，关于"雅王"的传说。原始社会氏族公社阶段，以采集为主的经济生活，决定了妇女在家庭中的地位。在布依族的传说中，有一位名叫"雅王"②的女始祖，她承担着为氏族成员分配食物的神圣职责。雅王也参加劳动，所得食物与其他氏族成员均分。雅王虽无特权，但她在全体氏族成员面前却很有威信，雅王实际上是母权制的化身，是母系氏族公社时期整个历史阶段的妇女形象。

从布依族原始习俗遗存看。（1）原始农耕生产遗存。在南盘江北岸、北盘江及红水河流域布依族聚居区，村寨中过去长期保存着"公林""公山""公河""公墓"及"上山打猎，见者有份"等原始公有制习俗。布依族古代社会有"火不烧，山地不肥"的耕作习俗。这一习俗观念，产生于布依族先民当时过着"刀耕火种，赶山吃饭"的生活。布依族古代社会农耕生产除"火耕"外，还有"水耨"。水耨是当秧苗长到七八寸高，用水将田里的杂草淹死，将其变为稻田肥料的一种原始的水稻种植方式。另外，1980 年，在贵州省普安县青山镇铜鼓山遗址出土了 14 件战国时期的石刀，穿孔的有 12 件，另两件没有实施钻孔。石刀作为古人收割禾穗的农具，反映这一带原始时代的农耕生产，印证这一地区出现的人类生产活动。（2）原始文身习俗遗存。上古称南方的越人为"雕题"③，《礼记·王制》称为"南方雕题"，雕题本意是指越人的文身习俗。直到中华人民共和国成立前，贵州省册亨县册阳、坡坪、冗渡等地布依族聚居区的男女青年一直保留有古越人"断发文身的习俗"。（3）原始社会母系氏族舅权遗存。例如，母舅家娶外侄女当儿媳妇具有优先权；布依族在建新房过程中一个重要的环节称为"立房子"，在"立房子"活动中，最重要的是"上梁"，而这根"梁"是由建房主人的舅家送来；布依族如

---

① 《鲁迅全集》第八卷，人民出版社 1957 年版，第 12 页。
② 雅王（zava：y），布依族崇拜母神的称谓，因地域不同，各地读音略有差异。
③ 雕题：指古代南方雕额文身之部族，在额上刺花纹。

遇家庭纠纷，由舅到场调解；家中母亲去世，也要由舅到场亲视入殓。这些传统习俗礼仪文化制度，均突出说明母权、舅权的重要地位。"兄妹结婚"的传说，主要反映两个方面的内容，一方面反映人类婚姻经历了由血缘群婚到对偶婚制这样一个社会发展阶段；另一方面反映出近亲结婚对于子女的危害，人们逐步从血缘婚制解脱出来，后来布依族有同姓不婚的习俗，这是一大进步。当然，兄妹结婚反映了原始社会血缘群婚的遗存，是对当时母系氏族社会制度的一种反映，也是"母权"制的遗存。（4）原始社会婚俗遗存。"假壳"一词源于贵州省镇宁县扁担山一带的妇女头饰，是指布依族第三土语区妇女的一种服饰。过去在扁担山一带，有戴"假壳"的婚俗，即男方需要新媳妇来家常住时，女方还得经过一次戴"假壳"手续①。新娘一旦戴上"假壳"就标志着她即将开始到夫家常住。当地布依族女青年有一种传统观念："坐家"的时间越长，越觉得荣耀，结婚不久就与丈夫同居的女子，会被鄙视。因此戴"假壳"给新婚妇女带来了恐惧、忧虑和羞耻，最初她们往往会不顾一切地抗拒逃跑。甚至由于不满意自己的丈夫，在被捉住戴"假壳"时而投河自杀。戴"假壳"婚俗，是布依族社会由母系氏族社会向父系氏族社会转变的反映，也是原始社会"母权"制的遗存。（5）原始氏族抢婚习俗遗存。布依族古代社会男女结婚年龄较小，最小的只有八九岁。古代北盘江流域布依族在结亲过程有"打包包""打粑粑""打岩石""打柴块"等传统习俗。这就是所谓的"不打不亲"，是原始社会时期氏族间抢婚习俗遗存。（6）原始图腾遗存。从布依族原始图腾遗存看，布依族原始习俗长期保存着图腾崇拜的痕迹，例如"鱼崇拜"是指传说中鱼与布依族先民有血缘关系②。普列汉诺夫指出："图腾崇拜的特点就是相信人们的某一种血缘联合体和动物的某一种之间存在血缘关系。"③ 笔者2009年夏天到贵州省册亨县秧坝、弼佑一带调研时，发现在一些布依族民居椽皮上绘有鱼的图案，经过与当地村民交流而得知，布依族先民过去禁食鱼，认为鱼是他们的祖先，后来随着生活习俗的变迁才有了渔业活动，同时也改变了人们

---

① 根据习俗，妇女未戴"假壳"就生孩子是不允许的。
② 蒙富成：《布依族传统葬俗——砍牛桩仪式研究》，硕士学位论文，中南大学，2014年。
③ 《普列汉诺夫哲学著作选集》第3卷，王荫庭译，商务印书馆2021年版，第383页。

不食鱼的习惯。但是，在这些边远的布依山寨人们内心仍然非常崇敬鱼，认为鱼是吉祥象征，在自家房屋的椽皮上绘一幅鱼图像以示吉利，这是布依族原始社会鱼图腾遗传微粒在当今社会的存留，也是布依族先民鱼图腾崇拜的历史印迹。(7) 古越"巢居干栏"习俗遗存。在南盘江、北盘江流域直到 20 世纪 90 年代末，仍然保留有古越人"巢居干栏"原始习俗，干栏就是楼房，现代人把它叫作"吊脚楼"或"半边楼"。(8) 古夜郎文化遗存。1975 年，笔者当时正在上小学，家乡兴仁县城"大操场"① 有一次展览活动，主要展示在兴仁交乐一带发掘出的国家一级珍贵文物，印象中大致有铜鼓、铜车马、水稻田模型、水车模型、"巴郡守丞"大印等。这些古文物后来经专家考证，一致认为是古夜郎的文化遗迹。"交乐"是布依语译音，"交"是汉语的山头、头部之意。"交乐"在《兴义府志》中叫"交那"，"那"与"纳"音相近，或可译为"田坝下面的寨子"。兴仁市王开级老师说："'交乐'是布依语称的地址。交乐附近屯脚镇的白丰村，有个最古老的布依语称'Luangzhao1（白铜厂）'的地名，紧靠交乐，和万屯连成一片，面积宽广。夜郎：'夜'，布依；'郎'，地域宽，即布依的地方广阔。这和兴仁县布依人有较多的铜鼓相印证，说明了兴仁县布依族铜鼓就是古'夜郎国'在黔西南州的历史文化遗迹。"② 布依族民俗祭祀等活动离不开铜鼓，铜鼓文化积淀为布依族文化的标志性文化，成为民族文化象征，它展示了布依族悠久古老的文化历史，成为布依族"南盘江北岸、北盘江及其以北区域土著居民"的历史文化印迹。

从布依族聚居区区划地名命名看。区划地名是在人类社会发展的历史长河中产生和形成的，是人类社会发展到一定阶段的文化产物。区划地名具有三大特征：一是语言性，地名是语言的符号；二是民族性，地名是用当地民族语言命名的；三是历史性，地名是历史变迁的印迹。布依族聚居区地名，是布依族社会历史文化发展的产物，同时也是布依族族源的历史见证。(1) 村寨名称的布依语译音。布依族聚居区村寨名称富有民族特色，在贵州省黔西南布依族苗族自治州，有些地名中带有

---

① 地名，贵州省兴仁市老城区东门，原兴仁一中门口。
② 王开级：《兴仁县布依铜鼓文化浅析》，载周国茂、范国美主编《2011 年中国布依文化望谟论坛论文汇编》，第 294 页。

"纳""绒""岜"等字音，均为布依语的音译。例如，今天的贵州省兴义市顶效街道办事处，当年有一个布依族聚居的村寨，寨子旁边有一口常年不会枯绝的水塘。按照布依族语言，水塘、水凼、水洼等称为"丁"；青、绿、蓝等颜色称为"夭"。"丁夭"一词，汉语比较拗口，于是按照汉族习惯读成"丁肖""顶效"。绿荫塘畔的寨子，则称为"顶效大寨"。布依语同骆越语相近，例如：骆越人称母亲为"米囊"（mǐ náng），布依语称母亲为"乜"（niè）。据《册亨地名普查资料》（1982年）记述，在布依族语言中，用古越语"委、平、洛、坝、纳、浪、弄、板、巧、岜、冗、城、者、秧、达、八、内、岩、打、马"等语音为词头命名的村寨就有390余个，山、田等地名，更是不胜枚举。(2) 乡镇名称的布依语译音。直到今天，贵州省册亨县14个乡镇名称，绝大部分是源于古越语的布依语译音。例如，按照布依语译音，者楼镇（现为者楼街道）汉语意为"高山地带的一块平地上建有许多高楼的地方"；冗渡镇汉语意为"盛产黄豆的山谷"；丫他镇汉语意为"女人河"；秧坝镇汉语意为"男人多的山凹里的村寨"；八渡镇汉语意为"南盘江边的一个渡口"；岩架镇汉语意为"经常被河水冲刷的丫口"；达央乡（现为双江镇）汉语意为"住在半山腰上的布依族村寨"；百口乡汉语意为"数条河流汇集和多条道路交叉的地方"。另外，贵州省安龙县龙广镇汉语意为"寨子周围田地宽广"；德卧镇汉语意为"骡马交易地"；木咱镇汉语意为"盼望年年庄稼丰收"。(3) 县名蕴含着浓郁的布依族文化。地名是人类社会交往的一种不可或缺的工具，也是历史变迁的痕迹。册亨县位于贵州省西南部，地处珠江上游两大支流南盘江、北盘江交汇的夹角地带。县境殷商时期为西南夷地。民国三年（1914年），废府、厅、州制，设置册亨县。册亨县是全国布依族人口占总人口比例最高的县，也是布依族语言的第一土语区，先后被文化部、贵州省文化厅命名为"中国民间艺术之乡"和"中国民族文化之乡"。"册亨"一词，布依语叫"郎卧"，汉语意思是"山坡的斜处"，指今天册亨县的册阳一带。后来根据该斜坡对面的高山"卜四"（又名西帽良[①]）和下汾河的最大绿阳塘"泓堰"[②]，用两地的

[①] 汉语意思为南屏山，俗称帽壳山。
[②] 蓄水洼地，修建册亨县巧马公路时已经填平。

最后字音合称为"西堰",汉语意思为"册亨"。望谟县位于贵州省南部,地处贵州高原向广西丘陵过渡的斜坡地带。旧石器时代晚期,距今一万年前后,县境已有人类繁衍生息。1940年3月设立县治,治所前称王母镇,取"王母"谐音定县名为望谟县,是全国布依族人口最多的县。罗甸县,位于贵州省南部边陲,战国时期属夜郎国。民国三年(1914年)改置罗斛县。罗甸县属第一土语区,其语言和周边省县的布依语基本相同。贞丰县,地处珠江水系西江上源北盘江畔。清嘉庆年间,因嘉庆皇帝赐"忠贞丰茂"匾额,于是取中间两字,把"永丰"州改为"贞丰"州。民国二年(1913年)改为贞丰县至今。贞丰县古城原称"珉谷",是传统布依语的译音,原为布依族先民的古集镇。荔波县,根据1992年贵州省民政厅编印的《贵州省政区地名手册》记载,"荔波"为布依语译音,意为"美丽的山坡"。区划地名是历史符号,从某种程度反映当地的历史。而且绝大部分乡镇位于南盘江北岸,部分乡镇位于北盘江西岸。这样,从一定程度上印证"布依族是南盘江、北盘江及红水河流域的土著居民"这一结论。(4)古老地名与古籍经典对民耕的记录。据《山海经·海内经》①记载:"西南黑水之间,有都广②之野,后稷③葬焉。爰有膏④菽⑤、膏稻、膏黍、膏稷,百谷自生,冬夏播琴⑥。鸾鸟⑦自歌,凤鸟⑧自儛⑨,灵寿⑩实华,草木所聚。爰有百兽,相群爰处。此草也,冬夏不死。"这段话的大意是在西南方黑水流经的地方,有一个叫都广的野外,周族的始祖死后就埋葬在此地。这里出产味美如膏的豆类、稻、黍和稷,各种谷物在这里自然生长,无论冬夏都能播种。"膏"即古"越

---

① 册亨县地方志编纂委员会编:《册亨县志(1999—2015)》,方志出版社2018年版,第109页。
② 都广:地名。
③ 后稷:周族的始祖,名弃。虞舜命为农官,教民耕稼。
④ 膏:形容味美如油脂的粮食。
⑤ 菽:豆类的总称。
⑥ 播琴:播种。
⑦ 鸾鸟:传说中凤凰一类的鸟。
⑧ 凤鸟:雄凤凰。
⑨ 儛:跳舞。
⑩ 灵寿:木名。

人"对粮食作物的通称，也是粮食作物的词根。古时"膏"与"蒿"同音同义，且"蒿"系布依语译音，即粮食作物的通称。在现今的布依语中，将"蒿"作为粮食作物的词根，如"蒿浩"即大米、"蒿呆"即玉米、"蒿扬"即高粱、"蒿面"即小麦等，说明布依族是"骆越"人的后裔。

二 布依族族称

中国先秦古籍中对长江中下游及以南地区的诸多民族，统称"百越"。布依族正是较大的一支，称"骆越"，始祖为智慧之神布洛陀，是南盘江、北盘江、红水河流域及其以北地区的土著民族，布依族先民长期以来聚族而居，自成村落。元朝以前与西南诸民族统称为"西南蛮""蕃"等，至元朝始有"仲家"一说，明清时期被称为"仲苗""仲蛮""青仲""夷家""夷族"，民国又有"水户""土边""本地"之称。1953年，根据本民族意愿并经国务院批准，统一以"布依族"为族名，"布"是"人""族"或者"民族"的意思，"依"是古越人对自己的称谓。布依族语言属于汉藏语系壮侗语族壮傣语支①，在发展过程中形成了三个土语区：贵州省册亨县、望谟县、独山县、罗甸县、平塘县、荔波县、兴义市、贞丰县、安龙县和惠水县的一部分地区以及云南省的罗平县、富源县的一部分地区属于第一土语区；贵州省贵阳市、安顺市、龙里县、贵定县、平坝区，以及惠水县、长顺县的大部分地区属于第二土语区；贵州省六枝特区、盘州市、水城区、普安县、普定县、晴隆县、镇宁县、关岭县以及四川的宁南县、会东县属于第三土语区。布依族的祖先自古以来就生息繁衍于现今贵州的南部、西南部和中部等地区，与古代的"百越"或"百"族群同源，历代汉文史籍对其族称有许多称谓，其中大多称谓是自称或他称，自称都叫"布越""布夷""布依"。"布依"一词来源于布依族中大多数人的自称。

大约在战国时期，古越人在五岭以南建立了许多小部落联盟，其中"骆越"一支分布的地区，包括现在布依族居住的红水河流域。

汉代以后，"骆越"之名已很少见于文献。岭南各族②，被泛称为

---

① 何积全等：《布依族文学史》，贵州人民出版社1983年版，第2页。
② 包括越人在内。

"俚"人。"俚"在广州之南，苍梧、郁林、合浦一带皆有之，"地方数千里"，与郁林、苍帮相连界的牂牁江居民，也包括在"地方数千里"的俚人之内。因此，俚人也包括布依族先民在内，即"俚"曾经是布依族先民的族称。晋初，布依族先民居住地区出现"僚"的名称，史称"牂牁僚""米古僚"等。直到隋代都称"僚"，有时"俚""僚"同时出现。《隋书·地理志》提到"俚僚贵铜鼓，岭南二十五郡处处有之"的记载；《隋书·卷八十二·列传第四十七·南蛮》又记载，"南蛮杂类与华错居，……曰俚、曰僚"；《太平寰宇记》称："僚、音老、在牂牁、兴古、郁林、苍悟、交趾。"这都说明"僚"这一族群分布很广，其中分布在牂牁等地的僚人，显然也包括布依族先民在内。唐代，汉文献以"蕃"命名布依族先民，贞元十三年（797年），"西南蕃大酋长"[①] 请求入贡，这是布依族地区出现以"蕃"作族称之始。唐、宋又出现"蕃蛮""谢蕃""都匀蛮""白水蛮"等称谓。如唐初，在庄州[②]的刺史谢氏称"谢蛮"，史称"南谢蛮"；在谈州[③]的刺史谢氏，史称"西谢蛮"。这些都是以地名、部落或部落首领的名称而得名，全是他称，有的是辱称。宋初，汉文献仍称为"蕃"，诸蕃以龙氏为宗，称为西南蕃主[④]。龙氏统辖的八部[⑤]，分布于今天的贵州省安龙县、兴义市、贞丰县、册亨县、罗甸县、镇宁县、贵阳市郊[⑥]。"西南蕃"中有龙、石、罗、方、张五个大姓，被称为"五蕃"，后来增加韦、程二姓，称为"七蕃"。到元代又增加"卢"姓，统称"八蕃"。《元史·地理志》提到的"栖求等处仲家蛮"[⑦]的"栖求"，就是宋代以来"八蕃"的辖地，至今仍是布依族的主要聚居地之一。元代以前，布依族与西南诸族被统称为"西南蛮""蕃"等。到了元代，文献中又出现"栖求等处仲家蛮"的记载，这是布依族先民称为"仲"见于正史之始。明代到清代，汉文献普遍称布依

---

① 《旧唐书·列传》。
② 今贵州省惠水县一带。
③ 今盘江流域。
④ 贵州省文史研究馆点校：《贵州通志·前事志》，贵州人民出版社1987年版。
⑤ 指其分支。
⑥ 贵州省文史研究馆点校：《贵州通志·前事志》，贵州人民出版社1987年版。参考《宋史》卷四九五、《元史》卷六三、《明史贵州土司》卷三一六。
⑦ 《元史·地理志》卷六三。

族为"仲家""仲苗""仲蛮""青仲""夷家""夷族"等。

民国年间，布依族也被称为"仲家"，又被称为"夷族""夷家""水家"等。文献记载"仲家""仲苗"作为布依族在各个历史阶段的族称，其来源至今仍有几种不同的说法：一是说布依族从事水稻种植而称"种人""种家"①，"僮""仲"发音可能从"种"音得来，即族称来源与其从事水稻耕作有密切关系；② 二是说布依族从外地迁徙而来，有一些族谱和文献记载如清康熙年间田雯的《黔书》、乾隆《贵州通志》（卷七）和《黔南识略》（卷一）均认为，"仲家"随"马殷自邕管迁来"。第一种说法较接近历史事实，即"仲家"在历史上曾经为布依族的族称，它说明以种植水稻著称于世的布依族先民曾称为"水稻"民族，而其他说法都不足取。中华人民共和国成立后，根据布依族人民历来自称"布越""布夷""布依"等称谓，经过本民族内部协商取得一致意见，报请国务院批准，于1953年正式统称为布依族，以正本清源。

三 布依族与其他民族融合发展

在布依族历史发展长河中，布依族主要生息繁衍于多民族杂居的云贵高原，形成"成片聚居，交错杂居"的状况，布依族与其他民族在生产劳动中长期相互交往，融合发展，"你中有我，我中有你"成为历史发展的必然趋势。其他民族，由于通婚等关系便融合于布依族中；而布依族由于同样原因或因战争、灾荒等，产生局部迁徙并融合于异地居民之中。这是中国各民族之间互相交往、互相依存及互相融合的共同规律，也是中华民族大家庭团结统一的体现。布依族与其他民族交往的历史，最早可追溯到战国时期，当时楚顷襄王派大将庄𫏋攻打夜郎，途中灭亡且兰，封其子弟为且兰君，后庄𫏋继续率军向西征伐，在这一军事行动过程中，西征大军与当时居住于夜郎境内土著的布依族有了最初的交往。

---

① 戴裔煊：《僚族研究》，载中山文化教育馆编《民族研究集刊》（第六期），中华书局1948年版。

② 费孝通：《关于广西壮族历史的初步推考》，《新建设》1952年第2期。

布依族见诸史籍最早的一次融合可追溯到"秦瓯之战"①。秦灭六国后，为了统一南方，从公元前219年开始，对两广发动了三次战争，战况十分惨烈，仅第一次就令屠睢发50万大军南侵，经十余年的战争，百越人口骤减，有数十万兵卒留了下来。后来，秦又从中原迁来大量百姓，与越人杂居共处，这些兵卒和最早的移民，融于越俗，成为越人的一部分。当时参战的有滇越和骆越的队伍，战后的融合也成为必然。汉武帝建元六年（公元前135年），《史记》载"乃募豪民田南夷"，又有大批汉族百姓同豪族士绅进入布依族地区，兴仁交乐、兴义万屯的汉墓群，就是中原与黔西南人文交流、民族融合的实证。公元前221年，秦始皇统一中国后，派大军攻取云南陆梁，设置桂林、南海、象郡，并迁移50万人戍边，与越人杂居。其中，象郡管辖范围就包括今天贵州布依族先民居住的广大地区，从中原一带迁入的59万移民中，部分人与布依族先民实现杂居，相互产生交往。另外，随着从四川宜宾经云南昭通到达贵州六盘水一带的交通要道——"五尺道"的修通，贵州布依族聚居区与蜀境的经济文化交流频繁，进一步实现了民族间融合发展。西汉武帝建元六年，汉武帝派中郎将唐蒙出使夜郎，加强了夜郎地区与中央王朝的联系，促进了民族融合，从此布依族与各民族间交往更趋频繁。汉武帝建元元年（公元前140年），在夜郎地区设置牂牁郡，牂牁郡下辖17个县，这些县大部分在今天的布依族地区。西汉末年，一批被充军流放的人到达交趾②与当地人杂居相处。史料记载，早在汉武帝建元六年，统治者为了解决军需粮饷供应困难，"乃募豪民田南夷"③，大批外来汉族进入布依族先民居住地区进行屯垦。1975年在贵州省兴义市万屯镇发掘的"汉墓群"中出土的水田模型和其他文物，说明汉代前后中原人迁入西南少数民族地区的情况。东汉汉献帝时期，天下大乱，中原地区战乱不堪，百

---

① 秦瓯之战：公元前218年秦朝军队与岭南西瓯人之间的战役。秦始皇二十九年（公元前218年），秦始皇遣兵50万，分五路进攻百越地（今广东、广西等地），与西瓯人大战于越城岭（今广西东北与湖南边境）一带，秦军大败。后秦始皇令凿灵渠（今广西兴安县境内），以通粮道，终于在秦始皇三十三年打败西瓯人，占岭南百越地，设置桂林、南海、象郡，实现了对岭南百越地区的统一。

② 汉朝时期的交趾范围包括今天贵州的西南部布依族聚居区。

③ 《史记·平淮书》。

姓流离失所，当时士燮任交趾太守，在其统治交趾七郡①的四十年中，中原一带大批为了躲避战乱的人迁入交趾，客观上与当地布依族先民实现了民族融合。三国时期，马忠掳掠"牂牁僚"千余人入蜀，这反映了当时牂牁郡的居民——"僚人"向外迁徙的情况。时至今天在四川省的宁南、会理、会东等县有部分布依族居住，这与历史上"僚人"入迁蜀国有一定的渊源，也是布依族先民与其他民族实现融合的又一途径。唐代的"西原蛮"中，有大批人移居贵州布依族地区，逐渐与布依族融合。布依族中的黄、岑、莫、王等大姓居民，常常说他们的祖籍是山东青州府益都县，他们的先辈是北宋皇祐年间（1049—1054年）随宋朝大将狄青"征讨"侬智高，战后就留守在广西，后来从广西迁入贵州的那一部分人。这部分人由于迁入布依族聚居区，逐渐融合于当地布依族。今天的贵州省望谟县、册亨县、罗甸县，从宋朝至清朝初年，属于广西泗城府②管辖。雍正五年（1727年）鄂尔泰在贵州推行"改土归流"政策时，将以上地区划归贵州，所以说今天的贵州省望谟县、册亨县、罗甸县的布依族与红水河岸的其他民族相互融合的现象十分突出。明朝初期，为了征服西南，明太祖朱元璋派30万大军入黔，战后将士留下来屯垦戍边。为了进一步开发和控制这些地区，朱元璋随后又从江西、湖广调来大批军民到达今天的贵州，史称"调北征南"和"调北填南"，这些军民长期与当地布依族生产生活交融，逐渐被布依族吸收并融合。当时的贵州分别属于湖广、云南、四川三省，明朝永乐十一年（1413年）贵州才建省成为省级行政单位。"调北征南"或"调北填南"军民迁入贵州的史实，反映出贵州各民族间的相互交融和亲善往来，这也是布依族与各民族融合发展的历史事实。明清时期统治阶级实行民族压迫和民族歧视政策，如规定"土人不得任用为流官，不准考试"③，使部分布依族人忍痛隐瞒了自己的祖籍和民族成分，也有把自己的祖先说成是"外来"的，冠以江西、湖南迁来之说，以提高自己的社会地位，免遭民族歧视；多

---

① 交趾七郡：交趾、九真、日南、南海、苍梧、郁林、合浦。
② 今广西壮族自治区凌云县。
③ 中国科学院民族研究所、贵州少数民族社会历史调查组编：《布依族简史简志合编（初稿）》，1963年。

数外来之民早因与布依族数代通婚而血脉相融，水乳难分；即便尚存少数汉民，也因习布依俗、说布依语、居布依居，而与布依族合而为一。当然，在漫长的历史长河中，部分布依族人民也融入其他民族中，这种"你中有我、我中有你"的多民族的形成，是中华民族密不可分、亲如一家的有力证明。到了清代，西南地区已得到初步开发。中原地区人民前来经商、做生意者，络绎不绝。除此外，来行医的、来逃荒要饭的也不少。"黔省固多客民，兴义府尤其渊薮，自嘉庆年间平定苗匪之后，地旷人稀，每有黔省下游及四川湖广客民携眷而来租垦荒山……山土瘠薄，垦种三二年后水冲刷倍形硗确，乃复迁徙他往。"[①] "他省客民，往来滇黔两省，每由兴义经过，中途资斧匮乏，留滞乡场城市者，亦复不少。""而四川客民及本省遵义、思南等处之人，仍多搬往，终岁络绎不绝……""兴义各属已无不垦之山，而四川客民及本省遵义、思南等处之人，仍多搬往，终岁络绎不绝……细求其故，则以四川、遵义人稠地贵，而兴义地贱也。思南地利太薄，兴义虽瘠，犹甚思南也。"[②] 这些远道而来的人们，来时不可能带着家属。在此定居后，为了生儿育女，就必须要与当地的布依族妇女结婚。随着时间的迁延，其风俗习惯、语言等完全为布依族所同化。但这些人的后代子孙，忘不了自己的祖籍，因此就有"从江西、湖广来"等说法。例如，贵州省有关部门曾经组织人员到湖南、江西有关地区考察，该地根本没有一点布依族特色的踪影，这也充分证明布依族"外来说"的不可靠。在漫长的历史发展过程中，布依族吸纳了一部分其他兄弟民族；同时，布依族本身，也有一部分融合于其他民族。各民族之间互相融合，共同开发了祖国的西南边疆，促进了人类文明的向前发展。布依族是云贵高原的土著民族，布依族先民们自古以来就生息繁衍于北盘江、南盘江、红水河流域及以北的广大地区，为开发祖国的西南边疆，维护祖国统一，作出了不可磨灭的历史贡献。布依族悠久的历史文化，犹如滚滚盘江水由西向东川流不息地奔向未来。

在人类历史上，每一个民族都会有因战争、贸易、开发、灾荒等引起的迁徙过程。有的迁徙是大规模行动，有的则是在一定范围内的局部

---

① 贵州省文史研究馆点校：《贵州通志·土民志》，贵州人民出版社2008年版。
② 黄宅中：《（道光）大定府志》卷五一《外篇一》，清道光二十九年刻本。

流动或者与邻近地区居民因交往而产生的互相交流，这就会产生各种各样的传说。明清以来，在一些布依族姓氏的家谱中，都记载着他们的祖先自江西、湖广或跟随宋将狄青到广西、贵州等，众说纷纭。关于祖先来自江西、湖广之说，明初朱元璋曾几次用兵贵州，民间称为"调北征南"或"调北填南"，有大批汉籍军民由江南进入西南地区，其中一部分人在布依族地区落户，由于长期相处，有的就融合于土著布依族。以后他们的后裔说自江西、湖广迁来，这是历史事实。但他们在布依族人口中毕竟不是主流，只占少数。这些汉籍军民初进布依族地区时，感到与布依族的语言、衣着、风俗不同，且文化不及他们，就产生歧视。加之历代统治者禁止或限制少数民族的读书人参加科举考试，不让其登上仕阶，因此有的上层人物或儒生与一些汉人来往日久，因同姓而"联宗"，也就自称祖籍江西或湖广，这是民族压迫的历史痕迹。当时少数民族的儒生们也只有否认自己是土著少数民族才有可能获得参加考试的机会，于是由一人而影响全家族，以致各少数民族都有自称祖籍外省的姓氏，家谱也就如此记载。如今，布依族中仍流传祖先是明朝洪武年间因"调北征南"或"调北填南"而来的说法，就是这样产生的。布依族中各姓氏按家谱排列家族成员字辈之风兴起，也由此而产生。至于说在宋朝时跟随狄青南来的说法，主要流传于现今布依族中的岑、莫、黄、王等姓氏。他们传说自己的祖先是在宋仁宗时，随狄青到广西作战，战事结束后留守广西，后来一部分向北迁徙到贵州，这也符合历史事实。他们到贵州后，同布依族相处日久，也就逐渐融合于布依族。贵州省兴义市、安龙县的一部分和贞丰县、册亨县、望谟县、罗甸县，清初原属广西城府管辖，雍正五年（1727年）才划归贵州。这一带的布依族与红水河沿岸的居民互相交流、迁徙，也是很自然的事。布依族从外地迁徙而来的传说，只是反映了古代各民族一部分成员之间互相融合的事实。

中华民族处在一个大杂居、小聚居的环境里，文化的相互影响是必然的，民族间的融合也因当时的种种历史原因而发生过，每个民族都会因为战争、开发、迁徙、灾荒、贸易等带来大规模或局部的流动，导致民族的融合，布依族亦如此。但从马克思主义科学的民族观来看，这并不影响布依族作为一个民族的存在。不仅如此，更是由于这样一种融合，凸显了布依族民族性的优秀品质——包容和内敛，这也许是独特的宗教和文化的向心力所使然；同时，正是这种融合，带来了文化的延展，使我们今天能够欣赏到多元而异彩纷呈的布依族文化。民族并非种族，民族的融合过程恰恰是一个民族形成的过程。布依族曲折的形成史，就是一部中华民族的形成史。布依族作为一个长期生活在南北盘江和红水河流域的民族，有史可依，有源有流，线索清楚。总之，布依族是土著民族，自古以来休养生息于今日的南盘江、北盘江和红水河流域。

四　布依族古代社会制度文化相关概念

关于布依族族源、族称及布依族与其他各民族的融合发展，我们已经有了一个基本轮廓。接下来将探讨关于制度、文化、制度文化等若干概念，并对布依族古代社会制度文化相关研究现状、意义和方法进行回顾梳理，像"剥笋子"一样，逐层剥开浩如烟海的研究成果，旨在收到"雾散云开"的理想效果。

（一）关于"制度"

"制度"一词，一般泛指以规则或运作模式规范个体行动的一种社会结构。从社会科学的角度来理解，这些规则蕴含着社会的价值，其运行彰显着一个社会的秩序[1]。可以说，制度是一种人们有目的建构的存在物。制度的存在，都会带有价值判断，从而规范、影响建制内人们的行为[2]。关于"制度"，不同的学科对这一概念有不同的解释，可谓"仁者见仁，智者见智"。社会学理论认为，社会得以持续发展的基本前提，就是社会必须提供满足社会成员的基本社会需求。例如，一个社会要持续发展，这个社会就必须提供满足人们所需求的精神产品和物质产品的服务，同时也要进行文化知识的传承，并形成共同遵守和人们普遍支持的社会价值标准。为维持社会稳定与秩序，满足不同社会成员的需要，必然会形成一整套相对固定的思维模式和行为模式，这就是社会学意义上的制度。政治学和法学认为，制度就是指一系列社会规则，这些规则用以引导人们的行为，并使人们的行为逐渐定型化。民族学和人类学认为，制度是人类组织中最稳定的配置或者结构。

---

[1] 李敢：《"幸福悖论"研究中的"制度"辨析》，《经济界》2012年第2期。
[2] 李敢：《"幸福悖论"研究中的"制度"辨析》，《经济界》2012年第2期。

关于制度的定义，应该首推在当代制度研究中影响最大的西方旧、新制度经济学派。托斯丹·B. 凡勃伦（Thorstein B. Veblen）作为美国制度经济学的开创者，对于制度的定义有过许多具体的解释。他认为："制度必定随着环境的变化而变化，因为就其性质而言，它就是对这类环境引起的刺激发生反应时的一种习惯方式。而这些制度的发展也就是社会的发展。制度实质上就是个人或社会对有关的某些关系或某些作用的一般的思想习惯；而生活方式所构成的是，在某一时期或社会发展的某一阶段通行的制度的综合，因此，从心理学的方面来说，可以概括地把它说成是一种流行的精神态度或一种流行的生活理论。"[1] 在凡勃伦看来，制度的构成与文化密不可分，制度就是思想习惯适应的产物。约翰·R. 康芒斯（John R. Commons）则认为："我们可以把制度解释为集体行动控制个体运行。"[2] 西方制度经济学第三代代表人物英国的杰弗里·M. 霍奇森（Geoffery M. Hodgson）将制度定义为："伴随着关键的信息反馈，所有的制度包括代理人之间的互动；所有的制度都是具有大量特征化和共同观念的日常惯例；制度维护共同的观念和预期，且被共同的观念和预期维护；即使它们既不是永恒的也不是道德的，制度相对具有耐久性、自我强制性和永续性；制度融入了价值和规范的估价过程，特别是，制度增强了它们自身的道德合法性。"[3] 霍奇森及其制度经济学的第三代学者在对制度进行研究的过程中，都倾向认为：虽然制度依赖于个人选择，但是不存在孤立状态下的个人，个人选择是内植于社会文化结构之中的。西方制度经济学到罗纳德·H. 科斯（Ronald H. Coase）时开始形成新制度经济学，但是科斯并没有给制度作出定义，直到新制度经济学的另一位代表人物道格拉斯·C. 诺斯（Douglass C. North），才给出制度的定义，这些看法多数集中在其代表作《制度、制度变迁与经济绩效》一书中。诺斯在书中对制度的定义是："制度是一个社会的游戏规则，更规范地说，它们是为决定人们的相互关系而人为设定的一些制约。"[4] "制度制约

---

[1] 秦海：《制度范式与制度主义》，《社会学研究》1999 年第 5 期。
[2] [美] 康芒斯：《制度经济学》（上册），于树生译，商务印书馆 1962 年版，第 89 页。
[3] 秦海：《制度范式与制度主义》，《社会学研究》1999 年第 5 期。
[4] [美] 道格拉斯·C. 诺斯：《制度、制度变迁与经济绩效》，刘守英译，上海三联书店 1994 年版，第 3 页。

既包括对人们所从事的某些活动予以禁止的方面,有时也包括允许人们在怎样的条件下可以从事某些活动的方面。因此,正如这里所定义的,它们是为了人类发生相互关系所提供的框架。它们完全类似于一个竞争性的运动队中的游戏规则。"[1] 诺斯还进一步提出:制度是由正式的规则与非正式的规则构成,制度是一系列正式规则与非正式规则的互动网络。其中,非正式规则"是随时间演进的",是人们在社会活动和交往中自然演化形成的,包括风俗习惯、伦理道德、价值观念、意识形态等属于文化的规则与约束。非正式规则的一项重要内容就是习惯,是一种"习惯性行为",是一种随文化传统而来的行为规则,因而具有结构的稳定性。作为一个制度构成的组成部分,非正式的制度始终是对人们社会行为有约束力的各种规则,具有正式规则所无法替代的作用。正式规则是人们有目的地设计的一系列法律法令、政策法规、规章条例。正式规则体现的是从宪法到成文法,恰好与非正式规则的自然法或普通法相对应。正式规则作为一种人们有意识创造的原则,通常体现了国家、政府和利益集团的意志,并不是依靠效率原则发展的。诺斯的制度观点是值得引起人们重视的。诺斯作为一名经济学家,在对制度的解释中主要专注于经济史的研究,因而非常重视制度构成中的历史因素、传统力量、文化作用。也就是说,他对制度的定义,在许多方面是与文化学者不约而同的。[2]

一般而言,制度的特征主要包括:一是层次性。制度由一系列规则、模式、行为规范等组成,并由此构成一个制度体系,这一体系必然分为不同的层次。二是规范性。制度要能发挥其维护社会秩序的作用,必然事先为人们提供一个行为模式,这一行为模式将为人们提供允许、禁止、选择等模式,从而规范人们的行为。三是稳定性。为避免"朝令夕改",为人们行为选择提供一个预期价值判断,所以制度一般还具有稳定性。四是强制性。制度拥有克服反抗、修正错误的强制力量,因而具有一定的强制性。

---

[1] [美] 道格拉斯·C. 诺斯:《制度、制度变迁与经济绩效》,刘守英译,上海三联书店1994年版,第3页。

[2] 参见刘军《阶层文化的冲突与整合》,博士学位论文,复旦大学,2008年;曾小华《文化、制度与制度文化》,《中共浙江省委党校学报》2001年第2期;黄晓娟《民间秩序与文学传承——制度视野下的中国少数民族口传文学》,《民族艺术》2008年第2期。

从某种意义上讲，制度的研究早已成为学术研究的一大潮流，而制度文化的研究规模却要小得多。因此，从上述所列举的对于制度的解释，以及大量对于制度定义的观点，可以给制度文化的定义许多启示。

首先，大多数学者在给制度下定义时，都把文化作为制度的主要特征之一。制度作为一种人际交往的准则，源自人类的各种历史的、社会的、经济的、政治的、文化的活动。制度是被人类活动所创造的，而人类活动都要受到人们的价值观念、道德伦理、思想意识、风俗习惯的影响，没有文化的人类活动是不存在的，因而没有文化内涵的制度也是不可能存在的。任何一种制度的产生和形成，无论是自然自发的，还是有意设计的，都可以认为是反映了某些文化的轨迹或需求。制度的出现，只不过是将过去的或现在的，个别的或分散的各种文化因素予以集约化、秩序化、社会化，用以进一步满足人们经济活动、政治活动、社会活动的目的。因此，文化作为制度的主要特征之一，说明了制度结构与构成。制度中有文化，文化中有制度。当人们关注文化的各种问题时，隐含着人们对制度的关注。无论是在历史上，还是在现实中，当人们对某些问题或某种文化问题进行讨论、争论，或拥护或反对，或赞成或批判，或否定或肯定的时候，实际上都预设了一个与制度有关的问题。

其次，一些学者在解释制度时，都把制度加以区分，而在制度的各个构成部分中，都有一个属于文化或者与文化有关的部分。最为人所熟知的就是诺斯对于制度构成的分析，即正式制度与非正式制度。诺斯对于正式制度和非正式制度的解释是详细而明确的，使人易于理解。诺斯在《制度、制度变迁与经济绩效》一书中用了专门的"非正规制约"一节来说明，"非正规约束来自何方？它们来源于社会所流传下来的信息以及我们称为文化的部分遗产"。"文化的渗透方式提供了连续性。因此，过去解决交换问题的非正规方式又带到了现在，使这些非正规约束成为社会长期连续变迁的重要来源。"诺斯在制度研究中予文化以充分的重视，他甚至认为文化不仅可以影响非正式约束的说明方式，而且还可以因此而决定制度或规范的差异。对制度的区分还包括内在的制度与外在的制度、演进的制度与设计的制度等，其中内在的制度和演进的制度，都被看作与文化有关，或者就是属于文化的部分。例如，对于作为群体内随经验而演化的内在规则来讲，文化的共同价值发挥着过滤器和凝聚剂的作用。

再次，也有一些学者认为，制度作为一种集体行动的产物，有赖于传统习惯和文化观念的支持。西方著名学者马克斯·韦伯（Max Weber）对于西欧资本主义兴起的文化因素的分析，以及对于中国为什么没能产生资本主义的文化探研，是最为令世人瞩目的。应该说，马克斯·韦伯关于资本主义的命题，实质上是一个制度问题。因此，对于韦伯的解释仅仅局限于文化层面，是一种误解。韦伯在制度研究的过程中，对制度的文化动因予以极大的关注，是因为他强烈地意识到宗教观念、文化精神、道德伦理等对于资本主义产生与否具有重要的支持作用。韦伯在此是将制度变迁与文化演进联系在一起。资本主义的形成是一个制度变迁的过程，而这个制度变迁的过程受到文化因素的支持。此外，西方新制度经济学派的意识形态理论则更为倾向在制度产生的变迁过程中，"意识形态是减少提供其他制度安排的服务费用的最重要的制度安排"①。在他们看来，意识形态处于非正式规则的核心地位，因为意识形态完全可能取得指导思想的优势地位，从而给予制度以强有力的支持。

最后，还有学者认为，作为自生自发的社会秩序规则系统，必须是在文化进化的过程中发展出来的。文化进化形成的规则，对制度有明显约束。西方著名学者弗里德里希·奥古斯特·冯·哈耶克（Friedrich Augustvon Hayek）就是持有这一观点的代表人物。布坎南（Buchanan）认为："哈耶克是一位文化进化论者。"② 范伯格（Feinberg）指出："用哈耶克的话来说即是'规则秩序'的性质决定着相应的'行为秩序'的特征。不过，并非任何一种'规则秩序'都可以产生'可欲的''行为秩序'，只有'合适的'或'恰当的'规则才能满足要求。那么，我们如何才能发现这类规则呢？正是在这里，哈耶克提出了他的'文化进化'理论这样一种'自发进化过程'的观念。在这一过程中，各种可能的规则被试验，同时经由不断地探索和试错，我们积聚起哪一种规则才能运

---

① 卢现祥：《西方新制度经济学》，中国发展出版社1996年版，第22页。
② ［美］詹姆斯·M. 布坎南：《自由、市场与国家——80年代的政治经济学》，平新乔、莫扶民译，上海三联书店1993年版，第115页。

作良好的经验。"① 布坎南强调应该把文化进化形成的规则同制度严格区别开来。前者是指我们不能理解和不能（在结构上）明确加以构造的，始终作为我们行动能力的约束的规则；后者是指我们可以选择的，对我们在文化进化形成的规则内的行为实行约束的各种制度。文化进化形成的规则对制度是有明显约束的，但它们并不必然地只规定一个唯一的和特定的制度结构。② 尽管如此，在哈耶克看来，文化进化的规则与制度还是较为一致的，只不过这种一致，指的是文化进化的规则与理性建构的制度的统一，而不是那种无视文化进化而单方面强调制度建构的唯理主义意图。

（二）关于"文化"

就文化的定义而言，目前大约有两百种，但普遍认为文化是人们所创造的物质财富和精神财富的总和。"文化"一词，从广义上说指人类为适应自然、改造自然，而从事的各种政治、经济和社会活动，它包括社会生产和社会生活的全部领域。从文化层次理论视角看，文化包括物质文化、制度文化和精神文化三个层次。物质文化通常指有形的，通过人的感官可以直接捕捉到的，具有直观性和现实性。③ 例如，考古发掘的文物、图书馆藏书、文化古迹等。精神文化通常是指无形的，潜移默化地对人产生影响的，例如，小说的启迪价值、深藏于诗歌中的蕴意、悦耳的音乐声、惊心动魄的影视剧情节等。

在中国语境中，《周易》中的"观乎人文以化成天下"④ 就包含文化之意。西汉经学家、文学家刘向的《说苑》提到，"文化不改，然后加诛"⑤，这里的文化有文治教化之意。当然这些涉及的文化观念与现在我们理解的文化概念有联系，但又不尽相同。国内较早进行中西文化比较研究的著名学者梁漱溟先生在其专著《东西文化及其哲学》一书中指出：

---

① ［德］范伯格：《哈耶克的遗产与自由思想的未来》，载王焱《自由主义与当代世界》，生活·读书·新知三联书店2000年版，第182页。

② ［美］詹姆斯·M. 布坎南：《自由、市场与国家——80年代的政治经济学》，平新乔、莫扶民译，上海三联书店1993年版，第115页。

③ 陈莉：《中国文化符号他者理解特征分析——以突尼斯调查为例》，《学术论坛》2018年第6期。

④ 《周易·象传》。

⑤ （西汉）刘向：《说苑·指武》。

"文化包括三个层面：精神生活方面，如宗教、哲学、科学、艺术等；社会生活方面，如社会组织、伦理习惯、政治制度及经济关系等；物质生活方面，如饮食、起居等。"① 我国学者庞朴认为，文化是由表层、中层、深层三个层次构成的立体系统，而制度文化处于中层。也有学者认为，文化共分三个层面，一是器物层面，二是制度层面，三是价值观念层面，制度文化正好处于器物与价值观念层面之间。

在西方文化的发展历程中，对"文化"一词的认识和理解也存在着不断深化的过程。在古罗马时期，文化被理解为培养公民参加社会生活与政治生活的能力与品质。18 世纪启蒙运动时期的法国思想家把文化与原始民族"野蛮性"对立起来，认为文化是人类理性发展的体现。而德国古典哲学家从道德领域、美学领域、哲学领域来探讨德国社会发展出路，认为文化是人们社会规范之外的绝对精神领域。19 世纪以来，社会学家、人类学家、文化人类学家对文化赋予了众多解释。被称为"人类学之父"的英国文化人类学家爱德华·泰勒（Edward Teller）在 1865 年发表的《人类早期历史与文化发展之研究》中认为，文化是一种复合体，包括知识、艺术、宗教、神话、法律、风俗以及其他社会现象；他进一步阐述道："从广泛的民族学的意义上说，文化或者文明就是由作为社会成员的人所获得的，包括知识、信念、艺术、道德法则、法律、风俗以及其他能力和习惯的复杂整体。"② 在泰勒看来，文化涵盖的内容非常广泛，除上述列举的内容清单之外，社会制度和社会组织等均属于文化范畴。但是，泰勒所列举的文化外延主要包含的是精神文化和制度文化，而未涉及物质文化。为此，后来的人类学家及社会学家，诸如马林诺夫斯基（Malinowski）、怀特（White）、奥格本（Ogburn）等人，对泰勒的文化定义和构成进行修正和补充，他们认为文化不仅包含精神文化和制度文化，而且也包含"实物"，并认为："文化是一个含义广泛的名词，它包括了人类通过后天学习掌握的各种思想和技巧，以及用这种思想和技巧创造出来的物质文明。"③

---

① 鲍霁主编：《梁漱溟学术精华录》，北京师范学院出版社 1988 年版，第 7 页。
② ［美］哈里斯：《文化·人·自然》，浙江人民出版社 1988 年版，第 136 页。
③ 童恩正：《文化人类学》，上海人民出版社 1989 年版，第 8 页。

马林诺夫斯基指出，文化作为有机整体包括物质、人群和精神三方面，人群是指组织化群体。他进一步解释说："我提议将这样的人类组织单位称为制度（institution）。"[①] "这个概念意味着对一套传统价值的认同，人们为此而结成一体。它也意味着人们之间，以及人与自然或人文环境的特定物理部分之间，都有确定的关系。在自身目的或传统要求的宪纲之下，遵循着其团体的特定规范，使用着受其控制的物质装备，人类共同行动以满足他们的某些欲望，同时也对其环境产生影响。"[②] 显然，文化具有完整性、整合性的特点。在这个文化整体的结构中，作为组织化或者制度化的群体，依照对共同价值观的文化认同，并遵循制度规范而共同行动。这种意义上的文化是由思想、价值、观念、习俗和制度，以及物质构成的。

美国文化人类学家莱斯利·A. 怀特（Leslie A. White）将文化划分成三个亚系统，即技术系统、社会系统和思想意识系统。怀特认为，在文化三个亚系统的相互关系上，技术系统对文化的进化起着决定性的作用。怀特之所以把技术系统的作用看作首要的，是因为他认为，文化进化的动力是能量。从历史上看，文化的每一次重大进步都与新能源的发现和利用有关。为了发现、利用和控制能量，人类只能依赖于技术系统。因此，技术系统是三个文化亚系统中的基础。但是，怀特在进一步分析中，亦认识到社会（制度）系统对于技术系统的影响。他认为："社会系统也会影响技术系统的发展。比如，根据农业科学家的看法，在农业社会中农业技术并未发展到极限，却出现了停滞。其主要原因是社会分裂为两大对抗阶级，扼杀了改进农业技术的动力。"[③] 实际上，"技术的发明、创造和进步，并不是独立于社会（制度）系统之外的。技术系统必须依赖于社会（制度）系统的环境。中国古代历史上的四大发明，1405 年到 1433 年郑和下西洋的最终结局，以及欧洲历史上哥伦布发现新大陆，16 世纪之后科技革命兴起与社会（制度）环境的关系，就是有力的证据。

---

① ［英］B·马林诺夫斯基：《科学的文化理论》，黄建波等译，张海洋校，中央民族大学出版社 1999 年版，第 55 页。

② ［英］B·马林诺夫斯基：《科学的文化理论》，黄建波等译，张海洋校，中央民族大学出版社 1999 年版，第 55 页。

③ 夏建中：《文化人类学》，中国人民大学出版社 1997 年版，第 223 页。

在这个问题上,西方一些著名学者如韦伯、哈耶克、诺斯等人都有过相当精辟的论述。例如,哈耶克认为,罗马帝国后期的贸易扩张是帝国官僚人为的扩展,是政府力量压制市场力量的结果,其衰落是必然的。这里哈耶克接着李约瑟的研究说:中国停滞的历史其实与罗马帝国兴衰的历史有着同一原因——政府控制最终扼杀了市场的生命。[①] "而诺斯在与托马斯合著的《西方世界的兴起》一书中明确指出:'以往,大多数经济史学家宣称技术变革是西方经济成长的主要原因。'他们接着问道:'使我们疑惑不解的是:如果经济增长所需要的就是投资与创新,为什么有些社会具备了这种条件却没有如意的结局呢?'因此,他们认为,'有效率的经济组织是经济增长的关键;一个有效率的经济组织在西欧的发展是西方兴起的原因所在。'"[②] 比较之下,怀特的观点尽管显得有点过时,但是怀特对文化的三个亚系统的划分及三者的关系,还是给文化与制度文化的研究以许多启示。

美国社会学家戴维·波普诺(David Popenoe)在分析文化的构成时认为,文化的诸要素包括符号、价值观、规范和物质文化。文化的存在取决于人类创造和使用符号的能力。通过符号,我们既能创造文化,又能从文化中学到很多。价值观作为文化要素是一个社会中人们所共同持有的关于如何区分对与错、好与坏、违背意愿或符合意愿的观念。价值观是决定社会的目标和理想的普遍和抽象的观念。价值观通常是充满感情的,它为一个人的行为提供正当的理由。然而人们如何行动,还涉及文化的规范层次,人们在特定环境下被要求如何行动、如何思考、如何检验的期望称为规范。规范既有正式的,又有非正式的。正式规范通常以法律的形式固定下来,对违反者有特定的惩罚。非正式规范是不成文的,但往往能够被社会成员普遍理解。最重要的规范往往是社会中绝大多数人公认的规范。这就联系到了价值观,虽然价值观和规范这两个概念是密切相关的,但两者不可混为一谈。规范是特殊、具体的,它受到

[①] 汪丁丁:《哈耶克"扩展秩序"思想初论》(上篇),载刘军宁等编《市场社会与公共秩序》,生活·读书·新知三联书店1996年版,第50页。

[②] [美]道格拉斯·C.诺斯、罗伯特·托马斯:《西方世界的兴起》,华夏出版社1999年版,第5页。

具体情况的限制,它们通常被视为行动的指针,决定一个人在特定的情况下应该做什么,不应该做什么,包括社会习俗、伦理道德、法律等。文化的最普遍形态就是物质文化,一个特定社会所产生的物质文化,其实质是技术水平、可开发资源和人类需求的集合体。法国学者维克多·埃尔(Victor Hell)认为:"文化概念包含着两种相互补充的观念:一种观念把文化客观地看作决定某个人类群体生活的独特性和真实性的行为、物质创造和制度的总和。另一种观念则注重于这些行为、物质创造和制度对人和人类群体所产生的心理作用和精神作用。"① 加拿大多伦多大学教授德·保罗·斯查尔福(De Paul Schalford)认为:"文化是一个整体,不仅包含思想观念、发明创造、人工制品、价值观念、信仰和艺术作品,还包含经济制度、社会结构和风俗习惯、政治体系、宗教信仰、法典法规等,实际上它包括我们能想象的一切事物。"②

西方世界的"文化"一词,是与自然存在的山川、河流、湖泊、野生动植物相对而言,通过人们培植、培养、教育、发展出来的事物。例如,野生的禾苗不是文化,而经过人们培植出来的稻谷、麦子是文化;原始森林不是文化,而经过人们培植的园林是文化;天空中的雷鸣和闪电不是文化,而因人格化神化后的闪电雷鸣是文化等。对此,美国社会学家库利(Cooley)在给文化下定义时使用了一个生动的比喻:他用一条河流和沿着这条河流的一条公路来比作人的生命。河流是自然的、生物的、先天的;公路是文化的、社会的、教育的、后天的。作为文化的公路是一种发展,在早期生物的生命中不存在。后来沿着河流模糊、充实、精致、发达起来,而这个后天由人创造的公路就是文化。③ 库利运用了形象的比喻,使人们对于文化的理解变得非常容易。无论是泰勒的解释,还是库利的比喻,都表示他们认为文化是一种社会交流及社会传递,通过特定的途径,被社会成员共同获得。这种获得共同文化的特定途径,其实就是文化得以交流和传递的制度文化。文化的存在只有被认同和学习时才是有意义的,而被认同和学习的实现,必须依靠一套相关的制度

---

① [法]维克多·埃尔:《文化概念》,上海人民出版社1988年版,第54页。
② 殷海光:《中国文化的展望》,中国和平出版社1988年版,第30页。
③ [美]库利:《人类本性与社会秩序》,华夏出版社1999年版,第5页。

规则。在此，制度文化就将文化与制度统一起来。

（三）关于"制度文化"

制度文化研究的规模比制度研究和文化研究的规模小得多，"制度文化"主要是从社会学、文化人类学、民族学等视角关注制度，表达的是在整体性的文化结构中不同于物质文化部分及精神文化部分的那一组成部分。在西方学者中，有的从社会学视角研究制度与文化的关系问题，有的主要从文化的视角去研究制度文化，概括起来主要有美国社会学家库利、英国人类学家泰勒和马林诺夫斯基、美国文化人类学家怀特等，他们的观点概括起来主要有四点：一是认为制度文化是文化系统的一个组成部分；二是认为制度文化与精神文化、物质文化是一个整体；三是认为制度文化既有精神性也有物质性；四是认为制度文化包括人的习惯和规则。也有学者从制度经济学的视角去研究制度文化，概括起来主要有美国制度经济学的开创者凡勃伦、西方制度经济学第三代的代表人物英国的杰弗里·M.霍奇森、西方著名学者马克斯·韦伯等，他们的观点概括起来主要有三点：一是认为制度文化中的制度，随着制度环境的变化而变化；二是认为制度依赖于个人选择，但是个人选择决定于社会文化结构；三是认为非正式制度具有调整人们行为的功能。除从文化视角研究制度文化和从制度视角研究制度文化之外，还有的学者从"社会契约论""三权分立论""议政合一论""行为主义论""经验主义论""系统管理论""决策学派论"等理论对制度文化进行了卓有成效的研究。

总体而言，"制度文化"是人类为了自身生存、社会发展的需要而主动创制出来的有组织的规范体系，是人类在物质生产过程中所结成的各种社会关系总和。"制度文化是文化有机整体或者是复杂整体的一个部分。从文化解释的角度讲，制度文化作为文化的一个部分，实际上与思想、观念、精神层面以及物质层面无法绝对分离。"[①] 人类的行为受思想、观念、精神因素的支配，然而人类行为实际又是一种群体的、社会的共同行为。所以文化的精神因素必然会反映、萌生和形成习俗、规则、法律、制度等制度因素。当制度诸因素产生和形成之后，就会使人的精神

[①] 宋仕平：《土家族传统制度文化研究》，博士学位论文，兰州大学，2006年，第31页。

因素通过制度因素转化成为物质成果,也就是人类行为或人类活动的收获。由此可见,制度文化作为文化整体的一个组成部分,既是精神文化的产物,又是物质文化的工具,一方面构成了人类行为的习惯和规范,另一方面也制约或主导了精神文化与物质文化的变迁。制度文化的变迁经常会引发文化三个子系统的整体互动式的变迁。因此,文化的变迁也可以看成一种制度文化的变迁。正如马林诺夫斯基所说:"所有文化进化式传播过程都首先以制度变迁的形式发生。无论是以发明的形式还是以传播的行动,新的技术装置总要被结合到业已确立的组织化行为系统之中,并逐步对原有制度产生全部的重塑。另外,根据功能分析,我们可以证明,除非有新需求被创造出来,任何发明、任何革命、任何社会或知识的变迁都不会发生。因而技术、知识或信仰方面的新装置都要适合于文化过程或某种制度。"①"只有制度或者制度文化的变迁才能使我们具体地理解和把握文化变迁的具体形态。也只有作为主导或制约精神文化和物质文化变迁的制度文化,才提供了观察和理解人类行为和活动的钥匙或模式。因此,对于文化变迁和文化发展来说,制度文化的变迁和发展是位居首要的。无论是纵向观察人类的历史,还是横向审视社会现实,实际上都是一个制度文化的变迁和制度文化的发展问题。事实上,缺少了制度文化的变迁和发展,就不存在文化的变迁和发展。同理,文化的变迁与发展必须首先依托制度文化,从制度文化的变迁和发展着手,将所有文化变迁和发展中的具体问题一起串结起来分析与解决。"②

综上所述,制度文化应当包括以下三层含义:一是制度文化是文化的一个组成部分,它与精神文化、物质文化的有机结合,形成文化的复杂整体。二是制度文化主导或制约了精神文化与物质文化,构成了人类行为与活动的习惯、规则。三是制度文化与环境、民族文化有着密不可分的关系。制度文化的主要特征有:一是民族性和时代性;二是层次性和稳定性;三是连续性和变迁性。制度文化是人类为了生存和社会发展的需要,所创制出来的有一整套组织体系的规范,诸如政治制度、经济

---

① [英]马林诺夫斯基:《科学的文化理论》,中央民族大学出版社1999年版,第56页。
② 曾小华:《文化、制度与制度文化》,《中共浙江省委党校学报》2001年第2期。

制度、法律制度、社会组织制度、教育制度、婚姻家庭制度、宗教制度、丧葬制度等内容。按照文化层次理论，制度文化是文化的中间层次，介于器物文化与价值观念文化之间。作为物质文化与精神文化的中介，制度文化的修正与纠错功能在协调群体与社会、群体与个人的关系，以及保证社会凝聚力等方面起着不可或缺的重要作用，深刻影响、调整着人们的物质生活与精神生活。与此同时，制度与文化虽然具有密不可分的关系，但也有明显区别。

首先，制度文化主要用文化学的方法对制度加以分析和解释，倾向于从文化的视角来观察制度，视制度文化为文化的一部分。制度文化假定制度属于大文化系统的一个子系统，作为文化系统的制度，不但其非正式的制度、内在的制度或文化进化的规则与文化有关，而且其正式的制度、外在的制度或设计的制度亦与文化有关。文化无所不在、无处不在，这种难以穷尽的文化特征，可以从制度的网络中去寻找。在历史的或者现实的世界里，不存在没有文化背景或文化内涵的制度，制度总是作为某种文化的存在。制度不断反映着文化的演进，同时亦不断建构设计着文化的发展。因此，制度文化将制度本身当作文化现象来对待，不像其他学科将制度或作为经济制度来分析，或作为社会结构来分析，或作为政治现象来分析，或者干脆将制度作为单独研究对象。正是在这种意义上，制度文化把制度与文化看成一个统一的整体。

其次，制度文化更加偏重于强调制度的文化层面与规则层面的内在一致性，即强调制度的价值观念、道德伦理、思想意识与习惯、规范、规则的内在一致性。也就是说，虽然制度与制度文化非常相似，但是制度文化作为文化的制度层面比制度带有更浓厚的文化色彩，与文化的联系也更紧密。从文化学的角度讲，更加要求制度与文化的内在统一性、一致性。英国著名文化人类学家拉德克利夫·布朗（Radcliffe Brown）在文化共时性的研究中就把文化的统一体、社会结构、制度三者放在了一起。"布朗认为，应该把文化看成一个整合的系统，在这个系统中，文化的每一个因素扮演一个特定的角色。因此，研究文化就是研究文化的整体结构。只有明确社会结构，才能真正找到构成这一结构的各部分及其功能。布朗认为，社会结构是指一个文化统一体中人与人之间的关系，而人与人之间的关系是由制度支配的。人类社会结构的内容就是社会的个体，其形式就是制度。"① "这样，布朗通过社会结构的中介，把文化与制度内在地统一起来。制度文化作为文化整合系统中的子系统，体现了制度与文化的内在统一性与一致性。这种制度文化的内在一致性反映出，个人的活动或集体的活动必然存在或体现为一种秩序，无论是自生自发的秩序，还是设计的秩序，都是一种制度文化。制度文化作为文化系统中的一个子系统，正是作为文化系统中由制度构成的秩序系统，将文化与制度自然统一起来。如果把文化看成一个无形的网络，制度文化就是网络的连接系统，而制度就是连接系统的连接点。人类所有经济的、政治的、社会的、生活的、文化的活动，正是通过无数的制度，形成制度文化的秩序系统，将文化连接起来。无论是远古的图腾制度，还是现代的市场制度都是如此。人们重视文化的目的，都隐含着对文化中制度的重视。否则，文化就变得毫无意义。从这个意义上讲，制度文化的内在一致性显得尤其重要。"②

最后，制度文化的产生、形成、演进过程，必须有赖于精神文化。"制度文化研究与制度研究相比，始终关注文化系统中制度文化与精神文化之间的相容性、协调性和互补性。文化本质上是人化。制度文化的起源、产生、形成、演进及其功能，必须有赖于精神文化。如果制度文化缺少精神文化的协调与互补，就会趋于僵硬，趋于保守，或者变得效率低下。例如，格尔茨（Geertz）在《农业的内卷》一书中认为，印度尼西亚作为荷兰的原殖民地，在当时世界经济体系的影响下，也面临着与第三世界国家同样的经济增长与人口压力问题。在经济学理性主义的模式中，人口增长与土地的承受能力呈反比关系，经济开发意味着大量农民离开土地。然而在爪哇水稻农业经济中，却出现了完全相反的情况。格尔茨认为，之所以造成这一事实的原因，是传统文化中的亲属观念、家庭互助观念以及守土价值观等。这种事实造成了劳动力的投入增加，而边际报酬递减的农业经济结果。"③ "格尔茨是主张文化系统与社会系统相互独立的学者，他在这里实际上说明了现代经济活动如果缺少相应的精

---

① 夏建中：《文化人类学理论学派》，中国人民大学出版社1997年版，第119页。
② 夏建中：《文化人类学理论学派》，中国人民大学出版社1997年版，第119页。
③ 宋仕平：《土家族传统制度文化研究》，博士学位论文，兰州大学，2006年，第29页。

神文化的协调与互补，就会导致失效和失败。精神文化具有超越和超前的功能，主要在于塑造、培养和形成主体的精神面貌和心理状态，而制度文化则具有规范、规则、强制和硬性的功能。因此，完善制度文化的目的，是通过制度文化达到精神文化的实现，通过制度文化达到与精神文化的高度相容性、协调性和互补性。在制度文化的研究中，重视制度文化与精神文化的这种特殊关系，一方面可以正确地解释制度文化变迁，另一方面可以揭示精神文化的本质与功能。"[1]

总之，制度文化将制度的分析纳入文化研究的范围，并且将制度作为文化分析的真正单元。也就是说，制度文化与制度的不同之处在于，制度文化并不是单独的制度分析，而是从文化整合的目的与手段着眼，将制度看成文化为充分适应环境而逐渐发展出的体系。正如马林诺夫斯基所说，"如果我们要对自己的文明或任何其他文明中个体的存在作一描述，就得将个体的活动与组织化生活的配置，即与盛行于该文化中的制度系统联系起来。另外，依据具体现实对任何文化的最佳描述都在于列举和分析组成该文化的所有制度"[2]。

（四）关于"布依族古代社会制度文化"

本书研究的布依族古代社会制度文化所指"古代"的时间下限是公元1840年。当然为便于对布依族古代社会制度文化在时空方面的延伸理解，书中必然会论及1840年之后的布依族社会，包括中华民国及中华人民共和国成立初期的相关史实。

"布依族古代社会制度文化"是指布依族人民在漫长的社会生产和社会生活实践过程中不断创造、丰富和发展的文化之一，也是布依族历史见证和民族文化的集中体现和象征。布依族人民以自己的聪明才智，不仅创造了丰富的物质财富，而且也创造了内容丰富的制度文化。本书主要围绕布依族古代社会的政治制度、经济制度、法律制度、社会组织制度、教育制度、婚姻家庭制度、宗教制度、丧葬制度等制度文化开展研究，拟对布依族制度文化进行全面、系统的探讨。

我们伟大的祖国是一个统一的多民族国家，在祖国的大家庭里，团

---

[1] 曾小华:《文化制度与社会变革》，中国经济出版社2004年版。

[2] ［英］马林诺夫斯基:《科学的文化理论》，中央民族大学出版社1999年版，第61页。

聚着五十六个勤劳勇敢的兄弟民族，布依族是其中的一员。然而，从民族学和社会学等视角来研究布依族古代社会制度文化的成果并不多，如黄才贵的《贵州世居民族的制度文化》[①]一文，对贵州部分世居民族的制度文化进行专门研究，但文中未提及布依族古代社会制度文化。已故的黄义仁老先生，在其1999年出版的专著《布依族史》中，对布依族古代社会制度文化相关内容有所提及，但并未设专章对布依族古代社会制度文化进行专门研究。近年来，贵州民族大学的周相卿教授侧重对布依族习惯法进行一些比较深入的个案研究，但他对整个布依族古代社会的政治、经济、宗教制度方面的研究成果却不多。另外，关于布依族古代社会制度文化研究，在一些有关布依族文化研究的成果中，零星地闪耀着一些"火星子"，但系统、深入、全面的研究成果实属鲜见。

从一定程度上说，制度文化是一种定型的文化表现形态，对制度文化的深入研究，有助于从文化外观、文化结构、文化时空方面去触摸文化最本质的东西。从上述研究成果可知，当下制度文化研究已经成为文化研究中的一个重要领域，这也是当代正在兴起的制度研究中的一个重要方向。笔者认为，布依族古代社会制度文化研究具有一定的学术价值与实践意义。

一是开展布依族古代社会制度文化研究，有助于扩展布依族文化研究的范围并深化布依族文化研究的相关内容。从民族学与文化人类学对文化进行诠释，并通过对布依族古代社会制度文化的研究，我们将会进一步认识到，制度文化是文化的重要组成部分。

二是从布依族古代社会制度文化研究的现状来看，制度文化研究方面的成果尚显不足，或者说还处在起步阶段，这种状况势必造成布依族制度文化研究总体进程的缓慢。笔者试图在充分吸收以往研究成果的基础上，对发生于布依族古代社会的制度文化做系统的理论探讨，以期拓宽布依族文化研究的领域，深化布依族文化研究的内容。

三是开展布依族古代社会制度文化研究，是传承和发展布依族传统文化的时代需要。当下布依族地区各种外来文化与本土文化相互激荡，布依族传统文化存在的条件与环境发生了急剧而深刻的变化，为传承和

---

① 黄才贵：《贵州世居民族的制度文化》，《贵州民族研究》1995年第4期。

发展布依族传统文化，有必要对布依族古代社会制度文化进行整理和研究。通过相关研究如何引导布依族传统文化与现代化要求相适应，赋予布依族传统文化更多的现代精神及时代气息，就显得尤为重要。

四是布依族古代社会制度文化是布依族古代社会的文化积淀，其文化内涵十分丰富，例如，在经济制度中体现出的进取精神、互助友爱精神；在婚姻家庭制度中体现出的热爱生活、热爱劳动和艰苦奋斗精神；在宗教制度中体现出的务实精神；在丧葬制度中体现出的乐观精神；等等。

五是开展布依族古代社会制度文化研究，有助于正确理解和处理布依族地区的民族关系，为构建布依族地区的社会治理体系服务。南盘江、北盘江及红水河流域是布依族、苗族、汉族等民族的聚居地，这一地区作为贵州、云南、广西三省（区）交界处，各民族人口流动较为频繁。中华人民共和国成立以来，该地区已建立起平等、团结、互助、和谐的新型民族关系，各民族之间的经济联系日渐增强，以"赶场"为主要形式的传统民间贸易长盛不衰；布依族与其他各民族之间的文化交流日益频繁、相互影响；布依族与各民族之间的通婚更加普遍。

上述是笔者对布依族古代社会制度文化研究现状和研究意义进行的分析，凸显学界对布依族古代社会制度文化研究关注力度不够，有必要对此开展深入系统研究，本书主要采取以下三种研究方法开展深入研究。

一是文献研究法。布依族古代社会制度文化研究涉及历史学、民族学、社会学、人类学等相关学科，是一个典型的跨学科研究领域。囿于少数民族古代社会制度文化学科尚未完全建立起来，当前关于布依族古代社会制度文化的研究，主要侧重于民族学、人类学、语言学及其田野调查的方法，研究成果主要以布依族史或者民族文化大观的形式呈现。目前，围绕布依族古代政治、经济、文化、民俗、社会等方面的各专项研究成果颇丰，但是以制度文化为统领，对布依族古代社会制度文化展开的系统研究成果实属鲜见。同时，布依族古代社会制度文化是一个不断发展变迁的历史事实，从布依族先民在盘江两岸的缘起和不断繁衍至1840年的整个布依族古代社会，其制度文化历经长时间的变迁和发展，放在今天来看也只是一个历史片段。因此，要探寻布依族古代社会制度文化发展的历史轨迹，分析研究其变迁发展的内在逻辑规律，必须尽可能从布依族族源、族称演化及与其他民族融合发展等方面进行追根溯源，以期还原其历史全貌，并将其与社会制度文化内涵结合起来展开不同时段的比较，才有可能较为完整地复原布依族古代社会制度文化的全貌。文献研究与田野调查，对布依族古代社会制度文化研究来说，缺一不可。所以，必须对布依族制度文化的官方及历史文献，如地方志、考古文献、民间文学资料等进行收集和整理，进而对所获历史资料进行"阅读—感受—分析—理解"式研读与分析，并从文本和学理上对布依族制度文化历史和现状有一个较为系统的掌握。当笔者真正阅读、分析和比较研究相关文献后，着手进行布依族古代社会制度文化研究时，突然发现可支撑研究的文献资料并不多，这不仅是因为在古代社会布依族文化并未进入主流文化，古代统治者无视边远少数民族的历史文化，同时，还因为布依族在历史上是一个有语言无文字的民族，众多史实只能依靠口传心授，而缺乏文字记载。即便随着汉文化对布依族聚居区的不断渗透，极少数布依族人逐渐习汉文写汉字，但是由于当时的布依族地区山高坡陡，草深林密，交通不便，信息闭塞，布依族形成了相对独立的社会交往系统，整个布依族古代社会自然而然地形成了一套相对独立的历史文化体系。布依族古代社会制度文化相关信息，火星般散落于浩繁的地方志、"摩经"和碑文之中，要在这些文献中使用"显微镜"查找与探寻。

二是田野调查法。对布依族古代社会制度文化进行研究，必须通过文献研究与田野调查"两条腿"走路。"田野调查"英文译为"field study"或"field research""field work"，其中"field"直译为"田野"，亦即所有实地参与现场的调查研究工作，都可称为"田野调查"。田野调查是直接观察法的实践与应用，也是在进行研究之前，为了取得第一手原始资料的重要方法。"田野调查是指研究者以人类社会文化为调查研究对象，在一定的时间和空间内，通过实地考察，以科学方法为手段，以收集第一手资料为主要目的，了解某一社区、某一群体或某种社会文化现象的活动和方法。"[1] 布依族古代社会制度文化研究文献比较有限，客观上要求通过大量、深入的田野调查获取所需材料。布依族主要聚居地是贵州省，云南省、四川省也有少量的布依族居住。对布依族主要聚居地进行密集型观察，并通过田野调查重点针对布依族第一、第二、第三

---

[1] 何星亮：《文化人类学调查与研究方法》，中国社会科学出版社2017年版，第11页。

土语区进行调研，与布依族本土专家、布依族寨老、布依族村民进行广泛深入交流，从理论与实践两个层面，深入展开对布依族古代社会制度文化的研究。而对云南、四川两省的布依族人口分布地区进行参与式观察，并以"作为观察者的参与者"角色，对布依族古代社会制度文化有一个具体且感性的认知，力求全面、深入描述这一特定历史文化现象。通过对布依族地区的政府、文化局、文化馆等相关部门负责人进行集体或个体访谈，对部分布依族文化传承人以及摩公等进行个别深度访谈，以期深入了解布依族古代社会制度文化的推动者、传承者、传播者等不同主体在弘扬少数民族文化过程中的体会和感受，探讨布依族古代社会制度文化背后所蕴藏的"生命符码"，从亲历者主体的角度深化对布依族古代社会制度文化的认知并做出客观评价。

　　三是比较研究法。比较研究法是在社会科学研究中，运用最为普遍的研究方法之一，各学科都离不开比较研究。比较研究的方法形成于启蒙运动，在18世纪人文学者中已有萌芽，他们通过比较研究的方法，认为欧洲文明是从野蛮状态发展而来的。"比较研究方法（Comparative method），是指对两个或两个以上的、彼此有联系的事物或对象加以对比，以寻找其共同性（或相似性）与差异性，探求普遍规律与特殊规律的方法。事物或对象之间的差异性和同一性是比较方法的客观基础。相比较的事物或对象必须在同一关系之下，依据同样的标准加以对照，从而确定其共同点和差异点，对事物作出初步的分类。有比较才会有鉴别，通过比较，把不同质的事物区别开来。"①

　　通过田野调查获取足够的调查资料后，必须经过一个文化比较分析研究阶段。由于布依族"杂居与聚居"并存，人口分布领域广泛而又相对集中，通过比较研究便于对布依族整个族群文化延伸认知长度和拓展认知广度。古代布依族制度文化形成于相对特定的自然区域，正是基于这个特定的可控自然区域，笔者才有可能在一定程度上保证调查资料的数量和质量，也才有可能进行广义上的跨文化比较研究。同时，笔者通过一种流动的多点式的田野调查，尽可能多地收集整理布依族古代社会制度文化的相关资料，对其进行一种跨文化比较分析，超越单一地域上

---

① 何星亮：《文化人类学调查与研究方法》，中国社会科学出版社2017年版，第284页。

的布依族制度文化的整体面貌及其内在结构的研究。本书对布依族古代社会制度文化进行跨时空文化比较，为的不是求异而是求同。布依族古代社会制度文化这种特定的文化表象及其实践，因所处的具体地域、习俗信仰以及因特定历史而形成的思维方式，呈现出多样化的文化特点。通过比较研究，使不同时期、不同地域碎片化的布依族古代社会制度文化，更加系统完整地呈现出本来的历史全貌。

第一章

政治制度文化

布依族古代政治制度是在历朝历代的统治和约束下形成的，封建统治阶级先后以羁縻制度、土司制度、保甲制度、亭目制度来实现国家政权对布依族社会的掌控，从而使国家观念与公共权力扩展到布依族聚居区。

在距今三四千年前，随着布依族古代社会生产力水平的逐步提高，布依族先民从渔猎生活转向农耕生活，男子在劳动中的主体地位日益显现，母权制被推翻，丈夫掌握了家庭的权力，并形成家长制家庭。这种家庭形式是从母权制家庭走向个体家庭的过渡，在家长制家庭内，已包含着家内奴隶。例如，布依语称家内奴隶为"独唯"①，称拥有奴隶的人为"布苏"②。这些称谓均为古代奴隶制在布依族古代社会制度文化历史长河中留下的深深的历史烙印。散居于北盘江流域的布依族先民部落群，或因人口增长、社会发展融为一体，或因御敌抗争而结盟，或因互相兼并而扩张，于是较大且强的部落联盟应运而生③。由于布依族先民栖息的南盘江北岸、北盘江流域、红水河一带，山高坡陡，草深林密，交通闭塞，与中原一带交往极为罕见，比起中原地区族群，社会发展缓慢得多。春秋时期，当布依族先民内部分化成奴隶与奴隶主，并形成阶级之间的对立与矛盾时，作为阶级统治工具的国家应运而生，历史上记载的牂牁，就是布依族先民建立的第一个奴隶国家。牂牁之名，始见于《管子·小匡》齐公言："余乘车之会三、兵车之会六，九合诸侯，一匡天下……南至吴、越、巴、牂牁、不庾、雕题、黑齿。荆夷之国，莫违寡人之命。"④

---

① 独唯：会说话的动物，指奴隶。
② 布苏：权威至上者，指奴隶主。
③ 黄义仁：《布依族史》，贵州民族出版社1999年版。
④ 梁南灿：《布依族族源考》，《贵州民族研究》1987年第2期。

这时，牂牁已作为一个国家，列于南夷国群之中。有关牂牁国具体地理位置和管辖范围的历史记载，见于《史记·西南夷列传》："道西北牂牁"；《元和郡县志》载："自僰道①抵牂牁江。"关于僰道的路线有两种说法：一是《兴义府志》记载：僰道经叙永②、毕节、水城、郎岱③、永宁④、贞丰而达北盘江；二是《南丝古道话今昔》云：僰道经宜宾、高县、筠连、盐津、昭通、成宁、水城而达北盘江。两种说法对僰道途经的路线虽然有所不同，但均可到达北盘江地区确是共识。又据《四库全书先贤志提要》称："牂牁西（南）下邕、绥、建，故骆越地。"综合上述史载考证，牂牁国应建在今天的北盘江流域，主要包括贵州省水城区、六枝特区、关岭县、晴隆县、普安县、盘州市、织金县、镇宁县、普定县、安顺市、紫云县、兴义市、兴仁市、安龙县、贞丰县和云南省的富源县等地，中心地区应当在今天的贵州省六枝特区毛口乡和贵州省晴隆县花贡镇河塘村之间。牂牁国东北毗邻且兰国⑤，西南邻句町国⑥，西北、东南和西部，有濮（僰）人⑦、叟人⑧以及骆越人的活动。牂牁国与这些国家和民族，有的和平相处，有的也发生过矛盾冲突或战争，有的可能亲善友好而实现民族融合。另外，在贵州省册亨县至今仍然流传着的布依族古歌《安王与祖王》的唱词里边提到，在布依族远古时代有一个"仙女国"，"仙女国"的女人在山垭口接风而孕，生下布依族"国家"

---

① 僰道：古县名。汉属犍为郡。为僰人所居，故名。王莽时曾改称僰治。地在今四川宜宾县境。见《汉书·地理志上》。
② 叙永，隶属四川省泸州市。
③ 今贵州省六枝特区郎岱镇。
④ 今贵州省安顺市关岭布依族苗族自治县永宁镇。
⑤ 且兰国：建立于先秦时期。据《华阳国志》载："周之季世，楚顷襄王遣将军庄蹻溯沅水，出且兰，以伐夜郎，植牂牁系舡于且兰。既克夜郎，秦夺楚黔中地，无路得归，遂留王之，号为庄王。以且兰有椓舡牂牁处，乃改其名为牂牁。"
⑥ 句町国：可能起源于商代，位于广西、云南、贵州三省区交界处。句町国在史籍记载中称为西南夷，与滇国、夜郎国、漏卧国齐名。战国至西汉时期，是句町国鼎盛时期。广西壮族自治区西林县发现的铜鼓墓和铜棺墓，无疑说明这里曾是句町国的政治中心之一，墓中出土的铜鼓、铜棺以及鎏金骑马俑和车饰等，工艺水平非常精湛，反映了句町国的文明水平是很高的。
⑦ "僰（bó）人"又称"濮（pú）人"，是先秦时期中原华夏诸族对其西南诸族的统称，即今云贵高原及川渝南部地区诸民族。
⑧ 叟人，古族名，又称"搜"。汉至六朝时，今四川西南部、云南、贵州部分地区有叟人分布。支系繁多，称蜀叟（上"宗"，下"贝"）、叟、青叟、苏祈叟、越（xī）叟等。

的第一代王,取名万端王。中国先秦古籍中,对长江中下游以南地区的诸民族,统称"百越"①。布依族正是"百越"较大的一支,称"骆越",始祖为智慧之神,名叫布洛陀,是南盘江北岸、北盘江流域、红水河流域的土著民族,聚族而居,自成村落。史学界认为,"骆越"的活动地区之一就是古淮村江、牂牁江,即今南盘江北岸、北盘江及红水河流域,从古到今都是布依族聚居区,所以学术界普遍认为布依族先民应属于"骆越"的一支。无论是牂牁国或是"仙女国",均提到"国家"的概念,这里指的是父权制国家,也即布依族古代社会最早的奴隶制国家。国家观念与公共权力向相对封闭与独立的布依族社会的渗透,一方面强化了封建中央集权对边远少数民族地区的影响和控制,另一方面也推动了传统布依族经济社会向前发展。

第一节 羁縻制度

羁縻制度是中国古代历史上的一项重要制度,从秦朝开始,直至唐宋时期,是历代封建王朝在多民族国家里对社会发展落后的少数民族地区所采取的一种民族政策。"羁縻"两字按照康熙字典的解释是"笼络"的意思。"羁"指马笼头,"縻"指牛鼻绳。"羁縻"二字意为,像马笼头一样把马套住,不能让它为所欲为;也如牛鼻绳一样把牛牵住,叫到哪里就到哪里,不能违抗。②《史记·司马相如传·索隐》解释说:"羁,马络头也;縻,牛蚓也。"《汉宫仪》云:"马云羁、牛云縻,言制四夷如牛马之受羁縻也。""羁縻"二字明显是侮称,也表明历代王朝对少数民族的歧视心态。

一 羁縻制度的历史沿革

封建王朝的统治势力,一旦发展到边疆各少数民族地区时,必然面临这样一个问题:各少数民族内部政治、经济、文化的发展相对落后,

---

① 宋人罗泌《路史》:"越常、骆越、瓯越、瓯皑、且瓯、西瓯、供人、目深、摧夫、禽人、苍梧、越区、桂国、损子、产里、海癸、九菌、稽余、北带、仆句、区吴,是谓百越。"

② 黄义仁:《布依族史》,贵州民族出版社1999年版,第106页。

采取与中原一带完全相同的方式进行统治,是否管用?于是,采取什么样的政策对这些少数民族地区进行统治的问题随之产生,在实践中,随着中央王朝在少数民族地区统治势力的逐步深入,历代统治者逐渐摸索出一套解决少数民族地区统治问题的政策和策略,这就是少数民族地区"羁縻制度"的缘起。从战国时期至西汉末年,居住在南盘江北岸、北盘江及红水河流域的布依族是古夜郎国的主要居民之一。随着中央王朝统治势力逐渐延伸到我国西南边陲的布依族地区,统治者为加强国家权力对布依族地区的掌控,开始实施有别于中原地带的统治政策,羁縻制度由此产生。

从战国至秦汉这段时期,普遍分布于江淮一带的濮人渡江南下,于是有"濮人西南之蛮也"的记载和"濮为西南夷"之说。"濮"和"越"基本上是同一个族的不同称谓,这与《华阳国志·南中志》记载的"句町县故句町王国名也。其置自濮王,姓毋,汉时受封迄今"之说相一致,说明部分濮人已演变为越人。战国时期,包括布依族先民在内的越人地区建立了许多地方政权。《管子·小匡》记载:"南至吴、越、巴、牂牁、不庾、雕题、黑齿。荆夷之国,莫违寡人之命。"牂牁之名,始见于此。关于牂牁的历史记述《太平御览》(卷七七一)引《异物志》云:"有一山在海内,小而高,似系船筏,俗人谓之越王牂牁。远望甚小而高,不似山,近望之高数丈,名为牂牁,在海中。"《古今图书集成》又说:"唯南越者,其地西连湖湘,直抵滇、贵、牂牁、越嶲境。山深而地险,犹有不尽归王化者。"楚顷襄王时(公元前298—262年),楚将庄蹻率兵灭且兰①,封其子弟为且兰君。那时且兰附近的诸部落,当然也包括布依族居住地区,已有"君长"②,阶级分化日益明显,原始社会开始逐渐解体。自战国时期楚将庄蹻灭且兰后,留下大量士兵屯守,汉族劳动人民亦随之迁入,带来许多先进的生产工具和生产技术,使农业生产迅速地发展起来,这些地区"皆魋结,耕田,有邑聚"③。由于布依族社会受到中原封建势力的深刻影响,封建生产关系也随之逐步确立。

---

① 今贵州省福泉市。
② 贵州省文史研究馆点校:《贵州通志·土司·土民志》,贵州人民出版社2008年版。
③ 《史记·西南夷列传》。

公元前221年，秦始皇完成了统一中国的霸业，建立了中国历史上第一个统一的中央集权国家——秦朝。秦朝时期，秦始皇兼并六国之后，便逾五岭征服南越，实现全国统一。在这个征服过程中，有的越人逐渐融合于华夏人，有的则向兄弟部族靠拢或迁移他处。因此，早在两千多年前的秦汉时期，布依族就同中央王朝开始有了联系。为了实现对西南地区，包括布依族聚居区的政治统治，秦、汉封建王朝相继在今天贵州省黔南地区建立夜郎牂牁郡①，约为置吏。秦时（公元前3世纪初）常頞开通了"五尺道"②，置夜郎吏，将今天贵州省黔南地区划归秦之象郡③。汉武帝时（公元前2世纪中）中郎将唐蒙见夜郎侯多同，使之"归附"，并在今天贵州省黔南地区建立牂牁郡④。

汉代，越人仍是南方人口众多的民族族群，"自交趾至会稽七八千里，百越杂处，各有种姓"⑤。到了汉武帝元鼎六年（公元前111年），南越反，汉朝对西南及岭南地区大力经营，终于灭亡了南越，并且在南越原有地区设立儋耳、珠崖、南海、苍梧、郁林、合浦、交趾、九真、日南九个郡。其中的郁林、苍梧两郡及其西南的牂牁郡，都有布依族居住。牂牁郡的居民，也就是夜郎国的主要居民之一。《史记·西南夷传》云："西南夷君长以什数，夜郎最大；其西靡莫之属以什数，滇最大；自滇以北君长以什数，邛都最大；此皆魋结，耕田，有邑聚。其外西自同师以东，北至楪榆，名为嶲、昆明，皆编发，随畜迁徙，毋常处，毋君长，地方可数千里。自嶲以东北，君长以什数，徙、筰都最大；自筰以东北，君长以什数，厓駹最大。其俗或土著，或移徙，在蜀之西。"《华阳国志》记载："武帝转拜唐蒙为都尉，开牂牁，以重币喻告诸种侯王，侯王服从。因斩竹王，置牂牁郡，以吴霸为太守；及置越嶲、朱提、益州，四郡。后夷濮阻城，咸怨诉竹王非血气所生，求立后嗣。霸表封其三子列侯；死，配食父祠，今竹王三郎神是也。"《后汉书·西南夷列传》则云：

---

① 牂牁郡：范围大约包括今贵州省大部，云南省曲靖东南部、文山州和红河州的一部分，以及广西西部的右江上游一带。
② 五尺道：从今四川宜宾经云南昭通到达贵州的交通要道。
③ 贵州省文史研究馆点校：《贵州通志·前事志》，贵州人民出版社1987年版。
④ 贵州省文史馆研究点校：《贵州通志·土司·土民志》，贵州人民出版社2008年版。
⑤ 《后汉书·地理志》颜师古注。

"夷獠咸以竹王非血气所生，甚重之，求为立后。牂柯太守吴霸以闻，天子乃封其三子为侯。死，配食其父。今夜郎县有竹王三郎神是也。"上述夜郎国的耕田，"有邑聚"的结发之民是夷濮、夷僚。因此，濮或僚当与夜郎同族，而且是夜郎的主体民族之一。"百越"族族群历史悠久，"越"字在历史上作为最早见于甲骨文的"戉"字，其后，"扬越""荆越"等称谓，合称为"百越"①，汉文史官通用为"越"字。

三国时期，魏蜀吴对少数民族主要采取镇压、安抚及控制政策。当时少数民族聚集地大多是"蛮荒之地"的中国西南和西北地区，由于中原处于混战状态，所以东汉政权对这些地方的控制力并不强。从这一点上看，曹操是有功于社稷的，因在曹魏统治期间，鲜卑、突厥、匈奴等民族未能进入中原制造事端。南北朝时期，中央王朝更迭频繁，无暇顾及西北、西南等边缘地区，因而大姓族兴起，对中央王朝态度不一，大多做到保境自守。

蜀汉章武元年（221年），刘备入蜀时，先以费诗为牂柯太守，李严为犍为太守，并派李恢率兵往平夷②任庲降都督，但权力有限，不能有效地控制南中，只表面应付而已，到章武三年（建兴元年，223年）刘备死后，南中地区出现叛乱，益州豪强大姓雍闿杀太守正昂，举兵反蜀，牂柯郡丞朱褒、越巂耆帅高定起兵响应。接着雍闿又执蜀汉任命的太守张裔送东吴，孙权遥封其为永昌太守。这一系列事件的发生，激怒了蜀汉，于是诸葛亮决定亲征。诸葛亮认为要与魏吴斗争，必须求得后方的安定，所以他一贯提出"西和诸戎，南抚夷越"的政策，这是整个强国富民战略的组成部分。他在本土"务农殖谷，闭关息民"需要得到南中人力物力的支持，所以他下定决心征服南中。③ 就此南中地区也得到蜀境生产技术的传入，促进该地区经济文化的发展。

建兴三年（225年）春，诸葛亮兵分三路，从成都出发，亲自领兵攻击越巂一带；马忠领军攻击牂柯；李恢领军进攻益州郡。南中豪强们的叛乱，没有长远计划，属于称雄割据的性质，得不到各族人民的支持。

---

① 《旧唐书·列传》。
② 今贵州省毕节市、大方县一带。
③ 《资治通鉴》。

对此，诸葛亮采用马谡"攻心为上，攻城次之；心战为上，兵战为下"的策略，于是战局发生重大变化，号称鹿部蒙族①的济火帮助诸葛亮擒获益州夷帅孟获②。这年秋天，益州、牂牁、越巂等地豪族叛乱全被平息。诸葛亮平定南中后，改益州郡为建宁郡③，以李恢为太守；分建宁、永昌二郡的一部分为云南郡，一部分为兴古④；又分牂牁郡部分地区归建宁郡，牂牁郡仅有且兰、谈指、夜郎、无敛、平夷、谈稿、鳖等县，以马忠为牂牁太守。除此之外，还派有力的吏士为庲降都督，把强悍的"南中劲卒"万余户迁蜀编入军队，把弱小者留给焦、雍、娄、孟、量、毛、李等大姓为部曲。任用一些叛将，如孟获官至御史中丞，孟琰升为辅汉将军。还令大姓扩充部曲，募得部曲多的大姓，可以世袭官爵。自此蜀汉得到南中的物资支持，如《华阳国志·南中志》所提到的"南中平，军资所出，国以富饶"及"出其金、银、丹、漆、耕牛、战马，给军国之用"。诸葛亮南征是一件大事，对蜀汉来说，对牂牁地区进行深入的统治，便于支持、辅助蜀汉的势力；对牂牁地区来说，其接受蜀汉经济文化的影响，比西汉和东汉时期更大，使得该地区各民族的关系更加密切，从而为今后开拓祖国西南、实现祖国统一作出了一定的贡献。我国西南各族人民对诸葛亮的宽容政策念念不忘，常留有一些纪念的遗迹，民间还流传许多美好的故事。建兴十一年（233年），南夷耆帅刘胄又反蜀，马忠在张翼的帮助下，平定刘胄叛乱，但被刘胄煽动的牂牁、兴古僚人⑤又反，马忠部将张嶷前去镇压，张嶷用招降政策，招得二千降人迁往汉中，但普里人又起来反蜀，于是调火济兵去镇压。平息后将此地赏给火济统治，实施以夷制夷策略。火济让其兄子柏墨⑥成为普里⑦的统治者。蜀国灭亡，建宁太守霍弋率朱提、牂牁、兴古、云南、建宁、永昌等郡降魏。

---

① 又称昆明渠帅。
② 后来被诸葛亮封为罗甸王。
③ 今云南省曲靖市。
④ 今云南省罗平县和贵州省黔西南布依族苗族自治州。
⑤ 布依、仡佬等族的先民。
⑥ 柏墨从濮迁去。
⑦ 安顺府南70里章武大寨地有土司故城。

晋武帝泰始元年（265年），司马氏代魏立为晋朝，史称西晋。西晋对南中的统治，仍按诸葛亮的办法，笼络当地豪强大族，设置郡县。有时为了笼络民心，暂时减免一些赋税，如泰始七年（271年）五月，下令"交趾三郡，南中诸郡，无出今年户调"①。同年，晋为加强对南中地区的控制，调整政治区划，分益州的建宁、兴古、云南三郡，以及交州的永昌郡，合为宁州，治地为今天的云南省曲靖市，领四十五县。晋武帝太康三年（282年）又废宁州，将原属宁州的四郡，划入四川的益州，另设南夷校尉，驻守南中。以李毅为校尉，统管五十八夷部，都监行事，每年夷供贡府入牛、金、马、旄数以万计。晋武帝太康四年（283年），牂牁僚人二千余落内属，将其地置并渠县②。又分且兰置万寿县③，牂牁郡治万寿。愍帝建兴元年（313年）前后，分牂牁郡置平夷、夜郎二郡。晋惠帝复置宁州，分建宁郡西七县为益州郡，除前四郡外，增统益州、朱提、牂牁三郡共七郡。怀帝时，益州改为晋宁郡。公元303年和307年，南中人民反晋，曾攻下宁州，消灭李毅军三千多人。随着"八王之乱"，西晋末年李雄据蜀建立成汉，南中大姓豪族乘机发展势力，有的自称太守将军，割地称雄；有的以婚姻关系，相互支持；有的则与李雄取得联系，互为辅助。例如，建兴四年（316年）五月，平夷太守雷炤率平夷、南广二郡三千余户降于成汉，晋明帝太宁元年（323年），梁水太守景量、益州太守李逿据兴古郡及盘江以南地降于成汉，成汉据蜀，统治南中。

隋唐统一后，总结三国、两晋、南北朝时的少数民族政策，认为对少数民族的统治可以利用当地大姓实行间接控制，但是也不能放任不管不问。因而唐王朝采用的少数民族政策是，对率众归附的大姓首领，予以礼遇，让他们按时进贡，其承袭事宜，由中央王朝批准；其内部事务，全由大姓首领处理，不予干涉。

"唐初，邕管的左、右江和红水河流域，由于经济文化各方面都比较落后，唐王朝采取与桂东地区不同的方法进行统治，设有羁縻州四十四

---

① 《晋书·武帝纪》。
② 今贵州省都匀市以西一带。
③ 今贵州省瓮安县与余庆县之间。

个、羁縻县五个、羁縻峒十一个。这些州、县、峒在政治上利用少数民族中旧有的贵族进行统治，经济上让原来的生产方式维持下去，满足于征收贡纳，这是'羁縻制度'的实质。"①其中庄州设立于唐贞观三年（629年），州府在石牛②，包括轻水县③、东安县④、多乐县⑤、新安县⑥等；琰州设立于唐贞观四年（630年），州府在武侯县⑦，包括望江县⑧、始安县⑨、南县⑩、隆昆县⑪；盘州设立于唐武德四年（621年），州府在附唐县，包括附唐县⑫、盘水县⑬；矩州设立于唐武德四年，于天宝三年（744年）改名为羁縻州，州府在今天的贵阳市；明州设立于贞观二十年（646年），即今天的贵州省黔西南州贞丰县。羁縻州的建立，密切了中原地区与布依族地区的关系。"羁縻州的官爵必须经过当时的中央王朝封赐，羁縻州则要定期向中央王朝纳方物。但同时也保留羁縻州所辖境内自己的政治、经济制度，并允许它在本辖区域内推行自己传统习惯法。"⑭这种分散的半独立状态的政治制度，是同当时的封建领主经济相适应的。贵州省黔西南古属的盘州，就是在唐贞观八年（634年）设置的羁縻州，它包括今天贵州省的兴义市、兴仁市、册亨县和贞丰县。州内土官由中央封赐，土官定期向中央纳贡，按旧俗治理地方。

唐宋后，中央王朝在布依族地区制定制度，封当地酋长为世袭土官，《隋书·地理志》有"俚僚贵铜鼓，岭南二十五郡处处有之"的记载。鉴于布依族分布在岭南二十五郡所属的西部地区，同时至今布依族村寨中

---

① 黄现璠等编:《壮族通史》，广西民族出版社1988年版，第283页。
② 今贵州省独山县、惠水县一带。
③ 今贵州省福泉市。
④ 今贵州省罗甸县。
⑤ 今贵州省贵定县。
⑥ 今贵州省龙里县。
⑦ 今贵州省安顺市、关岭县一带。
⑧ 今贵州省安顺市东南部、镇宁县、平坝区一带。
⑨ 今贵州省普安县。
⑩ 今贵州省晴隆县。
⑪ 今贵州省紫云县。
⑫ 今贵州省兴义市。
⑬ 今贵州省册亨县、贞丰县和兴仁市。
⑭ 王鸣明:《布依族社会文化变迁研究》，博士学位论文，中央民族大学，2005年。

仍然保留珍爱铜鼓的传统，所以在古代的"骆越""僚"人中，很可能包括了布依族的祖先。

明代李攀龙《送刘员外使黔中》诗云："牂牁万里越王台，北眺中原秋色来。江嶂忽分三楚原，海天不尽百蛮开。白云使者乘轺过，金马祠官拥节回。为泛昆明夸上苑，令知汉主自雄才。"从远古到中古的史籍，都说"越王"是统治牂牁流域的越人，而南盘江、北盘江及红水河一带不仅是古代越人的居住地域，也是现今布依族的主要聚居区之一，这足以说明古代越人的后裔包括布依族先民在内。

清朝改土归流后，由中央王朝直接派官员对少数民族地区进行管辖，不再实施羁縻政策。

二 羁縻制度的基本特点

羁縻制度是中国古代历史上中央王朝在治理少数民族地方时所实施的一种统治策略，实施的主要目的是加强中央王朝对少数民族地区的牵制与束缚。

一是中央王朝对少数民族地区的统治策略，从"示以威德"到"弃而不追"的转变。秦、汉两代封建王朝对布依族聚居区最初采取的是直接统治手段。最先通过战争用武力威胁地方政权，采取"示以威德"手段，震撼少数民族政权归降，从而设置"郡、县"，并从中央委派官员到这些地区实行直接统治。如果地方政权不服从中央政权的管制，就讨伐和杀害地方上的当权者，如陈立斩夜郎王兴、王莽派兵镇压句町王等，这样做的结果并不顺利和理想。后来，中央政权对地处西南边陲的布依族聚居区的地方政权转而采取"弃而不追"的政策，中央王朝的封建统治者在广大布依族聚居区对土著头目封以"王""侯""邑长"，放手让布依族土著头人自己管理自己的地方，实施"羁縻"政策，其效果反而更好。可以说，"羁縻"制度是最早的"地方自治"。从此，封建势力延伸到布依族地区，同时也促进了布依族社会生产力发展和阶级分化。

二是中央王朝与少数民族政权联合共治。其将布依族社会置于中央政权的管束之下，使当时的政权组织形式表现出绝对集权与适度分权的有机结合。例如，唐代在少数民族地区普遍建立羁縻州。唐代初年，称雄于"八蕃"的土著人谢氏和宋氏率众归附唐朝。唐王朝统治者认为这些少数民族地区的社会经济及风俗习惯与中原地区大不相同，于是按照这些地区少数民族的传统习俗，采取"以俗治之"的策略，设置了庄、琰、盘、矩等羁縻州。

三是地方少数民族政权接受中央王朝封号，实行"世袭"制。唐代以来，中央王朝在广大布依族地区各羁縻州分别设立刺史、将军等官职，均以当地土著酋首充任，接受中央王朝封号，世袭其地，不离本土；允许他们在中央王朝版图内维持原来的统治地位，王朝不过问其内部事务，甚至"或臣或叛"，政府也是"来者不拒，去者不追"，听其自然；也没有像中原那样有固定的赋税，只不过"时有进贡"而已。

四是地方政权对中央王朝形式上的依附。早在战国、秦汉时期，地处我国西南边陲的布依族聚居区域属于夜郎国故地，地方势力此时已经与中央产生关系，在民族融合过程中，至唐宋时期，中央王朝在布依族聚居地的羁縻政策才渐渐强化。在中国古代传统封建王朝统治者的政治实践中，中央王朝通过笼络边疆少数民族头人，强化对边疆少数民族的控制。而少数民族头人，通过依附中央政权，提升自己在地方上的威望，所谓地方政权对中央政权的依附实质上是形式上的依附，统治地方的实权仍然在地方势力手中。唐中央王朝在贵州乌江以南及广西全境，建立数十个羁縻州，黔西各羁縻州属黔中道黔南都督府，广西各羁縻州属于岭南道。当时羁縻州的农业生产已进入水田耕作阶段，而且每年两熟，并且在山坡上开垦梯田，但耕作粗放，土地也不贵重。土地属于公有，人们自营生业，无赋税，唯一的义务就是遇到战争时，都必须自备粮草和武器参加战斗。

三　羁縻制度对布依族社会的影响

羁縻制度作为皇权政治支配下的一种民族政策的统治策略，从某种意义上说，对古代布依族社会发展产生了深刻的影响。

一是推动了布依族社会生产、生活方式的变革。长期生活在我国西南边陲南盘江、北盘江、红水河流域的布依族，居住在山高坡陡、草深林密、交通不便的封闭环境中。这不仅造成了布依族的生产方式长期处于"刀耕火种，赶山吃饭"的低下水平，而且使布依族的产品交换方式通常表现为"物物交换"的简单形态。羁縻制度打破了布依族古代社会长期的封闭状态，以政治一体化引导和推进了经济一体化的进程，从而也推动了布依族地区生产力水平的提升。羁縻政策的实施增加了布依族地区居民与外界的交往，特别是郡县制的实施，使得他们学习和掌握了汉族地区的先进生产技术和先进生产工具。因此，政治及行政制度的变革往往成为生产力发生质变的强大诱因，也成为引起生产关系及整个社会面貌发生变化的强大诱因。综观布依族古代社会的文明发展史，我们不难发现，其生产方式的变革无不打上政治制度变革的烙印。

二是维护了布依族地区社会秩序的相对稳定。羁縻府州之上没有边州都督府，这密切了地处西南边陲的布依族地区同中原地区的关系。羁縻州的土官爵位经过中央王朝封赐，布依族封建领主因此取得他们所需的合法统治及政治权力。他们对中央王朝的归顺及臣服，相对于中原的战乱，使得布依族聚居区少数民族政权相对稳定，客观上使当地社会秩序能够在相当长的时期内保持相对的稳定，经济文化事业有了一定的发展。

三是分散的半独立状态的政治制度与封建领主经济制度的基础相适应。羁縻政策有效缓解了因社会发展阶段不同、经济基础不同而引发的统治者与被统治者之间的矛盾问题，少数民族地方政权在中央王朝版图内保存自己的政治、经济制度，并被允许推行自己的民族习惯法，用于维护地方社会稳定，对促进当地经济发展具有一定积极作用。

四是促成了布依族作为一个民族共同体的诞生。郡（州）县制度强化了居住在南盘江、北盘江、红水河流域的各民族之间的各种联系，他们在共同的政治生活及经济生活中逐步形成民族向心力和民族凝聚力，民族意识也不断增强。这些地区的土著居民经过不断地组合或分化，在今天的广西壮族自治区、云南省、贵州省、四川省等省区相互接壤地带，形成了一个具有相当规模的新的共同体——布依族。应该说，羁縻制度的实施和推行，使地处我国西南边陲的广大布依族地区与中原地区联系进一步加强，布依族地区之间逐渐连成一片，人们之间的经济及文化往来日益频繁，共同的民族意识与民族文化等因素在共同的地域内逐渐成长起来，使布依族逐渐发展成为一个稳定的民族共同体。

第二节 土司制度

羁縻制度的进一步发展，就是土司制度。土司制度是中国封建王朝统治少数民族地区的一种推行时间较长、范围较广的制度。宋元时期，中央王朝承袭唐代的"羁縻政策"，在广大布依族地区设置了许多宣慰司、安抚司、长官司和一部分土府、土州、土县，委任当地少数民族统治者为宣慰史、安抚史、招讨史等土司和土官，在其管辖范围内有较大自治权，有别于中央王朝直接派出的官吏，史称土司制度。

一 土司制度的历史沿革

土司制度是封建王朝对于农奴制的少数民族地区的一种统治形式，它由统治者的羁縻政策发展而来。土司、土目和其他土官，绝大部分都是原来当地各族中的统治者，他们和封建王朝结合起来以后，世代占有无数的田地，而且还经常强占民间良田。人民被迫向土司、土目交纳租赋、服劳役及承担名目繁多的苛捐杂税。

土司制度承袭唐代"羁縻制度"，始于宋元时期，繁荣于明代，崩溃于清代，结束于20世纪初。

汉朝时期的"蛮夷君长"统治制度，应该是后代土司制度的雏形，《汉书·西南夷传》载：汉武帝时，"南越已灭，会还诛反者，夜郎遂入朝。上以为夜郎王"。朝廷给地方民族首领颁发印绶等信物，承认其统治的合法性，并对原来的统治权和统治形式不加干预，在物质上则给予"厚赐"，于是唐蒙见夜郎侯多同厚赐，"贪汉增帛""以威德，约为置吏"，归汉管辖。这就是西汉在势力未及的少数民族边远地区，采取的"以夷治夷"管理土著的统治方法，后代土司制是从这一中央王朝对少数民族地区统治思想策略继承和发展而来的。自宋元至清雍正五年（1723年），布依族地区实施军政合一的土司制度。

宋朝时期，南方各少数民族首领纷纷率众纳土归附中央王朝政权，根据宋朝人范成大在其著作《桂海虞衡志》中的记载，宋王朝采取"固其疆，参唐制，分析其部落，大者为州，小者为县，推其长雄者为首领，借其民为壮丁"的政策，给当地土酋分别授予知州、知县等官职。宋开宝年间（968—976年），彝族酋长率众纳土归附宋王朝，被宋王朝封为罗殿国①国王。宋朝时期的罗甸国范围较大，清朝乾隆年间《贵阳府志》记载："罗甸国辖地即今罗斛②及贞丰、册亨、普安、归化、安顺府西，普定府路皆是。"③当时，在今天的云南省、贵州省、广西壮族自治区三省区交界处有个自杞国，自杞国与罗甸国正好相邻，今天的贵州省黔西南布依族苗族自治州人民政府所在地兴义市属当时的自杞国管辖。"正如《建志以来朝野杂记》记载：'大理国去自杞国可二十程，而自杞国至邕州横山寨二十二程，罗甸国又远于自杞国十程。'《岭外代答》载：'中国通道南蛮，必由邕州的横山寨。自横山寨一程至古天县，一程至归乐州，一程至唐与州，一程至睢殿州，一程至七源州，一程至泗城州④，一程至古那洞，一程至龙安州，一程至风村山獠渡江，一程至上展，一程至博文岭，一程至罗扶，一程至自杞之境名曰磨巨，又三程至自杞国。自杞四程至古城郡，三程至大理国之境名曰善阐府⑤，六程至大理国⑥矣。'由此可知，自杞国当在今天的广西田东县与大理白族自治州之间的兴义一带，这里也是布依族比较集中的地区"⑦。兴义地处云南、贵州、广西交界，属交通要道，当时这里盛产名鸟，与宋王朝中央政权有一定的经济和文化联系。宋王朝在布依族地区推行土司制度，贵阳军民府属长官司有程番长官司⑧等15个，仅惠水县境就有12个；安顺军民府属长官司有慕役长官司⑨等5个；都匀府属长官司有都匀长官司⑩等4个。

元朝统一中国后，为加强中央王朝的控制，承袭了唐宋对少数民族统治的"羁縻政策"，在原有羁縻州县的基础上，在布依族广大地区设置了许多土司和任命了许多土官。例如元至正十一年（1351年）四月，元

---

① 今贵州省罗甸县，当时称罗甸国。
② 今贵州省罗甸县。
③ 王鸣明：《布依族社会文化变迁研究》，博士学位论文，中央民族大学，2005年。
④ 今广西壮族自治区凌云县。
⑤ 今云南省昆明市。
⑥ 今云南省大理白族自治州所在地。
⑦ 《布依族简史》编写组：《布依族简史》，贵州人民出版社1984年版，第59页。
⑧ 今贵州省惠水县城南程番。
⑨ 今贵州省镇宁县募役。
⑩ 今贵州省都匀市。

朝以宋时的和武州改置和宏州，州治在罗黎寨①，领十二营长官司和康佐长官司，隶云南省普定路，后改为镇宁州②。

明朝时期，土司制度更臻完备。明洪武三年（1370年），在贵州设立兼管军民事务的贵州卫。明洪武十五年正月，置贵州都指挥使司，仍分别隶属于湖广、四川、云南三布政司。永乐十一年（1413年），除都指挥使司领十八卫、七长官司隶属兵部以外，增置贵州等处承宣布政使司，与都指挥司同治，领府八，州一，县一，宣慰司一，长官司三十九。后领府十，州九，县十四，宣慰司一，长官司七十六，属吏部③。作为省级行政单位的贵州就开始于此时。其中在布依族地区主要有贵州宣慰司、安顺军民府、都匀军民府、平越军民府、贵阳府、普安府，永宁州、安顺州、独山州，新添卫、平越卫、平坝卫及八蕃长官司等。此外，还有属于广西泗城军民府的红水河北岸属地。所有这些土司及土府、土州、土县，仍多任用少数民族酋长为土官，世袭其地。土官承袭前要呈缴"底簿"④，嫡长子有优先继承权，无嫡及庶，无子则及伯、叔、弟、妻子，必要时女儿也有继承权。土官的朝贡事宜，属礼部掌管；土官的承袭事宜，属吏部掌管；土官的领兵事宜，属兵部掌管。⑤ 土司是区内的最高统治者，又是当地的封建领主，拥有兵权，设有衙门、监狱、公堂、神祠等统治机构。"土司制的主要内容为：一方面，中央王朝对归附的当地首领假以禄，宠之名号，使之仍按旧俗管理原辖区，通过他们对布依族实行间接统治；另一方面，当地首领须服从中央王朝的调遣，并按期上交数量不等的贡纳，承担一定的政治、军事、经济等义务。《明史·土司传序》说：'其道在于縻。'"⑥ 例如，明清之际，贵州省布依族聚居地区就有安隆长官司岑氏、望谟王氏、册亨侬氏等土司。明孝宗弘治十一年（1498年），普安土判官隆畅之妾、云南沾益土司知州安民之女米

---

① 今贵州省紫云县火花乡火烘村。
② 今贵州省镇宁县。
③ 参见《民史》卷四六志第二十二。
④ 底簿：簿册、簿记、簿籍、簿录等。
⑤ 参见《明史·贵州土司传》。
⑥ 赵霖：《唯物史观视野下布依族婚姻习俗与婚姻立法研究》，博士学位论文，华中师范大学，2013年。

(七)鲁,同营长阿保私通,米鲁自号无敌天王,举兵反明王室。弘治十六年(1503年),明朝廷派户部尚书王轼为提督,调楚、粤、滇、蜀兵八万以及湖南、广西土司兵进剿。岑辉带王杰、班继、黄琚等土兵二万,广南土司侬泰带土兵二万①。陆、王、周三姓各统土兵五千,分三路会师鲁土营。经过一年多的战斗,土官岑凤英在马尾笼擒住米鲁。朝廷以五姓有功,允许岑、侬、陆、王、周五姓率兵进入册亨②,划地管业,世袭管食。

到了清朝,中央王朝对贵州布依族地区的统治仍然沿用明朝的旧制度。但是清朝在贵州的统治机构比明朝要完善一些,如清代裁撤在贵州的统治机构卫、所,纳入府、厅、州、县,个别的也保留下来。在府一级增设直隶州、直隶厅,州、县一级增设厅,县以下的安抚司、长官司一律取消,代以州通判、州同知、县丞、巡检、主簿、吏目、经历、弹压、汛等。吴三桂叛清时,为拉拢地方各少数民族的统治者,把原来改流的土地又归还土司,土司势力进一步增加。但从历史实践上看,土司制度并不利于国家的统一和中央集权的行使,以致中央政令难以实施。例如,康熙年间,中央准备进行全国性的人口调查,但由于土司的阻挠,使调查全国人口工作都难以开展。因而,清朝政府决心对少数民族地区实行"改土归流"。清政府的改土归流旨在加强中央政府对各族人民的统治,树立中央政府的权威。改土归流制度的实施,主要是废除原来的土官、土目,代之以中央派来的流官。而地方上的流官由中央统一任命,取消土官的世袭制。由于"改土归流"制度的实施,触动了地方土官的切身利益,因此遭到土官的强烈反对。为此,清政府主要通过军事力量强行推动,经五年左右的时间,这项制度才得以推行,清政府也为此付出了惨重的代价。当然,清政府在强行推行"流官"制度的同时,对一些"土官"也进行了利用,将"土司"更名为"土舍""土弁"等,使其成为"流官"的助手。清政府通过"改土归流",削弱了"土官"在地方上的势力,强化了中央集权,加强了清政府对少数民族地区的统治。"清初布依族地区的土司制度,仍沿明制,允许土司有一定的权限。当时

---

① 《贵州通志·土司·土民志》记载二万,《侬氏家谱》记载五千。
② 今贵州省册亨县。

这些地区最大而典型的土官是泗城岑氏，渊源较久，辖地包括红水河南北两岸，南岸为今广西凌云、乐业、西林、田林、凤山、隆林等县；北岸为今贵州兴义市一部分及安龙、贞丰、册亨、望谟、罗甸等地。大领主岑氏，其下有黄、王、陆姓的土目、甲目、亭目和土舍等中小领主。这一带广大的居民是世世代代附属于他们的农奴。顺治十五年（1658年），贝卓尔攻占安龙时，岑氏率土兵为前导有功，于是清政府封他为知府，管理上述大片土地。但是后来形成尾大不掉之势，乃至在雍正五年（1727年）开始削弱他们的权力，把他们管辖的红水河北岸划归州管，把府降为州。其他地区则大规模'改土归流'，直接派流官来统治。但是'改土归流'主要改府、州、县这级，县以下的基层土司还是改不了。王囊仙起义被镇压以后，清政府又意识到基层土司的作用不能忽视，不能不维持原状，而且要借助他们才能统治广大的布依族地区，所以甲、亭制度，一直维持到民国初年才完全消失。"①

二 土司政权的组织结构及其职责

土司制度是中国封建王朝统治少数民族地区的一种统治策略手段，与汉族地区的政治制度有较大区别。到了明代，土司制度已经开始深入布依族聚居区域，明代在布依族聚居地区设置的土司制度机构组织主要有贵州宣慰司、安顺军民府、都匀军民府、平越军民府、贵阳军民府、普安军民府、镇宁州、独山州等（见表1-1）。

表1-1中的水东是今天的贵阳市北，中曹是今天的贵阳市南，龙里是今天的贵阳市东，白纳是今天的贵阳市东南，底寨是今天的息烽县，乖西蛮夷是今天的开阳县，养龙坑是今天的息烽县，威清是今天的清镇市，镇西是今天的卫城镇。除表1-1所述之外，还有属于广西泗城军民府的红水河北岸属地也是布依族土司领地。永乐十一年（1413年），思州、思南两大宣慰司最早废土设流，设立思州、思南、铜仁、镇远、石阡、黎平、新化、乌罗八府。永乐十四年（1416年），又置贵州提刑按察使司，明代省一级建置的三司机构贵州都已经齐备，明王朝完成了在全

---

① 黄义仁：《从南明王朝播迁安龙到王囊仙起义后的布依族社会》，载《布依学研究（之三）——贵州省布依学会第二届年会暨第三次学术讨论会论文集》1991年。

国辖两直隶、十三布政使司的全部设置。为了加强对土司的控制，明王朝给一些地区的土司加派流官，对土司进行监督、制衡，实行土流并治。土司是中央封建王朝授予少数民族首领的世袭官职，旨在实现中央王朝对少数民族地区的间接管控。

表1-1　　明代贵州省布依族地区土司政权名称及所辖区域①

序号	名称	时间（年）	隶属	设置	范围
1	贵州宣慰司	1413	贵州布政司	设有水东、中曹、龙里、白纳、底寨、乖西蛮夷、养龙坑七个长官司以及沙溪、澄河两个巡检司和黄沙渡、龙谷土两个土巡检司	贵州宣慰司由原水西、水东两大土司之地合并设置；明洪武五年，以水西土司彝族霭翠为宣慰使，水东土司宋钦为贵州宣慰同知，治所从今大方县移到今贵阳市
2	安顺军民府	1382	贵州布政司	原名"普定军民指挥使司"，隶属云南布政司；正统三年八月，安顺军民府直隶贵州布政司	万历三十年升为安顺军民府，辖镇宁、永宁二州及威清、平坝、镇西三卫，领有十二营长官司
3	都匀军民府	1279	贵州布政司	洪武十九年十一月置都云安抚司，隶属四川布政司；洪武二十三年十月改都云为都匀，改安抚司为卫；弘治七年五月置都匀府于卫城，隶属贵州布政司	元初即设立，都匀最早叫作"都云"，是因城东二里有都云洞；至元十六年置都云军民府，后改为都云、安云二安抚司
4	平越军民府	1601	都云安抚司	元代叫平月蛮夷军民长官司，属都云安抚司；明万历二十九年于平越卫城置平越军民府	今贵州省福泉市

① 根据管仲主编的《布依族》（新疆美术摄影出版社2010年版）第40—42页的相关内容整理而成。

续表

序号	名称	时间（年）	隶属	设置	范围
5	贵阳军民府	1601	布政司	成化十二年置程番府，属布政司；后更名贵阳府；万历二十九年改置贵阳军民府	今贵州省贵阳市
6	普安军民府	1382	四川布政司	元代为普安路；洪武十五年改置普安府，属云南布政司，同年改置普安军民府；永乐元年正月，改贡宁安抚司为普安安抚司，隶四川布政司，以者昌之子慈长为安抚使；永乐十三年末废，改普安安抚司为普安州，领九里十二营	今贵州省盘州市
7	镇宁州	1351	贵州都司	元初称和宏州；元至正十一年四月改镇宁州；明洪武十五年从镇宁、永宁二州划出部分地方设置纳吉堡，"纳吉"系布依语译音，意为祭祀田；洪武二十三年置安庄卫；明嘉靖十一年将镇宁州署迁驻安庄卫城	今贵州省镇宁县
8	独山州	1383	都匀府	元为独山土州，属新添葛查安抚司；洪武六年改置九名九姓独山州长官司，改属都匀安抚司，二十三年改属都匀军民卫；弘治七年改置独山州	今贵州省独山县

三　土司制度对布依族古代社会的影响

土司制度作为一项适应少数民族地区社会发展需要的基本政治制度，引发了布依族古代社会政治、经济、文化等方面的深刻变化，改变了布依族古代社会原有发展的总体面貌。

一是土司制度的有效实施，维护了国家主权完整和布依族社会稳定。布依族土官对辖区内土地资源、人口资源和其他自然资源的实质意义上的掌控，中央王朝政权与布依族聚居区地方政权有效契合共治，对布依族社会稳定和维护地方统治秩序具有积极意义。中央王朝在推动"皇权大一统"政治观念深入布依族地区的同时，通过赐予布依族头人或者首领享有国家法定权力正式官员封号，并规定同时享有世袭特权等政策，使中央王朝得到地方势力的拥戴，有助于维护国家和布依族社会的长期稳定。

二是土司制度的有效实施，促进了布依族社会经济发展。羁縻制度与土司制度的最大区别在于，在羁縻制度下，中央王朝只赐给少数民族首领封号，而对少数民族内部事务并不过问，控制较为松散，而土司制度则由过去中央对地方的松散控制变为严格控制，通过层级管理形成隶属关系。同时，中央王朝在授予土司官职时，一并写明土司姓名、年龄、职位、世系和授职时间，对辖区承袭、纳贡、征调等政策有严格规定，中央王朝对少数民族地区人口、自然资源信息清楚，为日后直接控制提供了信息保障。少数民族政权对中央王朝纳贡和服役等，增添了国家实力。加之，大规模从中原到布依族地区屯田的军民，带来的先进生产工具和生产技术，对布依族地区开垦荒地、发展农业起到积极作用。随着中央王朝对布依族地区统治的不断深入，带动边远山区与中原一带的联系，驿站不断增设、道路不断开拓，并随着剩余产品逐渐增加，农村初级市场逐渐扩大，市场交换日益繁荣，布依族地区出现了贵阳、都匀、南笼、安顺等重要商业中心。

三是土司制度的有效实施，促进了布依族地区文化教育的发展。中央王朝在发展布依族地区领主经济的同时，大力推行"文德以化远人"的教化政策。1369年，明王朝通令全国各地要建立府、州、县学，发展文化教育。例如，洪武年间建立了贵州宣慰司安顺府学和平坝卫学等，随后又建立普安州学、都匀府学、镇宁州学、贵阳府学、贵定县学等。每乡还设立社学，要求土官、土舍、土目把子弟送入社学，使之读书习字，知书达理，同时设立义学以"顺化苗民"。另外，优先照顾少数民族子弟入国子监，为少数民族子弟参加科举开方便之门。1506 年，王阳明被贬谪为贵州龙场驿（修文县）丞。他最先在龙岗书院讲学，由于受王阳明讲学的影响，贵州各地书院雨后春笋般地建立起来，如都匀鹤楼书院、南皋书院等。王阴明在贵州三年，对儒学在贵州少数民族地区的发展，无疑也产生了积极和深远的影响。1535 年，贵州首开科举，布依族地区的文化教育至此有了较快发展。

当然，我们在肯定土司制度对布依族社会发展所发挥的历史作用时，不应该忽视这一制度对布依族社会发展造成的消极影响。例如，土司制度强化了土民与土司的人身依附关系；领主经济阻碍了地主经济成长；土司制度导致辖区封闭自守，土司间由于缺乏交往容易出现隔阂，严重时甚至出现冲突。

第三节　保甲制度

保甲制度，又称乡里制度或者村社制度。保甲制度的组织构成是以户为单位，设户长；十户为一甲，设甲长；十甲为一保，设保长；数保为一乡，设乡长。各地乡长、保长、甲长由当地有威望的上层人物担任。平时乡长、保长、甲长负责征收赋税，如遇有事，则逐村清理、每户稽查，是一种基层管理制度。

一　保甲制度的历史沿革

北宋时期，神宗熙宁四年（1071 年）王安石变法时首创保甲法。"以十户为一小保，选一较富有之主户为小保长；五小保为一大保，选一人为大保长；十大保为一都保，选富户二人为都保正及都保副正。每户有二丁以上出一丁，担任保丁。这种保甲法于熙宁六年开始在全国实施。"[①] 明代洪武十四年（1381 年）设立了里甲制。"每里有一百一十户，

[①] 国风：《我国乡村体制的历史沿革》，《农村工作通讯》2007 年第 4 期。

由百十户中选出丁粮多的十户为里长，每人在十年中皆有充当一次里长的机会。剩下的一百户则组成十甲，每甲十户，每户在十年内轮充一次甲首。"①

清朝初年，布依族地区的地主经济已有相当发展，地主阶级已成为封建王朝直接统治的阶级基础。于是，一场自上而下的"改土归流"运动开始了。康熙八年（1669年），清朝规定"凡苗民劫杀事，初犯者，该土司罚银二十两，五起以上罢职，另选袭替"，康熙末年，清朝已裁革了不少小土司。雍正四年到九年（1726—1731年），清王朝采纳云贵总督鄂尔泰的建议，强行"改土归流"。除一部分被迫愿意接受"改土归流"的小土司外，其余县、州、府一级的大土司，基本上都被强行改土归流。一些侥幸被保留下来的长官司，被授予比原来较低一级的官职，称为土舍、土弁、土目、土千总、土把总、土巡检等。

清王朝在布依族地区废除土司制度以后，为稳定乡村社会秩序，解决制度缺失可能导致的乡村社会失控，于是，把汉族地区盛行的保甲制度推进到布依族地区。保甲制度在布依族古代社会的推行，是当时封建王朝行政管理效率低下且行政力量薄弱的表现，同时是由布依族社会交通信息闭塞，聚族而居且相对"独立"的社会特征所决定。

1911年辛亥革命爆发后建立中华民国，实行县制，推行保甲制度，但在布依族地区仍是头人统治，或委任当地头人、布依族自然领袖为乡镇长、保甲长。例如，1940年才建县的贵州省望谟县，有5区17个联保，联保下是保、甲，全县共114保、1416甲。中华人民共和国成立后，废保甲制，基层政权设乡、村，乡设乡长，村设村长。

二 保甲制度的组织结构及其职责

清政府在贵州布依族地区推行"保甲制"，客观上促进了这些地区经济发展，巩固了中央政府对少数民族地区的统治。但是在边远的南北盘江与红水河流域的布依族地区，基层土司的亭目制度仍然发挥着一定的社会作用。

保甲组织作为国家政权借以向乡村社会延伸管理的权力代表，在行

---

① 国风：《我国乡村体制的历史沿革》，《农村工作通讯》2007年第4期。

政管理方面的主要职权有三个方面。

其一，负有防御性的保安职责。"每十户为甲，甲有长；十甲为保，保有正。凡属甲内人民，各置兵器一件，甲长置锣一面，保正置鼓一面，或铳一竿。"①

其二，编制赋税册，作为征收赋税之依据。各保甲长负责调查田粮丁数，编造黄册，理顺田地与户口关系。"各布政使严饬该道府，责令州县，查照旧册，著落保甲，逐一清厘。"②

其三，维护乡村治安秩序。"身充保甲，即属在官人役。其所辖村庄一切事物，地方官悉惟该役是问。""凡甲内有盗贼、邪教、赌博、赌具、窝逃、奸拐、私铸和销私盐西面、贩卖硝磺，并私立名目、敛钱聚会等事，及面生可疑、形迹诡秘之徒，责令专司查报。"③

清政府在贵州布依族地区继续实施元明以来的屯田制，清代的屯田制度是："驻一郡之兵即耕其郡之地，驻一县之兵即耕其县之地，驻一乡之兵即耕其乡之地。"④ 屯军按户给田耕种，但给予田的多少和所纳赋税的多少各地并不统一。政府把军屯所给之田以及剩余之田、农民因起义而没收的田、无主荒田、由汉族地主承领转租给各族人民耕种之田等集中起来租给各族人民耕种，称为民屯。政府通过民屯，榨取屯粮，以供给驻军的需要，从这一意义上说民屯是军屯的补充。雍正年间（1723—1735年），清政府在布依族地区实行大规模的改土归流后，布依族地区土官的势力进一步被削弱，有的土官沦为农村恶棍，有的改变经营土地的方式进而转变为农村地主。原先的农奴变为农民，封建领主经济被封建地主经济所取代。

民国初年，民国政府在布依族地区改行新制，编设区乡，但是清末旧制仍被使用，出现政府、保甲、亭目等新旧制度并存的局面。国民党政府对布依族地区实行一系列民族歧视政策，如1930年国民政府颁布"实施边地教育大纲"和《抚绥苗夷民实施纲要》，干涉布依族宗教信仰

---

① 《明经世文编》卷四一六。
② 《清世祖实录》卷八八。
③ 《近代中国资料丛刊》，台湾：文海出版社1999年版，第21页。
④ 《圣主实录》卷二四。

自由，实施大汉族主义，搞民族同源论，企图同化布依族。这些制度在布依族地区的实施，激化了民族矛盾，布依族人民为此而举行多次起义。布依族地区由于地处偏远，情况比较特殊，封建领主经济在人口相对集中、交通便利、自然条件较好的布依族地区已经发展为封建地主经济，但在偏远山区，封建领主经济依旧发挥作用，仍然保留"保甲制与土目制并存"的旧制度遗迹。

中华人民共和国成立初期，包括布依族地区在内的贵州少数民族地区建立了民族联合政府，为这些地区实行民族区域自治奠定了基础。1956 年建立了贵州省黔南布依族苗族自治州，1982 年建立了贵州省黔西南布依族苗族自治州，而且相继建立了一批布依族自治县和民族乡，在这些地区实行民族区域自治，布依族儿女自此当家做主。

三 保甲制度对布依族社会的影响

布依族地区建立的保甲组织是州、县政权职能的延伸和具体化，是清王朝统治乡村、强化集权的有力工具。当土司政权退出历史舞台之后，面对乡村社会原有权力格局的变迁以及原有权威力量的消失，清王朝迅速找到了一种新的制度——保甲制度，作为土司制度的替代来重建布依族乡村社会的统治秩序与权力格局。应该肯定，这一制度为维护布依族社会的稳定与发展，曾经发挥了一定的积极作用。

一是保甲制度一定程度上削弱了布依族社会固有的宗族势力，实现了国家政权向基层社会的延伸。"在农业发达的地区，特别是南方，血缘关系扩展为宗族。政权和财富通过血缘家族联系起来，构成了中国乡村社会最重要的特征之一。"[①] 布依族聚居区域，由于交通不便，信息闭塞，以血缘为纽带，以宗族聚居为主体，与外界缺少沟通交流，如果不能通过保甲制，而让本就十分薄弱的国家行政权力直接对布依族地区实施管理，效果肯定不好，甚至常常会使这种管理"失灵"。国家政权面对高度分散聚居的布依族传统乡村社会，要实现其公共权力向乡村基层社会的延伸，并以最低成本获取对这些地区最大效益的控制，使乡村社会管理

---

① 孙晓莉：《中国现代化进程中的国家与社会》，中国社会科学出版社 2001 年版，第 39 页。

正式成为政治体系运行中不可或缺的组成部分,保甲制度不可或缺。保甲制度的实施,在国家权力与布依族乡村社会之间犹如架设了一座沟通桥梁,使村民从一定程度上可以摆脱宗族势力的完全控制,同时也使得国家行政权力通过保甲制这一媒介向基层社会延伸。

二是保甲制度为士绅阶层的产生及士绅统治提供了法理和制度保障。保长和甲长一般由当地有一定威望和经济实力较好的士绅担任,"保长以保甲编制之当任者,先选保长、保正及甲长,挨保甲编成后选任之。保长选任之法,先出告示,示保长辖统保正,有稽查资盗逃人奸宄职掌,并持以破格优异之殊礼,免除各种杂役。每乡举正副二人为候补者报县,县官详审其推荐书,召之县堂……审其应对,择二人中之最堪胜任者,于某月某日,行公任式"①。由此可见,保甲制度为布依族古代社会中士绅阶层的成长提供了生存空间环境。作为族长、寨老、布摩等士绅阶层,可以凭借保甲制度的合法性,通过基层社会组织来实现自己的抱负,作为布依族基层村社的组织者或者代表人物,充分发挥自身的影响力。因此,伴随保甲制度在布依族地区的出现、成长,布依族基层社会中的士绅们从保甲制度中获取了自己成长需要的政治资源或者权威性,他们在维护布依族古代社会稳定方面发挥了一定的积极作用。

三是保甲制度促进了布依族社会的经济形态由封建领主经济向封建地主经济的转变。保甲制度在布依族农村社会中的实施,为农村村民土地的个人所有提供了制度条件。因为保甲制度使赋税与户丁分离,以户、甲、保为生产和消费单位,简化了乡村社会的经济关系,地主利用其经济方面的优势,日渐上升为乡村社会的统治阶级,自耕农和小农因失去土地,成为地主阶级的统治对象,从而促进布依族社会的经济形态由封建领主经济向封建地主经济的转变。

第四节 亭目制度

"亭"字源于古汉语,《说文》曰:"亭,民所安定也。释名:停也。道路所舍,人停集也。"《后汉书·百官制》云:"十里一亭,十亭一乡。

---

① 闻均天:《中国保甲制度》,商务印书馆1935年版,第265页。

有亭长持更板以劾贼，索绳以执贼。亭长旧名负弩，改为亭长。或为亭父。"古代的亭是指基层军事单位，根据边塞大小和军事实力的强弱而定，军事上的堡垒称"亭障"。亭目由兵目演变而来，过去兵目戍守边疆，划地为营，亦兵亦农。时间长了，兵目变成亭目领主，土兵变为农奴。布依族亭目制度是明清时期在布依族地区建立的封建领主制度，即分亭设甲，以甲统亭，以亭统寨。"甲"是军政合一的组织，"亭"是甲的下级组织，由甲首诸子或者兄弟担任，一般每甲辖三十五亭或十数亭不等，兼有统兵、征税、治安保民等职责。每亭辖二三寨或十数寨不等，寨中掌权者为"寨老"或"乡约"。这种制度的基础是"亭"，亭的首领称为"亭目"，因此习惯上称"亭目制度"。

一　亭目制度的历史沿革

亭目制度，源于唐代羁縻制度，是土司制度的一种特殊形式，以甲、亭为基础，是一种军政合一的社会基层组织制度。亭目制度作为一种制度实践，最初产生于广西泗城，并随着广西泗城土司势力发展而向邻近的贵州黔西南布依族聚居区等地渗透。"北盘江南部地区亭目制度形成的过程，开始于元顺帝至元十年（1273 年），完成于明孝宗弘治十四年（1501 年），在这近二百三十年中，随着军事力量的增长，泗城大姓不断向北推进，分片进行占领，取代原来的土著大姓，使用传统亭目体制进行管理。"[1] 这说明北盘江流域广大布依族地区的亭目制度始于元朝，形成于明朝，终于清朝"改土归流"。清雍正年间"改土归流"后，逐渐削弱了土官的势力，有的土官因占有土地而变为地主，在某些偏僻地区，亭目制一直延续到清末。

1413 年贵州建省后，北盘江流域布依族聚居区域主要设置有贵阳府、安顺府、镇宁州等州府，北盘江南岸的一些地区在当时仍然归广西泗城军民府所管辖。明清时期，布依族地区以领主经济占据统治地位，实行大姓统治。清朝时期，北盘江上游主要由黄姓占据，包括今天的贵州省贞丰县；北盘江下游地区主要由王姓占据，包括今天的贵州省望谟

---

[1] 徐晓光、黄文：《明清时期"亭目制度"与布依族习惯法——以北盘江南部地区为例》，《西北民族大学学报》（哲学社会科学版）2020 年第 4 期。

县，所以有"上江黄、下江王"的说法。在当时的罗斛州判（后改为罗斛厅），也就是今天的贵州省罗甸县，黄、王两姓势均力敌，黄姓主要统治罗斛、赖石、罗宜等地，而桑郎、昂武、床井、上隆等地是王氏的势力范围。当时占据地盘大小，完全取决于各大姓的军事力量。当时在北盘江流域，除黄、王两大姓以外，还有岑、侬、周、陆四大姓也比较强大，亭目制度盛行于今天贵州省的册亨、贞丰、安龙、兴仁、兴义、望谟、罗甸等县市。例如，贵州省兴义府的贞丰州①直辖18甲计68亭，包括上江一甲、上江二甲、上江三甲、上江四甲、下江一甲、下江二甲、下江三甲、下江四甲；册州同②领4甲半计24亭，包括罗烦甲、龙渣甲、册亨甲、剥弱甲、本州半甲；罗斛州判③领罗斛、桑郎等甲。

清雍正四年至九年（1726—1731年），云贵总督鄂尔泰奏准，对布依族地区进行"改土归流"。在保留土官的同时设立流官，加强对布依族地区的统治。鄂尔泰以该地土司之间经常发生械斗；因领地犬牙交错土知府领地延广千里，争界仇杀时有发生，及逃亡者常躲避在此为由，以红水河为界进行划分，江之南归广西管辖，江之北归贵州管辖。然后设州治，委知州、学政、吏目，又设州判委州判、设州同委州同进行分理。州城设游击、守备、千总、把总；州同设守备、把总；州判设把总。在险阻之地设汛、塘驻有兵弁。总之，随着清王朝大规模"改土归流"浪潮的掀起，历经元朝、明朝、清朝的"土司制度"走向瓦解，亭目制度的经济基础——领主经济逐渐被地主经济所取代，亭目制度结束了其在布依族地区的历史使命。封建地主阶级专政取代了奴隶主统治制度，促进了社会生产的不断发展，在巩固统一多民族封建国家方面起到积极作用。

二　亭目制度的组织结构及其职责

亭目制度将人分为八等级：土司、土目、把事、马排及魔公、粮庄百姓、夫役、私庄百姓、奴婢。土司由朝廷封授，世代承袭，是当地最高的统治者，土目多为土司旁系或当地大姓，甲首受土司委派分统各亭，

---

① 今贵州省贞丰县、望谟县。
② 今贵州省册亨县。
③ 今贵州省罗甸县。

对土司有隶属关系。

亭目制度实行世袭制,职责是催粮解科、守土、征夫和处理民刑诉讼。亭目之下有师爷、总内把事、老总头、把事。师爷是亭目的助手,办理文书和教育,一般由有文化的人担任。总内把事负有催粮派捐、收税、征夫、传令之责。老总头是亭目衙门的差夫、狱头。把事实际是村寨头人、寨老,但由亭目委任,并按亭目意志管理本寨事务。

亭目是甲首旁系亲属,又是甲首属员,分片管辖村寨。总内把事、老总头、把事皆为甲首、亭目的下属,他们代土官征收赋税、派捐派款,与土官形成当地统治阶级。其他等级的百姓,从劳动者到奴婢,都是被统治者。土司下属称土目,即亭目,是当地土官,他们与封建王朝结合共治少数民族地区。现根据黄义仁的《从南明王朝播迁安龙到王囊仙起义后的布依族社会》①,以桑郎为例,展现布依族亭目制度的组织结构及职责,见表1-2。

表1-2 桑郎土目内部结构及管理事务

序号	名称	管理事务
1	亭目	布依语称为"布苏",即主子之意,是一亭的头目,世袭土官,一般由土目家族成员担任
2	师爷	协助亭目管理政务,办理日常文件并教育亭目子女读书等
3	总内把事	总管催粮,收烟火、棉花场税,传达命令,管理民间诉讼等
4	老总头	管理差人及监狱等(也称格老把事)
5	把事	亭目心腹,专管各地秋粮的征收和民间的一般事务
6	土兵	跟随把事催粮征米,并保护亭目
7	家奴	亭目家庭的奴隶,亭目对其有生杀予夺之权

---

① 参见黄义仁《从南明王朝播迁安龙到王囊仙起义后的布依族社会》,载《布依学研究(之三)——贵州省布依学会第二届年会暨第三次学术讨论会论文集》1991年。

总亭目对上负责催收粮赋，守土听命，对内负责缉拿叛民等。亭目所辖区域内的土地、水流、山林名义上属于国家所有，实质上是亭目独占。亭目辖区内土地，由广西泗城岑氏土官授予黄、王等大姓亭目领主，并享有世袭权。亭目会将平坝田开辟为自己的养膳田，由邻近的农奴为其耕种与收割，其中根据土地占有和使用权，分"公田"与"私田"两种类型。

公田分为印田、把事田、粮田、劳役田、祭祀田等。印田：布依语称为"纳引"，又称养膳田，带有"职田"的性质，故亦称"俸禄（禄）田"，位于平坝地区，土质好，是水源丰富的最佳田，由亭目领主世代承袭，由农民为其耕种与收割。把事田：亦称"头人田"，由亭目赐予管理村寨的把事或"头人"占有，具有代俸禄性质。粮田：布依语称为"纳数"，耕种者须纳数，"粮田"一般由布依族中的老户耕种，交纳粮银。劳役田：亦称"夫田"，由领主分配给定期服劳役的农民耕种，其名目繁多，包括"伙夫田""割路田""挑水田""舂米田""洗碗田""柴火田""小菜田""渡户田""马蜂田""伏栈田""烧香田"等。祭祀田：专供祭祀活动费用之田，后来演变为清明田、庙田等。

私田分为私田和私庄。私田：亦称"客田"，谁开谁种，不纳粮、不交租，每年仅给亭目或兵目交纳"火堂战"和二至四斤棉花。种私田者具有自由民性质。私庄：亦称"苗庄"，从外地迁入的苗族，被指定在一定范围内的高山、林地垦荒生产或狩猎，每年向领主交纳"火堂伐"和野味或服劳役。"苗庄"是亭目领主土兵征战的力量之一。

"以上田产改土归流后逐渐发生变化。首先粮田部分数量较多，因为征战的兵源多半出于农奴，即以前所称的'散则民，聚则兵'的广大农奴，平时把这些田交给他们耕种，按亩缴租后归自己享受。后来王朝将此作为粮田，要按期交纳丁粮秋米，每年额定数目，由土司代为收缴。其他的田就作为私田，布依语称'纳发'，由土司支配。但随着土司权力的削弱和丁粮秋米的增加，有的私田租谷也要上交一部分，甚至逐步变成粮田，到民国初年就普遍征粮。但有些私田保持得很久，民国初年还有向亭目的后代输役纳租的情况，到抗战前才取消。"① 农奴所负担的劳役科赋很重，每年要向亭目交烟火钱和黄豆、棉花、肉蛋等；在土司过节、结婚、丧葬时要为他们砍柴、挑水、烧饭、抬轿、抬嫁妆和棺材等；每年三月清明前要为土司割光祖坟杂草、挑送祭品等；除夕之前为亭目扫院、清理畜栏等。这些劳役也随土司权力的消失而消失。

以贵州省望谟县为例，长期以来望谟境内为王氏土目统治，王氏土目隶属广西泗城州岑氏土司。清雍正五年（1727年）实行改土归流将其划归黔后，以南盘江、红水河为界，以北划归贵州，将长坝、罗斛、桑郎、罗烦、贞丰等共计16甲设永丰州，州治在长坝②，永丰州隶属贵州南笼府。雍正七年（1729年），州治徙珉球③，桑郎、长坝等地仍归王氏土目统治。设永丰州后，知州直辖地大体以北盘江与清水江会合处分界，此江以北为上江，以南称下江。上江多属今贞丰县，下江多属今望谟境地。清末民初，地主土地所有制逐渐取代了封建领主土地所有制，土目制度失去了存在的基础。辛亥革命推翻清王朝后，境内土目的统治名义上不存在了，"但王氏土目后代的势力并未被打倒，反而有所发展。桑郎最后一代土目王由宣在清光绪年间娶罗斛厅④大地主吴熙铺的女儿为妻，民国建立后，吴熙铺在当地仍有很大势力，王由宣依靠岳父的政治地位，于民国初年出任罗解县的团首，后又任省参议员。因王由宣在县里、省里做官，有权有势，其侄儿王华甫依仗他的势力，在桑郎地区任区长多年，仍然是布依族地区的新土目。私庄的苗族老百姓仍照旧向王氏土目缴纳'烟火钱'和棉花，还要负担各种劳役"⑤。直至1951年5月14日，人民政权正式成立，望谟土目制度才彻底被推毁（见表1-3）。

---

① 参见黄义仁《从南明王朝播迁安龙到王囊仙起义后的布依族社会》，载《布依学研究（之三）——贵州省布依学会第二届年会暨第三次学术讨论会论文集》1991年。
② 今贵州省望谟县复兴镇。
③ 今贵州省贞丰县珉谷镇。
④ 今贵州省罗甸县。
⑤ 莫健：《桑郎土司》，载《布依学研究——贵州省布依学会成立大会暨第一次学术讨论会论文集》1988年。

表1-3　　　　　　　　贵州省望谟县桑郎土目①

序号	名录	内容
1	辖区范围	大部分在罗斛县境内。计有桑郎内七亭②外三亭③；四大山12村④；昂武五亭⑤，以桑郎为其统治的政治中心，东至罗暮，西达纳夜，北到大、小麻山，南至昂武，东西宽60多华里，南北长100多华里，共有粮庄⑥29亭，私庄⑦12亭。
2	辖区内的事务和有关事项	土目之下有亭目、师爷、总内把事、老总头、把事等土官，协助土目管理辖区内的事务和有关事项。 （一）亭目。布依语称"布苏"，即主子之意，是一亭的头目。 （二）师爷。为土目办理公文，并任土目家庭教师。 （三）总内把事。土目管家，管粮钱、捐税、派差役、传达命令、诉讼等。 （四）老总头。管理监狱和差人。 （五）土兵。土目家兵。 （六）把事。土目下属亭目内设置的小官，管粮米、征收、民间诉讼等。 （七）团首。团首设正副各一人，职责为训练团兵、维护地方治安。 （八）汛官。专管"拿贼捕盗"，是由罗斛厅派来驻防的。 （九）甲长。每十家设一甲长，负责收祭祀的钱粮、敬神祭祀。
3	土目及其家属住宅	桑郎土目及其家属，住在桑郎寨上一座五进的大院落内⑧，第一进：头门，设有传达事房和差房；第二进：仪门，设有监狱，差人看守；第三进：大堂，审案公堂；第四进：花厅，会客大厅；第五进：座房，土目居住正厅。土目大院内有一副对联："纲维百里，领袖十亭。"

---

① 此表根据中国人政治协商会议黔西南州委员会编《黔西南布依族文史资料专辑》（上）第420—426页的相关内容整理而得。

② 直亭的桑郎、罗苏、七村、古电等。

③ 坪榜、罗暮、平亭。

④ 大麻山、小麻山、前门山、交布山内的12个苗族村。

⑤ 酒亭、母羊亭、上亭、中亭、下亭昂武。

⑥ 布依族村寨。

⑦ 苗族村寨。

⑧ 今贵州省望谟县桑郎财政所和镇政府办公楼。

续表

序号	名录	内容
4	土地种类	桑郎土目辖区的土地类型有：粮田、印田、把事田、庙田、私田等。 （一）粮田。布依语称"纳粮"，是封建王朝分给土目、亭目管理的，由亭目委派把事将田分派给老百姓耕种，秋收按规定缴纳粮银、秋米给土目。 （二）印田。土目掌握的俸禄田。桑郎土目共有五块水田，计120挑稻谷面积。 （三）把事田。割路田、挑水田、舂米田、清明田等，即农民为土目家租种的专用田。 （四）庙田。桑郎有关帝庙、观音庙、文昌阁三座庙宇。每座庙宇都有庙田几十挑，这些田由善男信女租种，所收粮食捐赠给庙上。 （五）私田。土目家人自己买下，属私人所有。
5	法律	凡有诉讼的，先缴呈状子钱毛银一两，判谁输理就得罚谁。案子了结后，要出具结案钱毛银一两。倘若被错误关押而无罪释放者，还要拿出"开锁钱"毛钱二两，才能出狱。①
6	监狱	在监狱内的木板壁上挖有小洞，上两眼、下两眼，被关进狱中之人，手脚扣在木板壁上的小洞里，形同上脚镣和手铐。有的还被大铁链锁住颈项。凡有小事纠纷去找把事调解，先送一只鸡和一匹土布，或请一桌酒席，把事才出来调解。②
7	宗祠	桑郎土目每年要在祠堂里举行春秋两祭。春祭在清明节，秋祭在阴历七月的中元节。在这两祭的日子里，桑郎土目所辖各亭的亭目及贞丰、广西王姓土目都要来参加。宗祠设有族长一人，由桑郎土目担任；其家族各分支设立户长，由各亭的亭目担任。宗祠活动一直持续到民国初年。
8	赋税和劳役	桑郎周围四大山12个苗的农民，每年除向土目交纳棉花、奉送"烟火钱"外，过年过节还给土目砍柴、挑水、打扫卫生。到王由宣这代，单就"烟火钱"项，每年要收毛银1000两。

---

① 参见莫健《桑郎土司》，载《布依学研究——贵州省布依学会成立大会暨第一次学术讨论会论文集》1988年。
② 参见莫健《桑郎土司》，载《布依学研究——贵州省布依学会成立大会暨第一次学术讨论会论文集》1988年。

三 亭目制度对布依族社会的影响

亭目领主制建立初期，由军屯（兵田）变为"粮田"，又大量吸收外来人员自由开垦"私田"和普遍使用铁质生产工具，使得各阶层人民各得其所。同时，军屯组织带来先进的生产工具和文化科学技术知识，促进了当地农业生产的发展。

一是布依族主要聚居区地处滇、桂、黔三省边缘之隅，这里地势低洼、气候炎热，史称"烟瘴之地"。中央王朝对这些地区采取"以夷治夷"的政策，实施亭目制度，客观上有利于布依族古代社会维持现状，保持安宁的社会环境。

二是亭目领主倚仗军事、政治和经济权势，通过"把事"对农民和农奴进行压迫与剥削。农奴则依附于他们的土地、山林和水流而生活，自然形成与土目领主的人身依附关系。亭目领主对农民、农奴及其土兵、佣人、长工等，拥有征派粮赋、劳役、出征和保护之权；农民、农奴则只有交纳贡赋、服役和出征的义务。从形式上来看，耕种"公田"，即"印田""劳役田""把事田"和"祭祀田"的居民，好像农民一样，实际上他们只是代役制的隶农或农奴，真正的自由农民只有耕种"粮田"（布依族老户）的居民。私庄和苗庄上的居民也属于代役制的隶农或农奴，故形成了隶农和领主两大对立阶级。

三是在领主经济制度下，布依族人民被划分为土官和土民两大阶级。土官世世代代享受俸禄；土民则世代为奴，租种土官的田地，并向土官交纳粮租。土官和土民主仆之分非常严格，土民受到土官的剥削和压迫。"在亭目领主管辖的地区，称领主为'布苏''苏旁''苏难''苏他'；其子女称为'况''囊'；自称为'唯'，不能混淆。"① 由于领主对庶民们长期残酷的剥削和压迫，庶民形成对领主的畏惧心理，直到民国时期，亭目宗族成员即使没落破产后，以卖编织草鞋为生，人们想买他们编织的草鞋时，也不敢直接问"草鞋"卖价多少，只能问："'布苏'（老爷），你的'马笼头'（草鞋）卖多少钱一双？"即便"布苏"讨口度日，人们也要恭恭敬敬地称呼"苏他"，并盛饭给他吃。这种思想糟粕直到中

---

① 黄义仁：《布依族史》，贵州民族出版社1999年版，154页。

华人民共和国成立以后才彻底根除。

四是亭目领主制社会为了巩固其社会秩序,形成了不成文的习惯法,并用地方武装、监狱等暴力手段来维护它的政治统治地位,这是有形的物质暴力力量。另外,还借助于无形的精神力量或宗教力量来灌输它的意识形态。马克思说:"宗教是被压迫生灵的叹息,是无情世界的情感,正像它是没有精神的制度的精神一样。宗教是人民的鸦片。"[1] 亭目领主制社会也不例外,它以一种多神的宗教来麻醉人民。在王、黄亭目辖区的部分村寨中,特别突出地敬奉三种庙神:第一种是"白牛神"[2],凡遇久晴不下雨或遭受到其他自然灾害时,人们携一头白水牛和一只公鸡到"白牛神"庙去祭祀;第二种是"黑牛神"[3],每年插秧完毕,为了使禾苗不受虫灾、祈求风调雨顺,须杀一头黑水牛到"黑牛神"庙去做祭;第三种是"女人庙"[4],每年三月三,杀小猪敬祭。这三种庙神与王氏亭目宗族禁忌有关。据《王家族谱》记载:王氏始祖王凤若带兵入黔时,途经大森林中迷路、缺水,有幸寻得白水牛和秧鸡,方找到水源得救,尔后,王氏世代子孙忌食白水牛肉。北盘江岸边的纳幽寨旁边,有一棵四五百年的大扁桃树,乡里老人们相传,是王氏亭目先祖王凤若亲手种植的。附近村寨的人们把它视为"神树"。凡求子、求孙者均要到此树下来敬祭祈求。上述事实说明,王、黄亭目领主的先祖及他们的传说、禁忌已成为部分居民的宗教信条,即成为王氏、黄氏亭目领主们统治人民的精神支柱。

---

[1] 《马克思恩格斯全集》第1卷,人民出版社1956年版,第453页。
[2] 布依语称为"西歪号"。
[3] 布依语称为"西歪魂"。
[4] 布依语称为"每喃费央"。

第 二 章

经济制度文化

布依族古代社会经济制度文化主要涉及土地所有制、劳动产品分配关系，以及反映生产力水平与生产关系性质的社会生产部门的状况。可以把布依族古代社会划分为石器时代、牂牁夜郎时代、大姓统治时代、封建领主统治时代、鸦片战争到中华民国时代五个历史发展阶段[1]，以此来分析各个历史时期的经济制度文化。中华人民共和国成立前的布依族村寨，有的地方依然保留着农村公社以地区或村寨为单位建立的寨老公议制；不少村寨还保存着村寨的公有山林或公用牧场；有的村寨在过去很长一段时间里仍然保留着原始社会的平均分配方式，在打猎获得猎物时，按照"隔山打鸟，见者有份"的习俗分配。

布依族是我国民族大家庭中具有悠久历史和光辉灿烂文化的民族。布依族人民聚居的地区，苗岭山脉横贯其中，主脉由西向东延伸，支脉绵亘，主峰云雾山在都匀、贵定之间。地形北高南低，贵阳、安顺、贵定一带，海拔在1000米以上，黔桂边界的山谷地带，海拔400米左右。山脉、丘陵之间，分布着大小河谷和坝子。主要河流包括：南部有南盘江、红水河，北部有三岔河、打邦河，东南部有曹渡河、都柳江，同时还有无数溪流蜿蜒于群山之间。布依族居住区，南部地区处于亚热带，其余地区属温带，年平均气温约为16摄氏度，各地降雨量在1000—1500毫米。布依族人民长期以来都以经营农业为主，粮食作物主要有

---

[1] 参见黄义仁《布依族史的划分法》，贵州民族出版社1999年版。布依族古代社会的"古代"下限时间为1840年，所以本章经济制度文化主要分析鸦片战争之前的四个历史发展阶段。

水稻、苞谷、小麦，其次是早稻、小米、高粱、红薯类、豆类等；经济作物有棉花、油菜、油桐、甘蔗、烤烟、青麻、黄果①等。② 在整个历史发展过程中，布依族与汉族、苗族、水族、仡佬族等民族一起，共同开发祖国，保卫边疆，维护祖国统一，为加强民族团结作出了应有的贡献。

第一节　石器时代经济

现存史料与考古发现表明，布依族石器时代和氏族公社时期，关于布依族先民早期生活状况，可研究的史料主要有考古发掘实物资料、布依族手抄本"摩经"、布依族口传古歌、布依族原始传承习俗、布依族地名录等。

布依族先民有聚族而居的特点，单家独户而居住的属于极少数，同一村寨不同姓氏的为少数，这些都保存了原始社会时期氏族公社的传统居住习俗。在石器时代与氏族公社时期，布依族先民的猎场、河流、劳动工具均为公有，捕捉到的猎物、捕获的鱼和采集到的食物等实行平均分配。

苏联学者列文、切博克萨罗夫等将经济文化类型定义为："处于大致相同的社会经济发展水平和生活在相似的自然地理条件之下的各族人民，在历史上形成的经济文化相互联系的特点的综合体。"③ 我国学者林耀华等将经济文化类型定义为："居住在相似的生态环境之下，并有相同生计方式的各民族在历史上形成的具有共同经济和文化特点的综合体。"④ 林耀华等学者用"生态环境"概念取代"自然地理条件"，并用"生计方式"概念来取代"社会经济发展水平"。这个改动既比较容易理解又能包含"自然地理条件""社会经济发展水平"这样一些概念的含义。布依族

---

① 方言，指橙子、橘子。
② 罗汛河：《从神话传说看布依族的农耕文化》，《布依学研究》1991年。
③ 转引自李伟、杜生一《对经济文化理论的再认识》，《兰州大学学报》（社会科学版）2002年第5期。
④ 转引自张继焦《经济文化类型：从"原生态型"到"市场型"——对中国少数民族城市移民的新探讨》，《思想战线》2010年第1期。

的生活方式，从大的方面来说，属于农耕；而根据稍微细一点的划分，则属于稻作农耕①。

　　历史上布依族主要聚居于南盘江北岸、北盘江及红水河流域，布依族先民居住地山高坡陡、草深林密、水源充足，劳动分工完全由布依族先民居住的自然生存环境决定，男子主要从事捕鱼、打猎、制作劳动工具等，妇女主要从事采集、纺织等活动。盘江两岸森林茂密，大小河流纵横交错，有各种野生动物和鱼类，可供布依族先民渔猎之用。例如，在工具制造方面，通过考古发掘发现，最初的石器没有经过磨制，只是一些简单的打制石器，这充分说明当时处于原始社会旧石器时代。后来诸如在飞虎山发掘的石器，呈现出两大特点：一是石器种类繁多，二是石器大多通过磨制，属于原始社会新石器时代。通过考古发掘的文物发现，在南盘江、北盘江两岸及红水河流域的布依族先民不仅已使用石器，还发明了制箭以及制陶技术等。同时，从布依族古歌《造箭》《造火》《造棉》《造房子》等传唱内容中反映出，布依族先民在发明弓箭后，更容易获取猎物，并逐渐掌握驯养动物的技术；火的发明，使煮熟食物更加方便，促进人类大脑不断进化；采集工具的发明，促进天然采集食物向人工采集食物和种植植物的转变，为畜牧业和农业的发展奠定了基础；布依族古歌《造房子》的唱词展示了布依族民居建筑从巢居②到穴居③再到屋④的发展历程。盘江两岸和红水河流域，土地肥沃，水源充足，农耕稻作历史悠久。1975年在贵州省兴义市万屯镇出土的汉墓群中发掘出的"水塘稻田模型"，证实秦汉以前布依族水稻耕作技术已经比较发达。模型显示出，当时的稻田分为四块，有水渠相通，田中稻菽排排，稻穗沉沉，四周植一圈垂柳，一派田园风光，再现当时的耕作和灌溉情景。

---

　　① 周国茂：《山水布依·布依族》，贵州民族出版社2014年版，第41—42页；参见张继焦《经济文化类型：从"原生态型"到"市场型"——对中国少数民族城市移民的新探讨》，《思想战线》2010年第1期。

　　② 布依族先民最早在树洞里居住，主要防范猛兽的侵袭。

　　③ 布依族先民发明火后，逐渐从巢居转移到山洞中居住，夜晚在洞口烧一堆柴火以防猛兽的侵袭。

　　④ 布依族吊脚楼、半边楼、杆栏式、石板房等。

第二节 牂牁时代经济

春秋战国时期，由于各国穿梭外交，互相渗透，弱肉强食，在人员流动频繁和活动范围扩大的情况下，中原对西南地区开始有较多的认识和了解，史籍也才有所记载。牂牁之名，首见于《管子·小匡》。齐桓公曰："余乘车之会三，兵车之会六，九合诸侯，一匡天下……南至吴、越、巴、牂牁、㕍、不庾、雕题、黑齿。荆夷之国，莫违寡人之命。"[1] 这时，牂牁已作为一个较大的国家，位于南夷群之中。关于牂牁国的具体位置和范围，学界公认其在牂牁江沿岸，即今天北盘江流域。由于牂牁国内部落支系众多，原来一些氏族部落存在积怨和矛盾，难免会爆发冲突，当时一些濮（僰）人与一些牂牁人融合演变为"夷濮"和"夷僚"。这一部分人除保持"常佩双刀，善使劲"的强悍特点以外，尚能与另一些牂牁人部落友好相处。二者因为都不满意牂牁君的统治，于是就联合起来与牂牁君对抗，牂牁国的贵族们当然敌不过这些强悍的"夷濮"和"夷僚"，于是被他们推翻。新兴的夜郎国由此出现，把奴隶制向前推进。加之战国初期，黄河流域及长江下游一带，各国互相征战，干戈不息，秦、楚、巴蜀连年战争，对西南边远的少数民族地区无暇顾及，这为夜郎国的建立和发展，提供了良好的机会。

一 牂牁国时期社会生产状况

在距今三四千年前，布依族先民已从渔猎生活转向农耕生活，生产力有了进一步的提高，人口也随之增加，社会发生了剧烈的变化，迅速地进入了奴隶制社会。

随着母权制被推翻，丈夫掌握了家庭的权力，于是形成了家长制的家庭，例如布依族古歌《安王与祖王》对这一历史阶段有比较形象的唱述，这种家庭形式是母权制家庭向父权制家庭的过渡。古歌故事记载，安王不顾母亲的劝告，把舅族的鱼煮吃了，气得母亲出走，安王的父亲娶了继母，生了祖王。后来由于利害关系而互相斗争，祖王斗争失败而

---

[1] 王鸣明：《布依族社会文化变迁研究》，博士学位论文，中央民族大学，2005年。

输送人口①给安王，才使其各自相安。安王管天上，祖王管地上，各自行使自己的权力。这就反映出母权制被推翻后进入父权制的社会历史场景，牂牁国正是在这种社会背景下产生的。

家长制家庭内已包含着家内奴隶，经济形态上则表现为田土的共同占有和共同耕作。布依族就是在社会生产力发展的基础上建立起初级阶段的奴隶制——家庭奴隶。古代奴隶制在布依族社会中留下了深刻烙印，例如，布依语称家内奴隶为"独唯"，意为"会说话的动物"；称蓄奴的人为"布苏"，意为"权力至上者"，"布苏"即主宰着生杀予夺之权的奴隶主。

布依族地区出土的铜器，据专家考证属于夜郎时代的遗物。然而当地居民对铜器的使用，应当不晚于牂牁时代，因为邻近的巴蜀早已使用铜器。据考古发现，四川广汉南兴出土的青铜器、雕像及其他文物一千多件，系西周时代的遗物，其冶炼技术颇为先进。历史上川、巴蜀、黔三地区联系密切，巴蜀的铜技术，可能在牂牁建国之前，就已传入黔境内。

从贵州省平坝区飞虎山出土的文物和布依族地区征集到的青铜器来看，牂牁地区在部落联盟时代，已明显地表现出农业与手工业的初步分工，农业和手工业已发展到一定的水平。在农业方面，布依族的水稻②种植采用的是最古老的种植技术和谷种，谷种原是野生，是经试种成功而普遍种植起来的。这种旱稻种植花费劳力不多，只要砍掉地面的树草，用火一烧，把土一松，就可以种植，不需要追肥，土地坡度30—40度都可以种植，不需要平地，这正适合南北盘江的自然环境，即使是原始的耕作方法，每亩产量也可达二三百斤，收成比种植其他农作物要好得多。在畜牧业方面，布依族古歌普遍提到养狗、猪、牛、鸡的传说，可能在牂牁时代这些家禽早已被驯化而普遍饲养。在手工业方面，石纺轮和陶纺轮的出现，说明当时已能用手工编制一些麻类织品，不但编织渔猎用具，而且可以编织一些粗布衣料。麻类以前是野生的，后来才开发种植，布依族古歌反映布依族先民很早就会种麻和用麻来编制渔具，出土陶器同样反映这一历史事实。

---

① 奴隶。
② 布依族称豪里，即野地生的谷子。

二 夜郎国时期社会生产状况

战国时期，随着牂牁国的灭亡，夜郎国兴起，濮（僰）人与牂牁人融合演变而成为"夷濮"和"夷僚"。融合后的民族活力充分，往往比保守的土著居民先进，促进了当地社会生产的进步和发展。当时濮人从外地迁来，水土不服，情况不明，必须依靠当地人给予容纳和帮助，才能求得生存，他们经过长久相处，必然互相学习、通婚，也有矛盾、斗争，最后趋于互相融合。北盘江一带土地肥沃，物产丰富，适于农牧业的发展。融合后的新族群靠先进生产工具的帮助和他们智力的发挥，形成这一地区强大的民族，从而建成西南夷中的夜郎大国。秦灭蜀，在成都设蜀都，李冰继张若为蜀守，修整了南安①沫水②与岷江会流处的水道，使成都至宜宾的水道通行无阻。秦统一全国后，派遣将军常頞修五尺道③，但此道随秦灭亡而荒废。汉初经济萧条，经过八十多年的休养生息，到武帝时达到鼎盛，武帝想找一条路由巴蜀至滇而入身毒④到大夏国⑤，这条道路在武帝时几经周折乃通。《华阳国志·南中志》记载："武帝初欲开南中，令蜀通僰青衣道。僰道令通之，费功无成……使者唐蒙将南入，以道不通，执令，将斩之。"接着为了控制南越，于是"发巴蜀卒治道，自僰道指牂牁江"。但由于"夜郎旁小邑皆贪汉缯帛，以为汉道险，终不能有也，乃且听蒙约"，于是夜郎道通。这条路是从今昭通向东进入贵州威宁⑥、赫章、毕节⑦而到贵阳、安顺等地，史书也称为"唐道"。

唐蒙两次进入夜郎，把夜郎道打通，并开设邮亭、驿站等，对夜郎地区的开拓发展有着积极的意义。因而夜郎地区的马、牛、蒟、茶、蟹、雌、丹沙等输入巴蜀地区，使卓氏、郑氏诸商户发了大财。另外，从巴

---

① 今四川省乐山市。
② 今大渡河。
③ 相当于现在的三尺左右，可通行驮马。
④ 今印度。
⑤ 今阿富汗。
⑥ 汉朝称汉阳县。
⑦ 汉朝称平夷县。

蜀地区传入先进的生产工具和技术，推动了夜郎经济的发展。正如司马迁所说的"农工商交易之路通，而龟贝金钱刀布之币兴焉"，有交通则有货物交换，有货物交换而产生货币，进而发展各行各业。

在农业和畜业发展方面，牛和马是夜郎输入巴蜀地区的主要产品，牛羊的饲养也很普遍。从陈立斩夜郎王兴之后，句町等以很多的牛羊来犒赏就可以知道夜郎盛产这些畜类。牛除供耕田之外，与羊都可以作为祭祀之用。从"能耕田"的史料记载和出土的农具来看，农田的耕作方法已有很大的进步。从贵州省兴义市出土的汉代陶制稻田模型来看，这时已知兴修水利，筑坝抽水以备干旱之用。栽插技术重行距，保证旱涝保收和单位面积产量的提高。另据《华阳国志》记载，平夷（今贵州省毕节市）山出茶蜜。接近平夷的一些夜郎地区，养蜂和种茶也有很大发展。《史记平准书》记载："帝武通西南夷道，乃募豪民田南夷，入粟县官，而内受钱于都内。"这种政策，有移民屯之意，对人烟稀少和耕作技术落后的西南地区，用移民屯的生产技术和管理方法作为示范，促进了当地生产发展。

在手工业和冶炼业发展方面，夜郎的冶炼已达到相当水平。贵州省清镇市、平坝区出土的铁器农具，虽然做工粗糙、生产技术原始，但已能够使用。清镇市、平坝区等地汉墓出土的铜器有容器、烹饪器、装饰品、兵器和马、龟、兔、雀等铜制品，工艺制作精美。贵州省博物馆1978年在晴隆县采集到无胡铜戈一把，又在普安县发现造铜的沙石上有"凸"符号，时代鉴定为汉文帝年间（公元前179—157年），这说明布依族先民在两千多年前就会制造铜器。文化遗址中还发现瓷器殉葬品硬度大，火候高，有部分施釉或全部施釉。除一般生活用品外，还有陶俑等，工艺水平虽不如中原一带的产品，但也具有一定的技术水平。平坝区出土的"中可都酒"①和其他汉墓出土的陶，说明夜郎时期酿酒业已普遍，同时还反映出农业发展的另一侧面。

唐蒙在南越吃到的蒟，说是"独蜀出枸酱，多持窃出市夜郎"，许多学者都认为夜郎也出蒟（枸）酱。据《兴仁县志》称："花如流藤，叶

---

① 中可都酒：有学者认为，"都酒"为主持生产酒的官职名称。"中可"一释为"内可"，即内可储酒；二释为人名，或者地名，指"中牁"。

如毕拨，子如桑葚，沥其油酰为酱，味亦辛香。取其叶裹槟榔食之，亦可辟瘴。苗女持所欢，以为异品。"其所记载的可能属这类植物，蜀贾出市后，夜郎人对此进行仿制。

第三节　大姓时代经济

西汉王朝将牂牁列为十七初郡之一，初郡则"且以其故俗治，无赋税"，同时逐渐削弱该地区王侯君长的势力，但也曾一度采取"附则受而不逆，叛则弃而不追"的宽松政策。之后又加强军事防御，形成稳定的环境，经济得以恢复和发展。在郡国并存期间，推行移民屯垦政策，不少汉民和一些罪人、散兵，到夜郎地区经商开垦，把汉族地区的生产技术和经验带入牂牁地区。因在当地定居，繁衍子孙，成为"夷化大姓"。而少数民族的上层人物学习他们的做法，也成为有权势的本族大姓。以后的历代王朝，借助这些大姓的势力对少数民族地区实行间接的统治。这些大姓属于什么性质的阶层呢？许多史料证实，他们既不是奴隶主，又不是封建领主，而是介于奴隶主与封建领主之间的统治阶层，当时的社会属于由奴隶社会进入封建社会的过渡阶段，这是布依族社会历史发展的特点。[1] 由于当时布依族地区生产力水平低下，当奴隶社会进入封建社会的时候，突然受到封建王朝势力的冲击和抑制而使封建化进程停滞不前，待到王朝封建势力深入的时候，又遇到这样一种特殊的社会环境，形成王朝势力难于深入下去而不能不依靠大姓势力的情况，大姓统治的局面在布依族地区就自然形成。

大姓统治有两种形式：第一种是汉族地区的豪民，也即一些地主和商人。他们到少数民族地区开垦兼经商发财，有些贫苦农民或所谓的"器夷"[2] 投到他们部下当"部曲"[3]。这些"部曲"虽然带有奴隶的身份，但或是大姓以金钱招募的，或是经过分配给予的，比奴隶自由些，他们打仗有军功可以获奖，可以脱离这个部属投到另一部属，甚至可以

---

[1] 黄义仁：《布依族史》，贵州民族出版社1999年版。
[2] 不守规矩的一些少数民族。
[3] 古代豪门大族的私人军队，带有人身依附性质。

得到大姓的允许定居耕种,交纳一定的租赋,变成农奴,但这种情况很少。第二种是少数民族的大姓,他们有的受到汉王朝的封爵,但多数是自封的。他们也学习汉族的大姓,通过经商和开垦,逐渐拥有许多"部曲",并统治当地人民。有的自称为"豪帅""渠帅",拥有许多"部曲"为他们打仗。东汉时期牂牁仅有谢、龙、付、董、尹诸姓,到三国时逐渐增多,到魏晋南北朝时更多且更有势力。大姓的"部曲"与大姓的人身依附关系比较密切,且经常可以调动,受大姓首领差遣,不敢反抗,有时去打仗,有时去做杂役,不能自由支配劳动时间,平时为大姓守院、清扫,保护大姓的安全,并为大姓耕种一定的土地,收入分配全由大姓安排,"部曲"没有什么权利。但是,比起奴隶社会的奴隶来说,"部曲"较为自由。所以,东汉时期牂牁地区的手工业和农业的发展水平仍相当高。出土的陶器,如罐、盂、钵、碗等用具和马、狗等殉葬品,工艺精湛、美观多样,一些漆器也有很高的艺术水平。

畜牧业和农业生产方面,从出土的殉葬品来看,养马仍为本地区的特点,养狗、养兔也很普遍。农业方面也比西汉时期有很大的进步。西汉时期就与巴蜀交易频繁,先进的农业和饲养业传入牂牁地区是毋庸置疑的,只是史书少有记载。今天布依族地区民间流传的月历和日历,基本按地支的顺序安排农活,但自有其特点。例如,正月男女唱歌玩乐,二三月撒秧、保苗,四五月栽秧至端午节完毕,六七月薅秧、赶场交易,八九月收割,十月砍柴过冬,冬腊月办喜事。冬腊月主要是快乐地享受一年来的劳动成果[①]。这样的安排,有如后汉崔寔的《四民月令》[②],可以看出牂牁地区人民在汉代已能按部就班地从事农业活动。同时,布依族地区的贵州省安龙县、兴义市、兴仁市、贞丰县等地很早就盛产蚕豆,可能是从种植蚕豆历史悠久的蜀地传来的,这时除种植水稻以外,种植瓜类、薯类也较普遍。殉葬品中有陶臼,说明已有谷类的简单加工设备。但牂牁地区地势复杂,山高谷深,交通不便,生产力水平极不平衡,边远山区的状况仍如《后汉书·南蛮西南夷列传》所说的"地多雨潦。俗好鬼巫,多禁忌。寡牲畜,故其郡最贫",有不少地方仍处在"刀耕火

---

① 王鸣明:《布依族社会文化变迁研究》,博士学位论文,中央民族大学,2005年。
② 东汉后期崔寔创作的叙述一年例行农事活动的专书。

种"和"以射猎为业，不知耕牛"的时期。《汉书·地理志》记载的"谈指出丹砂"以及《后汉书·郡国志》提到的"夜郎出雌黄"表明，可能从西汉到东汉，这些地区已经出现矿产开采。

魏晋南北朝时期，南中包括牂牁在内的这带地区，大姓统治是一大政治特色，社会经济的发展也与汉族地区大不相同。起初，大姓从汉族地区带来先进的生产经验和技术，对推动牂牁地区经济文化的发展作出了一定的贡献。但后来王朝对州郡的控制和剥削日趋严重，他们通过大姓来实现对少数民族地区的间接统治。大姓的物质欲望永无止境，对"部曲"的剥削压迫也日益加重，一方面引起"部曲"们的反抗，对生产有破坏作用；另一方面则挫伤了"部曲"们的生产积极性，使生产停滞不前。例如，晋惠帝太安二年（303年），建宁、朱提、牂牁等郡人民在湖北义阳张昌及四川绵竹等地流民起义的影响下，举起义旗，攻打郡城，引发社会动荡，影响和破坏生产；晋怀帝永嘉元年（307年），南中人民在"频岁饥疫，死者万计"的情况下也起来反抗，攻陷宁州，消灭宁州刺史李毅部三千多人，造成社会的动荡而破坏生产；但总的来说，这种生产关系是适应当时生产力水平的。牂牁地区地势复杂，交通不便，边远地区仍处于"寡生，又无蚕"[①]的落后状况。州郡附近的地区，情况便大不一样，这些地区生产水平相当高，商业也较发达。1956年3月，贵州省博物馆在平坝区发掘了汉至六朝的墓葬两座，获得了铜、铁、陶等文物十多件。铜器中的铜饰珠已有金。陶器中的罐，有双耳、四耳等形制，器皿表面有黄、绿等色彩，器皿内有方格纹、弦纹，形制精美。1957年又在平坝区发现了两座六朝墓葬，出土的器物，有带耳和带系的陶八件，里外都施有浅绿色薄釉，质地坚硬，火候很高，已接近半陶半瓷。另有一只铜杯，置于一个圆形托盘上，形制特别精美。在纺织方面，他们已"能为细布，色至鲜净"。在铜器的制造方面，"铸铜为器，大口宽腹，名曰铜爨，既轻且薄，易于热食"。铜鼓则在东汉以来就有较高的技术水平。丹砂是汉代谈指县出产，三国时仍向四川输出，可见南北朝仍有这项贸易；漆是平夷县产品，三国后仍有输出，由此可知，手工业和冶炼业比秦汉时期更前进了一步。

[①]《后汉书·南蛮西南夷列传》。

农牧业方面，边远地区仍处在"刀耕火种"时期，但在州郡附近和交通便利的地方，农牧业生产还是有不小的进步。从输蜀的耕牛、战马来说，其产量很大，否则不会作为名产输出。耕牛的大量养殖，说明农耕很兴盛，马匹除作为战争需要之外，还可以运载农产品到很远的地区售卖。汉代已知筑坝挖渠引水灌溉，并知种植水稻注重行距，已掌握农业上的一些先进技术。利用水力方面，晋太康五年（284年），杜预发明连机碓，对粮食加工做出了一定的贡献。从布依族古歌《采天花》中可推断，水车灌溉在南北朝时已很普遍。水车的制造是当时的大发明，它利用水力把水车推动，把低处的水引上高处的田坝去灌溉。做法是先用竹子编成一个大车轮，利用水力推动车轮转动，轮上装有许多竹筒并装满水，由车轮带到最高处后倾倒入一个横置的木槽，槽中另置垂直方向的槽把水引到沟渠里，如此反复把水引入沟渠灌溉农田。为使水力把车轮推动，近竹筒处放置与水流方向垂直的笆折片，而水力越大轮转越快，水力越小轮转越慢，甚至不能转动，所以要筑水坝把水集中到推动水车的水沟里。这种引水方法，适于山谷中高榜田的灌溉。东汉时期，西南牂牁地区相对稳定，农田水利建设各地都在兴起，对西南地区有较大的影响，特别是巴蜀地区的水利建设，直接影响牂牁地区。魏晋南北朝时期，黄河长江流域一带比较混乱，相反牂牁地区则少受骚扰，在大姓的统治下尚能安定生产，因而农业仍有一定的发展。汉族地区很早就使用龙骨车，龙骨车的使用在山区来说不大适用，因而想出利用水轮车的办法，把水提到高处，于是发明了这种灌溉形式。根据崔寔《四民月令》安排的农活来看，后汉时汉族地区习惯种植粳稻、麦、大豆、瓜、黍、粟、麻、韭、芥、葱、蒜、苜蓿等农作物，魏晋南北朝期间，到牂牁地区的汉人越来越多，可能也将一些种子带到牂牁地区耕种。

第四节　领主时代经济

一　封建领主统治时代土地所有制关系

隋唐时期，原来的"部曲"由于社会的渐次安定，打仗的任务不多，因而形成"战乃屯聚"的状况，"部曲"们大部分时间可以安家种田，成为不受土地束缚的农奴，因而封建领主经济得以在布依族地区广泛确立。

所谓"战乃屯聚"是指那些以服兵役和为领主耕种某块土地为条件而领取份地的农奴，这是领主经济的主要特征。农奴不像大姓"部曲"那样，与大姓统治者的人身依附关系非常明显，没有生产生活的自主权，而是在领取份地以后，在生产生活上拥有少许自主权。但土地属于领主，农奴们只有使用权，没有所有权。因而他们除耕种份地以外，可能还必须为领主耕种一些土地，收获全归领主。其人身依附于领主，且逐渐被束缚在土地上，成为世代为领主耕种土地的农奴。随着经济的发展和领主欲望的膨胀，农权被剥削的程度和手段日益严重。唐代布依族先民在领主经济初步确立后，农奴们才从大姓的严酷统治下得到一点解放，生产力得到一定的发展。这种经济制度与唐代政治上的分散和半独立状态是相适应的。唐宋时期，农业经济已十分活跃，据《鸿雪因缘图》记载："又见有取水器，以大竹为之，按筝插合，随山势为起伏，可取涧水逆流，上山至数十丈，实有巧思，询名连筒。"描述了布依族当时精巧设计的灌溉水渠，用大竹筒制作而成，用以引水灌溉稻田的景象。

宋朝时期，布依族地区领主经济得到进一步发展，领主对农奴的剥削日益严重。例如政和元年（1111年），安隆州岑氏有人户三万二千多，要向王朝岁输布三千多匹，其他贡品不算。由于领主生活欲望难以满足和对封建王朝频繁进贡，领主不得不断地向农奴加紧压榨。例如南宋绍兴二十四年（1154年），宋朝的将领王氏和黄氏进入布依族地区之后，侵占当地的土地，压迫当地的人民，建立类似军事组织的屯守制、亭甲制，使土兵和当地人民植荒地并从中征税，划出一部分田地为夫田、兵田，供出征和夫役使用。还设有"甲头""守者"，备土官使唤。他们常常利用手中的权力，对当地人民进行肆无忌惮的掠夺。所以不少地方的农奴，在忍无可忍的情况下，发起农民起义。但由于民族关系的日益密切，汉人进入布依族地区的人数日渐增多，他们带来了一些先进的生产经验和技术。因此，宋代布依族地区农牧业和手工业的生产，比唐代又有进步。布依族古歌《造房》叙述用炭炼铁，制造铁制工具如斧、刀、尖嘴、凿，以及用粮食酿酒请客、祭祀等，部分反映了这一时代的生活面貌，他们不但能制造手工工具，也会制造农业工具，如刀、锄头、柴刀等。这些生产用具和生活用具因铜铁的输入而逐渐完备。另外，牂牁酒这时已有名气，北宋诗人黄庭坚曾称赞牂牁酒说："殊可饮！"南宋南渡后，发钢马多仰赖这地区的罗甸、自杞、大理等国供应，自开宝八年（975年）至绍兴二十四年（1154年）的150年中，罗甸国多次纳贡过名马。①还有就是，手工纺织上也迈出了一大步，即纺织品已进行色彩染织，成为史书所说的"斑布"。一般的斑布是先染好纱线再织成色彩斑斓的斑布；有的则是以蜡蜜点染白布，形成各种花色图案的斑布。布依族是最早使用麻的民族之一，古歌传说都有这方面的叙述。1958—1959年，贵州省博物馆在清镇市与平坝区交界的尹关、琊珑坝、芦荻哨发掘的北宋墓葬，出土有长短铁刀、镖枪头、剑、项圈、指环、铜铃等器物和开元通宝、咸平通宝、元祐通宝等铜钱，可以看出当时的手工业和经济交流状况。另外，宋代实行屯田制，把土地分给驻军、民户垦殖，如绍兴六年（1136年），在沿边溪洞诸州置号警手3500人，主要任务是练武事，散居边境，镇抚夷，平居则事耕作，缓急以备战守。这种做法，一则巩固了边防，二则在生产中起了示范作用。这些人属于国家管理，由当地官吏安排使用，因而在管理上、生产上都能得到支持，比羁州内各地要先进些，对当地生产的发展具有指导和促进作用。总的来看，宋代布依族地区的经济有些进步，然而和先进地区比较仍很落后，例如，1067年龙番只贡马一匹、朱砂八两，而获宋王朝的厚赐，"使者但衣布袍，至假伶人之衣入见，盖实贫陋，所冀者恩赏而已。……蛮夷入贡，虽交趾、于阗之属，皆御前殿见之。独此诸蕃见于后殿，盖卑之也"，②可见其生活水平与其他地区差距甚大。

　　元朝时期，由于各民族交流的扩大，各民族互相学习，先进的生产工具和技术不断传入，因而少数民族地区的经济得到了较大发展。元贞元年（1295年），在八番地区实行屯田，即把土地分给驻军和民户垦殖，称军屯和民屯，并实行"一夫岁收三斗"的剥削政策。赋税尚轻，减轻元朝岁输之费，对布依族地区耕地的垦辟和经济的发展起到重要的作用。八番韦氏有户二万余，向元王朝岁输土布二千五百四十匹。这一方面表明农奴负担之重，另一方面从农奴经受这么多的负担也可以看出社会经济的前进。番主的贡品，经常有马、毡、丹砂之类，布依族罗甸地区，

---

① 黄义仁：《布依族史》，贵州人民出版社1999年版，第121页。
② 《宋史·蛮夷传》卷四九六。

唐宋以来就盛产名马，蒙古人骑兵东征西伐，用马量大，所以任其搜刮，客观上也看出布依族地区畜牧业很兴盛。八番地处惠水大坝一带，土地肥沃，"宜五谷"，人口繁盛，当时称有十万之众。韦番统治区域就有二万多户，"聚落"很多，是元代贵州经济比较发达的地区。农业、手工业这时已有很大的发展。土布的织染，是布依族历史悠久的手工艺术，布依族妇女所织土花布一向有名。元代棉布织造发展很快，遍及长江南北。

明朝时期，封建王朝势力进入布依族地区之后，一方面设置许多府、卫、州、县，以强化其统治。另外在元代土司制度的基础上，采取流官辅佐土司或土司辅佐流官的办法来加强对土司的控制，使这些地区土司的不法行为有所收敛，对农奴的剥削和压迫有些减缓，特别在交通较为便利的地区，与汉族交流方便，汉人带来的生产技术和经验，对布依族地区农牧业的生产，有进一步的推动作用。然而在普遍实行较为落后的亭目制度的地区，加上交通阻塞，故步自封，农民生产积极性不高，所以生产力极为低下，经济上处于自给自足、分散经营的状态，与实行屯垦的地区形成鲜明的对比，屯垦地区欣欣向荣，土司势力强大的地区则生产落后，人民生活艰苦。总的来说，整个布依族地区经济发展不平衡，有的地区生产不断地进步、发展，根据以下情况，我们可以看出其梗概。明朝平定杨应龙、安邦彦之乱后，对贵州的统治更为深入，更为巩固。因而汉人迁入的很多，且设立屯田制度，汉族商人、贫民纷纷进入贵州谋求发展，对带动少数民族地区经济发展有一定的作用。这些人中，有的与布依族联姻，融入了布依族。布依族的许多族谱都说他们的祖先是从江西、湖广等地搬来的。这些说法不能说是完全符合历史事实，但有一部分还是可信的。明朝对贵州的控制加强，客观上推动了少数民族[1]地区经济文化的进步。屯田制度除推动农业生产发展外，还促进了交通的发展和人口的增加。布政司建立以来，开辟了数十条四通八达的道路，有不少道路是通过布依族地区的，有数十万落籍的汉族军民，改变原来"贵州军民鲜少"而"多系江西川湖流民居"的现状。这些屯田军民，将先进生产工具和技术带入贵州，除地为田，凿地为沟，水可溉，沙可堆山。随着农业的发展，养殖业、手工业、冶铁业和种植业也有较大的发

---

[1] 包括布依族在内。

展。布依族纺织的土布、蜡染布,渊源甚久,这时更加兴盛。八番马、开阳朱砂、水城铅矿、安龙和修文水银都有一定的产量。农业和手工业的发展,促进了城市的发展,当时贵阳既是贵州省的政治中心也是经济中心。贵阳为西南要冲,地位十分重要,四邻各省可通达贵阳。东西溯沅水可至都匀,陆路可至贵定达贵阳;溯潕水河可至黄平,黄平陆路可达开州到贵阳;从北经泸江、赤水至仁怀,由陆路经遵义可达贵阳;从南面通过古州至三脚屯,由陆路经独山、都匀亦达贵定及贵阳;西面古时早已开辟,因此贵阳发展较快。布依族地区较大的城市还有安顺、南笼①、都匀、独山等。由于驿道发展和商人的进入,在屯堡周围进行各种农产品的交易,于是出现许多小集镇。府、州、卫、县驻地人口也逐渐增加,城市规模不断扩大。据统计,都匀军民府明嘉靖年间(1532—1566年)仅有9219户,24618口丁;到万历二十五年(1597年)增至13758户,40041口丁②。这时布依族人民已经积累了丰富的生产经验,掌握了"二月犁,三月播种,八月收"的耕作规律,并总结出"动作稍迟则苗不盛,夏初无雨,则收必歉,入秋日午,禾正扬花,一有大风,则莠不实"等生产经验。③ 为了提高生产,尽量利用地力,于是在"山头地角,栽种杂粮",以适应"生齿日繁"的需要④。梯田耕作,在山间谷地,更属必要。

从以上可以推断,经济作物如油菜在明弘治十三年已在全国各地普遍栽培,布依族地区当然也耕种。棉、茶等也盛产,许多蔬菜品种也不断传入。先进的农具也得到充分使用,如竹编的箩、挑箩、水车、斗车⑤等,并已知筑塘设坝,引水灌溉,促进了农业生产的发展。建立许多府、州、卫、县学,少数民族就学人数渐多,"土司与卫所相搀,军伍并苗僚杂处"。政治统一,经济发展,道路通达,从政、从戎、从商、求学、避难、流放等四面八方人口出入贵州。因而汉族与少数民族包括布依族,接近的机会更多,交友、通婚势所难免,加快了汉族与少数民族的融合。

---

① 今贵州省安龙县。
② 万历《贵州通志》第十四。
③ 乾隆《独山州志》卷二。
④ 《大清宣宗成皇帝实录》卷之一百六。
⑤ 龙骨车。

布依族地区流官的后代或者汉族的后代也逐渐融合于布依族。明代，统治阶级对劳动人民的剥削是非常残酷的，课税就有夏粮、秋粮、种子谷、岁用等名目。岁用一项，仅以新添①、毕节等十五卫的估计，即达银六万多两。统治者为了通过征用马匹来榨取更多的收入，规定各地供应的马，要折成银两或粮食交纳，有的驿站折银征收达七百余两，折谷二千余石。徭役也很重，以各站征用的徭役为例，有的大站征用达六百余人，一般都在二三百人，因而农村有不少农民被迫离开土地，留下的受尽统治者的奴役。

清朝时期，清军进入贵州之后，消灭了明朝的残余势力和铲除了吴三桂的割据势力，加上在贵州实行"屯田戍边""改土归流"等政策，清朝的统治势力在贵州各少数民族地区得以深入和加强。这样，虽使各族人民受到严格的控制和压迫，但客观上也使少数民族地区经济、文化得到更进一步的发展。

屯田制度是元明以来在贵州行之有效的一种制度，清代的屯田制度是："驻一郡之兵即耕其郡之地，驻一县之兵即耕其县之地，驻一乡之兵即耕其乡之地。"② 屯军按户给田耕种，但所给之田及所纳之税各地有所不同。例如安顺地区每屯军受田后，由封建政府发给修建房屋费和购买耕牛农具、种子费。凡秋冬应募的屯军，乃发给口粮，接济到夏收为止；春、夏应募的，接济到秋收为止；每一大口给米八合三勺，小口给半，按口给粮食。但到收成之后"每军一名，征额四石"。另外，上田纳粮一斗，中田八升，下田六升，均纳于卫。卫改县，准许照农田一样可以买卖，只要按每亩上税银五钱，就给契为业。军田一亩卖价可买民田二亩，因军田纳粮一亩，可抵民田二亩之故。

军屯受田之后还有多余的田，就划为余田，或没收一批起义人民的土地以及无主的荒地，募各族人民耕种，或由汉族地主承领，转佃给各族人民耕种并从中剥削，这就叫民屯。政府通过民屯以供驻军的需要，实际民屯是军屯的补充。民田所受的弱削很重，一般称为"科田"。军屯、民屯发展很快，其他还有"公田""学田"等被开发的土地所占土地

---

① 今贵州省贵定县。
② 《圣祖实录》卷二四。

面积的比重越来越大,说明贵州包括各少数民族地区在内,人口不断增多,需要的粮食供应也越来越多。另外,封建领主所有制逐渐衰退,封建地主所有制兴起。"在领主经济制度下,土官是布依族地区的政治统治者和经济的剥削者,土民是农业和手工业生产者,他们所创造的物质财富被土官掠夺,土官通过劳役地租和实物地租的剥削,过着穷奢极侈的生活。到了明末清初,由于西南地区交通的开发,汉、'夷'接触频繁,关系日益密切,当时大量汉族从湖广、四川相继移居进入布依族地区,带来了先进生产技术和生产经验。在这样的历史条件下,布依族人民接受汉族人民先进的文化技术,促进了农业、手工业的发展。由于剩余农产品逐渐增加,农村初级市场逐步扩大,市场交易日益繁荣,布依族地区出现了贵阳、都匀、独山、南笼[1]等重要商业中心。"[2]

由于生产技术的提高和人口的增长,原有的耕地面积已不够耕种,于是农民大量开垦荒地。土官对此亦采取鼓励措施,允许新土地属垦者所有,在一定时期内既不征收赋税,还可以自由买卖,名为"私田"。于是民间普遍出现土地买卖的现象,农村的两极分化因此日益明显。特别是由于商品经济的发展、奢侈品的增多,许多土司、亭目等人物,为了追求享受,原来的剥削收入不够支出,于是又出现土目头人"将私田、粮田转售卖于汉人"。而少数汉族头人及另一些土官或富裕的把事和高利贷者因而变成了新兴的地主阶级。明万历年间(1573—1619年),独山州一个余姓举人曾买下蒙姓土官的田地;普安县亦有昔年土司向汉族地主典卖田庄。雍正二年(1724年),高其倬在奏《苗疆事宜》中也提到"土司等因贫困不支,往往以粮田称无粮,卖与绅衿商民"[3]的情况。新兴的地主阶级把买来的田地出租给无地的农民耕种,"按谷分花"坐收实物地租。与此同时,从雍正年间(1723—1735年)大规模改土归流后,土官的政治势力已逐步削弱,劳役地租逐步改变为实物地租,有的土官甚至日益贫困而沦为农村的恶棍,而有的土官却又因改变经营方式而变成了地主,原先的农奴则变为自由农民,封建领主经济因而逐渐为封建

---

[1] 今贵州省安龙县。
[2] 王鸣明:《布依族社会文化变迁研究》,博士学位论文,中央民族大学,2005年。
[3] 贵州省文史研究馆点校:《贵州通志·前事志》,贵州人民出版社1987年版。

地主经济所替代。

　　清代前期，各行业都有了一定的发展。农业生产方面，清廷支持和明令开荒，使耕地面积不断扩大。如徐玉章在《滑厘安平田赋》中提到"窃查本邑新之田，倍于屯田"，这说明耕地在逐年增加。再从人口的增长方面来看，康熙三十五年（1696年）有175335户，壮丁158290人；到1732年的三十多年中就增到了272687户，壮丁176248人[①]。这些数字包括布依族地区，说明人口的增长与农业的发展相适应。除个别地区如归化[②]等还存在刀耕火种的情形外，其他地区已使用铁制农具和牛耕，如普安州"犁田以一牛三夫，前挽、中压、后驱"的牛耕情形。在陡坡地方，也用其翻土，比较省力。另外，已普遍筑坝引水入渠以资灌溉，距水平面较高的田，则用戽水兜、翻车[③]、水筒车等。水筒车的使用历史悠久，古歌中常常提到，只是布依族没有文字记载。在有泉水和可拦山筑塘蓄水之地，都可以开为田。在生产技术方面，知道什么田土使用多少肥料，选什么品种，什么地方适宜种什么农作物等，都按季节有一定的规划，农活安排秩序井然。

　　随着农业的发展，家庭副业也有很大的发展，如种植菜籽、桐子和养蜂等。菜籽是普遍种植作为家庭食用油的原料；桐子在布依族地区很有名，独山、荔波、贞丰等地都属于高产区，而且镇宁的六马是历史上有名的桐子产区；家庭养蜂也是布依族副业之一。养蜂除取蜂蜜外，还炼黄蜡出售。"纺花织布"是布依族妇女的特有技能。红水河和南北盘江沿岸，布依族普遍种植棉花，而"纺花织布"的年代相当悠久，前面已经叙述，只是汉文史籍少有记载而已。望谟、册亨、罗甸、荔波一带出产的土织花布比较有名。其种类有斜纹布、花布、蚊子布、花格子布等，美观、经久耐用。定香州的谷蔺布也较有名："纹布中即手布也，洁白如雪，光软绝伦，试水不濡，用之弥年，亦未尝垢"[④]，有"欲作汗衫裤，须得谷蔺布"[⑤]等说法。种桑养蚕，布依族地区也有，"惟安顺、兴义、

---

① 《贵州通志·人物志》，贵州人民出版社2001年版。
② 今贵州省紫云县。
③ 龙骨车。
④ 参见《太平广记》卷二三七，奢侈二。
⑤ 参见清嘉庆年间李宗昉《黔记》。

黎平三府,及贵阳市府属之定番州①,闲或有之"②。烟叶自明崇祯末年传入贵州,布依族地区清代种植较多,贵定"闽广人侨寓于此,倡种烟叶"③。贵定种烟日增,产品质量甲于全省,册亨的"打兵烟"、望谟的"交布烟"也很有名。蓝靛在布依族地区也有生产。蓝靛是染布的重要原料,种植棉的同时,许多地区也种植蓝靛。另外,红水河、南北盘江沿岸气候炎热,适于种植甘蔗。甘蔗大概分茅蔗和田蔗两种,茅蔗秆小,耐旱,糖分多,适于制红糖、白糖;田蔗秆大,水分多,平时食用。手工业、冶炼业、酿酒业和商业也有很大的发展。"习安④地方,素重纺织,民间妇女,自幼讲求,风俗之美,甲于黔疆。"这是《苗疆见闻录》的赞词,实际主要说的是这一地区的布依族妇女擅长纺织,闻名于黔疆。安顺所产的"顺布",又名"唐家布",颇有名气,各色俱全,郡民皆以此为业,城北犹盛。"五色扣布"分桃红、打青、漂白、月蓝、官绿等色,其质量可和苏松布比美。尤其是"紫米花布",俗称"头花布",其色红绿相间,染草出于镇宁,五六月间割草以染,而染工以安顺为佳,在镇宁染者,名"米散花布"。还有"搭连布""椒花布""羊毛布""棉绒"等。乾隆、嘉庆时期,黄草坝⑤和新城⑥一带,地产棉花,由湖广、四川迁来的棉纺工匠"交易有无,以棉易布,外来男妇……尽力耕,布易销售,获利既多,本处居民共相效法"⑦。兴仁城中,一千多户人家就有五百张弹花弓,男女都能纺织,机声"比户相闻""络绎于午夜"。兴义城内,出现有机头三架的手工作坊,这个时期的纺织中心,由捧鲊移到了兴义。道光九年(1829年),贵阳城南山外"设局纺织",从业者百家,"所织之布,较之贩自客商者,价贱而易售"⑧。19世纪初,郎岱城出现有720两银子作资本的棉纺织手工作坊,设有机房,雇佣工匠纺织棉布。独山州出产斜纹布,质量较好。丝织业方面,1826年,安龙县蔡万春、

---

① 今贵州省惠水县。
② 参见《皇朝经世文续编》卷四二,户政十四农政下。
③ 参见《贵定县志稿》民国八年版。
④ 今贵州省安顺市。
⑤ 今贵州省兴义市。
⑥ 今贵州省兴仁市。
⑦ 何伟福:《清代贵州境内的外省商贾》,《贵州社会科学》2005年第3期。
⑧ 《中国近代工业史料》卷一。

李荇、董太和等，集资本银900余两，各方助银250两，在城乡设机房三处，集织匠三十余人，传授放养柞蚕的方法，并著有《橡茧图说》传之于民。当时，"如纺棉织履，日衹得钱八文或十文，若取丝织绸，不啻十数倍之利，其余若套茧、导丝、络丝、攒丝，日俱可得钱四十文"。① 因有利可图，全县柞蚕纺织业逐渐发展起来。冶炼业方面，布依族地区的修文、普安州等地的铁矿都有人开采冶炼；水城等地区，铅矿开采逐渐兴起，平远的达磨山、普安的连发山、都匀的东冲等地都开采出白铅矿。据1777年统计，威宁、水城运出的铅已达700万斤。普安的炉口开磺十多口，设炉十三座，每日出铅一千七百斤左右。水银产地有开阳的白马洞、定番的金鳌山、普安的回龙湾和滥木桥、修文的红岩和白岩以及安龙历代都有出产。康熙初年，修文县的水银厂，三七抽收，每年收水银333斤，变价银166两5钱，安龙已有"商民自采、自炼、自售"的水银矿场。乾嘉时期，开阳白马一带矿工，常在万人左右。开阳平均每日产汞1280两。该县的朝天马、朝盆坡、杉木冲等地都开有银厂。造纸方面，开阳、兴义等地都是重要产地，有皮纸、草纸、竹纸、棉纸四种。开阳有草纸（火纸）、皮纸（白纸）两种。草纸最多，占全县产量的95%，兴仁的花坝寨有以雇佣劳工的手工造纸作坊，规模不小，出产的纸张质量高。归化厅②的板当出产棉纸，平塘四寨产皮纸。在酿酒业方面，由于布依族节日好喜庆和迎宾敬友，因此喜欢饮酒，酿酒的历史也很悠久，古歌中就有酿酒过程的叙述。到明清时代，饮酒更为普遍，过大年时几乎家家酿酒。其中以大米酿的白酒为多，糯米酒则较少。酒的原料有大米、苞谷、高粱、小米、刺梨、红薯、糖渣③等。

随着地主经济的发展，原来土司制、封建领主经济的封闭性逐渐消失，地主阶级必须更多地谋求市场，卖出他们手中的粮食和经济作物，买进他们需要的生活用品，当时农民也有比较大的自由，农产品逐渐商品化，这就相应地促进了城乡市场的繁荣。贵阳当时也是布依族分布的城市之一，同时是全省政治、经济、文化和商业中心。当时棉布、丝绸、

---

① （清）吴振棫：《黔记》卷上。
② 今贵州省紫云县。
③ 熬糖时的水泡沫。

食品、山货、药材、牲畜皮毛、广滇杂货等商品都要经过贵阳转往外地。正如《黔南职方纪略》卷一载:"于是江、广、楚、蜀贸易客商,云集此地,置产成家者,今日皆成土著。"嘉庆道光年间(1796—1850年),安顺不仅是贵州棉纺织业生产和贸易中心之一,也是贵州西路百货的集散地。政府在安顺、贵阳、普安、镇远四处催税,每岁抽收一万金。城中经营绸布业商号有80余家,城内有五个市,其中三个是棉花市,一个是土布市,一个是粮食市。清朝人许缵曾所著《滇行纪程》中记载:"安顺府城围九里,环市宫室,皆宏敞。人家以白石为墙壁,石片为瓦。贾人云集,远胜贵阳"。《黔南职方纪略》卷二载:兴义,"其境地西接滇,南倚粤","所产木棉(棉花)为利甚普,其始不过就地年产之花,家事纺绩"。道光年间,这里成为棉布产地和百货交换市场,"故客民多辏集"。又地近云南罗平的铝厂,四川、湖北等地商人都贩运棉花到此销售,又买回白铝,以牟取高利。"嗣以道通滇省,由罗平达蒙自七八站路,既通商,滇民之以(棉)花易布者,源源而来,今则机杼遍野。"[1] 到此经商者多是江右、闽、粤人,货物以"滇铜、蜀锦"为主,"物钱用秤以斤两计,十斤曰一秤,七斤曰一串",[2] 可见商业的兴盛。

随着商业城市的发展,农村有定期集市的市场,场期以动物属相为名,如鸡、狗、猪、鼠、兔等,各族人民在定期市场上出售农产品,土特产,家庭手工业的编织品和纺织品,马、猪、羊等牲畜,鸡、鸭、野猪等家禽和猎获物等,同时买进生活用品及生产用具等。这个时期,大多数农村市场,交易时多用估计,如一包、一捆、一打等,或用碗计粮;以手量布,大指到中指间的距离为五寸,称"一权",两权为一尺,一拃为五尺;用拳量牛,高十三拳为大,齿少拳多者价高;用类似的木棒比马,比至放鞍处,按高低来定价。"改土归流"后,逐渐使用升、斗、尺、秤等度量衡。但互相间的交易,多讲信誉。由于交易的发展,各城镇都开设"牙行""歇店""票号""税所""当铺"等,以便适应当时的需要。同时贵州逐渐改变以物易物或以缯帛和贝为交换的媒介,逐渐使用银币、钱币。水陆交通方面,据乾隆二年(1737年)统计,贵州有

---

[1] 《黔南识略》卷二。
[2] 《兴义府志·风俗》卷四十。

驿站 23 个，这些驿站历来为政府递送公文，运输军队和粮食等，同时也便利人民的商旅。雍正九年（1731 年）对驿站做了调整，更利于交通，如"游自黄丝①至平越府，自平越府至杨老驿②，计程十八里"，道路崎岖，遂改"由黄丝驿以下之虎场营分路自鱼梁江直达杨老驿止五十里，路也平坦"③。这样一改，便捷 30 里。又如乾隆十八年（1753 年），"查毛口驿④附近之那贡塘一带可开新路。下名阿都田、历大、烈当等处，出白沙直抵罐子窑，土路两旁俱有马道，较旧路实为坦易，且无岚瘴之虞"⑤，后来又在毛口驿附近修新道，使驿道更平坦。

清朝"改土归流"后，对都柳江进行了疏通，都柳江到三合⑥可通木船，向下可抵达怀远而下粤东。由都匀府沿清水江而入楚。红水河及南北盘江，有许多江段可通木船，广西的百乐、贵州贞丰的白层和望谟的蔗香是重要的水码头。

二 封建领主统治时代赋税形式

中央王朝对归附的当地首领假以爵禄，宠之名号，使之仍按旧俗管理原辖区，中央王朝通过土司对少数民族地区实行间接统治。当地首领须服从中央王朝调遣，并按期上交数量不等的贡纳，承担一定的政治、军事、经济等义务。布依族地区的土司，包括贵阳军民府属长官司有程番长官⑦等 15 个，仅惠水县境就有 12 个；安顺军民府属长官司有幕役长官⑧等 5 个；都匀府属长官司有都匀长官司⑨等 4 个。明清之际，贵州省黔西南布依族土司有安隆长官司岑氏、望谟王氏、册亨侬氏等。土司占有大量土地，收取地租。"纳粮田"的粮额按照亭目统治把事的人数收取，一个把事收取白银八两八钱二分，秋米两石。粮田面积是按"挑"

---

① 今贵州省福泉市黄丝乡。
② 今贵州省福泉市山镇附近。
③ 《清世宗实录》卷一。
④ 今贵州省六枝特区郎岱境内毛口镇。
⑤ 《清世宗实录》卷四。
⑥ 今贵州省三都县。
⑦ 今贵州省惠水县城南程番。
⑧ 今贵州省镇宁县慕役。
⑨ 今贵州省都匀市境内。

计算，每挑约合一百市斤，二十三挑粮田交一两粮银，这是主要的。还有"印田""掌印俸禄田""把事田""庙田""清明田""私田"等，名目繁多。土司除利用封建土地收取地租外，土司、把事对农民进行"科派"，一年有四小派，小派计钱，三年一大派，大派计两。土司鲜知法纪，拒抗粮银、科派者，拉牛牵马，甚至夺其子女，还可生杀任性。土司、土目纳贡于政府，先是贡于所附政权，改土归流后直接纳贡于当地官府。元代征伐频繁，需要兵源甚多，所以除蒙古军探马赤军以外还有汉军、新附军等，形成"其军其民""兵民体"，需要时即签发民户为军户。元代的军户，起初享有许多照顾，例如一些"税粮"和"科差"受到优待，但后来则受到军官们无穷无尽的剥削和压迫，与其他平民无多大差别。另外还有匠户、商贾户等，封建王朝强迫他们承当各种封建义务，例如站户承当站役，匠户承当匠役。

劳役科赋制度。甲亭成为划分负担的单位，以土地广狭、人丁多寡而定为一亭、半亭、大半亭、小半亭，每年向亭目交纳"烟火钱"、实物和服劳役。在布依族领主经济制度下，布依族人被划分为亭目[①]与土民[②]两大阶级。世代隶属于亭目的土民，由于经济、政治地位不同，受压迫的形式不一样，又可以划分为三种类型。一是耕种"粮田"的土民，他们是亭目统治下人数最多的劳动阶层，具有依附农民的性质，他们在土民中地位较高，除纳租输赋以外，还要负担印田的耕种和服劳役。二是"私庄百姓"，他们没有粮田耕种，每年要交纳一定的"烟火钱"才能开垦荒地。同时，亭目还要"私庄百姓"服劳役，如抬轿、扫地、挑水等。他们随时听从土目的召唤，土目的"劳役田"大多数情况下也由他们耕种。三是亭目家庭中的奴隶或半奴隶。他们没有人身自由，大多是亭目家中买来或陪嫁来的农奴。如果他们的家属有钱也可以为他们赎身而获得人身自由。他们主要从事家务劳动，其中以女性居多，当她们到了婚配年龄，亭目会将她们卖给穷人为妻，有的也会由农奴中的男女相互婚配，所生子女仍然属于农奴。

土地买卖制度。"私田"出现后，土地抵押、典当、买卖随之而产生。

---

① 领主。
② 农奴。

在领主经济制度下，亭目是布依族地区的经济剥削者，土民是农业、手工业和亭目家务的劳动者。明末清初，由于我国西南交通线的开发，"夷"、汉交往日益频繁，大量汉族迁入布依族地区，他们带来先进的生产技术和生产经验。由于生产技术的提高，随之人口不断增长，原有的耕地已经无法满足人们的耕作需求。此时，亭目开始鼓励开垦新地，而且新开垦的土地归垦殖者所有，在一定期限内也不征收赋税，还可以自由买卖，这些田地称为"私田"。于是布依族地区出现土地买卖现象，两极分化日益明显。少数汉族人、亭目、把事、高利贷者因而变成了新兴地主阶级。同时，雍正年间大规模"改土归流"后，劳役地租逐渐改变为实物地租，亭目中有的沦为农村恶棍，有的由于改变经营方式而转变为地主，农奴经济制度转变为封建地主经济制度。土地抵押、典当、买卖随之而产生。地主对农民的剥削方式大多是采用"对半分"形式，即农民佃种地主的土地，将每年收成的一半交给地主作为地租，但是也有交纳高达70%—80%的。当然，布依族有的地区的农民除交纳地租以外，还要服一定的劳役。

三　封建领主统治时代主要社会生产领域的状况

布依族地区封建领主统治时代的主要社会生产领域包括：农业生产领域、手工业生产领域和商业发展领域。

（一）农业生产的发展状况

田，可以说是布依族人民的生存之本，至今在贵州省许多布依族地区的地名都以"纳"来命名，"纳"是布依语，汉语的意思是指"田"。布依族既能将坝子开垦为良田，也能开山造梯田，世代耕作形成了许多福及后人的田坝粮仓。

布依族粮仓建造地点一般会选择村寨周围，而很少建在村内，这有利于防火灾。另外，粮仓的结构一般分为三个部分，顶部一般为斗笠状，这适宜布依族地区多雨的气候特点，使粮仓顶部不容易积水；粮仓中间部分为圆柱形状，是存放粮食的主体部分，也有少数布依族地区将这一部分建为方形[①]；粮仓底部一般会用石头或者木枋支撑着整个粮仓，同时会在粮仓的底部留有空隙以便使整个粮仓通风防潮，有的布依族地区也

---

① 例如贵州省黔南州荔波县尧古村布依族古寨均将粮仓建为方形。

会将粮仓的底部建在水上，用木桩支持整个粮仓以便防火灾和老鼠。

布依族地区主要种植稻谷外，兼种麦子、油菜、甘蔗等；山旱地种植玉米、小米、高粱、荞麦、烤烟、土豆、蔬菜、棉花、蓝靛、麻等；山坡上种茶叶、油桐、油茶树等。所用农具有犁耙、翻镐、薅锄、挖锄、板锄、钉锄、薅耙、摘刀、柴刀、斧头、挞斗、麻袋、扁担、竹席、撮箕、箩筐等；引水工具有水碾、水磨等；酿酒工具有风簸、簸箕、筛子等。如今已经普遍使用电灌站、水轮泵、抽水机、打米机、榨油机、插秧机、压粉机、钢磨、挞谷机等。

布依族古代社会将亭目经管的田土分为印田、把事田、劳役田、祭田、私田、粮田等。亭作为划分单位，以土地广狭、人丁多寡而定为一亭、半亭、大半亭、小半亭，实行每年向亭目交纳"烟火钱"、实物和服劳役等的劳役科赋制度。"私田"出现后，土地抵押、典当等土地买卖制度相继出现。同时出现租佃、雇工、借贷等封建剥削制度。打铁、木工、纺织、染布、缝纫、碾米、酿酒、熬糖、狩猎、种植、饲养牲畜等自给自足的家庭手工业和家庭副业得到一定程度的发展。定期定点"赶场"、交易，既有物物交换，也有以货币为媒介进行商品交换的商业贸易制度同时并存。可以说，亭目制度是一种政治与经济相结合的基层统治制度。中华人民共和国成立前，土地兼并、高利贷、劳役科赋是历代布依族人民发生起义的主要经济根源。

亭目经管制度中的印田是封建王朝让土目掌握的俸禄田；把事田是农民给土目家租种的专用田，包括割路田、挑水田、舂米田、清明田等；劳役田是由土目授予服劳役的农民耕种，劳动产品归农民所有，不需要交纳粮食，但是必须负担与其田地农产品相当的劳役，例如伙夫田、舂米田、割路田、小菜田、柴火田、摩公田等；祭田由善男信女租种，所收粮食捐赠给寺庙；私田由土目家人自己买下，属私人所有；粮田，布依语称"纳粮"，是封建王朝分给土目、亭目管理，由亭目委派把事将田分派给老百姓耕种，秋收按规定交纳粮银、秋米给土目。所附加的秋米，不放入国库，留作地方开支，或供土目享受。清朝时，领主占有土地、山岭、河流以及依附于土地上的动物、植物和劳动者，还圈地以"插草为界"，进行大规模的圈地运动。到了民国年间，布依族下层人民受压迫极为深重，地主和领主占有90%以上的土地，绝大多数人无地或拥有少量土地。所以，绝大部分人只好到地主或领主的"公田"里边去耕种，上交大量的租子，过着食不果腹、衣不蔽体的生活。中华人民共和国成立后，农业生产在布依族地区人民的经济生活中占据重要地位，在布依族地区的河谷地带、大坝子均主要种植稻谷。在山地主要种植棉花、茶叶、甘蔗、茶籽、油桐等经济作物。布依族的经济制度长期以来是以自给自足的自然经济占主导地位，布依族人民在劳动过程中养成一种互助的传统，大家可以调剂耕牛等劳动工具的使用，这不仅可以在劳动中取长补短，而且增进了寨邻之间的团结友爱。布依族地区自实行家庭联产承包责任制后，在党委和政府的领导及科技人员的大力支持下，农村基本普及和推广科技兴农，使农业由原来单一的粮食生产经营向多种经营方式转变，布依族的农耕也从传统农业向现代农业转化，由自然经济向商品经济、市场经济转变。

(二) 手工业生产的发展状况

自给自足的家庭手工业和副业，诸如打铁、木工、纺织、染布、缝纫、碾米、酿酒、熬糖、狩猎、种植、饲养牲畜等。在地主经济占主导地位的情况下，当时作为纺织业的手工业，是布依族地区农耕和纺织相结合的自然经济形态，这种自然经济体现在整个纺织过程中的自种、自纺、自染、自缝，做到自给自足。从自种来看，首先，平整好土地，将大的土块用锄头打细，清除草根杂物，到了农历三月的播种季节，就把棉籽种到地里。其次，当幼苗长到半尺高，就把地里的杂草、碎物清除干净，不要伤害幼苗。最后，到农历七月的棉花成熟季节就可以收成。自纺是布依族妇女从事的一项艰苦漫长的细致工作，在纺纱车前一坐就是几个小时，一般在纺完纱后，将纱团放到手车上把纱绕成直径50厘米左右的纱卷，放毕，再把纱卷放在盆里，用米汤水浸泡并加温煮沸后取出漂洗晒干，然后又用倒线车把线倒成纱锭。完毕后，再放到一块长、宽且平整的地面上，按自己的设计安排，在地平线上的东、西或南、北端，起点端钉两根木桩，末端钉一根木桩。用纱锭牵线，线牵完后，再用织布机上的羊角架来收线。同时，用筘挑线，完工后，把纱放到织布机上，就可以织布了。织布工效，一般一天按照8小时计算，可织宽一尺五寸、长一丈五尺左右的布。织布主要讲究精力集中，注重手脚协调，操作认真细致，就能织出平整光滑的布。染布工序繁多，一般主要通过准备染缸，落实染料，用棒槌反复捶布后放入染缸，一小时后将布提放到小横棒上把染水滤干，又反复放入染缸、用水将染布中的染水漂去、拿出来晒干，这样反复染制七天左右。自缝做衣，是一项细腻、辛苦而又复杂的工作，一般要经过这样的一些程序，即选择布料、按照所需尺寸剪好布料、将花样设计剪画好、认真雕绣、整体缝制组合等。20世纪末以来，布依族地区的布匹不仅是为了自给自足，而且还不断充当物质交换的等价物品，成为商品进入市场，从而满足各兄弟民族的需要。其他副业诸如酿酒、木工等也很有民族特色。

（三）商业的发展状况

古代布依族地区的商业发展，很大程度上得益于水上运输。由于布依族地区山高路险，陆路交通十分不便，运输主要依靠人挑马驮。比较陆路而言，布依族地区在水路交通方面有得天独厚的条件。例如，贵州省贞丰县的白层码头地处北盘江边，素有"黔桂锁钥"之称。清嘉庆二十四年（1819年）确立为官渡，是北盘江上最古老的码头，是当时商品流通的水上走廊。特别是在当时公路交通尚处于空白时期，白层码头是黔桂棉纱、桐油、肥皂和食盐等物资北上南下所必经的重要通道，白层港曾经是贵州西南地区重要的通商口岸。

同治元年（1862年），清政府在贵州省贞丰县白层镇设厘金局，分别在北盘江白层段的东、西两岸，那郎[①]、孔明城[②]、盘龙树[③]、贞丰州城[④]等地设6处关卡，替清政府征收过境税银。1873年12月24日，白层亭[⑤]民众为离任的厘金委员朱某立"去思碑"一块，以表彰和纪念其廉洁。1917年9月18日，贵州省政府第165次会议决议："白层河税务局长徐德宽纵容属员贿放私货，似即撤差查办……"一个白层"税务局长"的贪污渎职及其任免，竟能惊动并要由堂堂的省府会议来作决定，可见白层码头的税收在当时省府财政盘子里面的分量。

1900年竣工的花江铁索桥，是当时黔中腹地入滇的必经之路，史称

---

① 今贵州省贞丰县白层镇政府所在地附近。
② 今贵州省贞丰县者相镇政府所在地。
③ 今贵州省贞丰县珉谷镇境内、县城城郊。
④ 今贵州省贞丰县城。
⑤ 亭是满清政府的一种行政建置或区划名称，相当于现今的乡镇一级。

"道险径捷，商旅称便"。花江铁索桥由总兵蒋宗汉与贞丰著名大商号同济公盐号捐资修建。桥身长71米，宽2.9米，离江面35米，是贞丰境内北盘江上滇黔桂物流商旅驿道上一座十分险要的桥梁。

1914年，民国政府交通部派员查勘北盘江及红水河。经查勘，北盘江自贞丰白层以下至望谟蔗香，再由蔗香向南盘江溯江而上至册亨八渡，全程165公里航道，全年可通行载重50担之木船，夏秋丰水季节，能通行载重百担之木船。毋庸置疑，这是当时西南地区黔桂两省区结合部民间贸易极重要的一条商业通道。

"一青山、二者相、三龙广"①，这是清末民初以来广泛流传于盘江八属民间的一首民谣。其将"盘八"②属的几大商贸名镇作了直观的排序，从另一个角度印证了清末民初贞丰商业的活跃与繁荣。

"者相"古称宰相，历史记载是因三国时期蜀将关索南征时筑城于此而得名。"宰相"指的是刘备军师诸葛亮。历史上蜀军南征和诸如著名的"七擒孟获"等经典战例，基本上都是诸葛孔明所策划。者相镇在某种程度上，可以说是贞丰商业的缩影和代表。者相人善于生意与富有经济头脑的传统，就犹如兴仁人在"盘江八属"，宁波和温州人在中国，以及犹太人在世界上给人们留下的印象一样。

由于生产力的提高，人们在劳动中的所获，除了满足自己的生活需要以外，还会有剩余物质产品。有了剩余的物质就需要交换，进行交换必须有场市，于是场市就自然形成了。例如，关于贵州省安龙县龙广镇的古代场市，最早有文献记载的是清乾隆二十九年（1764年）的《南笼府志》。当时即称"场市"而不叫"市场"。称"场市"比较贴切，因为有了固定的场所才有贸易。而"市场"是商品行销的区域，乃是"场市"的外延。布依族赶场叫"好荷"，即有买有卖的地方。龙广初开的场市，离城70里，在今天的三棵树③设场，后移至龙广铺④逢甲子的子（鼠）

---

① 青山，指今天贵州省普安县青山镇。者相，指今天贵州省贞丰县者相镇。龙广，指今天贵州省安龙县龙广镇。

② 今贵州省西南部南盘江和北盘江流域的广袤地区。包括民国时期的兴义、盘县、安龙、兴仁、贞丰、安南（晴隆）、普定、册亨8县。

③ 纳早寨。

④ 今贵州省毕节市赫章县六曲河镇老场坎村。

午（马）为场期，场期六天一集，空五赶六。龙广场市的变迁，折射出龙广经济的发展情况。由于三棵树场市地处低洼地，常遭水淹，作为场市极为不当，于是将场市移至龙广海坝中央凸起的一片高地，这便是龙广最早的初具规模的交易场市，即龙广场，历史久远。场坝的面积不算很大，不过0.5平方公里，场边居住着20多户汉族人家。通往场坝的大道是一条向东延伸的泥路，当时人们称"马道"，约半里之遥，原来是清代时期供本地武童生或武生员应试科举训练的地方。逢子、午日为场期，这与府、州、县署住地的场期完全相同，由此可见龙广场市的地位不一般。龙广场市附近的村寨星罗棋布，众多布依族寨子号称"龙广四十八寨"，人烟密集。虽不大，但市面交易远非邻近的马鞭田、鲁屯场市可比。可是，当一年一度的雨季到来，四面八方的洪水汇集龙广坝子，形成海子。积水在短期内不易消退，至少淹没两三个月，多者半年或半年以上的时间。每当海子被淹的时候，整个场坝被水包围起来，形成弧岛，这时赶场的人们必须涉水而过，或用小木船、或用筏子渡河，这多有不便且危险，溺死人的事时有发生，由此人们产生了迁场市的想法。于是人们在场坝以北约半里的地势较高亦平坦的地方又开辟了一个新场市，命名为"小场坝"，布依语叫"讲益娘"。原来的场市叫"老场坎"，布依语叫"讲益老"。小场坝的面积与老场坎的面积相当，地势也不算太高，每当雨水季节涨大水时，三面环水，亦成一个半岛，不影响赶集，交通也比较方便，场市更加繁荣。场期仍是六天一集，为不与老场坎场期冲突，逢卯（兔）酉（鸡）为集。小场坝开辟后，老场坎仍然照赶，并未废止，这样龙广就形成了三天一场。后来由于老场坎不如小场坝方便，老场坎萧条衰落，逐渐不及小场坝。逢赶小场坝的天，商旅云集，买卖兴旺。

老场坎和小场坝虽位于龙广坝子的中心，但交通不便，发展前途不大，加之每年洪水季节一到，积水数月不消，商旅裹足。龙广人口又不断增多，两个场市都制约了龙广经济的发展，民国九年（1920年）废止，现仅存遗址。民国九年，地方士绅袁廷泰（字干臣）、贺成高（字仲三，布依族）等，鉴于老场坎和小场坝的弊端，在取得热心于地方事业者的资助后，决然将老场坎和小场坝的场市一起迁到哨旗山麓，命名为"龙广合兴场坝"，又称"新场坝"。原来老场坎赶场以汉族为众，而小场坝则以布依族赶场最多，两场市统归一场市，变成汉族、布依族同赶一个场坝，合心共同发展龙广经济，顾名思义取"合心"之谐音"合兴"为场市名称。袁廷泰和贺成高大力促进民族团结工作，布依族先来者称"老户"，汉族后到者称"客家"，倡导不准称"苗裸"和"汉么"。赶集，仍分大场、小场，三天一集，逢子、午、卯、酉为集。小场时逢子、午，正好是县城的场期，赶集的人少一些，大场因县城商贩前来，比小场人气兴旺，后来逐渐分不出大小场。民国十二年（1923年），袁廷泰、贺成高以及很多热心于公共事业的人士，募集重资，修建规模恢宏的龙广标志性建筑"五省会馆"，又名"五省宫"。从袁家店袁廷泰老宅"卧雪山庄"修了一条石阶路直通"五省会馆"，继而在场坝中央石阶路的两侧建有四幢砖柱瓦面，长5丈、宽2丈的场棚，名"四大公房"，位置恰当，供肉、盐、土杂、百货设摊，与此同时建了十多间盐仓。又动员部分布依族人士如贺汉廷、王纯武、王薪芝、王一洲、王凤益、贺跃先、贺其泰、贺再渊，汉族人士晏锡侯、刘兴发等，由袁廷泰、贺成高带头，在场坝上建私宅。之后私宅逐渐增多，场市亦随之繁荣起来。龙广场坝地势广阔，交通方便，袁廷泰主持修建了宽6尺石板铺砌的龙广、安龙驿道。富商苏发祥捐资复修兴义、安龙公路，便利人马通行。龙广是通往广西、云南的必经之地。附近轮流赶鲁屯、郑屯、德卧、马鞭田、永和、洒雨等场市，这些场市距布依族村寨不算太远，都可以早出晚归。周而复始，天天有集赶，适合于经商贩运。因此，不少来自贵州省外的如两广、两湖、四川等地的客商多在龙广定居，发家致富。富商巨贾苏发祥，由粤迁龙广，娶当地女黎氏为妻，建房置产。民国初年，先后组建盐业公司、"永恒"商号，经营棉纱、布匹、百货、鸦片烟等，并代办汇兑业务。舒云山经营日杂商品，班瑞甫开五金铺，王开明营业食盐，陈选福开办染行，王利松开办的文具店小有名气。开马栈的也有好几家。场市的小贩摊档各显神通，有招摇过市推销商品的，有像唱独角戏大声念白叫卖的。王糖果炸的糖果香脆而不腻，大人小孩都叫他"王糖果"，无人知道他的真名。王德溢种植烤烟，烘烤烟叶，自行销售，还熬盐巴供应市场。1946年，班迪生任龙广镇镇长，扩建市场，便利消防，报请兴仁公署专员徐实甫批准，发动全街群众、机关员工、学校师生修筑环城马路，由于事出正义，公平征地补偿，因此没有其他阻力，工程从动工到落成不到两个月，徐实甫还主持举行通车典礼。中华人民共和国成立后,龙广场市更加热闹、繁荣,作为贵州百个小城镇建设之一,扩建了新街。赶集天,人流熙熙攘攘,人头攒动,傍晚方散,夜间还有小吃,面铺到 10 点钟后才打烊。

龙广场市和吏所总是相依相伴的,场市形成的初期,吏所负有管理场市秩序之责,是基层社会自治组织,后来发展成行政编制的吏所,有了地方官吏常住,成为推行吏治的署所。所以龙广场市既是经济中心又是政治中心。有司即官吏,就是说场市必须有官吏依法进行有效管理,打击店大欺客、客众欺店的强买强卖欺行霸市行为,维护场市良好秩序。老场坎庙宇"观音阁",是地方行政机关的临时住所,也是给群众听讼的地方。平时不住官吏,但到赶集天,官吏必至,为群众排难解纷。小场坝北端的"黑神庙",当时吏所已由老场坎迁至此。小场坝不仅是经济中心、政治中心,也是文化教育中心。袁廷泰父因子尊,函邀盘江八县地方当局组建"盛汇八县联合团务处",自任团总,坐镇龙广,势盖八县,人事任命必由袁老太爷裁夺。民国十五年(1926 年),袁祖铭任命周西成为贵州省省长,并将袁廷泰接到贵阳,聘为省政府高等顾问,回龙广后负责当地诉讼。"五省宫"建成之后,断讼就在"五省宫"。遇有诉讼,四人抬大轿将袁廷泰由袁家店"卧雪山庄"送至"五省宫",平时一般是定期每月两次,多逢场期,雷打不动。审案时,陪审员排在两边,威风凛凛,杀气腾腾,主持的人高喊一声:"老太爷来了!"所有的奸夫淫妇、骂街王婆、忤逆不孝之子、流闲不法之徒无不惊恐万分。例如,纳桃寨布依族王绍将一匹烈马拴在路边啃草,孔家坝汉民胡庚赶龙广场市经过拴马处,被马踢而丧命,胡之母将尸体抬到王家"招人命",并控诉于官府,官府判令王姓付胡姓滇洋 200 元作烧埋费。之后胡姓不服,聚众到王家吵闹。袁廷泰闻之亲到现场严斥胡母,警告说马不知人性,若再无理取闹,罚款 100 元,并把人关起来。从此,胡母不敢再度闹事。

自明朝以来,安南①境内的集市,一直是沿用约定俗成的旧习,用十二属相来定集市点,即城区场赶牛(南门)、羊(东门),沙子赶虎、猴,凉水赶鼠、马,碧痕赶蛇、猪,廖基赶龙、狗,鸡场赶的是兔、鸡,六天一轮回。本地群众一直依照这样的顺序轮流赶场,将邻近城区的几个

---

① 今贵州省晴隆县。

主要集市串联起来。在自给自足的自然经济时代，人们的生产力、生活水平和消费观念还处于低级阶段，这样将邻近几个集市相互错开，既避免了赶场天的冲突，又方便了生产与生活资料的销售与购买。民国时期，安南鸡场地区除三宝为苗族、彝族人民居住乡，伍家庄、羊岐山、纳座坪、杨家坪、白岩、杨家湾、黑城等为汉族村寨，豹子山、中坪为苗族村寨外，一百多个自然村寨大多是布依族居住的村寨。所以，中华人民共和国成立前，鸡场集市①是一个典型的具有布依族特点的集市。以鸡场为中心，延伸出去的道路主要有这样几条：鸡场兴至—学官—白桥—黑寨②—杨柳井—莲城③；从黑寨分出一条道，到徐家湾—小丫黑—捧碧—半坡—狮子口—莲城；另从白桥分出一条道，上油寨—协厂—凉水（集市）；鸡场—中坪家庄—波绕纳错坪—小王寨—水冲—水鸭—达南；从雨集丫口走大新寨—麻沙河—流水寨—兴元（集市）；鸡场—黑城—杨柳—廖基（集市）；鸡场—杨家坪—厂党—小紫塘—旧寨—大新寨；鸡场—下果园—羊岐山—凉水营，等等。布依族和汉族、苗族、彝族等兄弟民族，在历史的长河中，相互交流，紧密联系，这些古道便在脚下自然而然产生了，村寨之间山道纵横交错，四通八达，好似一张蜘蛛网将各个村寨连接起来。在1965年晴隆至鸡场的简易公路修筑通车之前，布依族的祖祖辈辈就是在这些蜿蜒曲折的山路中步行、人挑和马驮，进行物资交易，信息交流。民国时期，鸡场集市赶场人数高峰时有2000人左右，集市内只有固定的四家汉族住户（属武家庄），集市贸易主要是农副产品和手工业小商品的交换。莲城、碧痕、兴仁等地的商贩也在该集市活动。专营商贩主要是汉族群众，他们依次在县境内的集市天天赶转转场（也有到兴仁的），贩运食盐、铁锅、锄头、铁钉、铧口、镰刀、锯子、火柴、爆竹等当地无法生产的生产和生活用品，然后又从乡场低价收购布依族、苗族、彝族等老百姓出售的谷子、大米、苞谷、棉花、豆类、生猪、猪肉、鸡、鸡蛋、鸭、鹅等农副产品到县城或者其他集市，高价出售，获取利润。布依族很少有人具备这种商业头脑，偶尔也有做这种"小生意"

---

① 布依语称为"节卯"，"赶鸡场"为"耗节卯"。
② 后改为"红寨"。
③ 县城集市。

的，但没有形成专营商贩的群体。当然，由于交通的不方便，能够前来赶鸡场集市的，大多数是一天可以跑来回的人。他们早上从家里出发，在集市上买好所需的东西或者传递信息，下午再赶回去。如果路途遥远，就要计算好行程，到哪一个亲朋好友家过夜。对于以纯朴、善良、好客而著称的布依民族来说，面对亲戚朋友的到来，不管自身生活条件多么艰苦，也要杀鸡摆酒盛情款待客人。集市附近的布依村寨的群众大多喜欢中午赶集市，因为那时人最热闹，物品也最丰富。

生活在这里的布依族先民，以自给自足式的农耕文明而世代传承。他们以水稻作为主粮，玉米次之，小麦并没有普遍种植。水稻种植主要有两种：粘稻和糯稻。粘稻平时食用，糯谷可以制作成糯米饭、豆沙粑、泡粑等，但是糯稻的产量很少，出售的粮食及食品有谷子、黏米、糯米、苞谷、糯米饭、糍粑、粽子、豆沙粑、泡粑等。清明时节做糯米饭，人们往往会采集一种植物即"黄米饭花"泡水，将糯米饭染成金黄色。粽子是布依族在传统节日"六月六"制作的特色食品，具体做法是采摘大片的竹叶，清洗干净，两片竹叶合在一起成一个圆锥状，将已经去壳、淘洗干净的糯米包在里面，用早已准备好的毛稗草捆好，再将制作好的六个粽子系在一起，或煮或蒸都可以。糯米饭、粽子等要在特定的时节才会在集市上看到。糍粑和豆沙粑却很常见，直接将其放在锅底加热就可以食用，也可以用油炸。粮食可以酿制成酒，过去因为当地大多数布依族男性嗜酒，所以在集市上，酒是必不可少的。

集市里往往有固定的猪市场、牛马市场、家禽市场。说是市场，其实就是一个约定俗成的固定点，这样便于买卖，买主知道有这么一个地点，自然而然就去那儿，赶集天卖主也会不约而同地将自己待售的商品摆在那儿，供买主挑选。一般情况下，集市里生猪市场相对繁荣，条件允许的布依族家庭都普遍养猪。布依族的传统习俗是在春节前的腊月二十几杀猪，春节期间待客用熏制腊肉。一般每家都要喂养一头，如果粮食充裕的话就多喂养一两头，自己杀一头，剩余的拉到集市上卖。在春节、三月三、端午节、六月六、中秋节、九月九等全寨公共祭祀活动的时节也要买猪来杀，作为供品。也有喂养母猪的家庭在集市上出售幼猪。牛马市场规模不是很大，对于布依族人民来说，水牛、黄牛、马是很重要的劳动力资源，买牛、马只是为了耕田、犁地、驮运。除非牛马患上不治之症，或者摔伤、摔死，布依族人民一般是不会主动杀牛、马作为肉食的。他们买牛、马大多会在自己村寨或者邻近的村寨选择，一般不用到集市。有一些布依族人做牛马生意，也只是副业，没有形成固定职业。家禽市场主要卖鸡蛋、公鸡，卖母鸡、鸭、鹅的很少。因为逢年过节、大小喜事，布依族都要杀公鸡祭祀，鸡蛋作为节日的祭祀品、喜事的礼品也是必不可少的。赶场时的汤锅市场在当地也小有名气。做汤锅的一般是自家或请寨邻帮忙，赶场那天带上煮肉熬汤的大锅，切肉的刀，砍骨头的斧子、土碗、筷子、生肉或者熟肉、姜、葱、蒜、辣椒等调料，在汤锅市场选一地点，挖土或者用石块垒好灶，点燃柴火，烧水煮肉。对于赶场的人来说，不管是之前已经约好或者在集市上巧遇，大家三五一群，提上几斤苞谷酒，选一家比较熟悉的汤锅地摊，要上几碗肉，摆在地上，以石当凳，大家围着坐下，碗里满上酒，猜拳行令、天南地北，喝到太阳快落山，带着几分醉意，晃晃悠悠地返回家里。汤锅主要包括狗肉汤锅、猪肉汤锅、水牛肉汤锅、黄牛肉汤锅、鸡肉汤锅等。布依族喜欢吃狗肉，如果哪家多喂养几只狗，便可以杀一只，拿到集市上做汤锅卖，赚点钱。同样地，如果办什么喜事，猪肉（自己杀的或者亲友送的）一时间吃不完，坏掉了可惜，也可以提到集市上做汤锅。牛、马生病不愈，或者摔死了，一家人吃不完，生肉可以直接拿到集市上卖；卖不完，夏天容易变味，便只好做汤锅了。鸡、鸭多的人家不幸碰到鸡瘟，那些鸡肉、鸭肉留一点自己吃，余下的也可以拿到集市上做汤锅。布依族吃的蔬菜主要是豆类，如黄豆、绿豆、豇豆、豌豆、蚕豆等，所以集市上出售的豆类相对多一些。随季节变化，集市上有萝卜、青菜、土豆、桃子、红糖、茶叶等出售。金、银、铜首饰（项圈、手镯、耳环、银簪等）偶尔也有出售。集市上有赶转转场的铁匠，偶尔也有从湖南来的补锅匠，大多是汉族兄弟。有的布依族男性空闲时会砍伐竹子编制成米筛、簸箕、饭箩、背箩等日常生活工具到集市上出售。有少部分布依族人掌握制作土砂锅、砂罐的技艺，偶尔也会烧制一些，除自家使用和送亲朋寨邻外，也会拿一些到集市上出售。在黄果的主产区，当黄果成熟，集市上却并没有很多黄果，一是因为当时大家都普遍没有闲钱，且大多布依族自家都种有黄果树，如果自家没有亲戚家也有，所以大多不需要到集市上购买；二是因为黄果供不应求，许多商贩直接到布依族寨子的果园里购买，然后驮运到别处去卖，根本不需要自己辛苦运到集市上。对于布依族青年男女，他们可以在集市上寻觅自己的意中人，赶场天也是和自己的意中人会面、互诉衷肠的绝佳时期。由于那时候交通、信息传递都很不方便，倘若有什么红白喜事，或者要通知哪一个亲戚到家里过什么节日，如果相距很远，最好的办法就是在赶集那天到集市上，大多数时候都能遇到需要找的人；如果实在找不到，也可以请人捎个口信儿，别人也是很乐意的，一般也不会误事。所以，集市也是一个信息交流、传递、中转的场所。

20世纪20年代以来，在布依族较为聚居的安顺、兴义、惠水、都匀、独山等城市周围，由于农业生产的发展，特别是棉花、烟叶、桐子、茶叶和蓝靛等产量大增后，商业很快发展起来，形成了新兴的商业城市。贵州西部商业中心安顺，是贵州土特产品的重要集散地，当时商业之繁盛不亚于贵阳。来自香港的货物，经珠江、红水河、北盘江到贞丰白层渡进入安顺，特别是20世纪30年代中期，大宗进口货物有棉纱、石油、煤油、汽油、纸烟、绸缎、颜料及各种杂货。输出品主要是鸦片及当地土特产。

黔南重镇都匀，是黔南的贸易中心，以输出桐油、茶叶、牛皮、木材、纸张、烟叶为大宗商品，输入以棉纱、布匹及其他日用品为主。特别是黔桂公路1933年通车后，商业更为发达。

黔西南贸易中心兴义，是历史悠久的商业城市，是滇、桂、黔三省的货物集散地，是土特产品与洋货交换的中心。

广大布依族农村的商业，主要是在当地以十二属相命名的场期进行交易，例如牛场、狗场、马场等。一般是农民将自己的农产品或本地土特产品用肩挑马驮到市场出售，买回自己需要的东西。市场上会出现一些小商贩，但基本上没有坐商，仅在较大的乡镇或渡口，住有少数的本地坐商或两广的坐商。截至中华人民共和国成立前，在布依族地区的商业中心城市，并未出现本民族商业资本家。尽管兴义、都匀、安顺、独山等城市曾经出现过一些商业会馆或同乡会馆，但这些都是汉族资本家或店主办的。布依族地区城乡物资的交流，主要是通过汉族行商或坐商的媒介作用进行的。布依族人常说："布依住坝上，布哈（汉族）住场上。"这反映了布依族、汉族在商业贸易方面的历史状况。在个别地区，如望谟的桑郎、贞丰的者相、平塘的克度等地市场上，也曾出现过拥有几千银圆资本的布依族商人，但这些商人一般都是贩卖鸦片获利的"暴发户"，他们发财以后就购买土地，由富商变为地主。

商业贸易制度即定期定点"赶场"，既有物物交换，也有以货币为媒介进行的商品交换。布依族具有沿河、顺江而居的居住特点，所以布依族聚居区水路交通比较便利。随着商品经济的发展，农产品商品化程度逐渐提高，布依族地区手工业与农业逐渐分离，城镇商业开始繁荣起来。早在唐宋时期，布依族地区的牂牁郡就有麝香、狐狸皮、熊皮等畜产品与中原地区贸易。南宋时期，为抵御蒙古人的南侵，战马大部分是通过黔南、黔西南布依族地区的市场交易采购的。今天贵州省独山县生产的刀具，惠水县生产的蜜蜡、蜡染均远近闻名。随着商品经济的发展，早在 19 世纪中叶，安顺已成为贵州棉纺品的贸易中心之一。

第三章

法律制度文化

　　法律制度是指一个国家或地区的所有法律原则和法律规则的总称。从广义的角度看，是通过法律调整各种社会关系时所形成的各种制度。而法律文化则是指一个民族或国家在长期的共同生活过程中所认同的、相对稳定的、与法和法律现象有关的制度、意识和传统学说的总体。其中包括法律意识、法律制度、法律实践，是人们从事各种法律活动的行为模式和传统习惯等。布依族古代社会法律制度文化中的"法律"其实是指习惯法，而布依族习惯法是调整早期布依族先民之间人与人关系的一种具有强制性的行为规范。可以说，布依族古代习惯法律制度文化孕育于狩猎以及简单的农耕社会。这种习惯法，主要包含成文和不成文两种形式，成文法大部分是以乡规民约形式铭刻于石碑上并立于寨中，要求全体村民自觉遵守；不成文法主要渗透于布依族口传古歌、传说、故事、习俗、"摩经"、宗教信条和布依族先民的价值观念中。

第一节　习惯法源流

　　中华法系是在我国统一多民族的土地上形成和发展起来的，是中华大地上各民族法律原则、法律意识长期融合共生的产物。习惯法是中华法系的重要来源之一，它是指在一定地域内，人们在其生产、生活过程中自然形成并为其成员共同尊崇，具有实际约束力的一系列行为准则。在布依族传统社会中，为其成员共同遵守的行为准则主要是指在长期的社会生活实践中，民间纠纷处理、婚姻家庭调整、财产继承习俗、乡规民约等，我们一般将这些内容概括为布依族习惯法。

布依族习惯法产生的年代已很久远，"布依族的习惯法从实施惩罚的主体看，经历了从神罚到人罚的发展演变；从表现形式看，则经历了从不成文到成文的发展演变；从发展演变的过程来看，禁忌是布依族习惯法最早的源头"①。这些习惯渐渐成为村民们共同拥有的信仰、价值和行动取向的集中体现，可以说它是布依族法律制度的文化基石。布依族习惯法最早产生于原始宗教信仰和禁忌，同时也是山坳中的"草根"规则，它来源于群众，生动鲜活地反映出布依族传统的法律制度文化，其内容丰富，条款翔实，重言严示，惩罚不贷；在教育村民、维护地方治安、保护公共设施、保护生态环境、倡导公益服务方面具有重要的调整意义和社会价值。布依族人依山傍水而居，在生活中有许多规矩和禁忌。禁忌是一种社会心理层面上的民俗信仰，是一种十分复杂的认知心态。通过对禁忌文化心理的分析，我们可以了解与体悟布依族习惯法产生的习俗文化原因。"禁忌"一词，其意思是为避免招致惩罚与灾难而在观念与行为上对人们的限制，使人们在疑虑与恐惧中，在生存本能的驱使下，对诸多自然与社会现象的盲目崇拜、畏惧与迷信，从而制定许多清规戒律的结果。"它虽然以非理性和缺乏任何先验性的特点而区别于法律禁令，但因多有信仰的因素为心理基础，是对某种社会生产状况或某种神秘的力量产生的恐惧、担心而采取的消极防范措施，所以人们就坚信，如果擅自违背与偶然触犯便会招来惩罚与灾难。"② 作为万物之灵长的人，从呱呱落地到老态龙钟，甚至百年归天以后，时时都在禁忌的包围与约束下，小心地活着，规规矩矩地死去。入境问禁，入国问俗，入乡问讳。了解与研究布依族文化，不能不了解与探讨布依族的禁忌习俗。历史悠久的布依族同胞在长期的生产生活中，形成了丰富的禁忌习俗，围绕人的生老病死、婚嫁生育的禁忌习俗占有极为重要的地位。它们充分地反映了布依族同胞人生历程的丰富多彩以及其中蕴藏着的深沉、内敛、稳重、亲和的民族性格。对这些禁忌习俗可以从以下几个方面进行分类。

---

① 周国茂：《山水布依·布依族》，贵州民族出版社2014年版，第101页。
② 臧国书、李艳萍：《论罗平布依族禁忌习俗中的生态功能》，《曲靖师范学院学报》2004年第2期。

一　性禁忌

"食色，性也。"据说高寿八百岁的彭祖曾经讲过："男不可无女，女不可无男"，如果阴阳不调，男女不谐，就会"若春无秋，若冬无夏"，总是不完美的。性欲不可灭绝，但性欲也不可泛滥。例如，贵州省兴义市古代布依族在性生活方面也有自己独特的禁忌。其一，严禁婚前性行为。认为凡婚前性行为暴露者，均为妖魂附体，会导致人畜病亡，并给村寨平安带来威胁。对于婚前有性行为的女性，会被装入猪笼，绑上石头，沉潭淹死；或被赶出寨门，永不得归。幸留者也只能嫁给老龄人或残疾者，无人与之交往，不准参加宗族宗教的一切祭祀活动。未婚有性行为的男性往往会被脱光衣裤于寨外大树绑上三天三夜，过路已婚妇女可用荷麻①抽打全身，以示洗礼，清妖除怪。其二，严禁婚外性行为。违禁暴露者，其处罚方法与未婚性行为者相同。其三，严禁婚床外性行为。若夫妇在他人房屋、山林、田地间等发生性行为被发现，违者须备猪、鸡、酒等，对行为现场进行祭祀，请回诸神，以确保场所主人、树木、庄稼平安。其四，严禁白昼性行为。旧时，族人将白发、白皮肤、白眉毛、白毫毛的出世视为白昼之神参与其父母的性行为所致，故严禁白昼性行为。

二　婚事忌

布依族的婚姻严格禁止同宗同姓通婚，实行一夫一妻制，在婚事过程中有以下禁忌：订婚之日若杀鸡时摔坏碗，或听到响雷，为恶兆，男女双方自动放弃；择吉日结婚，"红砂日"②"破群日"③不能婚配，初一之日不行嫁；婚事当日，全寨人家忌讳"推磨舂碓"，否则视为故意"舂跑磨丢"人家的"福"与"喜"，如果有这些行为，就会被全寨人斥责。

---

①　一种带刺有毒的植物。
②　指的是寅月、巳月、申月、亥月中酉日。每年的一月、四月、七月、十月忌讳酉日，二月、五月、八月、十一月忌讳巳日，三月、六月、九月、十二月忌讳丑日，诸事不宜。
③　每月的甲寅、庚寅、壬辰、戊辰、庚申、己卯六日为破群日，是古时买卖牲畜时不能用的日子。

三　生育忌

布依族对子孙后代香火传承的观念特别看重，产生了许许多多生育时的禁忌来约束族人，以确保后代健康和顺利成长。其主要的禁忌习俗有：其一，孕妇丈夫严禁狩猎、捕鱼。该族宗教观念认为，动物均有灵魂，若孕妇之夫捕杀动物，被杀动物的阴魂敌不过活的阳魂，定会来扼杀阴阳临界的腹婴弱体。其二，孕妇之夫忌参战杀敌。否则，阴灵和战神会找腹婴报复。其三，孕妇不能身揣姜块。因姜容易分兜发嫩牙，会导致婴儿多生手指与脚。其四，禁回娘家分娩。姑娘是泼出的水，不能回还，否则孩子成长不顺，且给娘家带来不利。其五，严禁产妇招摇过堂。否则妖魔看到孩子，会吓坏孩子。其六，严禁产妇会客和拜访客人等。

四　尊老忌

布依族有尊敬老人的良好习惯，在与老年人相处的过程中，也形成了许多具有民族特色的禁忌习俗。其一，忌与老人并排同行。如果与老人同行，要让老人行于自己之前，晚辈行于老人之后；路遇长者，须立即站立路边，长者过后，方能继续行走。其二，忌与长者同席。与长者同席，青、壮年只坐左右席，而长者坐上席。女婿在岳父母家坐席，只能坐左右席。其三，在长者面前，不可跷二郎腿、吐痰、用手指挖鼻屎、嬉笑打闹。其四，给长者递烟、酒、茶、饭等物，忌单手递送，须双手并用。其五，老人、客人在楼下时，年轻人，特别是儿媳，白昼时不能在楼上有性行为。

五　尊祖忌

布依族先民特别注重敬重自己的祖宗先人，对祖宗的灵牌与席位敬重有加。忌外人蹲、立于门槛。除孩子外，大门忌人蹲坐、站立。传说因族祖神龛正对着大门，祖神也和家人一样，经常出大门，有人蹲、坐于上，祖神会不高兴而施以惩罚。忌已婚外来妇住楼上，怕犯祖宗。忌在家神台上、供桌上放置桐油，否则祖宗见了会不高兴。

六 节日忌

在布依族传统的观念中,不同的时节随着不同的阴阳配合,正邪消长,因此在不同的情境与因素里,不论做什么事都必须遵循当时特定的节气而运行,以求得万事如意,趋利避害,于是就产生了节日忌。布依族的节日忌尤以"三月三"为重。"农历三月初三祭山'扫寨'时,在路上设有各种形式的标记,如横跨于路的草绳上插木刀和挂纸钱等,不准外人进寨。'扫寨'的三天内,不准拿水、火及其他东西出寨。敬山神时,不准说话,只用手势,在寨内不准作声,否则认为山神会放狼来侵害人畜。大年初一,忌晒衣服、扫地、吵闹、借钱米、动土等。"①

七 风水忌

布依族十分看重居住环境。"布依族人人都喜欢住在风景秀丽的低热河谷区,方便织染土布,他们认为是天地祖宗对自己的恩赐,故在生活中形成了对周边居住环境的禁忌。龙脉地、土地庙附近不准随意大小便。被认为是龙脉地的山坡不准开垦,认为是龙脉的水源不能利用;被认定的风水树和神树不能砍伐,就连干枯掉落的丫枝也不能当柴烧;被认定是龙脉的山神树、大罗汉树忌人触动,并忌妇女到其附近。"②

八 "冷尸"忌

不论人的年龄大小,凡是未在家中死的,均称为"冷尸"。冷尸一律不能抬回家中,年龄较大的,即便是在医院治疗无效死亡的,抬回自己家中,也只能在正房外的院坝里搭棚,在棚内设堂祭奠。凡是凶死的,严禁抬进寨子。人们认为抬冷尸进屋等同于请鬼神到家,认为"冷尸进房,家败人亡"。

---

① 臧国书、李艳萍:《论罗平布依族禁忌习俗中的生态功能》,《曲靖师范学院学报》2004年第2期。
② 臧国书、李艳萍:《论罗平布依族禁忌习俗中的生态功能》,《曲靖师范学院学报》2004年第2期。

九　其他忌

火塘内支撑锅用的三脚架不能随便移动，不准用脚踩，否则会得罪神。锅耳要顺着正梁的方向放置，若在家中办丧事期间，锅耳则与平时正好相反放置，不按照这一规矩做，会给家中带来厄运。儿媳不能同公公同桌吃饭，不能从公公的面前走过，否则就是不孝长辈。男人在楼下，妇女不能上楼，男人不能从妇女晒着的裤子下面穿过，否则会遭晦气。未婚先孕的姑娘出嫁只能从后门出阁。未婚姑娘死了不能从正门抬出，否则会遭不幸。儿童和未婚青年人均不能吃鸡冠、鸡爪与猪蹄叉，否则就嫁不出去或娶不到媳妇，即使成婚了，也会被他人夺走。小孩生病请鬼时，忌外人路过靠近或讲话，否则就不灵验。产妇坐月子时，除家人以外，禁止外人进房间，否则会给产妇和婴儿带来邪气。家中蒸酒或点豆腐时，禁止外人进家，否则就蒸不出好酒和点不熟豆腐。在火塘烧开水时，禁止将茶壶嘴指向供桌，否则老祖宗会怪罪下来托梦咒骂不肖子孙。严禁女儿领男朋友或丈夫到娘家①同床过夜，违者会给娘家带来灾难。禁止把被雷劈的树木当柴烧，否则会导致烧柴人精神失常。除幼童外，禁止在别人家里流泪哭泣，不然，会给人家带来不幸。孕妇及正在坐月子的产妇不能吃母猪肉、公鸡肉，否则将来的孩子会"扯母猪疯"②，或者生下的孩子长大会淫荡。

在今天的布依族地区，随着布依族聚居区人们生活的不断进步，这些旧习已大为改观。从布依族人以上九类禁忌习俗看，我们不难发现，这些禁忌习俗实际上就是布依族先民们在社会心理层面上的民俗信仰。一是出于畏惧灾祸的心理；二是源于敬畏与祈求保佑的期望；三是趋同合众的社会心理与相关事物的因果关系而带来的复杂认识。因以上三个方面的原因，布依族先民们在长期的生活中形成了神圣不可侵犯、神秘而无可奈何的规则敬畏，以及不洁污秽当回避的丰富多彩、门类齐全的禁忌习俗。"在漫长的岁月里，布依族禁忌习俗尽管有许多不科学的内容，但在布依族同胞眼里却被看成许多颇为实用的东西。它通常是在为

---

① 包括三亲六戚。
② 患癫痫病。

生存、发展与平安的心理趋求下进行的，它曾经巩固、发展了布依族的群体联系，增加了布依族的凝聚力，保护了一切需要保护的人和事，它曾以独特的方式与力量，在一定历史时期的一定层面上阻止了偷窃、淫乱等危及社会稳定现象的发生，它曾便利地加强了布依族的群体疾病防治、身体保健、子孙繁衍、生活愉悦等，也在一定程度上保证了丰收高产，避免了天灾人祸。"① 随着社会的发展进步，布依族也在不断移风易俗，不断摆脱那些被证明是消极的、不足以为忌的禁忌习俗，同时强化有助于维护社会稳定和谐，有利于保护自然生态环境的禁忌习俗。布依族至今仍然保留着祭祀神山、神河、神泉、神庙、神崖、神洞、神树、神楼、神桥等信仰习俗与禁忌。每年的"三月三"，布依族村寨都要停止劳动，邀约到神山上杀猪宰牛举行祭山活动。于是，神山的一草一木、一石一土都显得十分神圣，任何人都不敢触犯和破坏。因为布依族把祭供神山这种最原始的宗教活动作为赖以生存的基础，就像人需要阳光、空气、森林、水火和爱情一样。布依族长期崇拜自然生态，便形成热爱大自然、保护自然生态的良好意识和牢固的生态观。首先，布依族认为，山林是人类赖以生存的基本资源。它不仅可以为人们提供大量木材、多种绿色原料食品和饲料，还可以涵养水源、保持水土、净化空气、调节气候、防风固沙、保护良田，以及为野生动物提供多种食物和栖息场所。布依族十分重视村寨的风水，他们把大树叫"风水树"，山林叫"风水林"，也称"神林""神树"，因而神圣不可侵犯，就连枝丫也不能砍伐，枯的老树不能伐砍，风雨吹倒的树木不许动，不许拾回家，不许作柴烧。他们认为谁砍了神山上的树谁就会中邪，就会遭到惩罚，即按族规、寨规被罚种树、修路。直到现在，许多布依族村寨仍然保存着上百年甚至上千年的古树，而大树枝上系着许多的红布条，这是一种习俗，同时也反映出村民崇尚爱护林木的自然生态观。其次，布依族认为，石头是伟大、坚固、永久的。石能取火，取金属，巨石有威力，屹立而不可动摇，大小山峦皆有神灵不得触犯，所以巨大的山岩山石也是值得敬奉之神，奇石巨石也被视作保护村寨的神灵，不许随便开山炸石，否则就会惹怒

---

① 臧国书、李艳萍：《论罗平布依族禁忌习俗中的生态功能》，《曲靖师范学院学报》2004年第2期。

神灵，被五雷轰炸，给村寨带来厄运。

习惯法源于禁忌，实施主体有一个从神罚到人罚的演变过程。另外，由于布依族历史上是一个有语言而无文字的民族，所以在相当长的一段时间里，调整人们的传统习惯法往往是通过古歌传唱、"摩经"吟诵、讲故事，甚至表演布依戏的方式，告诉人们哪些行为是允许的，哪些行为是值得褒扬的，哪些行为是禁止的，哪些行为是应当受到社会否定性评价甚至受到肉体惩罚、实物补偿的，等等。布依族习惯法源于禁忌，传承形式有一个从不成文法到成文法的发展演变过程。例如，族规、村规民约等以石刻碑文形式立于寨门、寨中、井边等方式，用文字以条款的方式公布于众，调整、规范村民言行等，就是布依族习惯法中的成文法。

习惯法是独立于国家制定法之外，依据某种社会权威和社会组织，具有一定强制性的行为规范的总和。在现代法律体系中，习惯法的作用大大减弱了，除非洲一些国家的习惯法仍然在实际上起着比较大的作用外，在其他主要法律体系中，习惯法已经不是主要渊源。但从历史的角度看，习惯法仍然在一个国家的法律体系中扮演着不可或缺的角色。

第二节　习惯法特点

在布依族古代社会中，其习惯法独立于当时的国家成文法之外，主要是依据布依族原始宗教信仰、传统习俗等社会权威以及布依族村寨族长、寨老等基层社会组织制度，由外部强制力保证实施，全体村民公认的社会行为规范体系。诸如，布依族生产习惯法、财产分配习惯法、婚姻关系习惯法、社会生活中人际关系习惯法、社会治安及刑事习惯法等构成布依族习惯法体系。布依族习惯法的主要特点包括以下几个方面。

一　地域性

按照不同的划分标准，布依族聚居区大致可分为三大区域类型。一是按照不同的土语区，可划分为第一、第二、第三土语区；按照主要河流分布，又可划分为南盘江北岸流域、北盘江流域、红水河流域聚居区；按照目前行政区划，布依族主要分布于贵州省、云南省、四川省以及越南等地。布依族居住区域分布广泛，其居住的自然环境条件不尽相同，生产生活习俗与禁忌也存在一定的差异性，体现在布依族习惯法方面，其习惯法的地域性，自然成为布依族习惯法的显著特点之一。以布依族婚姻习惯法为例：布依族一般是一夫一妻制，中华人民共和国成立前也有一夫多妻。在婚姻习惯法方面表现为"同姓同宗不开亲""辈分不同不开亲"等传统习俗，在整个布依族聚居区均适用。求偶是自由恋爱和媒妁之言两种形式，通过自由恋爱产生感情以后再请人说媒，也有父母包办和早婚。然而，在结婚缔结程序、礼金数额等方面各地不尽相同，体现出明显的习惯法地域性特征。以贵州省册亨县传统婚俗中婚姻缔结过程习惯法为例。

择偶：首先要考虑门当户对或人品相当。过去有俗语说："好酒不过滩，好女不过山"，就是着重选择本地人，还有姑表亲、侄女赶姑妈、姨妈亲的旧姻联习俗，现代这些习俗已逐渐改变。其次是讲究同姓同宗不通婚，亲戚中不同辈分不通婚，但同姓不同家族可以通婚。不管哪种情况，都要看婚者双方的生辰年庚属相，属相相克的不能通婚。如果选准了对象，男方家请族内一妇女到女方家求婚，如果女方家父母舅叔都同意，男方家才正式找媒人说合。

订婚：亲事说定后，男方家选定吉日，请媒人和族内男女数人携带糖、酒、鸡、猪肉等礼品到女方家吃订婚酒。并根据女方家族长辈的多少准备礼品，每个长辈家都要送一包糍粑和一斤以上的红糖或杂糖。女方家用男方家送去的酒肉招待客人，请族内老辈人作陪，表示女方家已认定了这门亲事。

合八字：八字即男女双方的生辰年、月、日、时。结婚日期根据男女双方的生辰八字来择定的。结婚前，男方家请近亲数人带酒、肉数斤，鸡、鸭各一只，蜡烛、鞭炮等物，以及写好男方生辰八字的鸾书一封到女方家。鸡、鸭、肉煮好后连同糖果、酒摆在神龛上，鸣炮点香烛，祭祀祖宗。祭毕双方饮酒共餐。酒过三巡，就在神桌上放一筒米，插三炷香，请合八字的先生在同一张红纸上，先写男方的生辰八字，后写女方的生辰八字。将红纸折好，偷偷地放在事先盛有酒的碗底，因为有八个碗都盛有酒，而写有八字并折好的纸，只能放在其中一个碗的碗底，让男方家去的人抽取，如果抽到的纸没有八字就得把碗里的酒喝完，并要继续抽下去，直到抽到藏有八字的折纸为止，如果运气不佳，要喝七大碗酒。取得八字纸后女方家用红蓝各一块布，将生辰八字纸和少许稻谷、棉花籽、酒药、棉线等放在一起包好，女方家祭祖的鸡也由男方家带回去看鸡骨，以预测将来的吉凶。稻谷、棉花籽等物是预祝婚后夫妇安家乐业。办妥后，由男方家一人点灯笼，打雨伞回男方家。

结婚：结婚礼物的多少，各时代不同，除礼金外，酒和肉要一百斤以上，还要给叔、伯、外公、舅爷送鸡、鸭、糖果等。结亲时，若女方的姐姐未出嫁，要给其五至十元钱，姐姐也要给妹夫几丈布。接亲要八人，男女各四人。女方家送亲也要八人。女方出家门时，要给祖宗和父母跪拜。到男方家门前，先是摩公画"退车马"符，以解除不吉利的凶灾，在门槛上跨马鞍和筛子，点七芯灯，然后才能进家拜祖宗和父母。结婚第三天，亲友到男方家庆贺，当天女方回家，称为"回门"。

逃婚：大多是男女双方反对父母包办婚姻，与不相爱的人举行形式上的婚礼，而后与意中人私奔。

抢婚：中华人民共和国成立前，布依族抢婚现象时有发生，其原因在于：一是富有阶级强占民女；二是男女感情深，希望结为终身伴侣，但女方家反对，所以男女双方事先谋划好以抢婚为名造成事实婚姻；三是男女双方确定好结为夫妻，但后来女方反悔；四是一个女子与两个男子定亲，其中一个男子强行与女方结婚，婚后补礼金礼物。中华人民共和国成立后，抢婚、逃婚现象基本消失。婚姻程序从简，礼金礼物简单。

寡妇再嫁：配偶死亡的寡妇，可以再婚，亡夫家不得限制，但新夫须给原夫的父母适当的礼金。

入赘：布依族招婿入赘，婚礼简单，入赘的男子有继承女方家父母财产的权利，有赡养女方父母的义务，生儿育女后子女可随父姓，可随母姓。

在布依族社会中，还保留着富有民族特色的节日、习俗、习惯，以贵州省安龙县传统婚俗中婚姻缔结过程习惯法为例。

"浪哨"：系布依语，即恋爱之意。青年男女浪哨的主要方式是唱歌，通过唱歌来互相认识，互相了解，建立感情，进而选择情投意合的伴侣。这样的歌就叫"浪哨歌"，有些地方又叫"万由"。"万"即歌的意思，"由"是情人的意思。因此，一般把"浪哨歌"和"万由"译为"情歌"。浪哨歌有初识、试探、赞美、蜜恋、起誓、相恋、送郎、苦情、逃婚九类。

男女初次会面就唱《初识歌》。小伙子唱:"初来唱歌,好比拉牛下陡坡。心跳就像雷打鼓,脸上犹如染红药。"姑娘唱:"沟水慢慢淌,为的是去浇灌田庄;燕子含胶泥,是为了建筑窝屋;蜜蜂打花粉,为的是酿制蜜糖;姑娘我纺线,是为了织布缝衣裳。勒赛①呀,你为何来到我们寨上?木叶吹烂几大堆,又不知为哪一桩?"双方认识后,就互相探明对方的情况,即唱《试探歌》。小伙子唱:"出门就见映山红,花多叶少开得浓。心想伸手摘一朵,不知妹心同不同?"姑娘唱:"你的嘴赛蜜甜,可是你的心我不曾得见,只怕你口和心不一样,像荷叶上的水珠容易变幻,在我这边散开,又到那边去团圆。"互相摸底后,双方情投意合,就从心底发出赞美对方的《赞美歌》。姑娘唱:"高山骑马如驾云,平地骑马起灰尘;十里听见马铃响,百里听到哥有名。"小伙子唱:"枝上的玫瑰,朵朵开得美,迎着五彩朝霞,花瓣上还带着露水,寨上的姑娘,赛过朵朵瑰,讲话像唱歌,唱起歌来惹得哥心醉。""情妹生来好人才,好比仙女下凡来,站在路边逗人爱,站在花园惹花开。"经过互相赞美,双方的感情又深了一层,都沉浸在甜蜜的生活中,姑娘就唱起《蜜恋歌》:"哥是海中一条龙,妹是地上花一蓬;真龙翻身才下雨,雨来洒花花才红。哥是麻雀妹是燕,哥妹双双飞半天;飞到青山讲实话,飞到古树结姻缘。""细雨津津不见山,大河弯弯不见船。三天不见哥的脸,好比家中断油盐。天上细雨飘飘落,春风春雨满山坡,来来回回风筛雨,柳条花路等情哥。"小伙子唱:"想念情妹啊,心神不定昏沉沉;走路常常踩进水凼里,在家常常碰板凳;错把小鸡当鸟唤,错把石磨当饭甑;像箭射中的山鹰,周身瘫软没精神。"为了巩固忠贞的爱情,双方立下誓言,就唱起歌:"生不丢来死不丢,挖砣泥巴捏小牛,小牛放在田坎上,哪年吃草哪年丢。""有心爬树不怕高,有心连妹不怕刀。钢刀拿做板凳坐,链子拿做裹脚包。青布围腰耍须长,结个疙瘩在中央。千年不叫疙瘩散,万年不叫妹丢郎。"青年男女的浪哨活动,一般是在节日、赶场的日子进行。在浪哨活动中,多半是小伙子主动到姑娘寨上约会,分别时姑娘唱《送郎歌》:"送郎送到茅草湾,风吹茅草匹匹翻,茅草翻来又翻去,犹如刀割妹心肝。""送郎送到五里坡,只送五里不送多;送多一里怕人讲,

---

① 布依语译音,指小伙子。

少送一里心不落。"在最后分手时，就触景生情地唱起揪心的《分离歌》："太阳照蔗林，蔗林绿茵茵，我俩要分离，蔗叶如刀绞痛心……芭蕉哟，你的叶子不要翻，情人要分离，蔗叶如刀割心肝。"青年男女多由父母包办婚姻，往往使有情人不能结为良缘，被迫与陌生人成亲，受尽苦处就唱《苦情歌》："园里的青菜没有长高，就被摘去煮吃了；林里的笋子没有成竹，就被砍去作船篙……"青年男女无法实现婚姻自由时，即双双相约外逃，就唱《逃婚歌》："快把干粮放进裤里，我们一起逃到远方去……只要我俩得做夫妻，纵然死也甘心。"

青年男女的浪哨活动，有在家中进行的，即小伙子和姑娘们各分为一边，围着火塘，互相对唱，一边一首，"见子打子"即触景生情，随编随唱，不能"翻豆干"①，往往通宵达旦地唱。主人家不仅要供应充足的柴以便把火烧旺，还要供应夜宵，如饵块粑、糯米粑、糯米饭等。也有在寨边或路旁进行的，那是一对对青年男女对白或对唱，声音柔和动听。热恋中的男女要互赠"信物"，小伙子送姑娘一条毛巾，姑娘送小伙子一双青布鞋，鞋底是千层底，毛底边上锁"狗牙绊"，非常精致，以显示姑娘的手艺。从热恋到决心争取成夫妻时，就互相"丢聘"，即互送一两件自己穿过一次的衣服作"把凭"②，不准反悔。若双方父母同意，男方即可请媒到女方家说亲。要是父母阻拦，就可能出现私奔的情形。男女青年往往用木叶声来约会和传递情思，也有的用姊妹箫或月琴来传情达意。因此，木叶、姊妹箫、月琴成了他们不可缺少的乐器和媒介。在一群小伙子和一群姑娘初次见面时，双方各选派一个代表到一旁去"协商"，安排哪些男女方为一对对浪哨情侣的事宜。代表安排妥后，就一双双约到一旁去浪哨。情投意合的，今后长久浪哨，不再另作安排；不合心意的，双方只说上几句闲白，唱几首一般的歌就各自散了，今后也不再约会。浪哨过程中，还有甩糠包的习俗。姑娘们"用彩巾编成如瓜般的小圆球，谓之花球，视所欢者掷之"，就是女方拿着五颜六色的糠包③，站在一排，向站在对面10米远的后生们甩去。哪个后生接到姑娘甩来的糠包，就和

---

① 即不准重复。
② 指信物。
③ 有的又叫花包。

他结成一对浪哨伴侣。有些早有好感的男女，女方甩糠包时，就有意地甩给她所喜欢的那个男子。

　　提亲：布依族青年男女过去只有浪哨自由，却没有婚姻自由，婚姻由父母做主。所谓做主，有两种情况：一种是双方父母对双方儿女都看中了，不管年轻人同不同意，男方家就请媒人到女方家提亲，这是纯粹的做主；另一种是青年男女双方通过浪哨互相建立感情后，男方就要求父母请媒人到女方家提亲，这是半自由或半做主。男方家请媒人到女方家提亲，必须是两个媒人，两男两女均可，这就是所谓的"双媒"。媒人第一次到女方家，带3—5斤蔗糖。女方家父母明知媒人来提亲，却故意说道："今天不晓得刮的是哪样仙风哟，把你们吹到我家来了。是过路呢，还是来串寨？"媒人回答："你家有枝桔子花，经得风，熬得雨。男方家请我们来向你老人家讨这枝桔花去栽在他家园里，让花开得更香，结出甜果。"媒人回答以后，女方家就招待媒人酒饭。若女方家父母喜欢这门亲事，在媒人临走时就说："我家这枝桔秧还嫩，等多培植几天再说吧"，这是暗示媒人过几天再来。若女方家父母说："等多几个月再说吧"，那就是暗示媒人过几个月再来。媒人带来的这几斤蔗糖，不能轻易动用，要等媒人三回五转地来求亲以后，女方家才把糖分给家族中的人吃。这就叫"吃走路糖"，这门亲事算打开了大门。为什么"走路糖"要如此三回五转呢？因为往返求亲的次数越多，越显示自己的女儿金贵。女方家吃了男方家第一次提亲的"走路糖"后，男方家隔两三个月就托原来那个媒人带"好糖"到女方家进一步"订约"。这次带的"好糖"是3—5斤点心、一壶酒、3—5斤猪肉。同时要看女方家族有几家邻近亲戚，还得另带几包蔗糖[①]，给所有邻近亲戚每家一包。在这以前，女方家虽然吃了"走路糖"，若发现男方家或男方有不如意之处，可以反悔，取消这门亲事，但不需诉讼官司，只是男方家媒人带"好糖"来时说："亲家，我们是水打烂木材，去了又转来。你家这枝花我们扳定了。"女方父母说："我家这枝嫩桔秧不能扳喽，因为他家乡水土不合栽不成。"这样媒人不再说什么，吃完饭，把"好糖"如数带回男方家了事。男方家若发现女方家或女方有什么不如意之处，就托原来那个媒人到女方家说：

[①] 每包2斤左右。

"你家桔花太金贵,他家土瘦不敢扳。"这样就算自动解除了婚约。当然,上述情况是极个别的。若双方都无异议,女方家就收下男方家媒人带来的"好糖",并办酒席邀请族中人来陪媒人吃饭。席间,媒人祝福道:"喝了定亲酒,主家年年有;吃了双喜肉,主家万年福。"主家立即又斟上一碗酒,边给媒人边说:"再敬一碗酒,这条大路你们修。"讲完,又夹起两片肉说:"再敬两片肉,这座红桥你们筑。"如此互相祝福,便会给酒席增添不少乐趣。媒人回程时,女方要送男方一双青布鞋作还礼。吃了"好糖",这门亲事就算打开了第二道门。

"吃鸡酒":吃了"好糖"以后,隔半年或一年,男方家准备接媳妇过门以前,要请族中四至六位中年男子带两捆蔗糖①、一只大公鸡、一坛米酒、八九斤猪肉、若干包糯米粑、适当礼金(作女方家备办陪嫁之用),以及香、烛、爆竹等,前往女方家"吃鸡酒"②。代表男方家来"吃鸡酒"的有四至六人,其中一个是"带队"人。到了女方家,带队人指着鸡和酒说:"我们在半路上捉到一只小斑鸠,瘦得很,实在不成敬意,请亲家收下吧!我们还在山脚凉水井里背来一坛清水,拿给亲家解口渴。"女方家接过礼物说:"多谢你们带来了凤凰,大家都吉;多谢你们带来了仙家酒,一开坛口香满寨子头。"接着,女方家就将男方家带来的酒肉宴请亲族中的人吃。这天,女方的男家长一定要到场,吃饭时要坐上席,受用鸡头,以示得到尊重。带队人在敬鸡头时说道:"有舅爷家的谷子,才剥出这颗好白米③,舅爷的功劳大,这个凤头该敬你。"在酒席吃到一半时,带队人就将礼金当众点交女方家,并谦逊地说:"这是一点杂草,是拿来裹鱼的④,实在害羞啰。"女方家也谦虚地说:"亲家太花费了,拿这么多礼金来,可买山,可买海,只怕'二天'⑤我们陪嫁不好,莫要见笑呀。"在"吃鸡酒"的同时,男方要把择定完婚的吉日事先用红纸写好,名曰"期单",由带队人在酒席上当众交给女方家,以便女方家早作准备。当然,也有个别情况是在吃了鸡酒以后三个月或半

---

① 每捆 10 公斤左右。
② 汉族称为烧香。
③ 指姑娘。
④ 指送的礼金少,以后女方家陪嫁多。
⑤ 方言,指以后。

年才送"期单"的。"吃鸡酒"到完婚的时间距离，一般在十个月以上，有的是一到两年。接了"期单"以后，女方家要用红纸写下该女子的生辰八字，加上一包盐、一两茶叶、一升米、一碗黄豆，名曰"盐茶米豆"，由带队人带回男方家。这"盐茶米豆"是取"永远相爱，朴实纯贞，荣华富贵，勤劳发家"之意。吃完"鸡酒"，男方带队人返程时，女方要把自己编织的两块土布和自己精心制作的一两双白底青布鞋，交由带队人送给男方，以作还礼。有的丈母娘还将自己的"私房"银圆一枚或两枚交男方带队人给女婿，以示对女婿的疼爱。吃了"鸡酒"以后，就算打开最后一道大门，这门亲事才算完全成功，只等把媳妇接过门。

迎亲：从接到"期单"时起，将要结婚的女子就很少做农活，大部分时间在家纺纱织布，挑花绣朵，备办嫁妆。父母也得同时备办家具、铺盖和衣物。做家具和裁剪均要择吉日，"动斧下剪"那天，全寨均不得推磨舂碓，以免把当事人家的福禧"推丢""舂跑"。到了成亲的头一天，男方家要请两位能说会道又会办事的中年男子，名曰"押礼先生"，和两位未婚女子，名曰"莎署"①，以及若干位青年后生，带着米酒、猪肉、糍粑、蔗糖、点心、水果、伞、唢呐队和有关"礼信"，这些"礼信"是酬谢扶新娘出门或上轿的人和感谢厨师的"红包"，每包1—2元。迎亲队伍到女方家寨门口时，唢呐队吹"进寨调"。到女方家朝门时，"押礼先生"要抛出十个"红包"，让围观的寨邻和乡亲们戏抢，谁抢到就代表谁有好运，若是后生或姑娘抢到，他（她）一定会找到好伴侣。这时，新娘的女伴们就从四面八方冷不防地向"押礼先生"及接亲的后生们泼来清水，意思是说："你们要来把我们的伙伴接去了，让我们失去了一个伴，实在心疼，现在泼你们清水，看你们会不会心疼。"实际上这是一种嬉戏，姑娘们借此机会与迎亲的后生们结交认识，以后方便对歌浪哨。这时，唢呐要吹"进门调"。接亲队伍到女方家后，由"押礼先生"把酒肉果品放在女方家事先准备好的摆在堂屋中间的八仙桌上，燃烛烧香，敬供女方家的祖宗，然后鸣放爆竹。接着，"押礼先生"当面把谢厨"红包"交给新娘的女伴们，并请她们陪新娘吃最后一餐"分别饭"。这时，

---

① 布依语，即女接亲。

新娘的女伴们要"刁难"一下"押礼先生",考考他们的才华,故意不接糍粑和猪肉,说:"粑粑白生生,圆圆像银镜,我们口福浅,只怕难得。""押礼先生"就说:"我们那地方,全是山旯旮,糯米舂不白,难打好糍粑,你们莫嫌弃,高抬贵手快放下。"如此反复盘问与回答,嬉闹取乐。当晚,迎亲的后生们就分开,三五成群地与寨里或来吃喜酒的姑娘们对歌、浪哨。正是"一对青年男女完婚,几多青年男女定情",别有一番情趣。到了深夜 11 时左右,"押礼先生"要用雄鸡、刀头①和酒敬供女方家祖宗,"押礼先生"边烧香边说道:"有根才有树,有笋才有竹,儿女办喜事,幸福不忘祖,祖宗吃了酒,保佑儿女永幸福。"敬过祖宗,"押礼先生"要分别登门去请第二天送新娘的"送亲客"②们来吃夜宵,预酬明天远送新娘之劳。送亲的头一天,新娘由女伴们用棉线把额头上的汗毛绞光③。第二天清早,"押礼先生"又用雄鸡、煮熟的一块猪肉、酒敬供女方家祖宗,然后,女方家用斗装一斗谷子放在堂屋中央,斗边放一张凳子。这时,新娘由女伴们梳妆完毕,用毛巾洗脸后开始哭泣,接着由送亲女子扶到斗边凳上坐下,两脚踩在斗沿上,待鸣放爆竹后,即由新娘的未婚弟弟背出门或背上轿④。新娘出了朝门,必须停止哭声,以免把喜"哭跑"。从新娘开始哭泣时起,唢呐就开始吹"离别调",出了朝门就吹"出门调",途中就吹一般的"过路调"。其他迎亲的后生,吃了早餐就抬着家具、嫁妆,随着新娘和送亲客一路浩浩荡荡前往男方家。女方家要在亲族中请一对有儿有女的夫妇⑤,以及未婚男女各两人,一共六人⑥,随着新娘及送亲队伍一起到男方家。新娘到了男方家门口,由迎亲的两位小姑娘扶着跨过男方家事先准备好的烧着的一堆青树枝,以示驱赶一路上"跟来"的邪恶,再跨过一个马鞍,以示今后夫妻做活勤快,生活美好。最后才进到男方家堂屋与新郎拜堂,先向神龛拜祖宗,再向

---

① 猪肉。
② 一般共有三男三女。
③ 未婚女子不能绞汗毛。
④ 若无亲弟,可在亲族中找一个堂弟。七八岁的弟弟亦可,不一定真背新娘,扶一下也算数。
⑤ 新娘的叔或嫂辈。
⑥ 即前面说的三男三女,名曰"六送亲",系女方家在接到期单时就找好了的。

门外拜天地①,然后就进洞房。拜堂时将竹席和被子放在堂中央,竹席下放有硬币数十枚,蕴含"荣华富贵"之意。爆竹响过,拜堂完毕,唢呐吹奏"喜迎门"曲调,围观的孩子就戏抢竹席下的硬币,以抢得者为吉祥。新娘入洞房后,由送亲的三位女性和男方家请来的两位中年妇女以及两位迎亲的姑娘陪着共同进茶进餐。这天,男方家办喜酒宴请亲友乡邻,十分热闹。晚上8点左右,陪伴新娘的妇女们要避开一两个时辰,让后生们来"闹洞房"。第二天早上,新娘带着许多新毛巾,端水给男家的舅公舅爷们洗脸,每人得一张毛巾。得毛巾者,要送1—3元钱给新娘作酬谢,有的还会送5—10元。在陪嫁的嫁妆中,有新娘做的布鞋和编织的土布,是给男方父母、叔伯、伯母、婶娘的。谁得了鞋或布,也要酬谢新娘,少的5元,多者10元以上。这天午饭时,新娘要给所有入席者添饭,以示敬意。饭后,新娘和送亲的人们一道返回娘家,谓之"回门"。男方家要拿一壶酒、一块四斤左右的猪肉、十个糍粑,给新娘带回去谢父母。

　　布依族婚礼地域性特征突出,例如,贵州省安龙县在新娘出嫁那天,送亲队伍随着男方家接亲的大队人马,押着嫁妆,把新娘送到男方家。到了男方家门口,三位男送亲客就被安排在男方家隔壁亲戚家歇息,只留三位女送亲客陪同新娘。待新郎新娘拜堂入洞房后,新郎身挂红绸缀扎的礼花,手端茶盘,盘内放酒壶酒杯,到男送亲客歇息处,先斟上三杯米酒敬送亲客,再斟两杯敬领队人,然后就把他们接到自己家里入席就餐。入席后,八仙桌上只摆八个饭碗、八双筷、八个大酒杯。大家坐等着,总不见上菜来。要是有经验的送亲客领队人,就沉住气不声不响。再过一会,陪客的主人才故意高声问道:"怎么还不端菜来?"厨师们早已商量好,领班的回答说:"我们本想把菜端来,只是手板太油了,一来怕打破碗,二来怕贵客嫌脏吃不下。"这时,送亲客领队人就取出事先准备好的四条新毛巾,走进厨房,一边向厨师们道谢,一边说道:"厨官太辛苦,烹炒龙凤肉,手艺实在高,我们饱口福。不得哪样来感谢,送块粗麻布,你们请收下,拿去抹油污。"厨师们收下毛巾,就端出菜肴,大家才开始饮酒用菜。刚吃了几箸菜,饮了几口酒,一群姑娘又过来说:"菜都凉了,我们收回厨房去热一下吧。"说完,就七手八脚地把菜肴全

---

① 夫妻不互拜。

部端回厨房去了。大家又坐空席饮酒，半天不见端菜来。陪客的主人又故意高声问道："菜还没有热好吗？"姑娘们在厨房里回答："没有柴火了，菜热不好。"这时，送亲客心里明白，就站起身来说道："大家停筷稍候，我去把菜请来。"说完，从荷包里摸出早准备好的一元钱或二元钱一包的若干个小红包，走进厨房，送给每个姑娘各一个小红包，说："表姐们①辛苦，上山砍来的柴不够烧，这里有几分钱，请表姐们代我去买挑柴来，赶快把菜热好，免得大家久等。"姑娘们嘻嘻哈哈地接过红包后，把菜端到桌上，大家又继续喝酒，猜拳行令。这一来二往的"礼数"，给酒席增添着情趣，围观者更是乐得前俯后仰。

吃"鸡八块"：送亲客领队人一般都被安排在左上席，在他送了毛巾和红包后，厨师们就端来鸡、猪肉、木耳、粉丝、豆腐等菜肴。鸡只砍为八块，即头部、尾部、两翅、两肋、两腿，名曰"鸡八块"。鸡八块有一定寓意：鸡头是"雄鸡报晓"，表示吉祥如意；鸡尾比喻出类拔萃；鸡翅表示欣欣向荣，鹏程万里；鸡肋比喻胸有成竹，深谋远虑；鸡腿比喻办事脚踏实地，不务虚名。这鸡八块盛在大盘里，鸡头要对着坐在左上席最受尊敬的送亲客领队人。届时陪客的主人又开始斟酒，斟完酒后，用筷夹着鸡头说："凤凰呈吉祥，飞落桌中央，客人辛苦了，凤头敬你尝。"说完，将鸡头放在送亲客领队人的碗里。领队人接过鸡头，说："凤凰呈吉祥，飞落我这方，主人情意重，我口福太浅不敢尝。"说完把鸡头送到右边陪客主人的碗里。主人又说了"四言八句"后，将鸡头送到其他客人的碗中，得鸡头者又说着"四言八句"推让给别人。鸡头送到谁的碗里，若不会说"四言八句"，就得饮下一碗酒，再把鸡头转给别人。这种推让，实则是以鸡头为道具，一是考验与席者的才华智慧，二是以此来敬酒或"罚"酒，使敬酒更加有情趣。有的与席者本来很有才华，但他实在想喝一碗酒，就故意说不出"四言八句"，然后被"罚"得美美地饮了一碗酒，再把鸡头给别人。如此往返不停，酒兴过后才开始吃饭吃鸡。坐左上席者吃鸡头，右上席者吃右肋；坐右下席者吃鸡尾，左下席者吃左肋；坐左席者分别吃左翅左腿；坐右席者分别吃右翅右腿。

唢呐送客：送亲客和新娘要回程时，新郎家在朝门口处摆张八仙桌，

---

① 对姑娘们的尊称。

桌上放着一对平躺着的唢呐,这是主人要送一程的标志。有经验者,就把事先准备好的一元钱或二元钱的两个红包放在桌子上以后,双手把躺着的唢呐扶起,将喇叭盘口面向下,让唢呐嘴朝天竖立着。这样既表示需要吹唢呐送一程,显示主客都荣耀,又是感谢主人的盛情。吹唢呐者得了红包,就会吹一曲"出门调",与主人一道将客人送走。出了寨子后吹"过山调"。在婚礼过程中吹唢呐送客的礼仪,一是体现了亲朋间的团结友爱之情;二是向所过的村寨炫耀有如此隆重的喜庆礼数。反之,若是没有经验的送亲客领队人,不送红包,不扶起躺在八仙桌上的唢呐,那么,既要被人们耻笑不懂礼数和不识抬举,又要被早已等待在那里的主人寨上的姑娘们"敬"酒,有多少姑娘在场,就要喝多少碗。至此,别具情趣的贵州省安龙县布依族传统婚姻缔结程序中的习俗全部结束。接下来,我们再看一下贵州省兴仁市传统布依族婚姻缔结程序的规定。

贵州省兴仁市鹧鸪园,距兴仁县城6公里,位于县城南面李关乡境内,为原鹧鸪园乡驻地,坐落在百里青龙东部北麓的一个幽谷之中。绿荫掩映的布依族村寨——鹧鸪园,依山傍水,青山耸翠,修竹森森,终年绿树成荫,鸟语花香,绿水绕寨,清幽秀丽,景色宜人。与青树子人工湖和风光绚丽的野牛塘连成一线,不但是度假避暑的理想之地,而且历史悠久,是领略布依族风情的极好地方。

据鹧鸪园岑氏家谱记载,东汉光武帝年间布依族即在园居住,距今已有1800多年历史,其民俗民风源远流长。布依族婚姻实行一夫一妻制,青年男女间交往比较自由。中华人民共和国成立后,布依族地区仍盛行"浪哨"习俗。未婚男女可以利用节日、赶场、走亲访友或劳动的机会,聚集在一起对歌,若姑娘看中小伙子,便将事先绣好的花包,抛给对方;若小伙子看中姑娘,介绍认识后,相约到离聚会场所不远的地方,对唱山歌,倾吐爱恋。经过多次相互了解情况后建立感情,便盟誓终身。中华人民共和国成立前,布依族婚姻的缔结,绝大多数是"父母之命,媒妁之言"。有的地区盛行"姑舅表亲婚"或"姊死妹及",即俗称"填房"的婚姻制度。有的子女年幼时父母为其择配[①],父母首先考虑"门当户对",但同姓同宗不婚,亲戚不同辈的也不婚,男女"八字"不合不

---

① 称为背带亲。

婚。妇女婚后有"不落夫家"的习俗，新娘到夫家举行婚礼后，送亲姊妹陪宿一宵，次日即回娘家，经过二三年，才常住夫家。中华人民共和国成立后，旧的婚姻制度逐步改变，男女双方都享有婚姻自主权。但是，传统婚俗习惯必须经过以下程序：

提亲，布依语叫"项摆"。男女双方建立感情以后，由男方家物色"补事"①并带着糖到女方家去说亲。如果女方家不同意，就讲一些客气话，不收糖。如同意，就把女儿的生辰八字告诉媒人，收下"走路糖"，招待媒人吃饭，称为"开口亲"。

"吃鸡酒"，布依语叫"老云道"。女方家答应这门亲事以后，男方家就择吉日到女方家"吃鸡酒"②。男方家请"补事"及亲友数人，带公鸡一只、酒两瓶、红糖两包③到女方家去，女方家宰鸡烹熟后，将酒和糖一并敬供祖宗，吃饭时请族中两位老人来陪，宾主入座共饮，互相祝贺。至此，订婚程序结束。

交礼④，布依语叫"高贤"。男方家请一桌人，携带蜡烛、鞭炮、鸾书、粑粑、粉条、豆腐、鸡、猪肉、礼金、钱42元、簪环、首饰、姑娘穿的衣服、布料等礼物到女方家。女方家祭祖燃烛、鸣炮，祭毕，宾主入席、敬酒，饮毕，由男方家来客中的两个男童打着伞把"鸾书"取走，正跨出大门时，女方家用水泼他们，或机灵躲过或被淋湿，往前直走，会逗得众人大笑。

吃酒⑤，布依语叫"根老"。交礼之后，一般要隔数月才结婚，头天是吃女方家酒，新郎家请两个"押礼先生"，两男两女做接亲客，携着酒一挑、肉一方一肘、粑粑两挂⑥。当接亲的人群走到女方家寨口，女方家寨中的青年男女，用事先准备好的"莲草子"从路两旁打接亲的"押礼先生"，夜里还向"押礼先生"要莲草子钱。第二天是男方家正酒，女方家清晨吉时发亲，将嫁妆点交押礼者。出亲时，点香烛，新娘哭拜祖宗、

---

① 媒人。
② 又叫"火笼酒"。
③ 约三斤重。
④ 又叫"背八字""吃大包糖"。
⑤ 即结婚。
⑥ 十二个用稷条串成一挂。

父母、舅舅，然后再向族长、寨老行礼，"押礼先生"在门外撑着伞，新娘的哥或弟背着新娘，接亲的妇女在门外将新娘接下地再从伞下走出屋，"押礼先生"将一块手巾递给新娘，就径直往前走。男女送亲者六人至十二人，喜笑颜开，风尘仆仆赴新郎家。当新娘到达新郎家门口时，伴娘拿出钥匙，打开锁着的嫁妆柜子，让寨中人争抢被盖中藏着的红鸡蛋。新娘走至新郎家大门前时，新郎必须站在大门内接住新娘的伞，否则，新娘就不进门。新娘进房拜堂后进洞房，这时，放鞭炮欢奏乐器，新郎家大宴宾客，整个山寨呈现出热闹的气氛。

综上所述，布依族同姓、同宗、不同辈分之间不能通婚，"姑舅表亲婚"，婚礼后不坐家等婚俗习惯法的相关规定，在南盘江北岸、北盘江流域、红水河流域等布依族聚居区域基本相同。但是，婚姻缔结过程诸如提亲、接亲、送亲等具体环节方面各地有一定的差异性。丧葬习俗方面，对于正常死亡与非正常死亡的祭祀习俗基本相同，但是各地的丧礼却不尽相同，显示出差异化特征。财产分配和刑事处罚的具体规定，各地也存在差异。这些都充分说明，布依族古代社会习惯法的地域差异性是其显著特点之一。

二　预防为主、惩罚为辅

由于布依族历史上是一个有语言但无文字的民族，汉文化在布依族聚居区的传播，主要是在明朝朱元璋"调北征南"以后。因此，目前我们能见到的布依族聚居区的石刻碑文，绝大部分都是清代中后期的碑文。由于在清朝中后期，战祸频繁，社会混乱，然而广大布依族人民却能自发聚众协议，勒石塑碑为律，抑恶扬善，维护地方社会秩序，才使得当地能在这一大背景下基本做到社会安宁，这充分反映了布依族人民的自律精神以及向往美好生活、休养生息的强烈愿望。从相关碑文内容可知，布依族习惯法，很少见严刑峻法，对死刑的规定相当慎重和严格；对造成重大损失和危害、严重破坏公序良俗的，给予赔款处罚；绝大多数情况均以教育、预防为主，令其改正即可。只有极少数情节特别严重，损失特别巨大，或严重败坏家风、族风者，才会受处死制裁。"通常受赔款制裁的行为有：赌博、偷盗、纵火、烧林、乱砍伐风景林、开凿山寨龙脉；争夺田土，侵占坟山；窝藏匪盗，内外勾结；藐法背伦，通奸有孕；

侵占拐逃人妻；致人伤残等。"① 对违反其中这些规约者，予以制裁，但轻重有别。例如，"对犯有偷盗行为者，根据数额大小分别罚钱一千二、二千四、三千六不等。对犯奸淫罪和星夜通奸者，罚钱六十二千；对在白天实施强奸行为者，罚钱八十四千；对通奸有孕者，罚钱九十六千。又如规定偷人瓜笋、砍人林木者，男罚钱三千六百文，女罚钱一千二百文；纵火烧林罚钱一吊二；争夺田地罚钱十二吊"②。受到处死制裁的行为主要有：杀人导致被害者死；投敌叛变；因通奸行为导致未婚女子有孕，且本人不能供出通奸之人者；犯有其他特别禁忌行为者，如同宗通婚、本家族男女通奸等。处死形式有吊死、烧死、沉潭和丢坑等，被判死刑者不准赎命，交其族党自诛。

例如，贵州省册亨县弼佑镇秧佑村，布依族人口占全村人口总数的99%，是一个边远、古老、宁静、和谐的平安村寨。从中华人民共和国成立至今没有发生过一起刑事案件，整个村寨夜不闭户、路不拾遗、秩序井然。近十年来笔者多次到村里进行田野调查，村子里的夜晚非常宁静，全村没有一户人家饲养狗，黎明唯有鸡鸣之声，这在现代农村极其罕见。村里每年的"三月三"，都要举行祭祀主神的仪式。到时，全村的男性都要集中起来参加祭祀仪式活动。仪式活动旨在教育人们要搞好邻里关系，要尊老爱幼、崇善积德。至今，秧佑村寨子中央有一个小亭子，亭子里有一块高1.5米、宽1米的石碑，石碑上刻着如下文字："一、不准赌博贪婪，诱惑孺子；二、不准窝贼招匪，致偷设害；三、不准勾引刁棍，平空敲磕；四、不准互唆词讼，迫害良家；五、不准诱淫人妻，活夺拐带；六、不准盗偷竹木，争夺田地；七、不准偷鸡盗狗，折瓜偷笋；八、不准恃尊凌卑，凶行磕索。"石碑上的"八不准"，明文规定八个方面的禁止行为，规范村民言行举止，具有教育预防功能。如有违反将受到公众的否定性评价，在本寨很难立足。又如，贵州省册亨县马黑寨碑文规定"八不许"："不许赌钱，不许偷笋盗瓜，不许掳抢孤单，不

---

① 贵州省编辑组《中国少数民族社会历史调查资料丛刊》修订编辑委员会：《布依族社会历史调查》，民族出版社2009年版。
② 黔西南布依族苗族自治州史志办公室编：《黔西南布依族清代乡规民约碑文选》，1986年编印。

许调戏人家妇女,不许游手好闲,不许窝藏匪类,不许偷鸡盗狗,不许作贼反告。"贵州省册亨县者冲碑则记载:"不准苟合私奸,不准寻花问柳,不准昼夜游赌,不准借酒逞凶、日夜饕餮。"对于违反乡规民约者,各地的规定各有不同。根据情节轻重,有罚银钱若干的,有罚酒肉食物的,有捆绑送官究治的。正如贵州省册亨县八达碑规定的"轻则聚众行罚,重则约众诛戮,虽其家有余,富冠江南,财如石崇,皆不准赎命"。

贵州省册亨县乃言村①坝江的一块乡规石碑是清同治(祺祥)元年(1862年)立的,上刻有:

尝闻:"强盗出于赌博,命案出于好情。"故绝盗源,须除赌博;欲慜②民命,须除奸情。除赌博而乡中之男善,除奸情而邑内之女贞节。凡于寨中,虽属壤地褊小,亦皆莫非皇土。父务之教,必先子弟之率。出入相友,守望相助。男无觊觎③,女思贞节,革旧从新,使其路不拾遗④,狗不吠盗之风也,不亦宜乎!今日后,倘若何人效仿,乡党⑤不睦,三心二意,互相串同,昧习暗引,面生歹人,不熟之流,窝藏密室,专赌为盗。私下串夥,交合磕索,三五成群,四六结把。日则隐藏家中,盗牛盗马;夜则穿墙挖壁,偷粟盗物。若有私盗外方,丢赃磕害,拖累地方。倘有,等日后查出,庄目⑥立严禁,乡党寨老遵依。或闻,众户同情协力,共心捉获,而呈官究,理法不容。倘若何人强硬不依,合齐心,更罚牛一条,重有一百五十斤,酒五十斤,盐二斤,米四十斤,以作祀社⑦之费,言之不先也,特此计开犯条。

藐法背伦,串奸有孕,罚钱九十六斤⑧。

---

① 指今天贵州省册亨县八渡镇八渡村。
② 慜:音悯,哀怜。
③ 觊觎:非分的希望或企图。
④ 路不拾遗:东西遗失在路上,没有人捡走据为己有,形容社会风气好。
⑤ 乡党:周朝的地方行政区划,以五百家为党,一万二千五百家为乡,后来遂以乡党泛指乡里。
⑥ 庄目:为土目、土舍管理他们的田庄,经收租粮的人称庄目。
⑦ 祀社:即祭祀社神。
⑧ 罚钱××斤:旧时册亨县使用制钱,是用斤、两计算。银一两可换制钱八至十斤,每斤制钱有一百三十文至一百六十文不等。

白日强奸，罚钱八十四斤。

星夜通奸，罚钱六十二斤。

毒药缢死二比天命，罚钱三千六百文①。

盗偷各行，罚钱一千二、二千四，三千六。

被人拐逃，夫家者协访，二比不多事。岳者贪财二嫁，罚钱一百五十斤。

示　禁

祺祥元年②　吉日立

三　借助宗教作为习惯法实施的辅助手段

在社会生产力和科学技术落后的布依族古代社会，人们对习惯法的认知能力有限，对于如何提高人们对习惯法的内心尊崇，确保习惯法的顺利实施，并起到应有的社会效果，布依族人民从习惯法的"立法"即习惯法的产生，到习惯法的执行均增添注入神秘色彩，从而提升习惯法的合理性、合法性，彰显习惯法威力。

（一）习惯法的产生

习惯法，往往是由族长或者寨老，在"三月三""六月六"祭祀活动中，召集全体村民，民主协商制定，条款一旦确定下来，众人要在神坛面前集体发誓。通过这样的宗教形式确定的习惯法，不仅使得大家规范自己的言行，更重要的是通过神的力量使人们从内心去尊崇这些规约。同时，当出现问题、纠纷，通过神灵裁判的形式得出的裁决必须遵守，确保习惯法的执行顺畅，使习惯法从应然状态转变为实然状态，产生应有的法的社会效果。如果是家族族规，往往是在祭祀祖坟活动中，由族长召集族人于祖坟前，由族长讲述家族历史，叙述先民们创基立业的不容易，后代要继承先民们的光荣传统，尊老爱幼，爱护生态，规范言行，和谐共处，爱惜财物，珍惜当下等。族长负责祭祀活动，与宗族中有威望的人物商议族中之事，调解族人之间的纠纷，以及通过在祖坟前宣读

---

①　文：制钱单位名称，一个制钱叫一文。

②　祺祥元年：即清同治元年（一八六二）。穆宗于咸丰十一年（一八六一）七月即位，改年号"祺祥"颁诏天下，十月，再改"同治"，以明年（一八六二）为同治元年。

族规，氛围庄严肃穆，增添族规的神圣性。

（二）习惯法的施行

在布依族聚居的广大地区，布依族习惯法在当时的特定条件下通过宗教形式加以推行，例如通过"祭寨神庙会"形式，庙会由"寨老"主持，其中一个重要内容就是宣读族规。虽然布依族具体居住的区域不同，"祭寨神庙会"活动内容稍有差异，但是总体上一年共分为三次，时间分别是一年中的"正月初三""三月三"和"七月半"。其活动的主要内容，大体上分别是：首先，正月初三"祭寨神庙会"："布摩"根据鸡卦的"卦相"，预测来年吉凶之事并告知寨人。"寨老"总结本寨一年来发生的大事；同时宣告国家政令，诸如征税、征兵、粮款等事宜；制定村规民约、寨规等，批评处罚违犯者。其次，三月三"祭寨神庙会"：大家商讨兴修水利、春耕生产等相关事宜，除此之外，如果还需要大家协商其他事宜，则由"寨老"组织大家商议解决。最后，七月半"祭寨神庙会"：大家共商本寨秋收、秋种和其他诸事，并根据协商结果加以落实。布依族"祭寨神庙会"具有强化寨规、规范行为的社会功能，同时促进大家共同商议的习惯法在宗教外衣形式下施行。

四　成文法与不成文法并存

布依族历史上是一个有语言而无文字的民族，布依族先民们的生产经验、社交礼仪、情感表达等，往往通过"摩经"吟诵、古歌传唱、讲故事、说谚语等口耳相传的形式实现。所以，布依族"摩经"、古歌、神话、传说、故事、谚语中蕴含着丰富的不成文习惯法，世代沿袭，评价、规范、指引着人们的行为。布依族习惯法通过条文形式刻在石碑上，以成文法来规范、约束人们的行为，其大多产生于明清之后，因为明清之后汉文化逐渐向布依族聚居区域推广，目前我们能够在布依族古寨见到的石碑文字，绝大多数是清朝之后的。

在布依族古代社会，布依族生产生活、婚姻习俗、家规、寨规、榔规、规约等是通过口耳相传的形式，在布依族古代社会自觉调整着人与人的关系，规范着人们的行为，一旦违背规约，就会受到相应的惩罚。还有的通过修家谱的方式，将这些规约写入家规，主要用来调整宗族内部成员之间的关系。

例如，从贵州省罗甸县明朝万历年间所修的《黄氏族谱》的祖训条文中可看到从不同角度调整规范家族成员的行为："（1）敦孝弟以重人伦：要求家庭成员必须牢记父母恩德，尊敬长者，兄弟姐妹们友好相处。并对平时的生活行为作了许多明确具体的规定。（2）笃宗族以昭亲睦：要求家庭成员要与宗族成员和睦相处，使宗族秩序井然，形成善良、孝顺、友好的气氛。对如何使自己的宗族成为望族作了许多规定。（3）正男女以杜奸淫：对家庭中的兄弟妯娌、叔伯婶媳、子侄姑嫂的日常交往都作了严格的规定，对子女外出交谊也提出了极为严格的要求。（4）勤农桑以足衣食：主要讲勤俭节约、丰衣足食与社会安定的关系，并提倡家人要勤劳持家，不然，贫穷会使人走上邪路而遭惩罚，困难在勤劳者面前只是暂时的。（5）设家塾以训子孙：对如何克服困难培养后代读书作了规定，并说明了很多读书的好处。（6）修祖祠以荐蒸尝：号召宗族成员要团结在祖宗的旗帜下，经常聚会，团结如一，才能立于社会。（7）宝人民以固土地：告诉人们土地才是宝，并规定家庭成员要时常以主人的身份爱护家乡，不惜牺牲保卫疆土。上述祖训说明家法当时就已经广泛存在于布依族大姓家族之中，多用在年节祭祀祖宗的仪式上，由家族中的长者宣读，因而具有神圣性和权威性，为维护古代的社会秩序和发展生产起着极为重要的作用。"[1]

碑文中有的反映人民对宁静、安居乐业生活的向往，也有触犯刑事方面的相关规定，如《永垂千古碑》[2]和相关刑事规约所示。

盖闻：士农工商，是君王之正民；奸诈淫恶，乃乡里之匪类。所有奸情盗贼，起于赌博。我等生居乡末弹丸，少睹王化之典，各宜所有，务要出入相友，守望相助，勿以相仇之心。少男当以耕种，女绩纺。庶乎家家盈宁，殷室安居，乐享光天化日。自立碑之后，严示子弟。贫不可为贼，贱只宜卖气。倘胡行乱偷，通寨一力禁革。上下邻村多有被盗苦案，只因强盗告失主之事。今我寨上若有为非，

---

[1] 伍文义、韦兴儒、周国茂、罗汛河、黎汝标：《中国民族文化大观（布依族篇）》，暨南大学出版社2018年版，第169页。

[2] 黔西南布依族苗族自治州史志办公室编：《黔西南布依族清代乡规民约碑文选》，1986年编印。

及行强盗告失主者，人众必同力面差吊打，支用银钱，不能相丢。倘有白日夜晚，拿得是贼是盗者，众人一力上前砍手剜目，使成废人。若窝藏匪类，勾引外贼，必定擒拿送官治罪。若有贼人枉告中人，以为磕索者，此事指鹿为马，众人不致相丢。兹恐无凭，特立碑为照，再列禁革款目，列载于后。

禁革不许赌钱。

禁革不许偷笋盗瓜。

禁革不许掳抢孤单。

禁革不许调戏人家妇女。

禁革不许游手好闲。

禁革不许窝藏匪类。

禁革不许偷鸡盗狗。

禁革不许作贼反告。

寨老：覃抱台　黄朝通　覃抱心　覃应贤　岑抱幕　覃抱赖
　　　杨卜平　陈抱龙　班卜政　黄秉秀

同众花户人等共立

道光二十七年①秋七月谷旦　立

布依族习惯法涉及人们生产生活的方方面面，从碑文内容上看，大致可分为刑事与民事两个大的方面。如下所示，主要是在刑事方面的一些规约。

不准赌博贪婪，诱惑孺子；

不准游手好闲，偷鸡盗狗；

不准盗人牛马家财，掳抢孤单；

不准私下串夥，为非作歹；

不准砍人林木，争夺田地；

不准杀人放火，危害他人；

---

① 一八四七年。

不准窝藏招匪，致偷设害；

不准勾引习棍，凭空讹诈；

不准估淫人妻，活夺妇女；

不准唆使词讼，波害良家；

不准恃尊凌卑，行凶磕索。①

第三节 习惯法分类

一 生产及分配习惯法

布依族古代社会，人们在生产劳动及分配过程中，形成了一些成文或者不成文的行为规约，这些规约有的以文字的形式刻在寨中石碑上，有些则通过口耳相传的形式世代承传而尊崇。

通过口耳相传的形式承传的习惯法因历史悠久，已成为人们自觉的行为准则。例如，正月初一、初二、初三忌动土；二十日忌干活；阳雀初叫时不出工；第一次响雷忌耕种，连续七天忌耕种，以后逐次减少为两天；"四月八"忌耕种；每月初四、十四、二十四不能挖土；"红熬日""戊日""甲子日"忌生产；龙脉地不能挖；神山不准进；妇女坐月子不准走别家；扫祭、祭神时不准外人进寨。这些都包含着浓厚的宗教观念，也是进行崇拜的一种形式。各种禁忌的形成，使人们的思想受到了束缚，影响了生产的发展。② 新郎有到女方家干一段时间农活的习惯，如果岳父家没有男孩，在农忙时节还得约上几个好伙伴一道去岳父家帮助干农活；在播种时节，每当撒完一块秧田，就要在这块田边插上标记，如草标或者草人，这个标志在于警示别人：此田已播撒了谷种，请主人看管好自己饲养的牲口，严禁牛马进入秧田毁损谷种和秧苗。另外，在农忙季节，假如你帮助我栽秧，当你家在秋收后修建新房，我就会去帮助你建房；如果没有其他特殊原因或者借故不去还上这个人情，今后假如你需要别人帮助时，就会被拒绝或受到社会舆论谴责，这些都是一种不成文习惯

---

① 黔西南布依族苗族自治州史志办公室编：《黔西南布依族清代乡规民约碑文选》，1986年编印。

② 马启忠、王德龙：《布依族文化研究》，贵州民族出版社1998年版，第112页。

法，自然而然地调整着人们的相互关系和行为。

在生产资料方面，也有相应的习惯法。例如，清代布依族地区亭目经管的田土分为：印田，即职田，"印田"归领主所有，可以世袭，不能出卖；把事田，由亭目赐予把事的田，不能世袭，一旦不担任把事，领主可以把田收回；劳役田，由亭目授予夫役和农奴耕种的田，同时要服役于各种劳役，诸如拾柴火、渡口苦力、修路、舂米、洗碗等；祭田，又分祭祖田与庙田；粮田，可世代耕种，享有长期使用权，但无所有权；私田，是为外来投靠的农民，亭目划定范围令他们开荒耕种，这些新开的"私田"不负担土司或中央王朝的税赋，谁开垦出就归谁。农奴每年要向亭目交"烟火钱"和一些黄豆、棉花、肉蛋等；土司过节、结婚、丧葬时要为他们拾柴、挑水、烧饭、抬轿、抬嫁妆、抬棺材等；每年清明前要为土司割光祖坟杂草、挑送祭品等；除夕之前为亭目扫院、清理畜栏、打猎等。这些劳役也随土司权力的消失而消失。另外，对于荒坡公林等生产资料，也有相应的习惯法。过去每个村寨都有一片公有山林，对于公有山林，村民不得随意砍伐，人人都会自觉保护公林。一般是在为公益之事时，才能适度砍伐，例如，寨老组织村民开会议事，可砍伐少量枝丫烧火取暖；村民家中有婚丧嫁娶之事，经寨老同意后，可砍伐适量树枝作为办事之用；村民中有孤寡老人去世，如果家中没有棺材，村民可以到公林中取材来为去世老人做棺材等。村寨大门口、河边、井边、凉亭边大树严禁砍伐。村寨附近荒坡、坟地、荒山，严禁破土乱挖、开山采石，特别是外宗族的人不能擅自占用。其他方面，如生产工具、牲畜等，其所有权和使用权均属个人，他人不得占有。

在长期生产劳动中，自然形成了许多劳动习俗，有的以布依族古歌的形式进行传承，世代相袭。诸如《裁靛歌》《不用金银换雨水》《二月歌》《棉花歌》《赞屋歌》《烟歌》《耕田种地》《做花歌》等，以生动朴实、畅达明快的歌词，表达布依族先民的劳动经验、生产技能、时令把握和整个生产劳动过程的一些不成文的规矩。例如，《棉花歌》唱道："正月就进入了春暖，正月过了是二月。别人讲去种地，别人讲去种田。我们要到下面去种地，我们要到荒凉的地方去种地。我们开始去找棉花土，到下方去得一块地，要镰刀去砍，砍掉猛的，把那些草根拔掉。开始要锄头来挖，要耙子来耙。三月间就是种棉月，到四月间就成了马鞍的样子，到五月就成了枫香叶，到七月就成了……到八月就成了棉桃，到九月棉花就白了。去收来放在口袋里，哪天晴我们拿它去晒，天气不好就收藏。我们来看什么都没有，哪样都不得。我们去看后山，见一对大白杨树，见一对青杠树，我们砍下了一枝，要青杠树来做轴，要白杨树来做柱，做两棵柱子立上去，做耳横在两角。小铁滚滚上前，吃完棉花才吐籽。我们来看什么也没有，来看什么也不见，看弓也没有，瞧弓也不见。也看背后的山，去瞧背后的房，去把杉树砍来，拿来砍掉它的末端，削它成个颈形。先做弓的头，拿丝线搓成绳子，拿丝线搓成弦。不会弹的还是不会弹，不会弹的，花不会翻。打两锤响一下，打七次响一次。捶头掉下来打着脚背，情哥叫的如老天爷来杀，叫的如雷来劈。会弹的是会弹，会弹的花会自动翻，翻两回就成一片棉花，翻两次就成一片麻。拿在木板上搓，拿在木板上滚。我们去看什么都没有，我们去看什么也不见，连纺纱车都没有。我们要黄秧树来做纺车，做七块上前，做五块在后。小纺纱车圆溜溜，做成条来纺，数两数来纺，把它放在纺纱车的前面就纺，拿它装在篮子里就纺，左手轻轻的往后拉，右手快快搅，一节一节的就纺成一个纱锭。一节连一节的就纺完一根棉条，才来做纱桄挽线，把纺锭挽在纱桄上，哪天有空就拿来挂。听见情姐讲挂线，听见姑娘要去挂线，两边订两棵树桩，拿线甲丢去丢来。我才这样说，我才去这样讲：'挂线的天你要挂长，你挂线希望你挂长些，你留一分半给我们，你留分半给我擦汗，留分半给我洗脸'。"① 《棉花歌》是1959年9月贵州省惠水县王右区长安乡了纳村梁士兴唱述、龙志渊记录翻译的一首布依古歌劳动歌，布依族先民以歌的形式，将种植棉花、纺棉花的整个操作过程和要求进行了十分生动、清晰的说明，成为布依族习惯法中不成文法的重要组成部分之一。

　　布依族古代社会长期盛行原始平均主义分配方式遗存习俗。如"隔山打鸟，见者有份"是不成文的规矩，也是这种分配方式最突出的表现。在布依族围猎过程中，凡是参与者或者偶遇者均可共享狩猎者捕捉到的猎物，猎物除用来祭祀山神之外，剩余的大家平均分配。在布依族古代

---

① 中国民间文艺研究会贵州分会翻印：《民间文学资料》（第二十集，布依族古歌、酒歌等合集），1985年10月，第273—275页。

社会，有关财产分配和财产继承的习惯法规定，分家时关于家庭财产，一般按照"分男不分女"的分配习俗进行，家庭中的女儿不参与家庭财产分配，只享受拥有嫁妆的权益。女儿一般不享有继承权，但可以自己积蓄"私房钱"。当然，在布依族古代社会，有钱人家的父母往往会给女儿留有"姑娘田"和"姑娘牛"，待女儿婚后并常住夫家时，以赠送的方式将"姑娘田"和"姑娘牛"赠送给女婿家。

二　婚姻习惯法

布依族古代社会，对婚姻有许多规约，是布依族古代社会重要的习惯法。

（一）同宗不婚

同宗不婚，是布依族古代社会的婚俗禁忌之一，是指有共同血缘关系的人家之间不能通婚。在古代社会，有的虽然不是同姓，但是传说中有血缘关系，就不能通婚。例如，贵州省镇宁县扁担山一带的卢姓、马姓两姓之间不能通婚，贵州省安龙县鲁沟乡的贺姓、余姓、陆姓、韦姓四姓之间不能通婚，都匀市的平庄何姓、赵姓、罗姓、骆姓、刘姓、杨姓、陆姓、孟姓八姓之间不能通婚，传说他们都属于同一祖先，虽然不同姓，但是均有血缘关系，所以不能通婚。另外，有的虽然同姓，但是不具有共同的血缘关系，即不属于同一个祖先，因此可以通婚。例如，传说贵州省望谟县平绕王姓家庭与王姓土司家之间可以通婚，据说王姓土司女王在很早以前招了一位姓李的将军入赘，女王与李将军结婚后，李将军改姓王，所以王姓土司家与当地王姓不是同一个祖宗，可以通婚。同时，贵州省龙里县三元场一带的罗姓与贵州省贵定县盘江一带的罗姓，因为不属于同一个祖宗，虽然同姓，但是也可以通婚。

（二）亲上加亲

正如上述，布依族古代社会婚姻习惯法有"同宗不婚"规约，但是以"王姓土司家与当地王姓家族"可以通婚为例，说明这里所指的"同宗"主要从父系角度去分析他们之间没有血缘关系。如果从母系角度去分析，"王姓土司家与当地王姓家族"仍然具有血缘关系。这说明，当时社会是父权社会。根据这一历史逻辑，"姑舅表婚"或者"侄女赶姑妈"的婚姻习俗就不是"同宗"而婚。而且"姑舅表婚"或者"侄女赶姑妈"可以实现亲上加亲的目的。在布依族古代社会，贵州省惠水县一带就流行舅家儿子娶姑妈家女儿的婚俗，而且还具有优先权。当然，这一婚俗必须是在同辈中进行婚配，不同辈分之间禁止婚配。

（三）八字婚配

古代布依族婚姻习俗，往往与宗教文化密不可分。婚姻强调男女双方生辰"八字"是否相合，如"八字"相生为上等婚配，如果相克则不能结婚。当男女双方订婚后，男方家就要到女方家"要八字"，并请布依族摩公看两人是否可以婚配。"要八字"布语称为"拜熬诗明"，意即"去要命书"，去的人数为五人或七人或九人或十一人，回来时因为取到女方"八字"，算一人，人数就合计为双数了。男方家去"要八字"时，要带上酒、肉、粑粑、红糖、香、纸烛、鞭炮等。女方家将男方家送去的礼物祭祖之后，开出"八字"给男方家，大家才入宴饮酒。另外，去要"八字"的人，必须当天赶回男方家。

布依族有俗语称："自古白马怕青牛，羊鼠相逢一旦休，蛇遇猛虎如刀断，猪见猿猴不到头，龙逢兔儿云端去，金鸡见犬泪交流。"这些属相相冲相克不吉利，称为"断头婚"，不能结婚。

（四）不坐夫家

布依族古代社会中婚后第三天，新郎带上酒、肉、粑粑等礼品，在寨中伙伴陪同下，送新娘和伴娘回娘家，称为"回门"。回门后，新娘即在娘家过着不落夫家"不坐家"的生活。不落夫家的原因，是因为过去布依族大多数实行早婚，新娘年纪小，父母不忍离别，留在家中学习针线纺织，使她今后到夫家能从事繁重的体力劳动和独立从事女工。同时，过早地去住夫家，会被同伴耻笑。到十七八岁，在节日、农忙或夫家有婚丧喜庆时，夫家母亲都要带上礼物，将新娘接去住一段时间，接的次数多了，女方也逐渐在夫家住下了。另外，过去富有人家还给女儿留有"姑娘田""姑娘牛"，待女儿常住夫家后再送给女婿家。

（五）婚前和婚外性禁忌

"赶表"是未婚或举行婚礼后女方未到夫家常住期间，青年男女公开进行的一种社交活动。"赶表"有别于汉族青年男女谈恋爱，但又不排除谈恋爱的因素，所谓"有别于恋爱"，是因为汉族的恋爱是在未婚的异性青年中进行，而"赶表"则包括已婚异性青年，已婚青年参加这种社交活动，仅仅是显示自己的聪明才智，对于未订婚和未结婚者，则又属于恋爱活动。布依族习惯法对于"赶表"有相应的行为规范和要求：一是"赶表"地点必须是向阳不背阴，在有人通行的大路边或田坝进行。如有违反，姑娘会受到兄长，甚至家长罚跪挨打。二是"赶表"双方相隔距离必须有三四米，而且往往是在侧面或者背面交谈。三是"赶表"双方必须互相尊重，言行文明，否则不再相约。四是"赶表"大多在赶场天、节日期间或者红白喜事集会中进行，严禁夜间"赶表"，而且在当天太阳落山时必须离开对方，如有违背，视为不当行为，将受到社会舆论谴责。五是在"赶表"过程中，严禁发生性关系。"布依族习惯法严禁婚前和婚外性关系，对此有一套包括用各种方式将犯事者处死的严酷处罚。"[①]

布依族将因不正当两性关系所生的孩子称为"毒奢"，即汉语的"私儿鬼"，认为"私儿鬼"出生在哪个寨，哪个寨将因他而衰败。因此对其有相应的惩罚条款：一是不准其任意进寨和进家。为避免"私儿鬼"进寨和进家，在寨门上插上用茅草打成的绳子，在家门上插上用芭茅草打成的疙瘩，作为禁忌鬼妖进出的标记。二是万一这种"鬼"进寨或进家，就必须将他送出家和寨。例如，过去在贵州省镇宁县布依族村寨，本寨或者附近村寨哪家有人生病，大家就会认为是"私儿鬼"在作怪。对此，一种办法是用很臭、很脏的烂破布裹成筒放火点燃使其放出臭气，再用两个破鸡蛋壳和草木灰拌水，捏成两团灰粑，在病人身上绕几转，念上几句"咒语"驱除鬼怪；另一种办法是将簸箕盖在病人身上，用桃树枝条[②]和芭茅叶[③]抽簸箕，叫作"赶妖魔"，送走"私儿鬼"。例如，过去在贵州省贞丰县一带，"认为妇女生了私生子处死后，其鬼魂变成'独养'，到处作祟于人畜，严重者甚至致其死亡。因而，当某家发生人畜不安时，便到生过私生子的妇女家门前咒骂，并用石头、畜粪砸其家"。[④] 以上是通过巫术形式，对不正当行为进行的约束和惩罚。这种宗教信仰对人的行为具有较强的约束力，以此来规范人们的社交行为，维护社会安宁与

[①] 邹渊等：《贵州少数民族习惯法调查与研究》，中央民族大学出版社2014年版，第146页。
[②] 相传有一种迷信的说法，认为桃树有除妖避邪的作用。
[③] 在此作为砍妖魔的"马刀"。
[④] 邹渊等：《贵州少数民族习惯法调查与研究》，中央民族大学出版社2014年版，第338页。

和谐。当然，布依族习惯法中还包括用各种方式将犯事者处死的严酷处罚。例如，"在光绪年间，镇宁县募役区某寨子有个叫陈二妹的人，就是因为产下'私生子'，被她家斩杀的"[①]。在当时的社会里，以严刑峻法的形式，确实起到杀一儆百的作用。

(六) 民族间的限制

布依族人民长期与汉族、苗族等兄弟民族融洽相处，反映出各民族在共同的生产劳动和反抗反动统治阶级斗争中结下的情谊。但是，在布依族古代社会，由于汉族统治阶级人为制造的民族隔阂政策，加上布依族先民与其他民族在语言、风俗和生活习惯等方面不同，布依族一般不与外族人通婚。例如，在贵州省罗甸县平亭村，布依族认为汉族姑娘不会织布，针线手艺不灵巧，加之当地汉族居住在山上，认为汉族人不会种水田，只会种旱地，娶来一起生活多有不便。在贵州省兴仁市马路河一带的布依族，过去还流传"鸡是鸡，鸭是鸭，鸡鸭不能相配"的俗语，这也反映出布依族古代社会民族间通婚限制的历史习惯。当然，到了20世纪50年代后，尤其是80年代后，布依族与其他民族不通婚的限制逐步打破。

(七) 与婚姻相关的其他习惯法

寡妇再婚在布依族古代社会，不仅得到人们的同情，其改嫁与否还比较自由。有一些亡夫的父母对儿媳妇感情特别深，寡妇再嫁时，还另制衣饰，当亲生女儿一样看待。关于招婿入赘，一般是有女无儿的人家才招婿入赘，称为"上门"，招赘女婿可以继承女方父母产业，双方都有奉养父母的责任和义务。所生儿女，均随母姓，要过三代之后才能随父姓，称为"转祖"。关于离婚，布依族历来把离婚视为不吉利、不光彩的事，所以传统社会离婚率非常低。离婚一般都是父母包办婚姻和缺少道德教育的恶果。传统布依族社会的离婚多由寨老亲朋进行调解，如果调解无效，则出具离婚字据进而生效。另外，布依族的家庭是父系家长制，父亲有支配家中经济和成员的权力，重男轻女的意识较浓，只有儿子才有财产继承权，过继和抱养子在家庭中的地位同亲生儿子一样，得到平等待遇，也有财产继承权。儿子分家，在分配财产时，一般要给父母留"养老田""养老牛""养老树"等，"养老田"由弟兄轮流耕种，使老人

[①] 马启忠、王德龙：《布依族文化研究》，贵州民族出版社1998年版，第146页。

生有所养，老有所终。财产不多的人家，也要商量出赡养老人的具体办法，不能弃之不管。如不奉养老人，便会视为忤逆，受到舆论的谴责和人们的鄙视孤立。

三　丧葬习惯法

布依族古代社会丧葬习惯法，主要是根据丧葬习俗而定。布依族的丧葬习俗分为寿终、善终正常死亡与因夭折、产亡、凶死非正常死亡，正常死亡与非正常死亡，其丧葬习俗不同，丧葬仪式规定就不同，两种丧葬习惯法不同。在广大布依族地区，丧葬仪程的各个环节不尽相同，存在地域特点和差异。但是，总体上分为以下丧仪：报丧、沐浴、小殓、大殓、堂祭、开路、出殡、安葬等，各个环节和仪程形成诸多礼俗和规定。

（一）正常死亡丧葬习惯法

报丧：老人寿终、落气时要吹牛角，鸣枪或放鞭炮向附近的亲友报丧。亲邻闻声即赶来帮助料理丧事。如亡者是女性，要赶往舅家讣告；派人到女婿、侄女婿、儿媳妇、侄儿媳妇外家报丧。

沐浴：用香汤给死者沐浴。男性要剃发、修面、剪指甲；女性要梳妆等。

小殓：为死者沐浴后，即为其穿上寿衣、寿裤、寿袜、寿鞋，包寿帕。如死者父母还健在，还要为死者穿孝衣，包孝帕。然后将死者放在堂屋用门板搭起的停尸床上，称为"上停床"。

大殓：请摩公测定吉时，等死者的儿女到齐后才入棺。若死者是女性，则要等她娘家的亲兄弟到来。正如谚语"爹死抬去埋，妈死要等外家来"。大殓前，由摩公念摩经"扫棺"，然后用白蜡、米漆密封棺底，铺垫就绪，将死者入棺，用白布、红布覆盖在死者身上。接着，儿女们分别将一些碎银放入死者口中，并将死者生前心爱的首饰放入棺中殉葬，即击铜鼓、鸣枪、盖棺、封棺、停于中堂，在灵柩下点上"过桥灯"，供"倒头饭"、设灵牌、香炉供奉。用四方白纸覆盖家神，贴挽联，至此，尊礼成服。居丧之家，孝男不理发、不修面，孝女忌脂粉、忌穿红戴绿和金银首饰；不吃荤、不扫地；每夜孝男铺稻草卧于棺侧，称为"守灵"；每遇亲友首次来吊唁，孝男必须跪接。

堂祭：堂祭是为死者举行的祭奠仪式，在安葬的前一天举行。富有之家，杀猪宰牛招待众亲友，一般亲友的祭品有香、蜡、烛、纸、鞭炮、祭碗、祭幛。儿媳、侄儿媳的外家，除上述祭品外，还有猪头。丧家要给自己的姑娘、女婿、外甥每人送一套孝衣孝帕，并为来下祭的亲友分发孝帕。堂祭中亲女婿和外婆家来祭奠较为隆重。女婿家请八仙乐队或舞狮队，一到寨外，便奏起八仙哀乐，敲狮子锣，放地炮，打枪，放鞭炮等。祭品主要有化幡、旗伞、钱乐、引调、纸马、纸轿，素、荤两桌祭席和用糯米、麦面塑成的山、花、草、鱼、龙、果、鸟兽等动植物祭品，全用颜色涂画，另外还有上书"半子失依"的祭幛和全猪、全羊等。外婆家送的"灵房"① 较为尊贵，这是送给死者到"仙界"居住的"房子"。还有上书死者生平的祭幛一幅，焚化给死者。舅家送"灵房"、祭幛来，由死者长子将"灵房"背到灵前供奉，然后跪在棺旁聆听摩公或礼生唱读舅家的祭文。

砍牛：一般富有人家堂祭那天举行。牛为丧家准备，由亲女婿来砍。砍牛时请死者舅家"镇场"②，由摩公将牛牵到场中，率孝男女一边念"转牛场经"一边围牛转，称为"转场"，念完后，捧糯米饭喂牛，烧钱纸，此时才由"镇场"的舅家授刀给砍牛的女婿，击铜鼓，鸣炮，以三刀砍死为吉。牛首以祭死者，一支牛腿归砍牛的女婿，余则分宴宾朋。

家祭：入夜后举行家祭。孝男孝女跪拜灵前，先行"点祖"，然后跪着聆听"礼生"唱读孝歌和记述死者生平事迹的祭文。

开路：由摩公主持，主要追述死者生平，念摩经。开路时要击铜鼓，女婿要为死者"上粮""偷猪"。"偷猪"颇具戏剧性，其过程是：丧家事先用口袋装上一只十多斤重的小猪，捆紧袋口，吊在灵前的房梁上。妇女们有的手持响篙，有的手扶桐油锅烟墨，守护被吊起的小猪，待摩公念"开路经"念到"偷猪"那节时，死者的女婿就去"偷猪"。早有准备的妇女们就用满手的锅烟墨往他脸上抹，用响篙"抽打"他。若口袋结扎得太死，待女婿将猪"偷"到手，已被抹成一个大花脸，惹得在场的人捧腹大笑。此猪亦归"偷猪"的女婿所有。

出殡安葬：在堂祭的第二天早晨举行。黎明前，一切祭祀仪式结束，

---

① 竹编为官殿式样的工艺品。

② 监砍。

摩公带上徒弟，逐一念着死者祖宗迁徙地址，拔倒立在门口的"幡竿"转身急入灵堂，一声号令，举剑砍翻油灯，众人齐动手推倒灵柩前的客坛，将棺抬出户外。送葬时，灵柩上方放一只踩棺的大公鸡，摩公带上徒弟丢"买路钱"，一路鸣放鞭炮。棺后簇拥着送葬的人群，八仙乐队吹奏哀乐，狮子锣轻敲细打。墓地先已卜定，灵柩入土之前，摩公用踩棺鸡"滚井"，于墓穴中烧纸钱"暖井"，才将棺材入土，然后垒丘为坟。最后由摩公用鸡、肉、酒礼告祭死者，焚烧纸人纸马纸旗纸幡。葬后三天，还要请摩公到坟上供奉，为死者"买地"，进一步修整坟茔，称为"复三"。过去一些地区依汉俗守制三年。近代，解斋开荤时间各地不一，有的地区是在安葬死者后即由摩公解斋，有的地区要居丧持斋，父斋29天，母斋33天。经摩公解斋后，即可吃荤，但丧家三年内不能挂红，不在家奏乐、歌唱，不嫁娶，孝子外出不吃鸡头、不坐上位，逢年过节只能贴绿纸、黄纸对联等。

布依族传统的丧俗较为复杂，浪费也相当大，且多迷信色彩，有的人家因之弄得债务横生。

（二）非正常死亡丧葬习惯法

对于因夭折、暴病、难产、溺水、刀枪、摔崖等凶死及在家外死亡者，尸体不能进村，只能在村外搭简易窝棚进行超度。

死者死亡地点离本人居住地较远，抬其尸体经过别的村子时也只能从村外绕过。对客死他乡的亡人，要先破水牢[①]，布依语叫"项亡"。先将亡人灵魂从十二层水牢中救出，招其灵魂附着于茅草人上，才迎接回家超度。破水牢的习俗，与布依族先民的渔业有关。

对患恶性传染病死者，其尸体必须火化。一是避免传染，二是人们认为这种人的鬼魂很恶，必须通过焚尸才能镇住。

暴死、尸体有血迹、尸体有伤痕等凶死情况，就会连棺材一起焚烧后再埋葬，并杀一头牛来当作凶死者的替身。

对溺水、水肿、水鼓病、难产等死亡者，均进行火葬。因为布依族先民的生活环境气候温暖，水产资源丰富，以渔业和农耕为主要生产方式。那时人们的生产力水平低下，经常在江河湖泊中打鱼，水产十分丰

[①] 近似道教中的破地狱。

富。对于水难中的死者,人们采用水以火制、冷以热温的方式来安葬,故而形成对与水有关的非正常死亡者进行火葬的习俗。

未婚者或者小孩死亡后不准许埋在固定的坟山上,只能埋在荒郊野外。

四 乡规民约习惯法

乡规民约是调整布依族古代人们之间社会关系的行为准则,包括社会组织内部、宗族内部、村寨内部、家庭内部及相互之间的关系。长期以来形成的族规、寨规、家法等乡规民约习惯法调整着整个布依族古代基层社会。

(一) 乡规民约习惯法的内容

布依族乡规民约是维护同村寨人的共同利益,调整寨内亲戚家族关系,维持正常秩序的民间"民规"。违者按规定处理,重则"砍手剜目,使人成废",轻则"面羞吊打""支用银钱",在一定范围内有较强的制约性。主要内容有:

一是教育村民,树立良好的社会风尚,继承民族传统美德。例如,贵州省册亨县秧坝区乃言乡八达寨①大榕树下,立有一块高一百厘米、宽四十厘米的石碑文,内容如下:

> 尝闻吾乡之老辈,勤俭各为家风,朝出耕以资仰待父母,暮入息议场圃桑麻。要以后相劝,绿野月明到处犬无声,堪称仁桑之俗,常颂光天化日之下,降级我等之淑。民风渐薄,贪婪启心。乡中自有一党子弟,游手好闲,无思种土,学作狗盗,犹古齐国之风。恒听鸡鸣,渐出逐关而步。或是窥墙壁,窃取什物;或时行山岗,偷拾花谷。无论亲疏,一概掠之无忌,但得狗命,活得蓬之妻。欢来此肉眼之辈,久已非行,未知害了多少孤贫。兹我八达一乡,全无体统,实泽良心。故乡中耆老等,齐心众议,搅此颓风,禁止不良,如有痛改前辙,可与妻子聚乐,堂上堪娱双亲。如不悛心悔过,一时护之,心为鬼蜮,害了妻□②由今砌碑以后,若有人犯此禁者,轻

---

① 指今天贵州省册亨县八渡镇八达村。
② □:表示字迹不清。

则聚众行罚，重则约众诛戮。虽其家有余，富冠江南，财如石崇①，皆不准赎命。众等亦不敢累其妻□并其族党。惟有护之自归，交其党自诛，莫得推辞，再言捉犯之辛力钱，赏赐十二千文。此条出自乡中清户，莫赐于犯人之族中。此间虽独□□盗事，□□之大小各犯之事，特以附后，镌于碑中，永远为例。

贵州省册亨县弼佑镇秧佑村同治六年（1867年）立的碑文劝告人们："从来为善必福，为恶必殃"，"劝兄弟妻子之邻，共安耕纺织，相友相助之义，协同正直公平"，"告知我村各安守法，比户虽殊，视若一体。诸恶莫作，众善奉行，各守典则"。册亨县者骂寨②咸丰七年（1857年）的碑文也说："协力同心，安分守己，毫无妄为，各宜冰心。父戒其子，兄勉其弟，老幼全安。切莫听其旁人唆哄，肇事生端，共享升平。"

以上碑文内容，反映出善良的布依族人民，素来就有美好的愿望，要把实现美好的愿望变成每一个村民的实际行动，首先得对他们进行潜移默化的教育，诸如提倡良好的社会风尚，发扬民族的传统美德等，把这种群体意识，灌输给人们。

二是维护社会治安，保护劳动成果。例如，贵州省册亨县秧坝区乃言乡坝岩寨③全寨是布依族，距今一百二十四年前，在寨子大路边立有一块高一百二十厘米、宽八十厘米、厚十六厘米的石碑，其碑文如下：

尝闻："强盗出于赌博，命案出于奸情"。故绝盗源，须除赌博；欲悉民命，须除奸情。除赌博而乡中之男善，除奸情而邑内之女贞节。凡于寨中，虽属壤地褊小，亦皆莫非皇土。父务之教，必先子弟之率。出入相友，守望相助。男无觊觎，女思贞节，革旧从新，使其路不拾遗，狗不吠盗之风也，不亦宜乎！今日后，倘若何人效彷，乡党不睦，三心二意，互相串同，昧习暗引，面生歹人，不熟之流，窝藏密室，专赌为盗。私下串夥，交合磕索，三五成群，四

---

① 石崇：晋朝南皮人，字委伦，使客航海，变为有名富户。
② 指今天贵州省册亨县丫他镇巴金村。
③ 指今天贵州省册亨县秧坝镇坝朝村。

六结把。日则隐藏家中，盗牛盗马；夜则穿墙挖壁，偷粟盗物。若有私盗外方，丢赃磕害，拖累地方。倘有，等日后查出，庄目立严禁，乡党寨老遵依。或闻，众户同情协力，共心捉获，而呈官究，理法不容。倘若何人强硬不依，合众齐心，更罚牛一条，重有一百五十斤，酒五十斤，盐二斤，米四十斤，以作祀社之费。言之不先也，特此计开犯条……

又如各乡规碑及协防合同明确规定："各户种植之谷物各管，不可私盗，勿为狗盗，不准摘瓜偷笋，不准放火烧山，不准砍人林木，不准偷牛盗马，不准争夺田地。"对违者的惩罚是"纵火烧林者，罚钱一吊二，偷人瓜笋、砍人林木者，男罚钱三千六百文，女罚钱一千二百文；争夺田者罚钱十二吊"。册亨县马黑寨规碑提出"八不许"：不许赌钱，不许偷笋盗瓜，不许掳抢孤单，不许调戏人家妇女，不许游手好闲，不许窝藏匪类，不许偷鸡盗狗，不许作贼反告。对于违反乡规民约者，各地的规定各有不同。根据情节轻重，有罚银钱若干的，有罚酒肉食物的，有捆绑送官究治的。"轻则聚众行罚，重则约众诛戮，虽其家有余，富冠江南，财如石崇，皆不准赎命。"

三是号召村民保护公共设施和自然资源，绿化、美化环境。例如，贵州省兴义市顶效镇绿荫村，山清水秀，风景宜人，这个寨子有一百余户人家，都是布依族，他们的先民，亘古以来，耕作在这块土地上，繁衍子孙；布依族人民深深地体会到土地是生活的源泉，一山一水、一草一木都是那么可爱！因此，在镌刻有"永垂不朽"四个楷书大字的石碑上，有如下一段碑文：

> 窃思天地之钟灵，诞生贤哲；山川之毓秀，代产英豪。是以维岳降神。赖此朴木或之气所郁结而成也。然山深必因乎水茂，而人杰必赖乎地灵。以此之故，众寨公议议，近因尾后丙山牧放牲畜，草木因之濯濯，掀开石厂，魏石遂成嶙峋。举目四顾，不甚叹惜。于是齐集与岑姓面议，办钱十千，榴与众人，永为世代，□①（于）

---

① □：表示字迹不清。

后龙培植树木，禁止开挖，庶几龙脉丰满，人物咸□（兴）。倘有不遵，开山破石罚钱一千二百文，牧放割柴罚款六百文。勿谓言之不先矣！

计开助钱之人姓名开列于后（姓名略）

咸丰五年①

冬月二十五日

贵州省贞丰县必克碑文记载："历来名山，以树栲为尊，平阳以阴林为重，积树以培风水，公同议禁，一概勿许砍伐。"安龙县阿能寨谨白碑也明示："国有律条，乡党有禁约，全寨岑韦二姓秉心公议，将鸡、猪、崽、酒水，在此井边合息禁止，一律不洗菜、布衣、污秽水井。"

贞丰县贡寨咸丰七年（1857年）的石碑上写道："……是以合族老幼子孙，合同共议，故立碑以示后世子孙，如有妄砍树木，挖伤坟墓者，严拿赴公治罪。"册亨县必克寨光绪三十四年（1908年）的碑文说，培植树木"不惟仙人佩德，且后裔沾恩。公同议禁，一概勿许砍伐"，"山林、树草、秧青并不准割"。前人栽树，后人乘凉，广大布依族人民自古以来就认识到保护环境的重要性。只有人与自然和谐相处，才能永葆子孙后代兴旺发达。因此，不少布依族村寨把周围的树木定为"风水树""祭山林"。因此，布依族村寨百年以上的名木古树非常多，人们普遍认为，山常青，树常绿，水常流，才能人长寿。

四是倡导修桥补路，为群众办公益服务事业。布依族人民的美德是多方面的，在乡规民约中，除上述诸方面外，还表现在关心公益事业，从而体现了该民族的自治能力。如册亨县屯上村修路碑镌刻："兹有落信黄天锡、思慕古风，度蚁埋蛇，尚且扬名于奕世。吾人呈不及，荷蒙载道之为幸也，今乐措资修缉，以免往来崎岖之叹！惟愿棒椿永固，岗陵之茂已耳。"再如在册亨县坡坪乡打岩村和安龙县龙蛇乡交界处的"四楞碑"上，石碑正面镌刻道："永垂千古，众善慈心更将崎岖道路改平坦，来往驷马免去除阻途程作艰难。"石碑右面镌刻道："盖闻帝君垂训曰：'人之喜事，一念权功成，能修崎岖遵路，造千万人往来之

---

① 一八五五年。

桥，功德也！'今有坡嵩往来古道，历年久矣，每岁多遭洪水洗为崎岖，往来经商，多受跋涉之苦。余见其不忍，余一力难成，故诚心募化，众善携扶。百开，以为匠作之资，故将崎岖的道路改平坦，冬凌夏凉，以免往来作艰难。今捐修工成，以此为序，将各善首，刻碑于后，作为古流传矣！"石碑左面镌刻道："捐款：廖世才捐六斤，丁风举等五人各捐三斤，邹道远捐四斤，龚正魁等十一人各捐三斤，马明书等十八人各捐二斤，张国玉、王朝荣、王朝胜、王朝柱各出工，自修一段路。"

（二）乡规民约的特点

乡规民约是布依族管理村寨共同生活的民众协议，它的组织者是村寨中有威望的寨老和族长，由他们负责召集村寨群众协商本村寨的大事，形成口头或者文字的条文，约束大家的行为。乡规民约是一种民众协议，分为口头与文字两种形式，内容涉及人身、财产、行为等方面的规定。布依族乡规民约共有三个主要特点：一是自发形成，公众议定，寨老署名，有较高的权威性，任何人不得违反。二是法规成文后，明文规定，公布于众，经寨老当众宣布之后，刻在石碑上，立于寨内或路旁，老幼皆知。三是乡规民约一旦制定，公布施行，违者严格按照规定执行。

（三）乡规民约的社会影响

乡规民约既是布依族人民自我管理的"民规"，又是道德规范化的体现。它来源于群众，广泛地反映现实生活，内容丰富，条款翔实，重言严示，惩罚不贷。

其一，对于教育村民、树立良好社会风尚、传承民族传统美德，发挥着重要作用。从碑文的内容可以看出，善良的布依族人民，善于把美好的愿望变为实际行动。传统的布依族社会长辈们善于对年青一代施予潜移默化的教育，诸如营造良好的社会风尚、发扬传统美德，把这种群体意识灌输到人们的头脑里并转化为实际行动，其中公布于众的乡规民约发挥着重要作用。

其二，弘扬民族精神，继承民族传统美德。例如，孝敬和奉养老人是布依族人民的美德。布依族人民勤劳勇敢，忠厚善良，耿直豪爽；他们主张尊老爱幼，团结和睦。例如，有的布依族村寨中的乡规民约规定：

孝敬老人和奉养老人是中国人的美德，也是子孙后代应尽的义务，老人在世时，日常生活、看病就医、护理、安葬等应当由子孙负主要责任，特别是在弟兄之间要明确责任；在家庭关系上，要团结和睦；在生活上要关心照顾，使老年人安度晚年；若不奉养老人，造成其他恶果，应当追究其责任等。

其三，维护社会秩序，保护村民利益。订立乡规民约，有的写纸为律，有的刻于石碑，世代相传，共同遵守。乡规民约是管理村寨共同生活的民众协议。一个村寨的社会秩序靠自身来维持，共同利益靠大家共同来管理，这里就产生了村民的权利和义务问题。这些权利和义务靠谁来明确，明确后又靠谁来监督执行，这就产生了村落和寨子的管理职能机构。其成员由本族中有威望、有影响的寨老、头人组成，由他们负责召集群众协商本村寨的大事，形成口头或文字条文，约束大家的行为，这就产生了乡规民约。布依族居住的显著特点是聚族而居，一个布依村寨，很少有其他民族居住，同村的人不仅族别相同，而且大多同姓或以一个姓氏为主体聚族而居，村中虽有少量其他姓氏，也因亲戚关系而迁入，这些村寨以血缘亲属为主体，他们不是亲戚，便是同胞，无亲无故的少有或者没有。又因为布依族有"同姓不婚"的习俗，人们必须与外姓通婚，因此通过婚姻关系，把方方面面不同姓氏的亲戚网络联系起来。几姓共居一寨，既表现出地缘性的一面，也体现出血缘性的一面，并以血缘为主体，在整个村寨社会组织内部形成固定的凝聚力，凭借乡规民约的制约而有序生活。

布依族每个家庭和家族都把教育子弟不要在外惹是生非作为一项重要内容。人命案也可以采取罚物的方式解决，如册亨县坝江乡①规碑规定："毒药缢死二比天命，罚钱三千六百文。"② 对偷盗者的处置，是各地乡规民约的主要内容之一。有的地方对偷盗者的处罚非常严厉。如册亨县的"马黑乡规碑"对偷窃者的处罚是这样规定的："……贫不可为贼，贱只宜卖气。倘忽行乱偷，通寨一力禁革。上下邻村多有被盗苦案，只因强盗告失主之事。今我寨上，若有为非及行强盗告失主者，人众必同

---

① 指今天贵州省册亨县八渡镇八渡村。
② 文：制钱单位名称，一个制钱叫一文。

力面羞吊打，支用银钱不能相丢。倘有白日夜晚，拿得是贼是盗者，众人一力上前砍手剜目，使成废人。"① 抢劫，是一种比偷盗更加严重的刑事犯罪，处罚自然就更重。个体实施的抢劫，至少要进行体罚并罚钱物。若是合伙抢劫，则被视为匪，对此类犯罪，或联合乡民将其剿灭、驱逐出境，或扭送官府法办。另外，水火不留情，火患给人们带来的损失难以估量，它能使几十年乃至上百年积累起来的财产毁于一旦。因此，布依族特别重视防火教育，每年"三月三""六月六"都要举行扫火星仪式，并由寨老于神庙前宣布注意事项，有要求各户教育孩子不要玩火的内容。对故意纵火者，处罚也很严重，有体罚、罚钱罚物等。如册亨县秧佑村规碑规定："一不准纵火烧林，违者议该罚钱一吊二。"布依族从大量刑事案件发生的现象中发现其根源在于赌博，因此，布依族习惯法中对禁赌都有相应规定。有的是在宗族的宗谱上规定禁赌的内容，更多的是在乡规碑中加以规定。册亨县秧佑村乡规碑列举了"八不准"，其中包括"不准赌博贪梦，诱惑孺子"。册亨县马黑乡规碑规定："一禁革不许赌钱。"此外，布依族习惯法中对窝藏盗贼、包庇犯人等也作了相应处罚规定。

---

① 黔西南布依族苗族自治州史志办公室编：《黔西南布依族清代绑规民约碑文选》（《册亨马黑乡规碑》）第四十七至第五十一，1986年4月，册亨县印刷厂承印。

第四章

社会组织制度文化

布依族古代社会组织主要有家庭、家族、村寨、亭、番、马等，在这样一些社会组织基础之上，布依族古代社会建立了相应的社会组织制度，如宗族制度、寨老制度、议榔制度等。布依族古代社会组织制度文化既是古代氏族制度的历史遗存，也是对古代民主制度的传承发展，同时也深深打上阶级社会的烙印。

第一节 宗族制

中国古代社会，宗族曾经是乡村社会组织的一种普遍形式，族权曾经是国家政权的一种辅助力量。历史上的南盘江北岸、北盘江流域、红水河流域是布依族主要聚居地，这些地区也曾经是布依族强宗大族的聚居地，例如当时有"上江黄，下江王"的说法。中华人民共和国成立前，布依族地区宗族势力以不同的方式影响着布依族乡村基层社会治理，当然在比较边远的布依族古村寨，宗族作用至今仍然起到一定的社会作用。

西方的"家庭"一词，源于拉丁语，指居住在一所建筑物里的共同体，而汉语中的"家庭"，本意是家的庭院与院落，中西方对"家庭"的理解大体一致。所谓家庭，就其一般性的特征说来，是以特定的婚姻形态为纽带结合起来的社会组织形态①。家庭有一个从群体家庭开始向个体家庭发展的历史过程，原始社会是群体家庭，到了原始社会末期，群体家庭开始向个体家庭过渡。个体家庭是以一夫一妻制的个体婚姻为纽带

---

① 徐扬杰：《中国家族制度史》，武汉大学出版社2012年版，第2页。

的家庭形态，除此之外，个体家庭不仅是社会最基本的细胞，而且是最基础的婚姻、经济和社会生活单位。家族是以家庭为基础的，是指同一个男性祖先的子孙，虽然已经分家并形成了许多个体家庭，但是还世代相聚在一起①，按照一定的规范，以血缘关系为纽带结合成为一种特殊的社会组织形式。② 家族中的成员必须是男性祖先的子孙，男性成员间具有血缘关系。家族成员之间依靠族规等行为规范调整相互之间的关系，由族长主持管理家族公共事务。宗族或称家族，布依语称"报奥"［Pau⁵ a：u⁷］或"然告"［ran² kau⁵］，它由出自共同血缘宗祖的若干家庭组成，家族成员依靠血缘紧密联系在一起。宗族内的各户居住在一个或数个村寨内。"报奥"是布依族社会进入个体家庭以后的社会组织体制，是布依族古代、近代社会的基层单位③。

　　布依族宗族制度是以男性血缘关系为纽带形成的，而且与汉族最大的不同点是在宗族中人与人之间是平等的，没有享有特权的人，布依族宗族是由一个村寨或邻近的几个村寨同宗族组成。其组织的血缘关系紧密，宗族内部禁止通婚，每个宗族都推举出一个族长或称长老。家族长老必须德高望重，作风正派，有号召力，热心宗族内部的事业，往往由在宗族中辈分高、年岁大的人担任。族长的主要职责是：根据族规、族法调解和仲裁家族内部的民事纠纷，例如婚姻关系、财产继承和土地转让等；维护家族整体利益和家族安全，例如组织家族成员维护家庭利益，组织家族力量避免外来力量的入侵；主持召开"家族议事会"，商议家族内部重大事项；主持家族祭祀活动等。在族长下设有"宗族议事会"，其职责是协商族内的重大事项，一旦形成决定，由族长负责执行，例如制订族规、捐资建造宗祠、上坟祭祖、对外交际、协商谈判等事项。

　　宗族的最高权力"机关"是宗族成员大会，宗族成员大会一般是在每年的"三月三"祭祀祖先活动时召开，会议议程主要包括祭祀共同祖先，选举或者改选宗族族长，族长宣读族规，对宗族内部婚丧事件的处理，重大对外事件的决定等。宗族成员大会下设"宗族议事会"，宗族议

---

① 比如共住一个村落之中。
② 徐扬杰：《中国家族制度史》，武汉大学出版社2012年版，第4页。
③ 周国茂：《山水布依·布依族》，贵州民族出版社2014年版，第93页。

事会成员由"小宗"族长组成。"小宗族长议事会"由同房①的各家家长组成，一般宗族内部家族之间小纠纷，由小宗族长议事会解决处理，如果解决不了，再上交宗族议事会处理。

　　布依族宗族议事会制定的族规，绝大多数都写在族谱上，世代相传。根据布依族古代社会宗族族规的规定，同一宗族的人不能通婚；丧葬仪式上摩公念的"咒语"和祭祀时的仪式程序相同；同宗族内部成员之间有相互帮助的义务；同宗族内部，如有成员绝后，其财产由同宗族其他成员继承；如果有人要出卖自己的土地，首先要告知同宗族人，也就是说同宗族成员有优先购买权，如果同宗族成员里没有人购买，此时才能将土地转让给外人；同宗族人共同拥有一块公有墓地；同宗族人根据血缘远近分为"大宗"与"小宗"，"大宗"指由同一个祖先传下来的若干后裔，"小宗"则是血缘较近的宗族分支。布依族古代社会有聚族而居的习惯，也就是同一宗族同居一寨，当然随着宗族人口繁衍和外族人口迁入情况的出现，也逐渐出现分散而居的状态。布依族古代社会宗族族规根据姓氏的不同，也略有差异。例如，贵州省册亨县罗姓收藏的家谱里就有《祠中条规》的条文："一族中，凡为祖公、伯叔、兄弟、子侄、孙曾等辈，不可以卑犯尊，以少凌长，以强欺弱，以众暴寡。倘若其中有犯，即系不仁不义之子孙，必须禀报宗祠族长，详问明白。大罪送官治死，小罪赦之，但必罚猪酒奠祭祖先，以戒下次。一族中，凡有不忠不孝，奸盗诈伪，恃酒悖乱，暴上虐下，此等子孙有玷先人，诸房聚集首报族长，凭宗谱条规究治化导，不可纵容，以培祖德宗功也。一族中，凡祖宗家法，必遵守定规，不得任意更制，使后人分僭窬越而乱宗支也。一族中，凡有富贵者，务在亲亲而仁民，仁民而爱物，处则为鸿儒，出则为清吏，敬承祖宗之功德，培植后人之根基。一族中或有贫贱者，务要乐善循理，存好心，作好事，勤俭为上，以待动至时来，自然人兴财旺，富贵双全。勿得游惰好闲，放溢为盗，玷辱祖先。一族中，凡有蒙童取名者，务要访查祖辈排行名目，不可紊乱，取无顾忌而祀祖宗之辈次，不得荣跃。一族中，凡子孙不能读书者，即教之以耕，又不能耕者，必教之学习技艺以营衣食，不得任意游荡，入于匪类，玷辱祖先。一族

---

① 共同祖先或血缘较近的同姓氏的不同家族。

中，凡有子女未登二八者，必择问门户，随时迎娶，使将来衣食颇充。勿得轻贪口食，忘索钱财，蹈子女以玷辱祖先也。一族中，凡有入学者，宗祠奖银二十两。中举者，旌奖银三十两。进京者旌奖银三十二两。会进士者旌奖银五十两。点翰林者旌奖银一百两。有出仕者旌奖路费五十两。一族中，凡为族长者，务要族众公举，各房轮流管理，以定五年一换。必须正直公平，掌管族纲，无私无曲，有经有纶，有纲有常，以正家法。无许受私渗漏钱谷。尚有鲸吞侵弊等情，合族禀公，赔价罚出。但宗族之中每年收谷五百三十八石干谷，银二百九十余两。除每年焚献祭用，入学、中举、方武显官、猪羊酒席、花红族奖，兼赏每年勤读课费，大粮军需外，剩余积凑碑祠修谱，以防凶岁，周济贫穷，屡计清单，侵弊改除，愿后之管理者，尚其忠心协力，克全全巨典可也。"[①] 这些族规显示了宗族内的团结意识，有助于增强宗族内聚力。

明清时期，布依族聚居区有钱有势者大都会建造祖宗祠，作为整个家族祭祖和聚会的场所。例如，在贵州省就建有兴仁县岑氏宗祠、望谟县王氏宗祠、罗甸县黄氏宗祠、镇宁县王氏宗祠、麻江县罗氏宗祠等。宗祠有专人守护和打扫卫生，定期由族长在宗祠内主持祭祀、聚众宣读族规、举行全族宴会。活动经费均从家族中"祭祀田"里的收入开支。在祭祀活动中，族长往往会将族规当作祖训条款写入族谱，让家族子孙世代遵循。这些祖训条款，在祭祖仪式上由族长向全族宣读，可增强族规的神圣性。

宗族聚会仪式中除由族长宣读族规外，还有春节送铜鼓会和清明节祭扫祖坟聚会。布依族先民对铜鼓很器重，把它视为传家宝，年年祭拜，平时由族长或长房子孙保管。铜鼓很珍贵，《明史·刘显传》记载："鼓声宏者为上，可易千牛，次者七八百。得鼓二三，便可借号称王。鼓山颠，群蛮毕集，今已矣。"由此可知，一面铜鼓可值数百头牛，布依族以拥有铜鼓为富，旧时常以牛马换铜鼓作为一种财富的象征。同时，把拥有铜鼓者视为豪强，作为一种权力的象征。布依族把铜鼓视为神灵的化身，在节日、丧葬、婚嫁或请鼓送鼓时使用铜鼓，都有不同的意义，并

[①] 中国人民政治协商会议黔西南州委员会编：《黔西南布依族文史资料专辑》（上），第413—414页。

有许多的宗教仪式和禁忌。每年正月初一和十五，合族或合寨欢聚一堂，以酒肉奉祭铜鼓，把它悬挂在堂屋的房梁上或村寨中的大树下，由族长或寨老击鼓为乐，以庆丰收，祝新年快乐、人人平安。丧葬中击铜鼓是对死者的哀悼，击鼓报告天上的神仙，请神仙接引死者到仙境去同乐。婚嫁时击铜鼓，是祝新婚夫妇幸福美满，白头偕老。击鼓时，不同的场合有不同的曲调，有喜鹊调、散花调、祭鼓调，送鼓调等。在《尸子》一书中归纳为："铜鼓之声，怒而击则武，忧而击则悲，喜而击则乐。其意变其声则变。"但不论有多少调、多少词曲，其基本音只有五个，类似于汉字的嘎（ga）、国（guo）、银（yin）、共（gong）。贵州省黔西南州贞丰县的余氏铜鼓所击的调式，经音乐工作者整理，已经得出《铜鼓十二则》的古乐谱，经国务院批准，成为首批非物质文化遗产。对于铜鼓，平时不能乱搬动、乱击鼓，要把它珍藏在一个固定的地方，不准任何人从铜鼓上面跨过。在动用铜鼓时，要用雄鸡、猪头和米酒祭祀，念祝词咒语。铜鼓是布依族的文物珍品，也是中华民族文化宝库的遗产之一。

清明节祭扫祖坟聚会，是指宗族全部成员共同祭扫老祖坟。参祭的人，聚于坟前，由族长讲述家族传统历史，并再次重申族规。同时，家族长老与家族中的主要人物借共同就餐的机会，商量讨论宗族内部事务，调解族内纠纷，旨在加强宗族内部团结，凝聚宗族力量。经济条件好的地方的布依族宗族往往建有宗祠，并将宗祠作为全族祭祖和聚会的场所。中华人民共和国成立后，随着国家行政力量在农村基层的巩固和人口流动的频繁，布依族农村传统的宗族组织已逐渐弱化，但至今它仍然在布依族地区农村基层社会治理中发挥重要作用。

"三月三"是布依族传统节日，早在清朝乾隆年间，《南笼府志·地理志》中对贵州省安龙县布依族传统的民族节日"三月三"，就有较为翔实的记载："……每岁三月三宰牛祭山，集聚分肉，男妇筛酒，食花糯米饭。"每年三月初三，安龙县境内的布依族村寨，各家各户均要集款集粮，煮酒买肉聚餐，欢度这古老的节日。同时，通过祭山神、扫寨、"躲虫"、对歌等活动，达到"寨子安宁，五谷丰登"的目的。民间相传，古时候有一年三月初三，山王神出生了，为了显示自己的神威和魔力，他巨手一挥，把属于自己统管的狼虎、蝇虫召唤出来。本来美丽如画的布依山区，顿时人畜被毁，庄稼受灾，眼看布依山寨就要粮尽人亡，于是各寨纷纷宰牛杀猪,敬供山神,才使山神召回猛兽毒虫,各寨免于遭难。从此,每到三月初三,布依寨的男女老幼,都要在寨老的率领下,祭祀山神,祈求平安,祛邪灭灾。时至今日,每年三月初三这天,各布依寨都要杀牛或杀猪祭山神,同时进行"扫"和"躲虫"。"扫",即由一支鸣锣击鼓的扫队伍挨家挨户地进行,以祛邪除魔。"躲虫",即每户人家除一位男家长参加祭祀活动外,其余的人都上山去"躲虫",意思是躲避各种虫害。事前,各家都要煮好饭,炒好菜,用竹饭盒装好,到时携带上山在林间饱食。这天,本寨及邻寨的男女青年,相互约好,到风景秀美、幽静的地方相会,对唱情歌或"浪哨"。在山上、林间"躲虫"的人们,必须等到寨里负责供祭的寨老把虫害"封死"以后,派人到各个路口发出信号,方能回家。回家后,家家户户蒸花糯米饭吃,愉快地过节①。参加祭祀活动的人,通常要聚在一堂喝酒吃饭,酒过数巡,即静听寨老宣布或重申《议榔规》。《议榔规》即乡规民约,其条文内容比较古老,一代一代地流传下来。有的村寨则借用汉字的音、义,把条文刻在石碑上,立于寨中,使其家喻户晓,人人遵守。因此,现在的"三月三"节,实际上是整个村寨的一次群众聚会,借用节日的亲切气氛,落实《议榔规》,以维护村寨安宁和群众利益,增进人民团结。每年农历三月初三是布依族的传统民族节日,是祭社神和山神的日子,家家户户都要在这一天在家供香火和上山去"挂青"②。这一天,望谟的布依族要吃三色糯米粑,关岭要做清明粑,惠水九龙一带青年们成群结队唱歌玩乐,而在盘县③的一些地方则是青年男女社交活动日。在这一天,贵州省望谟县、册亨县和罗甸县一带,布依族村寨除了病人和走不动的老人,其他人都要上山到祖坟参加拜祭活动,以寄托对祖宗的思念之情。饭要在祖宗的坟边吃,表示与祖宗共餐。吃的东西,除糯米饭是在家煮熟后背上山外,其他食物都是人们带着炊具挑着水到山上现做现煮的。肉食煮熟后首先要敬供祖宗,然后大家在坟地一起就餐。这餐饭菜比较丰盛,丰盛的野餐主要体现在肉食上。敬供的每个子女都要供一只鸡,主持"挂

---

① 意思是希望风调雨顺,生活永远像花糯米饭一样甜美多彩。
② 也叫上坟或者扫墓。
③ 今贵州省盘州市。

青"的族长要带上足够的猪肉,保证每个祖坟都得到几块肉上供。至于孙辈人,可以带鸡,也可以带猪肉上供。经济条件较好的或者大家族,往往还会带一头猪到坟地去杀。鸡血猪血都要滴在坟上以示挂红。有的为了增加气氛,还喜欢带狗或羊到坟地去杀,但狗肉羊肉是不能供坟的。上坟的鸡,常常以公鸡为最好。吃鸡肉,有一种大家自然遵循的惯例:鸡大腿留给小孩子吃,成年人是不会占这个份数的。除了肉食,有些人家还专门磨豆腐上山。上坟的人数,除近亲以外,坟主一般会邀约亲戚和朋友,以及亲戚的亲戚、朋友的朋友一起上山。所以,上一次坟要摆几桌、十几桌甚至几十桌饭,上坟的人越多,主人家越高兴。虽然人多,但吃饭用的筷子,一般都是到山上找芭蕉茅秆现做,吃后就收起来放在坟前。供坟时,除供鸡和猪肉、烧钱纸、烧香、敬酒外,还要敬供三色糯米饭。亲属中家家都要带三色糯米饭。三色是黄、黑、白三种颜色,黄色是用山上采集来的黄米饭花煮后过滤,然后把滤过的黄水泡糯米成黄色;黑色是用枫香叶捣烂,然后放在水中煮沸,再过滤,用过滤的水浸泡糯米而成;白色就用白米的本色,蒸时一层一个色道,蒸熟后倒出来把三种颜色饭搅拌起来,色鲜味美,清香可口。这是"三月三"节日具有象征性的食品。

上山"挂青",对布依族人民来说是一个欢乐的节日。因而,上坟的人都要穿上节日盛装。这些天,寨子显得很寂静,而满山遍野却是一堆欢笑的人群。上坟的时候,往往是男人们带炊具和肉食先行,到坡上后,一些人先将祖坟周围的杂树、草根铲除,把坟修理得干干净净。女人们在家一边煮饭,一边剪"挂青纸"。"挂青纸"是很讲究花样的:上端剪成铜钱样,下端剪成花边样。关于"挂青纸"的颜色,儿子、孙子上坟挂的是白色纸,女儿、孙女上坟挂的是绿、黄、红、蓝、紫等不同的颜色,外套剪成渔网样。女人们煮好饭、剪好"挂青纸"后,就带着小孩提着三色糯米饭"上坟"。回家的时候,女人们带着小孩先回家,好酒的男人们仍在坡上"四季纳财"地划上一阵,几乎喝醉才罢休。吃完饭后,撮上几簸箕新土培在坟上,再用五米左右的竹竿插在坟上,在竿上挂上"挂青纸",放一串鞭炮,人们才喜气洋洋地回家。

布依族传统节日除"三月三"外,还有许多,诸如"六月六""七月半"等,家族长老通过这些传统节日的开展,凝聚和团结家族力量,实现基层治理。布依族传统节日"六月六",布依语称"庚香绿"。除春节外,恢宏、火爆的节日场面当属"六月六"布依风情节了。这一天,人们会抱着红冠公鸡,携带祭祀之物到田边出水处,杀鸡祭田神。把喷有鲜红鸡血的纸马扎在铁芭茅秆上插到田中央,敬祈田神保佑风调雨顺,五谷丰登,人挑不完,马驮不尽。回家后,吃上用"一线红"等植物染的香喷喷的五色糯米饭。午饭后,每户的男主人自觉带上炊具到土地庙前集中,宰杀凑份子买的肥猪,除用猪头及部分猪肉供土地神及留够祭祀活动上参拜的人吃外,余下的猪肉分给凑份子的农户。小孩们有的玩荡秋千,有的捅黄鳝,有的逮"黄豆雀"。玩得最开心的当数青年人,男的三五一群、五六个一伙带上洞箫、直箫、月琴、二胡、三弦等自制乐器去找心上人。姑娘们则穿戴着漂亮的服饰,在"花园"①里,或纳鞋底,或挑花刺绣,唱山歌,吟情调,用山歌情歌,用木叶和口哨,应答远方荡来的歌声和木叶声。木叶声、山歌声迅速缩短了双方的距离,再通过媒人②介绍,一对对男女青年坐在田埂上、树下"浪哨"。有的用亲切低缓的"砣砣"声述说,有的以委婉缠绵、如歌如诉的情歌吟唱。暂时没有找到"对象"的俊男靓女,在树荫下或对山歌、或吹奏乐曲。此情此景,给人一种劳顿消除、丰收在望、心情舒畅、前景广阔的感觉。

布依族"六月六"节日由来已久,并有动人的古老故事。传说布依族的始祖"盘古王"发明了水稻的栽培技术,但清贫孤独一生。一天,他在井边看到一条漂亮得令他怦然心跳的鱼。恰在当天晚上,忽听到悦耳的弹敦③声由远及近并有拍门声,盘古开门一看,来者是一位温情漂亮的姑娘,她腼腆地对盘古说:"我就是你白天看见的那条鱼,你喜欢吗?"盘古惊喜万分,激动地把姑娘迎进屋来。婚后他们有了一个聪明可爱而又任性名叫新横的孩子。一天,新横在河边钓得一条鱼,正准备宰杀下锅煮吃,母亲阻止道:"这条鱼就是你的亲舅舅,不能吃",新横不顾母亲的拦阻宰鱼饱餐了一顿。母亲悲愤交加跑回娘家。盘古无奈只好续弦生子,名叫新顺。盘古老了,新横逐渐长大成熟并不断提高耕种栽培水

---

① 每村供青年人"浪哨"的地方。
② 能说会道或对双方较熟悉的男女青年。
③ 一种乐器。

稻技术，收成一年胜似一年。后妻想独占盘古留下的家产，千方百计迫害新横。新横气愤告继母到天庭，并发誓要毁坏他亲手种植的庄稼。继母和新顺惊恐万分，羞愧地向新横乞求，只要他不毁坏庄稼，每年的"六月六"这天都由新顺率众杀猪宰羊、包粽子敬供他，新横被继母和新顺的真诚所感动就答应了。从此世代相传，每年农历六月六都要举行祭神敬祖活动。

20世纪70年代，贵州省贞丰县城关区岩鱼公社①，把原来分散且小型的山歌、布依古歌、唢呐、八音坐唱队伍，通过层层筛选，最后由各自然村选出男女歌手，组建布依山歌队，在"六月六"举行隆重的赛歌活动。来自全县六个区的八个布依山歌代表队唱着山歌，在长号、唢呐的欢乐声及人们热烈的掌声中步入赛歌场。在土石砌起的赛歌台上，各队各显其能，将"问候歌""祝福歌""盘歌""猜歌"等发挥得淋漓尽致，老手逗歌才，新手显锐气，都想压倒对方夺金魁。台下观众绝大多数是布依族，他们会听、会唱，对台上的精彩表演不时报以热烈的掌声。没有参赛的部分男女青年利用歌会的机缘，在河溪边、树下、田埂上成双成对"浪哨"，与赛歌场相映成趣，住在纳蝉、纳核等村的外地男女青年，相邀相约结伴去找相知的或陌生的歌手对唱山歌和"谷湾"②，全村满寨一片山歌声，木叶、洞箫、鸭嘴箫、勒尤的吹奏声，以及三弦、月琴的弹拨声。改革开放以后，每年的农历六月初六均在岩鱼举办"丰歌节"，规模越来越大、内容日趋丰富。1986年以来，"丰歌节"从岩鱼移至三岔河，扩展为全县各乡（镇）有代表参加的布依族风情节，成为贞丰县每年一庆的活动。新开的三岔河生态广场能容纳10万人。布依族长号队、唢呐队、龙队、龙灯狮灯队及布依盛装方块队是风情节的主角。姑娘们用布依语唱起甜如蜜的敬酒歌，大的牛皮鼓敲响了，"六月六"风情节拉开了文艺演出的序幕。布依族姑娘用竹筛端出香喷喷的糯米粑和五色糯米饭请贵宾们品尝，唱起山歌请贵宾们喝下葫芦盛装的自酿酒。原汁原味的布依"八音"古乐，优美的插秧舞、布舞、竹鼓舞，布依族青年谈情说爱的"浪哨"表演等精彩纷呈。走进贞丰

---

① 今贵州省贞丰县珉谷镇岩鱼片区。
② 布依语，指唱古情歌。

"六月六"布依族风情节,就像走进了布依族民族艺术的博物院:古老的布依戏、布依花灯、傩戏如同民族民间艺术的活化石,布依八音古乐似天籁,百人纺织场面和布依族婚礼的表演是布依族生活历史的再现;还有那盛大的斗鸡、游泳、荡秋千、布依山歌对唱……在观众的脑海里留下深深的印象。

"七月半"是布依族一年中三大节日之一,即农历七月十四、七月十五两天。在这两天之前人们忙着做"褡裢粑"①,褡裢粑是用糯米浸泡七日,用石磨磨成米浆,后将米浆用土布袋吊滤,再把滤干了的糯米面团捏成鸡蛋大小,里面包上精心制作的肉馅或糖馅,用芭蕉叶包起,上甑蒸熟,先祭祀祖宗,最后才可食用。"褡裢粑"味道甜美,浸透着芭蕉叶的香味,质地温软而香糯。"褡裢粑"分咸和甜两种口味,肉馅者为咸"褡裢粑",糖馅者为甜"褡裢粑",各有各的风味特色。小孩用不着像平常日子一样上山放牛、砍柴和割猪草,七月半恰逢暑假,也不用上学,可以随心所欲地玩,还可以穿上早就准备好的新衣服,所以七月半最高兴的当然是小孩。农历七月十四,寨子里很热闹,小孩们穿着五颜六色的新衣服走出家门游玩,有的拿着"褡裢粑"边吃边品评谁家做得最好吃,有的在互相评论着谁的衣装最好看,一整天都在外面尽情地游玩不愿回家。布依族节日注重团聚,而乐不思蜀的孩子们总不按时回家吃饭,让大人们很头痛也很无奈。在这节日气氛浓重的时刻,不论你去哪家,总会被热情好客的布依人真诚邀请品尝"褡裢粑",而且还会被特别叮嘱,吃"褡裢粑"时不要把剥下来的芭叶乱扔,要放在门边的竹箩里。经这一叮嘱才发现,每家门边或屋檐下都有一个竹箩装着吃"褡裢粑"时撕剥下来的芭蕉叶,这是布依族留祭孤魂野鬼用的。七月十五夜晚,每家每户都点燃两三把香火,沿着家门的路两边每三五十厘米便插一炷香,一直把香插完,还用两米左右长的木棒削尖两头,一头插有青橙果,一头插在路边的香火中,青橙果上插满了点燃的香。沿着路星星点点排列的香火,在夜晚里宛若一条神秘的火龙,而插满燃香的青橙果就像现代社会舞厅里旋转的彩灯。于是,整个山寨沉浸在香火缭绕的夜色之中,新奇而又神秘,据说这样做是为了避邪及庆祝丰收。在这样香烟弥漫的

---

① 有的年轻人喜欢称为"感情粑",因两个连在一起,犹如形影不离的恋人。

气氛中,家家户户都拿出家门边或屋檐下装着吃"褡裢粑"时撕剥下来的芭叶,倒在插有青橙果木棒的脚下,祭祀孤魂野鬼,倒者口中像与熟人打召唤似的用布依语说:"各路孤寡、各路遇难无家可归的鬼魂啊,来吧,来这里过年过节,没人祭祀的都来吧,来这里欢度节日,来保佑我们全家幸福安康,顺心顺意。"[①]鼻闻着烟火气味,耳听着召唤孤魂野鬼时或悠长或短促的音调,仿佛真看到了黑夜的烟火袅袅中鬼魂们正被邀约而至享用大餐。七月十五夜晚,点过家门口的香火,闹了一天的小孩逐渐进入梦乡,年轻人们趁月色在田野里或马路边谈恋爱,而妇女们一点也没闲着,她们三两相约,去看"迷腊"。"迷腊",一般在农历七月十五夜晚,是巫婆通宵达旦坐在堂屋神龛前,头戴披帽,手拿帕巾,摇头晃手,脚踏地面,口中唱念巫语的一种迷信活动。谁要是相信,可以拿旧衣服去看看,占卜凶吉,如吉就得感谢巫婆而奉以供品,如凶则请教巫婆该如何回避凶险,当然大部分的妇女都是去看热闹的,很少有人去占卜。"迷腊"活动中,只见巫婆突而跳跃,突而脚猛踏地面,甚至有过巫婆由于过度劳累而当场昏迷的混乱场面。巫婆的一惊一乍,让观众感到恐惧和神秘,误以为冥冥中有什么东西在主宰着人的命运,而巫就是人类和主宰人类命运者的中间联系人,因而人们对巫会感到非常畏惧。现在的布依族村寨没多少人相信巫婆占卜了,大家都忙着赚钱过好生活,当七月十五夜晚的月亮西沉时,天逐渐亮了,新的一天又开始了,布依族的"七月半"随着时光从身边溜走,节日喜庆色彩淡去,人们又开始了繁忙而又平凡的日子。

第二节 寨老制

布依族有依山傍水、聚族而居的传统居住习惯,古代社会布依族村寨大多是几十户或几百户人家聚族而居,甚至邻近的几个寨子都是同姓。现代随着人口流动速度加快,布依族村寨也有一些外姓家庭经族长或寨老同意后迁入。布依族是水边民族,长期沿河顺江而居,形成浓郁的稻

---

① 意译。

耕文化,而且布依族喜欢种植竹林,所以,布依族村寨往往会以"纳上"①"过弄"②为寨名,还有的寨名会叫作"里来"③。

在布依族古代社会,布依族村寨既是一个自治的组织,也是一个军事的组织。为了防盗、防匪、防别的寨子侵犯本寨利益,在寨子周围都有一些防御设施,诸如修造坚固的寨门,寨子周围用石头或者泥土砌成高高的围墙,围墙外栽种有霸王鞭、黄刺花等荆棘,有的还在围墙外栽种高高的大楠竹,也起到维护村寨的作用。布依族古村寨大多依山傍水而建,寨子后边都有高山或者山洞,如遇紧急情况,一般会先安排妇孺老幼躲进山洞,由青壮年男子到寨前护寨。

寨,布依语称"板",寨老则称"博板"或"布光"④。寨老一般由公道、明理、见识多、作风正派的男性长者担任,主一寨之事,寨老人数可多可少,视村寨大小、人口多少情况而定。一般来说,每一个寨子都有一两个以上有威望的老人当寨老或者寨首,一个宗族居住在同一个寨子的族长同时是寨老。寨老大多数是自然形成的,也有的是经过村民选举产生的,寨老与一般村民是平等的,没有任何特权。寨老对内主要主持和办理本寨日常事务,例如公益活动、祭祀活动、调解处理寨内纠纷、组织制定寨规民约等;对外主要代表本寨,维护寨与寨之间的关系,同时组织力量维护本寨安全,抵御寨外力量对本寨宁静生活的侵扰。

布依族古代社会在村寨寨口都会修建一座土地庙,每年的"三月三"和"六月六",都会由摩公⑤组织祭祀活动,活动由每户的家长参加,祭祀活动结束后,如果需要改选寨老的就进行改选,还有就是共同商议村寨规约,讨论村寨大事,凡是参加者都可以发表意见,最后以大多数人的意见为准,形成最终决定。一个宗族同居一寨的,大家见面均按照辈分相称,两个宗族同居一寨的,宗族间大多有亲戚关系,而且世居一寨,关系都十分密切。村寨之间大小不一,人口众寡悬殊现象普遍,但是以强欺弱现象十分罕见。

---

① 布依语,指高田。
② 布依语,指林边。
③ 布依语,指溪长。
④ 周国茂:《山水布依·布依族》,贵州民族出版社2014年版,第94页。
⑤ 一般由寨老兼任。

除寨口有土地庙外，大多数布依族村寨会在寨子中心修建一座凉亭，可供儿童游乐和老人们谈古论今，寨中还会有许多大榕树，供人们乘凉。布依族寨子不论人户多少，几乎都建有"官厅"，是寨老主持祭祀庆典，宣布寨规民约，安排事务的地方。"官厅"最早建在地势较高视野开阔的地方，是古代战争期间布依族头目用来作军事瞭望哨所及议事的地方，后来战争渐少，武器进化，立于山上的"官厅"失去了军事功能，于是就逐步把"官厅"向寨中或寨旁移建，"官厅"也演变成"神棚"①。"神棚"柱子上贴有对联："视之不见求之应，听则无声叩则灵。""官厅"往往使人感到阴森肃穆，幽雅清净，令人敬畏。例如，贵州省安龙县德卧镇"官厅"的对联就显得特别："'日旸晶䵻②通天下，月朋晶朤③镇乾坤。""官厅"虽没有塑像，但布依族先民视其为至高无上的"主神"，顶礼膜拜。再衍生出布依族头目就是"主神"，实现由神到人的转化。所以把"官厅"叫作"老人"。"主神"是头目的化身，意为布依族头目清正廉洁，视民如子，关心人民生产、生活，头目化身成"主神"后同样关照人民，所以布依族人民每年都要定时祭祀他，乞求"主神"神佑生灵。"主神"在布依族中有多种说法，岑姓祭祀岑彭、马伍；王姓祭祀自己的先祖；有的姓祭祀姚期，各有所尊。

贵州省册亨县布依族一些古老的村寨，往往会在寨子中心檬子树或者大榕树下，放上一张石桌，石桌周围放上几张石凳，这就是"里""寨""甲"议事的地方，村民们叫它"罢座"。每逢布依族"三月三""六月六"等节庆之日，寨老或者族长，会围绕石桌鸣锣，通知村民到"罢座议话"④，所议之事无非是纳粮、派款、出壮丁或者商量寨中公益之事。至今，布依族村寨中的檬子树或者榕树下的石桌就是布依族社会政治制度变迁缩影的见证。

俗语说，"不依古理不成方圆"，家有家规，寨有民约，国有国法，这是规范人们行为的法则。其一，贵州省兴义市境内很多布依族村寨，

---

① 也称"社坛"，是布依族祭祀场所。
② 旸，拼音 xuān。䵻，拼音 liu。
③ 晶：拼音 jing。朤：读 lang，三声。
④ 议事。

如纳具、安章、顶效的绿荫、泥溪、阿红等，都立有"寨规民约"石碑。这些碑文内容，有的是保护山林、风水的，有的是禁赌博、偷盗的，有的是号召人们团结一致、抵御外侮的，有的是本寨内闹纠纷后经过调解要人们以此吸取教训的，有的是和别的村寨或土司因田地界、纳粮、水利纠纷，经县官调解后，刻石永记的。其内容广泛、涉及面宽，反映了布依族人民自古以来疾恶从善、和睦相处、团结一致的传统美德。村规民约除刻石碑外，有的家族还在自己的家谱中规定一些条款，要本族人沿袭遵守。例如，贵州省兴义市巴结镇纳桑王姓族谱中就有"王氏家训"和"王家十戒"。十戒的内容是：不尚奢侈，轻浮与躁性；不凌尊长，谦和同爱敬；不尚利薄，忠恕兼柔顺；不生骄惰，贫富任天定；不争强弱，温厚传家训；不存嫉妒，坦白绝外侵；不失时务，耕读同时尽；不犯科条，清闲准人同；不势力，随分加谨慎；不作机巧，儿孙无祸病。其二，"议牛丛"，这是一种古老的寨规民约形式。在每年接近夏秋作物成熟时，一些布依族居住地区的自然领袖即寨老就会召集大家集会议定，凡偷苞谷、豆、瓜、茄、辣、笋等物者，罚款多少，分成简单几条，写在厚竹片上，在各路口钉上一块。不管是本寨或路过的大人小孩犯规，照罚不误，这就叫"议牛丛"。

贵州省安龙县龙广镇布依族寨子有祭山的习惯，三月祭山是在三月的第一个"辰"日，六月祭山是在六月的第一个"卯"日。如果三月的第一个"辰"日和六月的第一个"卯"日与兴义市普磨布依族的"辰"日、"卯"日节相同，必须下推到第二个"辰"日、"卯"日，不得同时过节，因为安龙县龙广镇的水是从普磨龙滩发源的，用水不忘源头人。祭山时间为三天，不做农活。祭前，由有资格的寨老向各户收钱，备鸡、肉和香火纸钱。祭山的老人是由各宗族年长且德高望重的人组成。祭祀的老人必须净身，换上整洁干净的长衫。到了"官厅"，先把厅堂打扫干净，然后在"官厅"的四周插上侬猫竹①挂着白旗。祭山仪式正式举行时，先杀一只大公鸡，将鸡血滴于"主神"位上，再贴上一撮鸡毛。将鸡煮成半生半熟与刀头②一起置于"主神"前，同时摆放12只碗、12双

---

① 方言，芦苇的意思。
② 用来祭祀的供品，指带皮的一块猪肉。

筷、12只酒杯，上香化纸钱，开始第一轮"主神""神宴"。约半炷香时间，再把鸡、猪肉切块煮熟，添加配料，不能用炒菜。接着又开始第二轮"神宴"，与第一次"神宴"不同的是，供的是熟食，多了米饭，并令土地神去请当地的诸神一同赴"神宴"。由祭祀人请求诸神保地方人畜平安、风调雨顺、五谷丰登。然后参祭人共进餐，一边吃一边剔鸡肩胛骨的肉，用清水将鸡肩胛骨洗净插上竹签，看鸡骨卦象是吉是凶，这时参祭的人心情非常紧张，如果是凶卦，就要重新祭山。祭山的时候，全寨人不得进行娱乐活动，也不许到"官厅"附近去走动。通往寨子的路口，插上三角旗，牵挂有纸马的绳子，以示禁止外人进入寨子，违者当罚重新祭山。如果要想去寨子走亲访友，必须在祭山前一天进寨，主人会热情款待。平时谁家有灾星的，请有参祭资格的老人去许愿，然后再由请去的老人还愿。

　　古老的布依族村寨，在组织上实行自我管理，自成体系。从整个氏族社会看，血缘关系把住在各村的家庭联系起来，所有的同姓人都"正象单个蜜蜂离不开蜂房一样，以个人尚未脱离氏族或公社的脐带这一事实为基础"①。比如布依族古歌《兴年月时辰》中明确提出，"翁戛又来兴姓氏，翁戛才来兴家族。住在李树下姓李，住在小河边姓刘，住在芦苇中姓韦，住在红岩脚姓朱，异姓开亲，同姓住一处"②。此外，翁戛还开始交朋友，对人正直又诚恳，亲如手足；遇事共同商量、互相帮助。布依头人，在安排各姓氏的同时，明确同姓住一寨子，同姓不能开亲；也明确了朋友和伙计间的关系，这些现象折射和透视出原始部落的组成情况，居住不仅以同族为主，而且以同姓为主，留下了血缘关系的痕迹。到后来演变成乡规民约，成了乡土法规。其特点是自发形成，由公众议定，寨老署名，具有绝对的权威性，任何人不得违反，倘若违反，则"齐众宰牛，器议定"。直至当今的许多布依族村，还定有乡规民约，在维护社会治安、公共秩序，保护公共利益诸方面，起着积极作用。

　　贵州省兴义市布依族聚居地纳具村，有一座清代咸丰三年（1853年）

---

　　① 《马克思恩格斯全集》第23卷，人民出版社1972年版，第371页。
　　② 贵州省民族事务委员会、黔西南布依族苗族自治州文艺研究会、中国民间文艺研究会贵州分会编印：《民间文学资料》（第四十五集，布依族古歌叙事诗情歌），第26页。

竖立的石碑。碑高 120 厘米，宽 80 厘米。碑文叙述该村查姓族人迁徙落业纳具的经过，其中"口口沙宗坝潭统，寒纳桑卦志，四总那来，染起坡密纳毕"是记载布依族人寻根问祖的"挠染"。所谓"挠染"，就是"说路"的意思。用汉语解释这几句话，意思是："顺着石阶小路上来，山很高，田埂高齐胸口，水淹过膝盖头。家住在叫纳毕的地方，门口有块大田。"据说不仅这里的布依族世代相传这四句话，将其视为族源依据，而且在黔、滇、桂三省（区）毗连的南盘江两岸和黔西南地区查姓布依族的老人中，大多也都能对这四句话记诵无误。

第三节 议榔制

布依族古代社会议榔制中的"议"有集中"议事"之意；"榔"源于布依族早期社会的血缘组织。议榔制度，是布依族古代社会组织中的重要制度，在贵州省平塘县和惠水县一带称为"议榔"，在贵州省的望谟县和册亨县一带称为"议各习"。

恩格斯说："氏族有议事会，它是氏族的一切成年男女享有平等表决权的民主集会。这种议事会选举、罢免酋长和酋帅，以及其余的'信仰守护人'……总之，它是氏族的最高权力机关。"[1] 到了部落时期有"部落议事会"，"它是由各个氏族的酋长和军事领袖组成的——这些人是氏族的真正代表"[2]。布依族古代的"家族议事会"和"议榔"正是属于部落议事会一类的社会组织，它显示了由母权制发展到父权制的历史线索。

"议榔"这一社会组织最早只限于有血缘关系的氏族团体，随着社会的发展，尤其是不同姓氏的通婚和迁徙，逐渐变为以地缘关系为主的农村组织，由不同姓氏的一个或毗邻的几个村组成。议榔制的基本结构是"榔头"、巫师、军事头领、司法头领，其最高权力机构称为"议榔大会"。"榔头"也称"榔首""议头"，由寨中德高望重，年岁较大，热心公益事业的人担任，凡遇大事则由"榔头"召集众人"议榔"。"议榔大会"的主要成员由村寨中最有号召力和影响力的人组成，其职能是选举

---

[1]《马克思恩格斯全集》第 28 卷，人民出版社 2018 年版，第 107 页。
[2]《马克思恩格斯选集》第 4 卷，人民出版社 2012 年版，第 104 页。

"榔头",讨论重大问题,管理本村寨内的重大事务。诸如协调关系,调解纠纷,对外交际,保护自身利益,制定规约等。战国时布依族地区出现了君长、邑侯,当时的且兰有且兰君,夜郎有夜郎侯。他们自称为"国",并同中原地区开始有了联系。到秦、汉时,封建王朝逐步在这些地区建立州、郡的组织。秦置夜郎吏,划归象郡管辖。汉建牂牁郡,领县十七,其中包括毋敛①等县。晋设南宁州②。州郡的首领大部分由当地的会长担任,有的部落会长接受了封建王朝的封号,有的自称为王、侯。这些部落会长逐渐同当时的封建王朝建立了较为密切的关系。布依族聚居区议榔大会制定的规约的主要内容包括,保护私有财产不受侵犯、维护公共道德纲常伦常、维护正常的生产生活秩序、维护集体安全、有权决定是否对外部势力的入侵行为采取反击。

"议榔"是布依族古代社会的基层社会组织,规约一旦制定出台,就由"榔头"主持执行规约。"榔头"有的是由寨老担任,有的则是由寨中"布摩"担任。每年春天或者秋收季节,特别是布依族的传统节日"三月三""六月六",是开展"议榔"活动的时间。届时,"榔头"会通知族人每家出多少钱、米,有多出多,集中到召集人手中,由他带人去买猪、狗、鸡、豆腐、蔬菜等,以及通知族人某日某时寨子要集中过节,或者扫寨举行"议榔"活动。这一天,全寨人集中到大院坝、古树荫下、水井边,杀猪、打狗、宰鸡、吃大锅饭。如果是在春节,还要进行扫寨,除恶避邪,由"布摩"主持仪式,敲锣打鼓,逐户扫除一切鬼怪,保佑全寨四季平安。当众人把猪、狗、鸡肉煮熟,饭菜做好后,"榔头"就叫大家集中起来,交代寨子当年的公益事业,修桥补路、防火防窃,以及上缴皇粮国税等事项,同时总结过去一年的生产生活,对族人中不守规约的事项进行通报,要求改正,否则严厉处罚等。宣布结束后,将自酿的米酒抬来,大块吃肉、大碗喝酒,共同庆祝新春到来,共祝新年四季平安,兴旺发达。"议榔"规约,规范着布依族的行为,"议榔"活动包括对本地、本民族的山林、河流、田园、鱼塘、房屋、财产的保护和管理;对家庭、婚姻,以及村寨修桥、补路、抗灾、救火等公益事业的组

---

① 今贵州省独山县和荔波县境内。
② 今贵州省惠水县。

织和指挥。过去，布依族居住的地区，但凡遇到上述"议榔"活动，"榔头"就会敲响布依族铜鼓。族人只要听到铜鼓声响，就会放下手头的事情，向寨子中间跑去集合，"榔头"指向哪里，族人就会打向哪里，从不退缩，包括抗击外来侵略。榔规榔约有较强的约束力，是"议榔"内群众意志和愿望的集中体现，必须遵守，违者必究。

例如，贵州省册亨县的布依族村寨，至今仍有很多规约碑文，是布依族古代社会议榔制的产物。规约的内容包括教育村民树立良好的社会风尚，发扬民族传统美德，维护社会治安，保护劳动成果不受侵犯，保护自然资源，兴办公益事业等。如马黑碑记载："所有奸情盗贼，起于赌博。严示子弟，贫不可为贼，贱只宜卖气①，莫忽行乱偷。"者冲碑训导："人家有规，敬老幼，勿忘宾礼。"八达碑明文教导村民要继承老一辈的传统美德："吾乡之老辈，勤俭各为家风，朝出耕以资仰侍父母，暮入息聚议场圃桑麻。要以后相劝，绿野月明到处犬无声，堪称仁厚之俗，常颂光天化日之降及我等之淑。"册亨骂寨碑文劝诫村民："父戒其子，兄勉其弟，老幼全安，切莫听其旁人唆哄，肇事生端，共享升平。"这些规约，是由"榔头"或寨老牵头，群众商议制定的，又由群众自觉遵守和监督。它既有地域性和民族性，又有特殊性和权威性。

布依族宗族制度、寨老制度、议榔制度等社会组织制度是地缘组织与血缘组织的叠加或者叠合，家庭、家族、宗族是以血缘为纽带的社会组织，村寨是以地缘为纽带的社会组织，由于单个村寨力量不够强大，村寨之间又通过议榔形式结成较强大的军事联盟，以便在特殊情况下合力抵御外部势力的入侵，而维护联盟村寨的安宁与和平。例如，布依族村寨有公山、公林、公田（庙田）、公河、公墓等，这些正好反映出布依族古代社会原始公有的历史遗迹，家法、族规、村规民约、榔规等对维护村寨良好社会治安、保护森林、爱护水源、保护自然环境、协调和谐人际关系等具有积极作用。

布依族宗族制度、寨老制度、议榔制度等社会组织制度文化，是古代布依族社会发展过程中自然形成的，也是布依族社会民族文化在基层社会中的反映，它根植于布依族传统的社会组织系统，这些历史上的社

---

① 作工卖劳力。

会组织及其相应的制度文化，直到今天在布依族农村基层社会治理过程中，仍然发挥着重要的社会作用。

宗族、寨老、议榔等社会组织制度，在整个布依族古代社会中发挥着社会调剂功能，并通过"番""马""枝""埲"等社会组织将国家观念和对社会的治理向基层延伸。

"番"，亦称"蕃"，古音读"博"，是宋朝初年布依族地区出现的一种社会组织。一说根据《宋史·蛮夷列传》载："宋初以来，有龙蕃、方蕃、张蕃、石蕃、罗蕃者，号'五姓蕃'，皆常奉职贡，受爵命。"后又有程、韦、卢入蕃，史称八蕃，被宋廷招降后设置八番宣慰司统一管理。至元二十九年（1292年），八番首领各担任安抚司职，由社会组织首领上升为当地土司官。另一种说法是根据《布依族史》："……另外五代的八姓兵与宋之'五番''七番'都不同，但有密切的联系。宋代之'七番'为'石、方、张、罗、龙'后加'韦、程'。但这七番的首领和所辖的民众有所区别。宋初各番首领入贡，称其祖先皆来自汉族地区。然而七番地区的居民绝大部分为布依族，也杂有其他民族。其首领龙姓也说自己是汉族，但实际情况可能是彝族，如龙彦瑶，龙汉瑭等，因北盘江左岸布依族村寨现在仍然可以看到一些小领主的衙门遗迹，都传说龙姓领主是彝族，其后代不知搬迁到何地，可知宋代龙姓领主是彝族成分。其他罗、韦、卢三姓领主应该是布依族，因为现在布依族的这三个姓氏人口甚多，分布甚广。他们的族谱融合为汉族，可能另有原因。其他几姓自称都是从外地迁来的汉族，就是五代时期被马殷派遣来的，随其首领大将军们从邕管入黔驻守。但有的已融合为别的民族。如长顺的程氏已报族别为布依族，方姓、张姓族别报为布依族的也不少。但他们的族谱都称其始祖为汉族。"[①] "八番"地盘范围，是今天贵州省惠水县城郊一带，番与番之间相隔数里，主要根据姓氏不同而划分各番的范围，其实就是有血缘关系的人聚族而居所形成的一种基层社会组织。元朝时期，贵州原分属于湖广、云南和四川三个行省，涉及布依族的地区主要是"八番"、罗甸揭蛮军安抚司、定远府、管番民总管府、金竹府、顺元路军民宣抚司、新添葛蛮安抚司、普安路、乖西府。其中，元朝时期的"八番"

---

① 黄义仁：《布依族史》，贵州民族出版社1999年版，第124—125页。

已经由社会组织上升为土司，均直隶八番顺元路宣慰司都元帅府。主要包括：程番武胜军安抚司，管辖范围在今天贵州省惠水县城一带；金石番太平军安抚司，管辖范围在今天贵州省惠水县东南 25 里；小龙番静蛮军安抚司，管辖范围在今天贵州省惠水县东南 20 里；卧龙番南宁州安抚司，管辖范围在今天贵州省惠水县南 15 里；大龙番应天府安抚司，管辖范围在今天贵州省惠水县东 30 里；洪番永胜军安抚司，管辖范围在今天贵州省惠水县西 10 里；方番河中府安抚司，管辖范围在今天贵州省惠水县南 8 里；卢番静海军安抚司，管辖范围在今天贵州省惠水县东北 4 里；后又加罗蕃安抚司，管辖范围在今天贵州省惠水县南 30 里。另外，随后又置木瓜仡佬蛮夷军民长官[①]、韦番蛮军民长官[②]和卢番蛮军民长官[③]。今天作为社会组织的"番"或者上升为土司的长官均已成为历史记忆，这些社会组织形式早已消失，今仅存历史地名而已。

"马"为布依族社会组织，始于元末明初。"马"在明代是查城站官牧站马，即视地之广狭，该出站马多少以应站差，所谓地方为"马"，今尚沿称之。[④] 各"马"设立"马头"，分管当地治安及皇粮上纳等事务。今天贵州省镇宁县六马镇的"六马"、贵阳市乌当区新堡布依族乡之"十二马头"等地名是其历史遗迹。

明清时期，有的地区设"枝"，"枝"作为社会组织，源于布依族宗族支系的名称"蠈"。"枝"为布依族汉字意译，主要分布在今天镇宁县、关岭县、六枝特区、普定县四县（特区）交界的扁担山一带。各枝所辖若干村寨，便于征收丁粮。如民国时期《镇宁县志》和《荔波县志》均有记载。

---

① 今贵州省长顺县南木瓜寨。
② 今贵州省惠水县南五里。
③ 今贵州省惠水县北。
④ 管仲主编：《中华民族大家庭知识读本——布依族》，新疆美术摄影出版社 2010 年版，第 48 页。

第 五 章

教育制度文化

　　教育制度是指国家各级各类教育机构与组织的体系及其管理规则，其内容包括各级各类教育机构与组织及其赖以生存和运行的整套规则，诸如教育规则、教育条例等。任何一个民族，基于民族整体生存和发展的需要，必然培养本民族的文化主体，从而建立起确保本民族文化延续的教育制度。布依族历史上是一个有语言而无文字的民族，布依族地区文化教育始于汉代以后，当时汉王朝委任的郡县官吏已经开始在少数民族地区传播中原文化，当然也包括布依族聚居区，随之而来的是在布依族地区开办学校。到了东汉以后，布依族地区大姓豪族不但拥有强大的经济势力，而且还实行文化垄断，因为这些大姓人家学习汉文化是为了做官和扩大势力，客观上促进布依族地区教育的发展。明清时期，布依族与汉族的交往日渐频繁，并仰慕汉族文化，于是寨中族长会邀请一些汉族先生到布依族聚居地设馆教课，布依族教育制度开始萌发。布依族教育制度分为民族传统教育制度和汉文化教育制度。

第一节　教育机构的设置

　　布依族有自己的语言，但没有比较完整的通行文字，所以读书就得习汉语，学汉文。朱元璋用兵贵州慑服土司，对"归顺"的大土司仍任用为土官，但同时又安屯设堡，用以弹压。于是成批的汉籍屯堡官兵陆续进驻布依族地区。土官为了巩固自己的统治地位，当时已感到识字的重要。

　　明朝初期，朱元璋为转变社会风气，巩固其封建统治，提出"治国以教化为先"的思想。教化是把政以体化、民以风化、教育感化、环境影响等手段都综合运用起来,向人们灌输统治者的思想,让人们接受君主的统治,以达到巩固统治的目的。朱元璋对少数民族实施"教化为先"[1]"教化以学为本"[2]的统治策略。这样,布依地区土官和朝廷各自按照自己的需要而实施汉化教育,一些土官、土目的子弟开始接受汉文化教育,弘治年间开始有"男知读书"[3]"通汉人文字"[4]的记载。但入学读书者在布依族人口中毕竟是极少数,广大群众仍然难于入学。到清初顺治十六年(1659年),"题准贵州各属大学取进苗生[5]五名,中学三名、小学二名,均附各学肄业。廪额大学二名、中小学各一名至出贡"[6]。这些微小的名额,应包括布依族子弟在内。"康熙四十四年议准:贵州各府、州、县设立义学,将土司承袭子弟送学肄业,以俟袭替。其族属人等并苗民子弟愿入学者,亦令送学。该府、州、县复设训导躬亲教谕。贵州仲家苗民子弟一体入学肄业,考试仕进。康熙四十五年议准:黔省府、州、县、卫俱设义学,准土司生童肄业。"[7] 其后已有较多的布依族土司和大户之家送子弟读书。雍正年间"改土归流",委派统治布依族地区的流官、胥吏和他们带来的皂隶,加上汉人中的一些随从,看到布依族风俗特别,广大人民不识字,便肆意敲诈勒索,欺负凌辱,于是土司以外的富裕人家,都感到不识字的痛苦,而纷纷送子弟就读义学或自设私塾接受教育。其实,布依族先民历来重视教育,例如,在布依族传统民居建筑中,无论是杆栏式半边楼、杆栏式吊脚楼,还是石板房,一般共建有三层,其中在第二层里,有一间专门的书房[8]供孩子读书写字用。又如,布依族往往通过古歌、摩经、神话、传说、故事、谚语、寓言等形式开展生动、形象、有趣的民族传统教育。从明代开始,为强化对少数民族地区的统治,伴随"调北征南"或"调北填南"出现大批汉族移

---

[1] 《明实录·洪武实录》。
[2] 《明实录·洪武实录》。
[3] 《贵州图经新志》卷十二。
[4] 《贵州图经新志》卷一。
[5] 泛指贵州少数民族。
[6] 贵州省文史研究馆点校:《贵州通志·学校·选举志》,贵州人民出版社2008年版。大学、中学、小学的划分是按照录取学生多少而定,不是指现代意义上的学历程度。
[7] (清)《钦定学政全书》。
[8] 由于传统的重男轻女习惯,书房仅供男孩子居住。

民布依族地区的现象,客观上促进布依族与汉族的民族融合发展,其中也包括中原一带的汉文化教育渗入布依族地区文化教育领域。汉文化教育制度在教育机构方面,可分为官办教育机构与民办教育机构两种类型。官办教育机构主要有社学、土司学堂、官办学堂;民办教育机构主要有私塾、义学、书院。

一 官办教育机构的变迁

（一）社学

1286年,元朝统治者为便于实施社会控制,以五十家为一社,设社长一人,同时在一社设学校一所,史称"社学",社学是一种官办教育机构。元朝灭亡,社学曾经一度停办。直到明朝洪武八年（1375年）,朝廷下令各地设立社学,正统元年（1436年）,统治者要求地方官府要对当地社学进行扶持并监督,对于社学中品学兼优者,可免试补为秀才。弘治十七年（1504年）,再次明令各府州县建立社学,并规定15岁以下者,应送社学读书学习。明朝时期,朝廷还命令每乡每里都要设社学。布依族聚居区,逐渐接受汉文化教育。清代明显地增加了社学和义学,其余大体与明代相同,乡的社学无定额,社学的社师,每人每年给银二十两作修脯,免其差役。另外府、州、县、乡、村,都在兴办义学。义学的费用,多系私人捐赠的田土、银粮,也有由公田拨粮创办的。清廷还规定,学校"教官离任,照州、县例,将存贮书物、学租等项造册交代"。

（二）土司学堂

土司学堂一般是指为少数民族贵族子弟特设的学校。土官为了巩固自己的统治地位,并认识到汉文化的重要性,于是聘请汉族中有文化的儒者在其统治地区,开办土司学堂,并送其子弟到土司学堂学习汉文化。学堂生源大多限于各府州土司直系亲属子弟,如果无合格者再选旁系亲属子弟。少数开明土司也帮扶贫困子弟上土司学校接受教育,他们意识到培养科举成功的文人,可以使自己的统治更加长远。

洪武二十八年（1395年）,明朝统治者以"不知王化,宜设儒学,使知诗书之教",在布依族地区推行儒教。至永乐十二年（1414年）,"夷蛮地久沾圣化,语言渐通,请设学校,置教官,教民子弟,变其夷俗",布依族地区的教育又向前推进了一大步。所以在弘治年间布依族有了"男知读书""通汉人文字"的人。清顺治十六年（1659年），题准贵州各属大学取进苗生五名，中学三名、小学二名，均附各学肄业。廪额大学二名、中小学各一名至出贡。康熙二十二年（1683年），云贵总督蔡毓荣疏请"土司世相承袭，不由选举，罔知礼仪，嗣后土官族属子弟内有通晓经义、志图上进者，就请郡邑一体应试"获准。云贵二省各录取土生二十五名，其土司隶贵州者，附贵阳等府学，隶云南者，附云南等府学。不准科举，亦不准补廪、出贡。康熙四十四年（1705年），议准贵州各府、州、县设立义学，将土司承袭子弟送学肄业，以俟袭替。又题准贵州仲家苗民子弟一体入学肄业，考试仕进。于是，较多的布依族土司土目和富有人家遣子读书并参加考试。雍正十二年（1734年），议准贵州南笼府属永丰一州，虽属苗疆，归化已久，其子弟从师义学者亦多，长坝、册亨、罗斛等处学习诗书者均出应考，应将永丰州照荔波县设学之例，取进童生四名，如文理未顺，宁缺毋滥。明代及清初布依族能上儒学的毕竟只是土司、头人的子弟，还有土财主子弟，大多数情况下平民中的布依族子女是不能上学的。

元仁宗延祐四年（1317年），普定路军民府判官赵将仕在普定"立学校，明礼义，通商贾"。洪武二年（1369年），中央王朝通令全国设立府、州、学。宣德十年（1435年），诏天下卫所皆立学（见表5-1）。

表5-1　　　　明朝布依族地区的学校校名和设立时间①

序号	学校校名	学校设立时间	明历
1	贵州宣慰司学	1394年	洪武二十七年
2	安顺府学	—	洪武年间
3	平坝卫学	—	洪武年间
4	普安州学	1417年	永乐十五年
5	安庄卫学	1425年	洪熙元年
6	都匀府学	1433年	宣德八年
7	普定卫学	1433年	宣德八年
8	龙里卫学	1433年	宣德八年

---

① 此表内容根据黄义仁《布依族史》（贵州民族出版社1999年版）第158页的相关内容整理而成。

续表

序号	学校校名	学校设立时间	明历
9	新添卫学	1433 年	宣德八年
10	镇宁州学	1443 年	正统八年
11	贵阳府学	1568 年	隆庆二年
12	定番州学	1587 年	万历十五年
13	新贵县学	1603 年	万历三十一年
14	贵定县学	1612 年	万历四十年
15	敷勇卫学	1630 年	崇祯三年

康熙初年，提督江南学政田雯曾疏请清廷在"永宁、独山、麻哈三州，贵筑、普定、平越、都匀、镇远、安龙、龙泉、铜仁、永从九县建学育才"①。这些州县属于布依族地区的占一半以上。此后，省府、卫、州、县甚至到乡，都设立有学校，便利各族子弟入学（见表5-2）。

表5-2　　清朝布依族地区的学校校名和设立时间②

序号	学校校名	学校设立时间	清历
1	独山州学	1699 年	康熙三十八年
2	开州州学	1699 年	康熙三十八年
3	永宁州学	1699 年	康熙三十八年
4	普定县学	1699 年	康熙三十八年
5	都匀县学	1699 年	康熙三十八年
6	平越县学	1699 年	康熙三十八年
7	广顺州学	1699 年	康熙三十八年
8	麻哈州学	1699 年	康熙三十八年
9	兴义府学	1700 年	康熙三十九年
10	南笼厅学	1714 年	康熙五十三年
11	荔波县学	1718 年	康熙五十七年
12	永平州学	1724 年	雍正二年
13	兴义县学	1798 年	嘉庆三年
14	郎岱厅学	1824 年	道光四年

---

① 《大清圣祖仁皇帝实录》卷之一百九十二。
② 此表内容根据黄义仁《布依族史》（贵州民族出版社1999年版）第186页的相关内容整理而成。

清代在各级学校里，通过科举考试以选拔官吏。以四书文句为题，规范文章格式为"八股"。入学考试为童生试①，考取者称为秀才。三年内举行两次；寅、申、巳、亥年为科考，童生经过县、府直隶②和院试三个阶段。所谓大中小学，是按取进的学生名额来定，不是按学生的程度分，学生都是生员③。

(三) 官办学堂

乾隆年间，贵州已"多有读书识字者"④。独山州一带，"其始不解文字，刻木为信……今则渐通汉语……读书识字"⑤。在这时期的府、州也"多有读书识字者"，并"有入学者"。入学就是考中生员，这在科举中虽是最低级，但身份已比常人显贵，社会地位也高人一等，原先敲诈凌辱他们父兄的官员和无耻之徒，这时对他们已另眼相看，胡作非为的也有所收敛，因而激发人们送子弟入学读书的积极性。

道光年间，布依族读书人渐多，如道光十五年（1835年），贵州王母亭⑥人王绩辉中武举；道光二十四年（1844年），今望谟蔗香人王绩康中文举八名，为贞丰州人中举之始。他曾参加《兴义府志》的编纂工作，任四川省庆符县知事，著有《盾头草》《转蓬草》等诗集未流传，在《贵州通志》里有记载。

咸丰、同治年间，贵州各族人民联合反清大起义，布依族子弟入学读书者相应减少，官方也不能按期考试，所以在这二十多年当中，有关科举考试的情况，文献少有记载。但有的地区如贵州省荔波县，在同治四年（1865年）和八年（1869年），布依族中的王姓和查姓各一人，被选为岁贡。到光绪年间，读书应试的人逐渐增多。如贵州省册亨县有一名家境贫寒的农民子弟黄锦辉，先在家乡上学读书，因被土目限制，便离开册亨到广西继续攻读，光绪元年（1875年）回兴义府⑦应童子试，

---

① 不论年龄大小的初试。
② 州或厅。
③ 秀才。
④ 贵州省文史研究馆点校：《贵州通志·学校·选举志》，贵州人民出版社2008年版。
⑤ 清乾隆《贵州通志·苗蛮志》。
⑥ 今贵州省望谟县城关镇。
⑦ 今贵州省安龙县。

中首名。之后回家乡私塾教授本民族子弟，并作有诗集（未刊）流传乡里，现残存的仅几首七律。荔波县的何金，光绪五年（1879年）中举人。从同治四年到宣统元年（1865—1909年）的四十多年中，荔波县的贡生、岁贡就有5人；贞丰州属地王母①，王绩康和王绩辉中文武举以及考取贡生、秀才的有十多名；罗斛州判有宋、黄姓二人入翰林院，王、罗二人中乡试，其中宋、罗二人还离开家乡到其他省做过县知事，而贡生、秀才等就有四人之多；平塘县也有陆姓中乡试。光绪二十四年（1898年），清廷下令各省设学堂，同科举并存，布依族地区都匀府于光绪二十七年（1901年）以书院改设速成学堂。新建中学堂已有少数民族学生入学肆业，但仍授经、史、诗文为主，同书院区别不大。

光绪三十一年（1905年），清廷下令停止科举，兴学堂。布依族地区的府、州、县都纷纷以书院改办官立高等或初等小学堂，这是布依族地区现代学校之始。为了解决师资问题，各州县开办临时性的师范传习所②，招收包括布依族知识青年在内的各族青年，经过培训，充任教员，因而办学一时成为风尚。到宣统三年（1911年），各州县在城乡发展了一批小学，如贵州省兴义县发展到48所，都匀府20余所，贞丰州6所，兴义府和册亨州各4所。其中有不少学校设在布依族村寨或杂居地区，例如，"王母区初级小学堂"就设在布依族聚居区，有不少布依族子弟入学肆业。但这些学校都是仓促设立，每校仅有学生十人，并且经费没有可靠的来源。不久，有的停办，有的合并了。同时这段时间私塾兴起，有的地区形成学校与私塾并存的情况。中学堂由官府开办。光绪三十一年（1905年），兴义府把新建中学定名为兴义中学；都匀府把速成师范改为中学堂。宣统三年（1911年），安顺府也筹办官立中学堂；贵阳的官立、公立中学已有好几所。这些中学堂里有布依族子弟肆业。但除贵阳外，其他几所中学由于师资缺乏，或土目对办学一事钩心斗角，不久，有的便改为高等或初等小学堂了。清代，由于布依族地区汉文教育的发展，布依族中出现了用汉文写作的学者和作家。独山莫友芝父子，以及兴义府的王绩康等人，就是其中的杰出代表。

---

① 今贵州省望谟县。
② 或称师范养成所、教育讲习所。

王绩康，字晋侯，号雪奄，属今望谟蔗香人，布依族。生员王仁之孙，道光二十四年（1844年）应乡试，中文举第八名。贞丰州贡生张国华著的竹枝词赞道："野店风情似粤乡，棉花开遍白茫茫，机声动处书声动，文武科名始姓王。"①《兴义府志》称"丰之有举人，自康始"。他曾参加《兴义府志》的编纂工作，后任四川省庆符县知事。咸丰年间，有诗作《盾头草》《转蓬草》等。可惜书稿遗失，未传世，仅在《贵州通志》里有遗诗二首可供研究。王绩康平时勤于攻读，治学严谨，但对当时的宦途官场有几许不满。当时贵州以及民族地区都处于农民起义的大动荡中，一些文人学者也有醒悟，只因陷入宦海已深，进退维谷，唯有嗟叹而已。

莫友芝，字子偲，号邵亭，晚年号紫叟。嘉庆十六年（1811年）生于贵州省独山州兔场街，布依族，是清代晚期我国著名的藏书家和著作家，书法也很有特色，其父莫与，是清代著名教育家。莫友芝兄弟九人，他排行第五。友芝自幼好学，七八岁即会写韵文，道光三年（1823年）随父到遵义府受学，道光五年（1825年）考取秀才，道光十年（1830年）中举。这时他已通晓汉、宋两学，对于尔雅、六经、名物、制度及金石学、目录学等均颇有研究。因此他得到清代著名诗人吴梁的器重，把他作为全国14名"学之士"中的一个，推荐给清朝皇帝。别人推他出去做官，他谢而不就，与郑珍②交往甚密，时人并称"郑莫"。二人共同修纂《遵义府志》，其被称为"天下县志第三"，与《华阳国志》《水经注》齐名。咸丰十年（1860年），他在京城等待补知县缺。后决计不做官，前往太湖拜访胡林翼，成为胡的上宾。不久，又到安庆做曾国藩的幕僚。当时正值贵州苗族大起义，莫友芝无家可归，便到处游历，收集古籍，埋头写作，著成《影山草堂本末》一书。同治四年（1865年），清廷邀请他出来做官，他再次拒绝。同治十年（1871年），他前往扬州，遍阅文宗、文汇两阁藏书。莫友芝一生的主要功绩在于收藏古书。凡宋刻元抄，或购买、或手抄，兼收并蓄，整理考订，经他收集整理的珍本

---

① 黄义仁：《从南明王朝播迁安龙到王襄仙起义后的布依族社会》，载《布依学研究》（之三）——贵州省布依学会第二届年会暨第三次学术讨论会论文集1991年。

② 遵义人，精于音韵文学，尤工诗，时人称为"诗佛"。

甚多，所谓"秘册之富，南中有"。清代咸丰、同治年间，浙江有个著名藏书家邵位西收藏有很多古本，其中《四库全书简明目录》被认为是天下难得的善本，到处传抄，售价非常昂贵，而莫友芝也藏有此书，与邵本完全相同。他还喜欢收藏汉代隶书刻本，所藏汉代碑头篆刻百余本，与一般藏书家比较，他有独到之处。今贵州省图书馆和遵义市图书馆，都保存有他的藏书、遗著和手稿。他著有《唐写本说文解字木部笺异》《声韵考略》《韵学源流》《邵亭知见传本书目》《宋元旧本书经眼录》《遵义府志》（与郑珍合著）、《邵亭诗钞》《邵亭遗诗》《过庭碎录》《邵亭经说》《资治通鉴索隐》《蚕注》等书。同治十年（1871年）九月，莫友芝为了访求古籍，来往于苏州、常州一带，在江苏兴化突感风寒，医治无效而卒于船上，终年61岁。次年6月，家人将其遗体运归，葬于贵州省遵义县东乡背田山。

辛亥革命推翻了封建帝制，布依族群众要求上学读书的愿望更为迫切。但贵州省在军阀统治的二十多年间，混战不休，政局动荡不定，军队调动频繁，所到之处，动辄强占学校驻军，迫使学校停课，各派军阀又滥派军饷致使布依族地区缺钱，无法办学而使教育事业发展缓慢。

二　民办教育机构的兴起

（一）私塾

私塾教育是官学的一种辅助。私塾又称家塾，是民间私学的一种形式，塾师或是在自己家中，或借祠堂、庙宇，或租借他人房屋设馆，招收附近学童就读，收取一定费用。[①] 除此之外，根据私塾先生等级不同，其从事教育活动的场所也有所不同。正如前述，有的在家中执教，但也有的在大户人家坐馆，还有的到私人书院执教。私塾的学制和教材不固定，一般按以下次序授教：《三字经》《百家姓》《千家诗》《千字文》《增广贤文》《声律启蒙》《幼学琼林》《大学》《中庸》《论语》《孟子》《诗经》《易经》《左氏春秋》《礼记》。当然，有的塾师也自编一些乡土教材。例如，在同治年间，贵州省安龙县西乡黑神庙[②]办有私塾，学生多

[①] 宋仕平：《土家族古代社会制度文化研究》，民族出版社2007年版，第102—103页。
[②] 位于贵州省安龙县龙广镇海坝中。

的时候达50余人。"光绪二十三年，美籍教士名党居士者来至安顺传教兴学，常深入苗夷村寨内布道，苗夷见其友爱和平，蔼然可亲，信奉者甚众。"① 光绪三十一年，龙广场有兴义府高级小学堂，小学堂的教习罗俊、吴守仁等，曾任过私塾教师。清末民初，贵州省安龙县龙广镇狮子山董谷田坝办有私塾，由贺德安先生执教。1935年7月，国民政府时期贵州省教育厅对私塾制定《管理暂行规定》共十四条。其中规定私塾的课程编制、设置、经费收支、设点和管理由县政府核准。私塾应遵守中华民国教育宗旨及实施方针，留意于受教育者身心及知识技能之发展。例如，贵州省册亨县的私塾，从清朝雍正年间到1951年5月停办之前，可以说经久不衰，最兴盛的时期全县达到30多所。

以贵州省望谟县为例，望谟县在设县前叫"王母"，属贞丰县管辖，这里原来只有400户左右人家，是区公所所在地。民国初年，王母有文化的人寥若晨星。后来从广西雅长来了一位颇有文化的先生，到望谟设立私塾教学，适龄儿童纷纷入学。这位私塾教师姓甚名谁，无从查考。后来在人们的记忆中，比较清楚的还是韦焕五先生办学的情况。韦焕五，本名韦文辉，字焕五，他青年时曾到南笼府城去考秀才，未被录取，随即在家乡办起学堂。学堂是贞丰县政府委托他办的，但政府不拨付公款，也不给一文补助，完全自筹经费，多由学生家长捐款，教学内容完全是私塾那一套，所以实际上仍是私塾的性质。大多数情况下，学生人数在40人左右。韦焕五先生学识渊博、德才兼备，在望谟县私塾教师中颇有名望，人们尊称他为"教习"②，对其他一些私塾教师则称为"先生"。韦焕五先生办学堂后不久，要求读书的子弟逐渐增多，学堂容纳不下，于是又有罗敬三、王庆云、韦子云等人相继设立私塾教学。韦焕五去世后，梁子祯成为继任者，继续把望谟县私塾办得有声有色。到了民国时期，在王母先后设立私塾教学的还有何尊三、宋德馨、韦永循等人。王母附近较大的村寨，岜赖有谭月光，新屯有卢重光等人。当时的教师都各具特长，韦焕五先生文思敏捷、才华出众。而罗敬三、王庆云、梁子祯三人书法好：罗敬三的书法笔力刚劲、铁画银钩；王庆云的字写得秀

---

① 吴泽霖、陈国钧等：《贵州苗夷社会研究》，民族出版社2004年版，第38页。
② 清朝时期对官学教师的称谓，这一称谓一直沿用到民国初年。

雅，运笔龙飞凤舞、潇洒大方，他为王以贵家写的横额"绵远家风"四个大字，久久为人们赞赏；梁子祯的书法笔画圆润、朴素端庄。这些人都能诗能文，驰名远近，颇具声誉。值得赞扬的是，上述这些私塾教师，一般都是毕生从事文化教育工作，兢兢业业地为地方培育人才，为开拓地方的文化教育事业不遗余力，作出了贡献。他们具有高尚的情操，授业维艰，不贪图功名利禄，不谋求一官半职，洁身自好，因此长时期为人们所敬仰。韦焕五先生有黄立家、黄在举、苏士吉、王道明"四大高徒"。此外，还有陆文宪、韦祝轩、韦永循、韦申之、梁成美、韦瑞芝等成绩比较好的学生。20世纪20年代末，当黄在举读完私塾这一学程后，即考进贞丰县城新学堂且名列前茅，他回家时地方父老纷纷前往祝贺，韦焕五先生赋诗表达祝贺："主障品学栋梁材，脚踏云梯步步开。自是神堂勤苦读，文思先进阀襟怀。龙门捷足登高第，虎榜标名夺锦来。堪美切磋同砚秀，聊将俚句贺多才。"黄在举答谢："荷蒙师训栋梁材，善诱循循茅塞开。泗水春风诚感城，西江时雨在沾怀。虽然后进云梯步，因是先师扶植来。父老联名齐赞颂，蒙生自愧贺多才。"

　　民国政府对民间设立私塾既不干涉，也不支持鼓励，从不给任何补助。人民群众渴望有文化知识，对筹办学馆，总是积极热情的支持，尤其尊重教师。教师对学生的纪律要求非常严格，不遵守纪律的学生往往被训斥，甚至体罚。处罚学生用的工具常常是一根竹板，轻则打手心，重则打屁股。被处罚的学生家长，也不埋怨，总是说"严师出秀才嘛，调皮的不打怎么行"。由于重视读背，学生晚上在自己家里自习，要读出声音，老师经常巡视各学生家里，如发现哪家没有书声，第二天这家的子弟就要被追究。读经尊孔，习以为常，学馆里设有孔子的牌位，教师授课前，学生须向孔子牌位作揖。每当逢年过节，学生纷纷给老师送面条、月饼、粑粑等礼物，有的人还请老师到家里吃饭，老师也送给学生一些小东西，如笔、砚台等以示答礼，尊师爱生，蔚然成风。受重男轻女的传统观念的束缚，在20世纪20年代，学生家长都是送男孩子读书，不送女儿读书。这段时间，王母各学馆里没有一个女生，社会上也没有一个有文化的妇女。直到30年代末期才开始有送女儿入学的情况，但也只是富裕人家。教师的薪俸，由学生家长付给，叫"学金"。每年年初，大家先议好才开学，大约每个学生每年出滇币①5—10元以及大米30斤左右。家庭富裕的往往主动多给，家庭条件特别困难的可以减免，但多少给一点，叫作"公道给"。教师生活水平略高于一般农民。

（二）义学

据有关史料记载："顺治九年就准各地刊立学碑于明伦堂；康熙三十八年，巡抚王燕定普安县学额，改附学设训导，照小学例取文武付生；四十三年设普安、安南县教渝，在安龙设义学，移普安训导驻安龙教海。四十五年议准黔省府、州、县、卫俱设义学。雍正八年，连边远的贞丰、罗斛、册亨等地均设义学。其土司苗民子弟，愿入学者听，令教官督教，文礼明通者，令教官送学巨，一体考试。倘人文渐盛，乡试岁试，再请增额。"② 这样，兴义府所辖各州县，文化发展很快，如望谟县③的蔗香，有王绩康和王绩辉两兄弟在道光年间分别考中了文武举人。康熙四十四年（1705年），据贵州巡抚张广泗《设立苗疆义学疏》记载："原永丰州向系广西泗城土司之地，所辖土民非生苗可比，因土司陋习，恐土民向学有知，不便于役之苛政，不许读书，以致蠢顽，意以生苗无异，是以酌拟册亨州同驻地，设义学一所。"又据《兴义府志》记载："册亨义学，在南门内，雍正八年春奉旨设立。"这是迄今为止所看到有资料记载的贵州省册亨县第一所学校。册亨县还有一所义学叫振德义学，道光十四年（1834年），州同陈毓书设于曾公祠，岁捐银十两。雍正年间在册亨还设立一所社学。道光二十二年（1842年），在册亨州同城东修建册亨书院，到光绪三十年（1904年）改办成初等小学堂。中华民国建立，对政治、经济、文化教育进行一系列的改革。教育方面，在民国政府颁布《普通教育办法》《普通教育暂行课程标准》以后，各地开始兴办各类学校，册亨的教育也有了一定的发展，但册亨地处边陲，教育仍然十分落后。

1912年，册亨县在县城内创办了高等两级小学堂，1914年改为高初级两等小学校，各乡也设立国民学校。据统计，1917年，有国民学校5所，学生186人，教员10人；高等小学1所，学生30人，教员3人。直

---

① 系硬币，口语叫"云南半块"。
② 《小方壶斋舆地丛钞》第七轶；田雯《黔书》；民国《贵州通志·学校志》。
③ 当时属于贞丰州。

到 1940 年，册亨只有中心学校 2 所，3 个班，学生 35 人，教员 3 人，毕业生 11 人；国民学校 14 所，43 个班，学生 857 人，教员 25 人，毕业生 37 人；短期小学 10 所，12 个班，学生 608 人，教员 12 人。到 1949 年春，册亨的初等教育只有中心学校① 12 所，国民学校 21 所，共有学生 631 人，教员 32 人。1940 年秋，县长陈精亮下令停办各级学校，将教育经费用于建立国民党册亨预备兵团。

（三）书院

早在元仁宗皇庆二年（1313 年），贵阳已设有文明书院。"何成禄为顺元路士，富于文学而有容止，训迪士人，极其诚思，中人才因之渐盛。廖志贤至正间为元路儒学教授，启迪多方，远迩响风，一时称其善教。"②

明代，布依族地区州、府也设立书院，如都匀楼书院、南书院，贵阳府的阳明书院，程番府的中峰书院，修文的龙场书院、阳明书院等。

清代，贵州各省、府、州、县均设立书院。例如，贵阳有贵山书院（阳明书院扩建）、正习书院、正本书院，三个书院都非常有名。其他布依族地区的府、州、县也设有书院，安顺府有"维风书院""风仪书院"，都匀府有"南皋书院"，定番州有"风山书院"，平越州有"溥仁书院"，麻哈州有"三台书院"，独山州有"紫泉书院"，荔波有"荔泉书院"，贞丰州有"珉球书院"等。书院延请名流学者讲学，书院听讲的士子也以资禀优异者教以经书、史学、声律各方面的知识，讲学与读书的风气很盛行，但清廷对士生的思想控制甚严，缺乏辩论争鸣的风气。

贵州省安龙县从明代办教育以来，到清朝后期，龙广的文化教育都一直处在领先地位。同时，龙广五台袁廷泰，以西乡团练而官至贵州政府高等顾问，其子袁祖铭以团练哨官至五省联军总司令，晋陆军上将、宏威将军衔，为当时军阀逐鹿风云人物之一。袁廷泰父子显贵，权倾一时，倡办地方教育事业。袁廷泰率先解囊，并募于官宦巨商。时龙广富商舒发祥，捐大洋六千元。其他富室，亦有捐赠③。袁廷泰利用此款，于清末首创西

---

① 完小。
② 《大定府志》卷二五。
③ 当时曾勒石竖碑以铭记，后此碑毁于时局变迁。

区小学。民国八年（1919年），继办龙广场坝高初两级小学及五台小学。

为了办好学校，教好学子，袁廷泰不惜高薪从外地聘来名师，先后有盘县的王景晴、邓溯美、罗重民，贵阳的王从周、许少犹、陈子和、李超凡、贾仲明、颜爱博、傅孟秋、张季麓、张和轩、冯一生、韩静松（女）、王友莲（女）等三十余人，均系当时教育界知名人士，他们为培养龙广人才，发挥了积极作用。

西区学校建立后，普招龙广四十八寨及其他村的学童入学。布依族子弟先后入学，后来成才的有贺再渊、贺显卿、贺缦卿、贺美然、贺化南、张守白、张希白、贺国霖、贺明仁、贺瑞元、贺瑞、贺腾翘、王秉衡、王立中、王懋长、王秉鋆、王雄、王汉钟、王继、王琪勋等。有的成为地方绅士，普遍受到民主改良政治思想的影响；有的成为部队中的初、中、高等军官，在抗日战争中为国捐躯，或在部队中做党的地下工作，后率部队起义投向人民解放军；有的受到马列主义的影响，成为地区和地方革命的领导人。

第二节　教育内容和方式

教育内容是指为实现教育目标而纳入教育活动过程的知识、技能、行为规范、价值观念、世界观等文化总体，教育内容可分为狭义与广义两种。狭义的教育内容指学校教育内容：根据人的发展需要，包括德、智、体、美、劳等方面；根据社会发展需要，包括政治、经济、文化、科技、军事、外交等方面。而广义的教育内容不仅包括学校的教育内容，而且还包括非学校的教育内容。布依族是一个有语言而无文字的民族，汉文化对布依族的影响最早可追溯到汉朝，唐朝时期进一步增强，而布依族地区学校的兴起，是明朝以后的事。布依族在很长一段历史时期是没有所谓学校教育的，但是教育却是与人类同步产生，从广义的视角看，有人类的同时就开始有教育。此时的教育，大多根据口传心授的方式进行，即便是明清以后的布依族地区已经有了学校教育，但是能够到学校接受教育的毕竟是少数有权势的富家子弟，绝大多数人接受的教育仍然是非学校教育。

一 学校教育的教育内容和方式

（一）私塾的教学内容及教学方式

私塾的教学内容比较单纯，可以说是专攻语文一科。先读《三字经》《百家姓》《增广贤文》，属初班；接着读《四书》《幼学琼林》《千家诗》《对偶》，属中班；读完上述书籍后才进一步读《五经》《论说精华》《古文观止》《唐诗》《宋词》等，属高班。这一课程程序，大抵由浅入深，但初学儿童只会读，不能理解。另外，对课程也不进行统一规定，可以由教师自行安排。算术深度相当于现在小学三年级水平，即简单的加减乘除法；珠算则教"三盘清"。私塾教学方法以读为主，教师顺着书本划定段落，先教读一遍或两遍，学生说"懂了"，读一遍给老师听，读错的当面纠正，然后下来自己熟读到能背诵，背得后又到教师面前朗诵，接受检查，教师认为可以了才教下一段。教师少作讲解，有时讲解也非常简单。由于学生的记忆力程度不一样，所以只能个别教学，而且学习进度悬殊。比如说一部《四书》，有的人读了几年还背不完；有的人一年内不仅能背完《四书》，还能背其他一两部。从教学的实际效果看，优劣悬殊。以读为主，有的学生背得多，一经领悟，融会贯通，到运用时，即可下笔成文；有的学生背得少，又不领会，结果毫无收获，往往面壁十年，一旦踏入社会，连一张简单的借条也写不好。在习作方面，私塾要求启蒙学童天天练习大楷，重视书法。每人每天至少写两页交请教师阅批，写得好的字用红笔画圈，分别评为甲、乙、丙、丁四个等级。对中、高班，教师经常指导学生作文、作诗、作对联。教师批改作文很认真，有眉批，有总评。教吟诗作对，则从认字的五音、平仄入手，接着就讲韵律以及全诗的格律要求。考试，一般在年终举行。考试后出榜公布成绩，榜上通常是按照成绩从优到劣排列名次。

（二）社学的教学内容及教学方式

明朝时期，令土官、土舍、土目把子弟送入社学，使之读书写字，学歌诗习礼。又于乡村"设义学训化民苗"，这是朱元璋所谓的"诸苗不知王化，宜设儒学使知诗书之教"，"当谕诸酋长，凡有子弟皆令入国学受业，使知君臣父子之道，礼乐教化之事"，以及"教化为先""教化以学为本"等说法和做法，如此众多的教化措施，使少数民族地区包括布依族在内受到很大的影响。例如编修族谱都以忠孝节义为训，可知这时少数民族开始"男知读书""通汉人文字"了。又如《黄氏宗谱》有"体忠爱，以尽臣责""设家塾以训子弟"训言；每家都敬供有天地君亲师位；待人接物，都以信义为本；婚丧节日，多学汉族礼仪，凡此等等都是明代广设学校、加强封建教育的结果。

（三）民国时期学校的教学内容及教学方式

贵州军阀统治时期的布依族地区开办的中学和师范学校屈指可数，1913年创建十县中学于都匀，1925年成立盘江中学①，1926年创办兴义中学，第一期有布依族学生18人。1926年，贵州省册亨县创办第一所乡村师范学校，学制一年，学员37人，开设国文、算术、教育通论、教材教法等课。1938年，册亨县开一期乡村师范班，学习约两个月后，学校就停办了，学员均分到各校任教。1941年，根据贵州省教育厅《推进师范教育计划草案》的规定，册亨县开办了一所简易师范学校，共办三期，每期学制一年，培养师资共90余人。这是比较正规的师范学校，开设三民主义、地方自治、军事训练、童军教育、教育通论、教材教法、学校行政、国语及注音符号、数学、公民、地理、卫生、体育、美术等课，实习分参观见习和试教实习两个阶段。除县办师范外，还有省立师范、国立青岩和榕江师范等师范学校。1936年开办"苗民教育"，指定贵阳、定番②、罗甸、荔波、关岭、安南③布依族集中的县各设初小一所，诸如以角小学、大兴寨小学、巴沙小学、关索岭小学等。

二　民间非学校教育的教育内容及方式

布依族"摩师"往往利用宗教的形式传授"摩经"，把布依族的神话、传说、习俗、礼仪及伦理道德传承下来。能工巧匠、武功师通过口传身授的方式，把农耕技术、生产工艺、民族武功传授给下一代。民族民间教育与学校教育有很大的区别。

---

① 今贵州省安龙县中学。
② 今贵州省惠水县。
③ 今贵州省晴隆县。

(一) 通过民间故事的方式,传授劳动经验

流传于贵州省望谟、册亨、安龙等县的《捉旱精》民间故事①,讲述了布依族先民抗旱精的故事:"在我们布依族居住的地方,不管是田边边还是地角角,都有一个个水井或水坑。据说这是我们的祖先翁戛②捉旱精时留下来的。那是在很早很早以前,离我们这里很远很远的西方,有座高高的火焰山,山上有个万恶的旱精。因它常年住在火焰山上,浑身上下都能像柴灰吸尿一样吸水,只要它的身子一挨着水,不管多大的水塘,一下子就能吸干。它喝起水来,肚子更是无底坑,一口气能把一条小河的水喝干。这个旱精,经常在天黑以后出来作恶,把所有的河水吸枯,水井喝干。因此,祖先们年年遭到干旱,无水灌田浇地,种不出庄稼。纵然勉强种下一点种子,等种子发芽、禾苗转青时,旱精又来把田里的水喝干净,让田土裂开大缝,禾苗全都枯死。庄稼无收成,大家吃不上五谷,只好像当初开天辟地的时候那样,嚼野菜根,吃野兽肉,啃野果果过日子。大家都想方设法治住旱精,可是一直想不出好办法。翁戛为这事也是吃不下、睡不着的。一次,他连着想了三天三夜,终于想出了一个办法。他和大家商量说:'我们去山上扯些藤藤来,绾成套套,安在各处路口上,等旱精一来,就把它套住。'大家听了,都认为这个办法好。第二天,大家上山扯来了几多葛藤,绾了九十九个套套,安在各个路口上。安好后,大家就提着木棒,拿着石块,躲在草蓬蓬里,只等把旱精套住后,就一齐上去把它打死。等呀等呀,直等到天黑,旱精果然来了。它头一脚踩进一个套套里被套住了。大家正要赶上去打它时,只见它把脚轻轻一抬,套套就绷断了。旱精打脱套套以后,接着又'噼里啪啦'地走遍了安套套的地方,把所有的套套都踢脱绷断了,并'哈哈哈'大笑着说:'好呀,你们想套我哩!我要把到处的水都喝干吸净,给你们点厉害看看!'说完,'呼噜呼噜'几下子把所有的水都喝进肚里,然后就大摇大摆回西方去了。此后,翁戛又和大家在一起商量捉旱精的办法。他说:'这回我们把三根藤藤扭成一股,再绾上套套,安在各处路

---

① 布依族民间故事,主要流传于贵州省望谟县、册亨县、安龙县广大布依族村寨,布依族韦习弄、罗华林、岑尕等讲述,1956 年收集。

② 翁戛:传说中布依族的祖先之一,很能干。

口，看这个可恶的旱精还绷得脱、挣得断不？'大家又上山扯来了几多葛藤，每三根扭成一股，绾成套套，安在了各处路口上。这天天黑以后，旱精又来了。它一脚踩进套套里。这回咋个扯也扯不脱，绷也绷不断。翁戛见了，大吼一声：'看你这个可恶的旱精往哪里跑！'一边骂一边带领躲在草蓬蓬里的众人赶上来。旱精慌了，急忙弯下腰用尖尖的牙齿咬套套，只'喊喊喳喳'几下，就把套套咬断逃跑了。旱精边跑边回头来骂：'好呀，任你们再粗多粗的套套，也支不住我尖尖的牙齿咬一咬。你们等着吧！以后我要天天来把这地方的水喝得一干二净，把你们一个两个渴得张口喊天，'嘴巴'①干起果子泡，那时你们才晓得我的厉害！'这回又没有套住旱精，大家有些泄气。翁戛更是吃不下、睡不着了。他成天坐在一个大榕树桩上想呀想呀。一连想了三天三夜，他又想出了一个办法。他急忙对大家说：'这样吧，我们在田边地角到处都挖些水井水坑，等水井水坑装满水以后，再去扯藤藤来，九根九根扭成一股，绾成套套，在每个井口和坑口上都安上一个，可恶的旱精来了，它一定要伸嘴巴去井里喝水，这样，套套就会勒住它的脖颈，看它还咋个跑得脱？'大家听了，觉得这个办法很好，就照着去准备了。这天，天一黑，旱精又来了。这回它没有在路口上踩着套套，心里很得意。它'哈哈哈'大笑说：'好呀，你们认输了，不敢安套套了吧！'说完就喝起水来。它先喝沟里的，喝完了，又去喝水井的。当它弯腰埋头去喝井水时，就被套套勒住了脖颈，它越挣扎套套勒得越紧。这时，翁戛带领大家从草蓬蓬里跳出来，有的拉紧套套，有的拿棒棒打，有的拿石块砸，'乒乒乓乓'，几下就把旱精打死了。翁戛又叫大家架起柴堆，点燃火，把旱精烧化成灰，撒在田土里肥庄稼。旱精被消灭以后，翁戛又带领大家在田边边地角角添挖了几多水井和水坑，从此再也不怕干旱了，这个办法，一直传到如今。"②至今，布依族地区的田边地角一般都掘有蓄水坑，以防干旱，就是从那个时候流传下来的经验。

---

① 嘴巴：贵州方言，指口腔。
② 汛河收集整理：《布依族民间故事集》，中国民间文艺出版社1982年版，第27—29页。

流传于贵州省望谟、册亨、安龙等县的《锁孽龙》①,反映的是布依族先民制服山洪的故事:"榕树叶子落了又发芽,木棉花谢了又开,古老的故事像星星赶月亮,一代一代地传下来。老辈人时常讲,在很久很久以前,西方有个旱精经常出来作祟,吸干井水和沟水,叫人们种不上庄稼,吃不上五谷。祖先翁戛带着大家套住了旱精,把它打死烧化了。自那以后,年年都有水种庄稼了。可是,旱精有个老庚黄龙,凶得很。他看见祖先们把他老庚旱精捉住打死烧化了,心里很不服气,发誓一定要为旱精报仇。每年一到冬天,黄龙就瞒着他阿爹老龙王,偷偷摸摸离开东海,乘着西北风,'呼呼呼'地飞到西北方去。他在西北方生了数也数不清的小白龙崽崽。一条条小白龙崽崽趴在地上养息着,把西北方的天映得银亮银亮的。到了春三月,桃花李花开放的时候,条条小白龙都活动起来了。它们在黄龙的带领下,化成数也数不清的股股洪水,直朝东方奔去,一心要为黄龙的老庚旱精报仇。它们一路上气势汹汹,'哗哗啦啦'到处乱窜,见到土坎把土坎冲垮,见到庄稼把庄稼淹没,见到树林把树林刮倒,见到石头把石头卷走,人畜要是跑得不快,也要被它们吞掉。它们还一边作恶造孽,一边'嚼嚼嚼'地喊着:'嚼嚼嚼,吞苗禾!嚼嚼嚼,卷树棵!嚼嚼嚼,报仇啰!嚼嚼嚼!嚼嚼嚼!'大家受了灾难,都很气愤,骂该死的黄龙太作恶造孽了,二天②不得好死,要遭雷劈。骂是骂,却没有办法治服它,个个眉毛皱成一堆,心里焦愁一团。翁戛也很气愤,他又成天想着如何治服黄龙的办法。有一回,在黄龙领着千千万万条小白龙作恶造孽以后,翁戛就爬到木棉山顶上去四处张望,只见四道八处的山凼凼里,都锁住了几多小白龙。那些被锁的小白龙只能乖乖地在山凼凼里游来游去,再也不能作恶造孽了。翁戛看了很久很久,心里像打开茅草扇一样明亮了。他自言自语地说:'嗨嗨!任你恶龙们再凶狠,还是被山凼凼锁住了几多小白龙哩!'说完,他就连蹦带跳地下了山,对大家说:'治黄龙的办法有了!'然后他就把在木棉山顶上看到的几多山凼凼锁住小白龙的情景,一五一十地讲了一遍,大家听了都说不

---

① 布依族民间故事,主要流传于贵州省望谟县、册亨县、安龙县广大布依族村寨,布依族韦习弄、罗华林、岑尕等讲述,1956 年收集。

② 二天:贵州方言,指将来。

出的高兴。接着翁戛又说：'我们用石块把山口口和山槽槽都砌成坝坎，堵成一个个山凼凼，等孽龙一到，就把它们都锁住了。'大家听了，都说：'要得要得！'第二天，大家就照着翁戛说的办法去做。太阳落了又出来，月亮出了又落去。大家整整忙了一年，砌了九个山口口和九个山槽槽的坝坎。这一年的春三月，黄龙又带领数不清的小白龙，化成千千万万股洪水，从西北方奔来了。它们气势汹汹地边作恶边"嗬嗬嗬"地怪叫着。大家想，这回有了坝坎，一定能把所有的孽龙都锁住了，心里暗暗欢喜。哪晓得，所砌的石坝坎支不住孽龙们的横冲直撞，一下子就全垮了。庄稼照样被淹没，树林照样被刮倒，石头照样被卷走。大家焦愁一团，翁戛也三天三夜没合眼。他抱着脑壳①想呀想呀，终于又想出了好主意，他对大家说：'我想起来了，一定是我们砌的石坝坎不厚实，砌的山凼凼又不多，所以就锁不住这么多的小白龙。'大家又急忙问咋个办。翁戛说：'这样吧，我们分头到各处去说给所有的人听，叫大家一齐动手，把所有的山口口和山槽槽都用石块砌成大坝坎摞起来。记住，要砌厚实一点，只有坝坎厚实了，砌的山凼凼多了，才能锁住又多又凶的孽龙。'大家急忙把翁戛的话传到了四道八处。人们照着翁戛说的去做，不分白天黑夜，在所有山口口和山槽槽的地方，都砌起一道一道的大石坝坎。这样做后，翁戛觉得锁小白龙可以了，但是对能不能锁住黄龙还不放心。他就又去对大家说：'光砌石坝坎锁住小白龙还可以，要想锁住黄龙怕不行，黄龙的脾气太犟了。再说如果把它整死了，以后无龙降水也不行。我看不如在洼洼地上挖一条沟沟，让一条路给它回东海去算了。'大家听了，都说有理，除把石坝坎砌得又厚又牢以外，在洼洼地上又挖了一条一条的沟沟。攀枝花开了又谢，桃子花谢了又开，大家又整整忙了一年。这年的春三月，黄龙又带领千千万万条小白龙，化成数也数不清的股股洪水，气势汹汹地从西北方奔来，还是'嗬嗬嗬'地叫着到处乱窜。可是，当它们每走到一个山口口，就被锁住了几多小白龙，每走到一个山槽槽，又被锁住了几多小白龙。愈走小白龙愈少。小白龙越少，黄龙单独就作不了恶，最后，终于被治服了，只好乖乖地顺着洼洼地里的沟沟朝东海逃去。直到现在，我们布依族居住的地方，但凡山

---

① 脑壳：贵州方言，指脑袋。

口口、山槽槽,都砌得有大石坝,就是祖先翁戛教给我们锁孽龙的好办法。"① 这一传说,已成了今天兴修水利、筑水库、挖灌渠的前导与借鉴。

洪水治住了,还有风沙作害,于是又有了《治风魔》的传说。流传于贵州省望谟、册亨、安龙等县的传说《治风魔》②,讲述的便是布依族先民们治风沙的故事:"我们布依族村寨,家家住的房子,为什么哪样都要砌上石墙,四周还要栽上树子?听寨老们常讲,这是祖先翁戛教给我们的。据说在很古老很古老的时候,我们祖先住的房子很简单,用几棵腕口粗的树杈杈做柱子,再横着搭上几根手臂粗的树丫丫,上面盖些杉树皮或芭蕉叶子就成啦。可是,那时候有个风魔也真凶恶,经常出来欺负我们的祖先。风魔拿着一把力大无比的芭蕉扇,它高兴了,就东煽西煽地玩耍,把祖先们刚搭好的房屋,'呼呼'几下煽飞了。搭了又煽,煽了又搭,三回九次都被风魔煽飞掉。实在无法,祖先们只好又去住以前住过的山洞。山洞又潮又湿,大家都很忧愁,不晓得要咋个才能治服这个万恶的风魔。一天,祖先翁戛坐在一块大石板上纳闷着。这时,风魔又逞凶了。只见它轮起手中的那把大芭蕉扇,'呼呼呼'到处乱煽,煽得灰尘满天遍地飞舞,小树被煽得折断了,野草野花被煽得倒伏成一片。嘿嘿,就是在山弯弯里的小树没有被煽折,山凹凹里的野草野花没有被煽倒。翁戛睁大两眼,想了半天,才恍然大悟。他自言自语说:'哦!风魔怕山挡!'翁戛'咚咚咚'走回山洞,叫大家在山弯弯里的平地上搭房子。大家说:'不要白费力了,搭了还是要被风魔吹倒的。'翁戛说:'不怕不怕,我们去搬大石头来把房屋四周砌好,风魔就没得办法吹倒了。'大家照翁戛说的那样,七手八脚做起来,砍棒棒的,剥杉树皮的,采芭蕉叶的,抬大石头的,几天几夜,就搭好了一栋一栋的房屋。风魔见了,'哈哈'大笑着说:'你们再搭一千一万栋,看我全都煽飞掉!'说完,又逞起狂来。它抱起大芭蕉扇'呼呼呼'使劲乱煽,累得气都喘不过来,却没有把房屋煽跑。风魔煽不倒房屋,冒火得很,就抱起大芭蕉扇来煽园里的庄稼。'呼呼呼'几下,把园里的庄稼煽得到处飞。大风过后,翁

---

① 汛河收集整理:《布依族民间故事集》,中国民间文艺出版社1982年版,第30—32页。
② 布依族民间故事,主要流传于贵州省望谟县、册亨县、安龙县广大布依族村寨,布依族韦习弄、罗华林、岑尕等讲述,1956年收集。

戛又发现凡是有大树遮挡的地方，庄稼就没有被煽跑。他又自言自语地说：'嗯！风魔不光怕大山，还怕大树哩！'这样，他又叫大家在房屋团转和园子周围都栽上树子。翁戛和大家栽下了几多几多的树苗，天天浇水，月月培土，几年功夫，树苗摇着身子拍着千万只手长呀长呀，长成了大树。从此以后，只要风魔一逞狂，棵棵大树就伸出千千万万只手，把它的芭蕉扇撕得个稀巴烂，使它再也吹不倒房屋，吹不坏庄稼。所以直到如今，我们布依族的寨子，都要找山弯弯的地方起屋，家家房屋砌石墙，处处都栽有大树。这就是祖先翁戛教给我们治风魔的好办法。"[1]布依族先民经过长期与自然的斗争，懂得了广植林木以保持水土，调节气候，保持生态平衡，防止风沙的道理。这些文化遗产，在今天也是很珍贵的。

（二）通过谚语传授生产劳动经验

布依族传统社会中有一些关于气候变化的谚语，可供人们在劳动中参考。例如，至今仍然流传于贵州省册亨县布依族聚居区的"气象谚语"："正月雷打雪，二月无休歇，三月无秧水，四月秧上节。但得立春一日晴，农家不用耕耘。谷雨雨淋淋，农家笑吟吟。惊蛰冷、打田等，惊蛰热、烤火过六月。清明断雪，谷雨断霜。四月初一见晴天，高山平地不耕耘。立夏雨不下，犁耙高高挂。夏至逢端阳，扫尽万年仓；夏至五月中，越吃越松；夏至五月尾，谷黄米起；夏至雷响，旱起三伏。立秋晴，谷黄瓜熟进仓门。重阳无雨看十三，十三无雨一冬干。十月初一晴，柴炭不须银。十月无霜，碓里无糠。不怕重阳十三雨，只要立冬一日晴。春寒有雨夏寒晴。云经东，雨不凶；云往南，雨成团；云往西，雨稀稀；云往北，雨不得。扫帚云，雨淋淋。先雷后雨雨不长，先雨后雷河水涨。早雨不过午，午雨不过夜，夜雨下不停。西北起雨脚，大雨像瓢泼。夏热雨，冬热晴。有雨天边亮，无雨顶上光。朝霞有雨晚霞晴。天黄有雨，人黄有病。太阳打伞三更雨，月亮打伞来日晴。星密又眨眼，有雨近几天。八月十五云盖月，正月十五雪打灯。"[2] 还有"农事谚语"：

---

[1] 汛河收集整理：《布依族民间故事集》，中国民间文艺出版社1982年版，第33—34页。
[2] 册亨县地方志编纂委员会编：《册亨县志（1999—2015）》，方志出版社2018年版，第897—898页。

"三早当一工。误了一年春,十年扯不抻。不到清明不要赶,到了清明不要懒。相互打鼓,苞谷好下种。春天不下种,秋来有何收?春天种一窝,秋后收一箩。人哄庄稼地哄人。人哄地皮,地哄肚皮。银钱在白岩,不苦它不来。一颗汗水一颗粮,多滴汗水谷满仓。庄稼一头牛,性命在里头。有种无种在于水,有收无收在于肥。家中喂有三个母(牛、马、猪),主人不受苦。勤谨、勤谨,衣饭把稳;懒惰、懒惰,挨饥受饿。吃不穷,穿不穷,好吃懒做代代穷。庄稼一枝花,全靠肥当家。家有千株桐,儿孙不受穷。庄稼无牛空起早。"①

再如,册亨县布依族在生活中流传的"歇后语":"篾条穿豆腐——提不起。纸糊的灯笼——一戳就穿。西洋镜——骗不了人。纸包不住火——很快揭穿。外甥打灯笼——照舅(旧)。在人屋檐下——低头认输。天下老鸹——都是黑的。水上打一棒——白费力。叫花子烧钱纸——钱少话多。断了线的风筝——收不回。火烧眉毛——只顾眼前。流血五步——君子之勇。万花筒——五颜六色。穿钉鞋拄拐杖——把稳。脚踏烟锅巴——差火。癞蛤蟆(癞疙宝)跳秤盘——自称。一只手按不倒几个跳蚤——事多难办。石沉大海——无望。茶叶货——假的。三人成虎——流言可畏。扭不干的麻布——扯皮不休。逢庙烧香,见神求福——走门路。脚底出脓,头顶生疮——坏透顶。癞疙宝打哈欠——口气大。缸子里捉乌龟——手到擒来。蚊子叮菩萨——认错人。蜻蜓点水——不深入。跛子赶场——高下点。瘟猪落水——自讨苦吃。猫翻甑子——白替狗干。半天云吊口袋——装风(疯)。鸭子下河——拐打拐(事情坏了)。茅厕(厕所)坑里的蛆——肥虫。茅厕坑里的石头——又硬又臭。茅厕坑里打电筒——照(找)屎(死)。"②

另外,还有许多流传于贵州省望谟县布依族的谚语③:

---

① 册亨县地方志编纂委员会编:《册亨县志(1999—2015)》,方志出版社2018年版,第898—899页。

② 册亨县地方志编纂委员会编:《册亨县志(1999—2015)》,方志出版社2018年版,第899—900页。

③ 望谟县地方志编纂委员会编:《望谟县志(1999—2015)》,方志出版社2020年版,第169—171页。

1. Wenz xih aul laix, faix xih aul mag。

为人要讲道理，木材要依墨线。

2. Duezrog saaml baiz gauc lengc mbinl, duezwenz saaml bazm by。

鸟三顾而后飞，人三思而后行。

3. lusaul feax lenh ndil, deeuz xe feax degnih

在时要让人称赞，走后要让人想念。

4. Genl au baah fiz, dungdiz soong baaihjed。

喝酒两边醉，打架两边伤（两败俱伤）。

5. Ndiabt ndaeldung gu naiz ndiabt ndaedaang。

量肚下米，量体裁衣（量力而为）。

6. Haux miz sues xih nyiangl, beangz miz weangl xih waaih。

米饭不包就散，地方不治就乱。

7. Faix miz mboongs miz goonl, wenz miz soonl miz rox。

木头不钻不空，人不学习不通。

8. Ronl byaaic mizrox xood, sel doh mizrox leeux。

走不完的路，读不尽的书。

9. Buxqyas xaangh yil, buxndil xaangh hanh。

坏人爱论人之短，好人喜赞人之长。

10. Haaus deg wenz gaangc, sians deg wenz gueho。

话在人讲，事在人为。

11. Miz laaul bol saangl, xih laaul gal uns。

不怕山高，只怕腿软。

12. Yiez gucgungs yiez xeengx, yiez leengx – agt yiez rauc。

越缩肚子越冷，越敞胸越暖。

13. Henc bol lengc rox bol saangl dams, rong ramx lengeammboag。

上山才知山高矮，下河才知水浅深（实践出真知）。

14. Buxqyas jaul ngonz ndeeul, wenzbeangz naanh bil ndeeul。

坏人活一天，百姓苦一年。

15. Ganx miz gvaangl yie ims, jigt miz daail yie ies。

勤不富也饱，懒不死也饿。

16. Fengz ganx miz rox hoc, nangh genl bol rox leeux。

手勤不穷，坐吃山空。

17. Lix hauxmi gelix een。

有饭不乱吃，有钱不乱用。

18. BoI Iaaux boI Iix fenz, Wenz Iaaux xiangx bohmeeh。

山大生长柴草，人大赡养父母。

19. Daanglraanz lengc rox guelyuz beengz, lix leg lengc rox anl bohmeh。

当家才知油盐贵，养儿方知父母恩。

20. Genl haux hams naz, genl byal hams dah。

吃饭靠种田，吃鱼要下河。

21. Bux ganx lix genl lix danc, bux jigt genl danc duy bius。

勤者丰衣足食，懒人吃穿都无。

22. Wenz laaux banl mog, rog laaux banl roongz。

人大分铺，鸟大分窝。

23. Roonghndianl seeus miz wenl, roonghndianl benl miz reengx。

月光皎洁不下雨，月光模糊天不晴。

24. Aangs laail wail rox luas。

太高兴水坝会垮（乐极生悲）。

25. Haux qyus dungx lix reengz, xeenz qyus xaul gaangc xuangh。

吃饱饭才有力气，有钱才能讲硬话。

26. Waaizmiz ranl waaiz gaul dac, max miz ranl max nac raiz。

牛不知牛角叉，马不知马脸长（没有自知之明）。

27. Rox banz dieh onlnyaanz, hax aul maanl bail das。

明知是刺蓬，偏去晒床单（明知故犯）。

28. Fih dauc fead ndiabt mbinl, fih dauc dinl ndiabt byaaic。

没长翅膀就想飞，没有长脚就想走（不自量力）。

29. Byac raiz goons miz wenlo。

先打雷不下雨。

30. Xaaml haux miz ndaix, daaus haaix daih dogt。

讨饭不得米，反把口袋丢（得不偿失）。

31. Haux ndil genl qyas dagt, byagt ndil genl qyas inx。

饭好吃难做，菜好吃难摘。

32. Haux miz xug gvaais moc, banz hoc gvaais deenhraanz。

煮饭不熟怪鼎罐，自己变穷怪屋基。

33. Waanl miz guas gaais noh, soh miz guas xiz laanl。

好吃不过肉类，心直不过儿童。

34. Gvas dah lumz sazsil, bingh ndil lumz buxxaangh。

过河忘竹筏，病好忘医生。

35. Guehhoongl leeux xih gac waaizdag, degtxaangh leeux xih gac buxxuangh。

犁完田就杀耕牛，打完仗就杀勇将（忘恩负义）。

36. Genl ramx miec lunz mbos, gvas sos miec lumz suaz。

饮水别忘井，过河别忘船（别忘恩负义）。

37. Gvas dah xih lumz dengx, gvas dengc xih lumz saiz, bail baangx unxm。

过了河就丢拐棍，过了水潭就丢船，到了对岸就忘石蹬。

38. Jeul mail naanz banz, fanl nganz naanz ndaix。

一根线难成，一分银难得。

39. Wenzaang laix leng gvaail, faix amail.

人靠理正，木依墨直。

40. Wenz auldez laix, faix aul rah manh。

人要知礼节，树要根基稳。

41. Wenz lixlaix, faix lix nangl。

树要皮，人要理。

42. Wenz lixndos, faix lixhoh。

人有骨气，树有节。

43. Lix waanlfag lamx faix, lix laixfag lamx wenz。

有斧砍得树，有理驳倒人。

44. Haausndilhoz xih uns, haausnyungs hoz xih buz。

好话三冬暖，恶语六月寒。

45. Ndaml mas haec wenz genl, gueh wenz haec feax hanh。

种植果树要让人品，为人处世要让人夸。

46. Rog gvaslix sanc benl, wenz gvas lix ruizdinl。

鸟飞过总会留下根把羽毛，人走过总会有足迹（雁过留声，人过留名）。

47. Raabt laaux dingh buxxoz, doixmoz dingh buxjees。

有重担青年人要主动挑，有好吃的要优先敬老年人。

48. Laixlaaux myaec gvas, laix nis myaec siangl。

掌握大道理就不能让步，只有小道理就别争强。

49. Guehbuxqvax miz daail, gueh buxgvaail nyiecrauh。

做老实人不会吃亏，做油头滑脑的人会患得患失。

50. Bis naaiz dogt, miz ndaix logt naaiz daaus。

吐出去的口水没法收回。

51. Ndaanlgausbis naaiz ndaanggaus gah riez。

自己吐出来的痰自己舔（自己做的自己负责）。

52. Gueh wenzaul sam sh, haais feax haais ndaangaus。

为人要正直，否则会害人害己。

53. Max mizdangz leengz dangz。

马不到铃声到（就算人不到情义也要到）。

54. Jiml bailndaix, mail bail ndaix。

针过得，线过得（化解纠纷要做到相对公平）。

  这些质朴而生动的记述农耕文化的神话传说故事，实录了布依族先民在长期的生产实践中，摸索出挖井掘坑，蓄水抗旱，鱼坝囤水，挖沟排洪，依山建屋，种树防风等经验。这是对布依族祖先在变幻莫测的大自然的面前敢于斗争、敢于胜利的颂歌。这种勤劳敢勇的斗争精神，作为宝贵的精神财富，激励着后代子孙，为后人世代相传。而这些神话传说故事中所总结出来的经验，更得到后代人的重视和进一步充实发展，总结成了许许多多流传于民间的谚语，例如，"娃崽不离娘，种田不离塘；多蓄一方水，多收一石粮""水满塘，谷满仓，修路就是建粮仓"等。在今天的农业生产中，这些仍具有一定的现实意义。布依族先民在生产劳动中，养成了不屈服大自然的威胁，勇于进行斗争的精神，在《阿三挖井种庄稼》《岩竹夺宝》等故事中也有形象生动的反映。《阿三挖井种庄稼》中的阿三是一位勤劳勇敢的青年，他聪明能干、坚毅顽强，善于听取别人的意见，集中众人的智慧和力量，最终制服了妖怪，获得了胜利。如今，布依族人民居住的村寨，大多有着大树①，大树下一般都有一口清汪汪的水井，既供人饮用，又能浇灌田地，这就是布依族先民为后代子孙留下的珍贵的农耕文化遗产。《岩竹夺宝》是古代布依族人民虚构的农耕文化故事，但从中不难看出现实生活的影子，它反映出在阶级社会中，劳动人民从事农耕，除了因干旱造成灾荒以外，还往往因头人独占水源，致使一般百姓只有眼睁睁地遭受干旱，不少人甚至还为水源之争而无辜丧生。但一切妖魔鬼怪的行凶都是暂时的，人民的力量都是不可战胜的。神话传说还表现了布依族人民在生产劳动中的美好道德观念和高贵品质。故事《太阳瓜》《甜桔和酸桔》等，通过对待劳动的不同态度，体现劳动人民的道德观念，对那些勤劳的人进行了颂扬，对那些懒惰和轻视劳动的人们进行了鞭挞。《太阳瓜》中两兄弟两种不同的劳动态度，产生了截然不同的结果，表达了人们对勤劳与懒惰的颂扬和鞭挞，说明了只有勤劳苦干方能创造幸福生活的道理。②

神话传说故事以及有关史料，充分说明了布依族早就已经耕种水稻，具有悠久的农耕文化。布依族没有记录，知识技术不能记载，人们的生活生产不能书写，而神话传说弥补了这个缺陷，通过口耳相传，记录了当时的历史面貌和生产状况。"布依族地区的许多寨名都冠有一个'纳'字，'纳'是田的意思。'纳'字的使用，与稻作农耕有着密切的关系。《新唐书·南蛮列传》中记载：'土气郁热，多霖雨，稻粟再熟。'这是现今南、北盘江两岸布依族农耕的真实记录。历史上的牂牁江即今南、北盘江，如今仍保持着种双季稻的习惯。"③

贵州省兴义市出土的汉代陶制稻田、水塘模型，田、塘之间有沟渠相通引水灌田，田中有苗，塘里有鱼，显示了古代布依族较为进步的农耕技术水平，与《捉旱精》《锁孽龙》中所描述的布依族古代农耕文化正

---

① 又称护树。
② 罗汛河：《从神话传说看布依族的农耕文化》，载《布依学研究（之二）——贵州省布依学会首届年会暨第二次学术讨论会论文集》1990年。
③ 罗汛河：《从神话传说看布依族的农耕文化》，载《布依学研究（之二）——贵州省布依学会首届年会暨第二次学术讨论会论文集》1990年。

好互相印证。布依族是一个具有悠久农耕文化的民族,在发展和繁荣民族文化的今天,不断总结农耕经验,并与现代科学知识相结合,提高耕种技术,使布依族的农耕文化怒绽新的光彩,结出丰硕的果实,对于弘扬布依族文化,促进布依族地区经济社会的发展具有一定的现实意义。

第三节 教育类型和特点

教育是人类特有的一种社会现象,是培养人才的一种活动。布依族古代历史上虽然并没有产生过本民族的教育家,但是布依族先民历来非常重视教育和培养人才,布依族传统教育共分为三大类型:家庭教育、社会教育和学校教育。

一 家庭教育

家庭教育在布依族传统社会中具有重要地位,同时也是布依族传统社会中重要的教育形式。随着私有制的产生,家庭成为社会生产和生活的最基本单位,生产经验、生活经验、传统习俗礼仪等依靠家庭成员的代际传承。即便是随着私塾、官办学堂的产生,家庭教育仍然发挥着其他教育形式无法替代的重要作用。布依族传统家庭教育内容非常丰富,概括起来主要包括德育、智育、体育、美育等内容。德育主要是品德教养和伦理情操等方面的教育与养成,父母是子女的启蒙教师,父母在家庭伦理教育中扮演十分重要的角色,父母的言行对子女幼小心灵的影响至关重要。在家庭教育中,父母均会突出对子女孝敬父母、尊敬长辈的教育,并且教育子女在长辈面前说话办事要有礼有节等。智育方面主要是劳动经验和技能的学习和培训,包括生产经验、季节特点、生活技能等方面的知识和能力,以及根据子女性别不同传授相应的生产生活经验、劳动技能、娱乐技艺等。例如,父母对于未出嫁的女儿,可能会传授纺花、织布、缝衣、刺绣、蜡染、传唱民歌等经验、技能和技艺;对于男孩可能会传授犁田、栽秧、打鱼、狩猎、盖房、对歌等经验和技能。在体育方面,主要是培养家庭中男孩游泳、射箭、划船等技能,以便培育后辈有一个健康的体魄。美育主要是把后辈培养成为符合布依族社会健康审美情趣的人才,诸如正确审美观念的养成和美好心灵的形成等。布依族家庭教育中很注重家教家规。子女对父母要有孝心，家庭中兄弟姐妹要相互友爱。长辈不能对儿媳、侄儿媳妇、孙媳妇等开玩笑。在晚辈与长辈同坐的场合，晚辈不能跷二郎腿。参加宴席或者同桌吃饭，晚辈要先请长辈入席就座，而且长辈必须上座而晚辈要下座。就餐过程中好吃的东西先请长者和孩子食用。在行走途中遇见长者，晚辈要向长者问好，如果相向同行应让长者在前行，晚辈随后行。布依族对请客座次十分讲究，上座一般在神龛前面，而下座正好是上座的对面，两侧为宾座和陪座。宴席开始之前宾与主之间要相互谦让，但是谁主谁次，大家要做到胸中有数，不能乱了礼数，一定要做到"长幼有序，亲疏有别"。下座一般是晚辈亲属，而且在宴席上负责接菜、盛饭、斟酒等。在同一个家庭里，基本上按照男耕女织进行分工，男子犁田插秧、做重活，女子纺纱织布和做饭。当然妇女除负责繁重家务外，还要兼顾打谷子、插秧、砍柴、种菜、做针线、割猪草等事务。在家庭中，媳妇要服侍好公婆，要善于处理好婆媳关系。直到今天，一般有公婆的家庭，媳妇如果外出务工，婆婆在家帮助带孩子和做家务，媳妇回家后，不仅要帮婆婆做家务，而且还要与婆婆拉家常，使婆婆感到温暖。当老人唠叨时，不能与老人计较，尽量做到让婆婆生活舒适愉快，安享晚年。

二 社会教育

布依族传统的家庭教育与社会教育的目的具有一致性，只是教育者从受教育者的直系亲属转变为整个社会成员，特别是与自身生产生活关系密切的族长、寨老、长辈以及交往频繁的社会普通成员。布依族古代社会传统教育手段和教育方式具有多样化的特征，诸如言传身教、参与式教育、示范性教育、故事会教育、节庆活动教育、宗教仪式教育等。言传身教就是一种手把手的教育形态，这种教育形式通常是在家庭教育与社会教育中，从教育方式上说几乎大同小异，具有一致性。参与式教育，就是受教育者通过参与社会活动，在社会活动中潜移默化地受到了润物细无声的教育和启迪。示范教育，往往是通过本族中榜样的力量教育后来者，大多数情况下是通过本族历史教育而使受教育者在心理认同上产生共鸣，使被示范者的言行在受教育者身上内化于心且外化于行。布依族传统村寨，大榕树特别多，榕树脚往往会成为讲故事的理想场所，通过讲故事的方式进行说理教育和伦理教育，通过讲故事颂扬真善美和鞭挞假丑恶，达到灌输和弘扬传统美德教育的目的。节庆活动教育更多的是通过诸如"三月三""六月六"等节庆活动，传承生产、生活、娱乐、人生礼仪等传统习俗，培养受教育者的民族认同情感，提升民族凝聚力。宗教仪式教育，主要通过祭祀祖先、丧葬仪式等方式，培育后辈的孝心、敬畏感，以便使人们形成对长辈尊崇、对山神树神河神崇拜的心理，从而调整和规范人们的言行，使人们知道哪些事必须做，哪些事可以做，哪些事禁止做。

三 学校教育

布依族古代学校教育以传播汉族封建文化为主体，学校主要包括私塾和官办学堂两种。无论是私塾学校，还是官办学校，主要的教育目的是维护封建中央集权制和维护土官对地方的有效统治，从某种程度上说，布依族地区学校教育的兴起，客观上促进了布依族地区经济社会发展以及与其他民族的融合发展。但是，以封建主义教育为主体内容的教育，对布依族社会造成的负面影响也不能低估，特别是对少数民族的歧视和不平等的负面影响极其严重，导致民族自信心不足，少数民族甚至不愿承认自己的民族身份。中华人民共和国成立后，布依族聚居区域内的民族教育和以社会主义内容为主体的教学内容，提高了布依族人民的民族自尊心和自信心，增进了各民族间的团结和谐，增强了布依族的民族归属感。

四 汉文化与布依文化相交融

汉文化教育使汉文化在布依族地区得到更广泛、更深入的传播。布依族读汉文，习汉礼，仿汉人排列字辈、修家谱，礼仪丧仪也吸收了汉文化成分。部分地区甚至改从汉俗。富裕人家的室内陈设，神龛上供奉的神位，过年时张贴的春联、门神等，都与汉族相近或相同。

西汉末年灭夜郎建牂牁郡后，汉文化逐步传入南盘江北岸、北盘江流域和红水河流域等布依族聚居区。当时的布依族学人，也常到汉族地区求学。如西汉名士盛览，字长通，他从学于司马相如，学习归里后从事教育工作，对各族文化的交流和边远民族地区的文化发展，起到一定的作用。他向司马相如学写辞赋，所著的《合组歌》和《列锦赋》有较高的文学艺术水平。邵远平《续宏简录》称："司马相如入西南夷，土人盛览从学，归以授其乡，文教始开。"土人到底是哪个民族？是何县人？史未详述，但属牂牁地区的土人，可称难得。

尹珍，字道真，东汉时毋敛县①人，毋敛县是今日布依族聚居区之一，是汉代牂牁郡的一个县。建和元年（147年），他从学于文字学家许慎，学成归里教授，对牂牁地区文化教育的发展，有很大的推动作用。许慎治古文经学，博通群经，著有《说文解字》等书，是当时全国有名的学者。谭嗣同《石菊影庐笔识·思篇·四五》赞道："五经无双许叔重，说经不穷戴侍中，惟我元征齐年，泱泱其风。"尹珍在延熹年间（158—167年）历任尚书承郎、荆州刺史等职，与许慎同为师生，为当时全国的知名人物。黔北巨儒郑珍形容尹珍的影响时说："凡属牂牁旧县，无地不称先师，食乡社。"尹珍的历史地位由此可见一斑。为纪念这位先贤，民国年间，从正安县划出一部分新设一县名为"道真"，充分体现出尹珍在发展贵州古代教育方面的卓越贡献。清代在贵阳市东的扶风山，还修有尹道真祠等。道光二十一年（1841年），遵义府学教授莫与俦在学官创立三贤祠，奉舍人、盛览、尹珍为地方文教，树立榜样。相传尹珍讲学的地方很多，留有遗迹的如正安县毋敛坝。东汉时还有夜郎县②人尹贡，曾任尚书承郎、长安令、彭城相等职，与平夷县③傅宝同是牂牁地区的有名人物。

汉文化与布依文化相交融表现在布依族古歌方面，例如，布依族古歌《十二月唱关公》是一首通过吸收汉文化而应用布依族古歌形式传唱的具有教育意义的古歌："正月里来桃花开，单讲关公好人才，单讲关公人才好，手捏钢刀上武台。二月里来桃花鲜，关公武艺响如天，关公武艺实在好，手捏钢刀管天边。三月里来是清明，桃花李花一层层，哪有关公武艺好，文一门来武一门。四月里来四月八，得讲关公好做玩，他有刘备结兄弟，捏把钢刀管江山。五月里来是端阳，关公用刀没用枪，

---

① 今贵州省独山县、荔波县一带。
② 今贵州省安顺市平坝区一带。
③ 今贵州省毕节市及大方县一带。

只有关公武艺好,上阵打仗响四方。六月里来讲关公,关公武艺好英雄,十七十八力气大,只有关公比武松。七月里来七月八,关公武艺真正辣,连兄连弟他最好,管理江山要数他。八月里来八月间,关公武艺都周全,连根姊妹他最好,爱找刘备走天边。九月里来九入秋,关公才算贵义人,讲到钱米他没想,单想同心在一城。十月里来小阳春,关公才算最义人,讲到钱米他没想,单想同心在一城。冬月里来冬月冬,关公武艺真英雄,走走河边真热闹,喜气洋洋来过冬。腊月里来腊月来,关公武艺都周全,走到河旁真热闹,喜气洋洋过新年。"①

汉文化与布依文化相交融还表现在布依族戏剧方面,布依戏作为我国少数民族戏曲的又一瑰宝,同其他许多戏种一样,不是一开始就以一个完美的形式出现,它有自己产生、发展和逐步完善的过程。所谓布依戏,是布依板凳戏、布依地戏、布依彩调及布依剧的统称。布依族每逢嫁娶喜事和新居落成时,由生、旦角在小范围内坐唱表演,这便称板凳戏;木偶戏传入布依族地区并按布依族的审美观点和欣赏情趣加以改造发展,即形成了布依彩调;布依地戏是平地上演出的小戏;而布依戏,则是布依族的舞台综合艺术。因此布依戏是群众最喜闻乐见的艺术形式,反映布依族的社会生活现实。布依族大量的古代劳动歌、古代习俗歌、古代民间长诗、古代情歌,以及起源很早的"铜鼓歌""织布舞""糖包舞""狮子舞""肩担舞""秋千舞"等对此是极好的注脚。

首先,布依族的舞蹈,最初只有歌唱,很少有道白,而说唱文学,又只有道白和唱词,而没有动作。但后来的一些娱乐活动,既有唱白又有动作,近乎演戏。如布依族青年在七月初到七月十五于夜间进行的带有宗教色彩的一些娱乐活动,有唱白又有简单的表演动作,这就是初具形式的布依戏。由单一的艺术样式组合成布依族舞台综合艺术,这是他们长期艺术实践必然产生的结果,也是他们天才的艺术素质促进艺术形式发展的结果。这与其他民族艺术发展的普遍规律并无不同。其次,社会历史为布依戏的产生提供了条件。明末清初,随着西南地区交通的开发,大量汉族人口由比较发达的湖广、四川迁入布依族地区。为了解决

---

① 中国民间文艺研究会贵州分会编印:《民间文学资料》(第四十七集,布依族对歌),第441—442页。

人多地少的矛盾，土官采取新垦土地属垦殖者所有和在一定时期内不征赋税等办法，促进了生产的发展和经济的繁荣，形成了某些重要市镇商业中心，因而也促使人们产生了多方面的精神生活需要。这种需要，恰恰为当时传入布依族地区的汉文化提供了渗透的机会和土壤。汉族人的娱乐活动在布依族地区得以流行，并给善于吸取、敢于创造的布依族人民以极深的影响和启发，促成了布依戏的产生。由于贵州布依族与广西壮族在语言、生活习惯等方面的大同小异，又由于黔、桂仅仅一江之隔，两岸民族通商、通婚并非奇事，所以布依戏和壮戏通过越江而传并产生影响。

布依戏一经产生，便在布依族地区流传开。贵州省册亨县、望谟县、贞丰县、安龙县、兴义市等地，都有表演布依戏的记载和传说。另外，在贵州省的黔南布依族苗族自治州和安顺市的布依族聚居区也有表演布依戏的历史。根据王文科教授的研究表明，"清嘉庆年间（1796—1820年），布依族居住集中的贞丰①岩鱼、必克一带就演出布依戏，期间经历了25年。当时岩鱼、必克有街道和集市，距永丰州城仅十四五里，布依戏的影响是较大的。如从嘉庆中期的1808年算起，距今已有176年"。又据孙仲、皇甫重庆、郑寒风、毛鹰、幸子忠、冯景林等专家深入册亨、贞丰、安龙、兴义对布依老艺人的调查研究证明，布依戏已有一百七十多年的历史。几个结论不谋而合，看来并非偶然。当时布依戏之所以能在贞丰、册亨、安龙、兴义等布依族聚居之地得到发展，是因为有着特殊的历史背景。1877年，以布依族农民领袖王囊仙、韦朝元为首发动的布依族农民起义，被朝廷镇压下去之后，朝廷对布依族人民采取了"安抚"政策，表面上放宽了对他们的一些限制。布依戏并不危及朝廷的统治，当然也在放宽之列。这种"放宽"延续时间不短，并且似乎越往后越宽，到了光绪年间，前述必克、贞丰岩鱼一带，已经筑有戏台，逢年过节就演出布依戏，还从偏远农村公开进城演唱。早些时候流传在岩鱼的布依戏，演员戴脸壳、穿戏装；有月琴、二胡、锣鼓等乐器；有《祭白皆》《唐僧取经》《沙别松》等剧目。这时册亨、安龙、兴义等地布依戏也风行发展，应是同样的理由。据有关史料记载，清朝乾隆年间

---

① 今贵州省黔西南布依族苗族自治州贞丰县。

(1736—1795年），在册亨州同的秧坝和普安州判①的巴结，开始编演布依戏，以后巴结布依戏推广到其他地区，这说明兴义市巴结镇也是布依戏发祥地之一。过去在今天兴义市巴结镇一带，王姓是土著大姓，世袭甲首、亭目等职。明末清初，布依族传统祭祀大多已经不戴面具，布依族的"老摩"在跳神时的祭词中，含有类似折子戏的本民族民间故事唱段。清雍正五年（1727年）改土归流后，王姓仍世袭亭目之职，其宗支王孝五常召请族人参加传统的祭祀，在"老摩"的主持下，让部分族中子弟参与吹打唱跳的祭祀活动。沿至清嘉庆（1796—1820年）时，王姓土司族长王金龙等，一面兴办私塾教育族中子弟，另一面与族人就祭祀跳神中的唱段补充改编，加上情节和人物，在节日和酒宴上消遣跳唱。自此，布依戏已具雏形，并从祭祀活动中分离出来，在巴结民间出现，同时也成为王姓家庭的族中戏，在王氏的后辈中代代相传，历经数代，逐渐分行档，配乐队，吸收部分祭祀乐曲来丰富乐牌。到清光绪初年，已具舞台演出形式。光绪二十五年（1899年），在族人王春山等倡议下，多人出资首次制作了一批服装，在巴结老场坝搭台演唱，并在南盘江两岸流动演出。

由于汉文化的影响与启发，布依戏来源于汉民族历史故事、唱本，以及其他剧种的移植剧目，经过长时期的艺术实践，已日趋民族化。其故事情节与人物关系、性格特点，无不与布依族习俗和居住的地域环境所构成的心理特征有关，因而形成了移植剧目的民族特色。这类剧目的演出用"双语"②，多年来已形成固定格局，广大的布依族观众也随之养成了对移植剧目的欣赏习惯。这类代表剧目有《蟒蛇记》《秦香莲》《祝英台》《白蛇传》《天仙配》《盖浪相卜也》(《董永卖身葬母》)、《王祥卧冰》《武显王闹花灯》《陈世美不认前妻》《玉堂春》《七姊妹》(《穆桂英》)、《况山伯·娘英台》(《梁祝姻缘》)、《樊梨花》《薛仁贵东征》《薛丁山征西》《二下南唐》等。和汉民族一样，布依族人民很喜欢这些故事，用自己的戏去再现它们，使它们广为流传，但大量的布依戏是根据布依族民间传说、故事和真人真事编成的，着重反映了布依族的生活内容，引起了布依族人民的关注。这一类布依戏的剧目有《邱人卖嫂》

---

① 今贵州省兴义市。
② 即唱词一般用汉语，说白用布依语。

《冯相宝·马必肖》《一女嫁多夫》《四接亲》《赌钱哥》《八月十五闹花灯》《蒋三下南京》《王玉莲》《金猫和宝飘》《王祥卧冰》《王三打鸟》《借亲配》《张凤文》《冯边月》《三人讨亲》《打草鞋》《安安送米》《罗细杏》《金竹情》《六月六》《罗赫信》《红康金》《李海芳》《自由婚姻多幸福》《穷姑爷》《三月三》《人财两空》等。

在特定的历史背景及地域文化条件下产生的民族戏曲，其演出习俗秉承了巫觋祭祀活动的特点。这是不同历史时期的一种文化现象，与当时的生产生活方式和审美意识相适应。当时人们万事求助于神，把希望寄托于神，求神庇佑，驱邪祈福。这种特殊环境下产生的美好愿望，从宗教祭祀中直接反映到民族戏曲中来。从明清至中华人民共和国成立前，这类活动习俗一直不断，特别是酬神还愿的宗教祭祀演出，从"开台"到正戏，都紧密结合祭祀目的而安排剧目，并且以道家法事礼仪为主体而进行。布依戏伴随着宗教活动走过了漫长的道路。而今，布依戏从宗教交融中走了出来，有了自己的个性，形成了自己的艺术特色。演出习俗套路运用与否，并不影响戏班（队）的剧目安排和戏剧演出效果。因此，在交通、经济文化较为发达的地区，布依戏与宗教的关系发生了质的变化，他们不搞"开台""打加官""扫台封箱"等，同时还根据当地情况，编演近代戏、现代戏，受到广大布依族群众的欢迎。演出习俗虽不被多数戏队采用，但它给民族戏曲的研究者提供了十分宝贵资料，对探讨民族戏曲的源革，有了持之有据的史证。

布依戏的演出习俗，涉及道家。溯其源，道教一度被许多朝代奉为国教，特别是在四川地区。川西是五斗米道的发源地，伴随着五斗米道的传教活动，巫觋礼仪遍及各地，对西南影响颇大。宋徽宗时，各地大建宫观，他改佛为仙，改僧为道士，并规定道士戴道冠，着道袍，册封道士高官参政。由于宋代皇帝的提倡，道教成了国教，势力极大。在这样的特定背景下，黔西南八县历史上也曾建有"三清观""玄妙观"等道观，对民族地区信奉自然宗教的布依族影响颇大，逐渐形成并加强了祭祀中的娱人文化现象，产生了民族戏曲的艺术形式而世代承传至今。现保留演出习俗中，戏师用布依语念"点符浪"邀四方符时，所书的"赵、邓、马、康"四大元帅的"赵"，是指隋末出任嘉州（今乐山市）太守的赵昱（赵仲明），与其兄赵冕同隐青城山修道。因其治水有功，被人奉为神明，为其建庙立祠。唐玄宗封他为"赤诚王显应侯"。宋代赵家天子，出于同姓感情，鉴于赵昱生前是修仙道人，故封他为"清源真人"。后人称颂为"灌口神"和"赵姓二郎神"。在道教的法事礼仪中，不但尊赵昱为神明，还有一则表现赵昱二郎神擒孽龙的故事《二郎记》。"赵"在布依戏演出习俗中，列诸神之首，再次证实宗教与民族戏曲的血缘关系。自然宗教是孕育布依戏的母体，而自然宗教中的艺术又形象地配合了自然宗教的活动，加深了人们对宗教仪式效力的确信。自然宗教对发展传统的民族艺术的确起到极大的作用。

五　世俗教育与宗教教育相结合

布依族在信仰原始宗教的基础上逐渐形成了民族宗教——摩教，摩教这一宗教名称因其民族宗教职业者"布摩"中的"摩"而得名。构成布依族摩教基础的原始宗教主要包括布依族先民们对大自然、动物、植物、鬼魂、祖先、图腾等的崇拜。布依族聚居区以外传入的宗教主要有佛教、道教和天主教等。大致在明朝时期，佛教观念开始渗入布依族地区，而道教传入布依族地区就比佛教早了许多，从汉代开始，道教就影响到布依族地区。值得注意的是，佛教、道教中的部分教义被布依族摩教所吸收，并融入布依族摩教之中，或者说布依族摩教接受了佛教、道教一些成分，杂糅了佛教和道教，说明布依族摩教与佛教、道教具有相容性，并主动接受了佛教、道教。

布依族摩教对天主教的接受却是被动的。天主教传入中国后，清道光二十六年（1846年），经罗马教皇额我略十六世批准，贵州教区从四川教区分出，由白斯德望任教主。道光二十七年至二十九年（1847—1849年），法国传教士孟穆勒、郭德祺等先后到贵州兴义、兴仁、大山、贞丰、安龙等布依族地区，购置田产，修建教堂。其后，更多的传教士又进入贵州册亨、望谟境内传教。到1921年，据不完全统计，包括布依族地区在内的贵州天主教徒达3万人左右，外国传教士达50余人。1922年，罗马教廷划"盘江八属"① 入罗斛②和广西5个县为"安龙监牧区"，

---

① 今贵州省册亨县、安龙县、贞丰县、兴义市、兴仁市、盘州市、普安县、晴隆县。
② 今贵州省罗甸县。

1927年升为正式"代牧区",1947年又升为"圣统治教区"。安龙教区设在贵州的堂口,其都是布依族聚居和杂居区,信教的少数民族基本上是布依族。教区设有行政、传教、教育、医疗、育婴、慈善等机构。教区有主教署、咨议会,其下有总锋口、堂口。主教署是最高机关,由主教坐镇;咨议会是商讨决定教区内各项重大事务的机构;总锋口是几个堂口教务的中心,负责人称总锋,贵州布依族地区设有4个总锋区,共辖15个堂口;堂口都有教堂,有传教士坐镇;堂口之下还用民房作为传教站,传教士常来做弥撒。从1921年到1949年,外国传教士到贵州省安龙教区任神职的达30多人,中国神父虽有数人,但只任副本堂,没有实权,待遇也低。

外国传教士在布依族地区设置的教育机构有教会小学、经言小学、拉丁修院和童贞院等教会小学,经言小学则遍布于各个堂口,吸收教徒子女学习经言,其中布依族最多。从成立教区时起,各类学校吸收教内外少年,约有万人。教学内容除教会小学采用一般学校教材外,其余各种学校只教《圣经》。总锋口和较大的堂口都设有育婴堂,收留了不少布依族婴儿。这些婴儿幸存长大后,便成了他们的佣工。布依族群众信教后,生活习俗按教规有所改变,如星期日是"守贞日",不能干活,不许舂米;教徒不能与非教徒结婚;丧葬仪式也要改变;童贞院的姑娘长大后,婚事也要由教士支配等。

当时,贵州省贵阳教区的传教范围最大,清代的贵阳、安顺、都匀三府所属的州、县,大部都是它的传教范围。这些州县的农村,大多是布依族聚居区或者杂居区,所以布依族信教的人数不少,镇宁州就是其中最多的地区。镇宁本堂区到光绪上半叶,四乡信教的多是布依族,甚至有几个布依族村子全体信教。黄阁墅①本堂区在光绪二十二年(1896年)修建教堂后,传教士便四处传教,信教者骤增,有五六个布依族村子全体入教。江龙本堂区信教者虽少一些,但教友多是布依族。独山总锋区信教人数最多时达千余人,其中也有布依族。贵定和惠水等县,都有布依族信教。

1882年,法国传教士陆续到册亨传教以后,也在册亨开办教会学校,

---

① 黄果树。

开设宗教课如教义、经典课，听布道讲话，唱圣歌等。1936 年有卡墨、巧袍、丁马、洛央、打言五所教会学校，册亨者述教堂有预修院。1939 年，卡墨、巧袍、丁马教会学校并入洛央教会学校。1944 年，册亨册阳教会学校有学生 35 人，打言 34 人，者述 23 人，洛央 28 人。教会学校的学生在本县学习，被神父认为有前途者，就由教堂保送到外地教会学校去继续深造。有到安龙景家冲教会学校、贵阳程万中学、贵阳拉丁文修院、昆明苏比斯大学、马来西亚槟榔屿神学院等教会院校就读。

  天主教在布依族地区的传教范围看起来还是比较广的，但是实际上真正信教的却很少。由于广大布依族人民无法忍受教会的欺骗、压榨、剥削和一些传教士的为非作歹行为，曾经多次掀起反洋教斗争。其中规模较大的有："光绪三十二年贵州省贵定县布依族领袖罗发先组织和领导的起义。起义军打着'反清灭洋'的大旗，捣毁了龙高犀头岩教堂和都匀洋学堂，罗发先与其三子不幸相继阵亡，起义被清军镇压。都匀内外套及独山、三都等地也发生了反帝反洋教起义斗争，但同样被清军镇压。"[1] 天主教通过强制性传播，要想完全取代布依族原始宗教是不可能的，加之文化差异性，使天主教在布依族社会中很难得到巩固和发展。

---

[1] 伍文义等：《中国民族文化大观（布依族篇）》，暨南大学出版社 2018 年版，第 93 页。

第 六 章

婚姻家庭制度文化

　　婚姻家庭是人类社会发展到一定历史阶段才出现的社会形式，随着布依族古代经济、社会和文化的发展，布依族古代婚姻也经历了从群婚到对偶婚再到专偶婚的演变过程，在漫长的历史长河中形成独具民族特色的婚姻家庭制度文化。

　　韦斯特马克（Westermarck）认为，婚姻是指："习得的习俗或法律承认的一男一女或数女相结合的关系，并包括他们在婚配期间相互所具有的以及他们对生子女具有的一定权利和义务。"[①] 不同民族对婚姻概念的理解不尽相同，例如，在我国《礼记·昏义》一书中，对婚姻的概念有过这样的解释："昏礼者，将合二姓之好，上以事宗庙，而下以继后世也。"可以看出，西方基督教文明认为婚姻是男女双方平等的结合，而中国古代社会人们却认为婚姻的目的是祭祀祖先和延续后代。所以，关于婚姻的概念，由于不同的社会文化传统，人们对它的理解具有差异性。从纯粹的生理观角度看，婚姻是成年男女为满足性欲的需要而结合共同生活。当然，婚姻的目的不仅仅是出于性欲的需要，还有经济利益、宗法制度、宗族利益和防淫乱等。各民族由于生存环境的不同和时代发展的差异，因此形成了丰富多彩的婚姻制度文化。正因如此，婚姻制度是具有民族性，地方性和时代性的[②]。布依族与其他民族一样，其婚姻制度文化也体现出强烈的民族性特征、地方性特征和时代性特征。

---

① ［芬兰］韦斯特马克：《人类婚姻简史》，刘小幸等译，商务印书馆1992年版，第1页。
② 吴泽霖、陈国钧等：《贵州苗夷社会研究》，民族出版社2004年版，第222页。

第一节　婚姻形态

　　婚姻制度属于上层建筑范畴，受一定社会经济基础所制约，同时也反作用于经济基础。人类历史上，婚姻制度所体现出的婚姻形态具有强烈的时代性，不同的社会形态决定着不同的婚姻形态。在人类社会发展史上，婚姻形态历经群婚、对偶婚、一夫一妻制等婚姻形态。原始社会的群婚制是一种毫无规则的乱婚，或者称血缘群婚，"家族形态一开始是血婚制家族，这种婚姻的基础是兄弟与姊妹之间相互集体通婚；从这个形态过渡到第二种形态，即伙婚制家族，其社会体系近似于澳大利亚的级别婚，它破坏了第一种婚姻制度，代之而起的是一群兄弟共有若干妻子和一群姊妹共有若干丈夫——这两种情况都是集体的婚配"①。布依族婚姻形态与其他民族同样经历了从群婚到对偶婚再到专偶婚的演变过程，同时呈现出一定的独特性，从而体现出布依族制度特有的文化蕴意。美国杰出社会科学家路易斯·亨利·摩尔根（Lewis Henry Morgan）在专著《古代社会》中指出："现可把家族分为如下五种顺序相承的不同形态，每一种形态都有独具的婚姻制度：（一）血婚制家族。这是由嫡系的和旁系的兄弟姊妹集体相互婚配而建立的。（二）伙婚制家族。这是由若干嫡系的和旁系的兄弟姊妹集体地同彼此的丈夫婚配而建立的；同伙的丈夫们彼此不一定是亲属。它也可以由若干嫡系的和旁系的兄弟集体地同彼此的妻子婚配而建立；这些妻子们彼此不一定是亲属。不过，在上述两种情况下，往往对方彼此也是亲属。无论哪一种情况，都是一群男子伙同一群女子婚配。（三）偶婚制家族。这是由一对配偶结婚而建立的，但不专限与固定的配偶同居。婚姻关系只是在双方愿意的期间才能维持有效。（四）父权制家族。这是由一个男子与若干妻子结婚而建立的；通常由此产生将妻子幽禁于闺房的风俗。（五）专偶制家族。这是由一对配偶结婚而建立的，专限与固定的配偶同居。"② 由此说明婚姻制度经历了血

---

①　[美] 路易斯·亨利·摩尔根：《古代社会》（上册），商务印书馆 1977 年版，第 48 页。
②　[美] 路易斯·亨利·摩尔根：《古代社会》（下册），商务印书馆 1977 年版，第 382 页。

缘婚制、伙婚制①、偶婚制、一夫多妻制、一夫一妻制的发展历程，体现出了多种婚姻制度形态。在没有出现个体家庭的原始社会，兄妹婚是布依族最早的婚姻形态之一。

一 "兄妹婚"婚姻形态

布依族与其他民族一样，在历史上也经历了血缘婚这一原始的婚姻形态，其表现形式便是兄妹婚。关于布依族"兄妹婚"的婚姻形态，主要以兄妹在洪水后结婚造人的传说为最多，诸如布依族神话《洪水潮天》②和《勒戛射日和葫芦救人》③分别讲述伏羲两兄妹、盘和古两兄妹成亲繁衍后代的故事。其中，神话故事《勒戛射月和葫芦救人》记叙："从前有一家伏羲兄妹，种有菜园，为了不浪费土地，边边（菜园子边上）种满了葫芦蓬。当葫芦长大了的时候，洪水就淹天下了，这时候满山遍野都有水，人烟无处可藏，于是伏羲兄妹就拿葫芦来藏身，果然葫芦救活了他俩，但其他所有的人却被淹没了。为了延续世上人烟，他俩就用磨子来滚坡，看能不能相会合，结果磨子会合了，他俩就以这个磨子作为证人、媒人，打破兄妹关系结为夫妻。结婚三年以后，生下一个无头无脚的绣球人，他俩很寒心（失望），用钢刀砍成块块飞，全变为人，并发展成为千万万。因此故名兄妹成亲。"④"从前有十二个太阳，晒得石头也要熔化，草木干枯不能生长，庄稼也不能种，晒得人们熬不住，只有到山洞里去躲。这时他们很生气，到处祈求，寡崽就制好箭，射落十个太阳，留一个来晒谷子，留一个来照抢麻。寡崽这样做后，人们从此不受旱，大家就很爱寡崽。从此狂风暴雨四起，三十天下着雨，六十天下着雨，山溪水央着河水，一直淹到南天门，所有的人全死光。只剩下盘和古，两人要在葫芦里成婚，拿石头来做磨子，滚下去自己能合拢，两扇自己压住，方才成为夫妻，结果确实那样。从那时回家，身上就怀有孕，就生下一个崽，没头没脚，成一个圆圆的，好似磨石一般，寡崽

---

① 也指群婚制。
② 神话故事《洪水潮天》讲述人罗凤廷，收集人芦登泽。
③ 神话故事《勒戛射日和葫芦救人》讲述人覃子双，收集人韦连周。
④ 中国作家协会贵阳分会筹委会、贵州省民族语文指导委员会、贵州大学苗族文学史编写组编：《民间文学资料》（第十九集，布依族神话传说故事童话寓言），第1页。

就生气。生气极了就拿刀子来劈，拿刀子来砍，砍断成一片片的，乌鸦拿去丢，鸟衔去甩，得三朝七天，见到处都冒烟，从那时起又有人烟了，没有什么吃的就吃青草木叶。鸟衔谷种来送，大家在天亮时就去做活。"①

布依族古歌《赛胡细妹造人烟》和《洪水潮天》唱述的内容与上述神话故事的情节大体相同，唱述了赛胡细妹、瓦荣瓦言兄妹成亲的过程。流传于贵州省册亨县达央乡②的布依族古歌《赛胡细妹造人烟》描述了兄妹克服血亲禁忌而成婚的过程。"赛胡"与"细妹"本是兄妹关系，在古老的时候，四月八这天，雷公为惩罚人类，用葫芦瓢舀起瑶池仙水向下淋去，赛胡细妹因对雷公有恩，躲藏进雷公给他们的葫芦之中而幸存下来。因地上的人全部被淹死，兄妹为繁衍人类，只得血亲结婚。在主管婚姻的神灵太白星君撮合下，兄妹二人又经历了滚石磨、金丝线穿绣花针眼两个过程的考验，于是，顺应天意而结婚繁衍后代。流传于贵州省望谟县的布依族古歌《洪水潮天》也记录了布依族兄妹成婚的历史信息。

除上述神话、古歌之外，广泛流传于布依族聚居区的传说从不同的角度提供了兄妹成婚的历史信息，并再现布依族"兄妹婚"的历史形态。例如，传说《兄妹结婚》记载："双手拜雷公，洪水流进溪，拜天曹诺许，溪水消地下。杀牛求庙神，求后水就干，双手拜雷公，洪水流进溪。还未拜玉王，叫狗作壬癸，拜天曹诺许，溪水地下消。河水退干了，开始定乾坤，河水退干了，遇申年进楼。天下人灭绝，灭绝无踪影，河水退干了，遇申年进楼。普天下百姓，娶哪个为妻？河水退干了，开始定乾坤。未成兄和妹，点香不相对，不成兄和妹，兄妹分散了。想在咱们心里头，算在咱们脑子里，不成兄和妹，点香不相对。洪水淹乡村，不见原来样，不成兄和妹，兄妹分散了。我做不得妻呀哥！不要讲傻话，兄妹传人烟，怕天上不允，怕百姓不应，世间不见这样做，我做不得妻呀哥！不要讲傻话，小妹很气愤，逃上方下方，兄妹传人烟，怕天上不允，听我说呀妹，无人继管田塘。世间人已死光，现在咱们管田塘。不用绕弯话，我说你就准备。听我说呀妹，无人继管田土，天下人绝灭，

---

① 中国作家协会贵阳分会筹委会、贵州省民族语文指导委员会、贵州大学苗族文学史编写组编：《民间文学资料》（第十九集，布依族神话传说故事童话寓言），第1—2页。

② 属于今天贵州省册亨县双江镇。

第六章 婚姻家庭制度文化 / 219

绝灭不会再有。世间人已死光，现在咱们管田土，皇佑来祈求，叫王姜造人烟。天下乱纷纷，造人来管理，水淹没天下，世人已绝灭。皇佑来祈求，叫王姜造人烟，莫埋怨王姜，世间无人种。天下乱纷纷，造人来管理，妹妹暗生气，出去不归家。去了对场十三天，不回家见兄。躲进九重山，宁死不回家。妹妹暗生气，出去不归家，世间不见这样做，哥娶妹为妻。去了对场十三天，不回家见兄，妹妹暗生气，用瓦点燃香。捧去跪太阳，烟圈一同上升，世间没有人，我俩成家吧！妹妹暗生气，用块瓦装香，快到二月了，将要过春节。捧去跪太阳，烟圈一同上升。钻进牛厩躲，兄到处去找。寻妹回来家，要她为妻室，山中去打听，四处去寻找。妹到厩里躲。哥不知去找，我说你呀妹，无人管田塘。哥找妹回家，娶她为妻室，给金奎打卦，他请王姜去。妹躲在林里，你把她吓出，金奎坐在石头上，整天跨上跨下。给金奎打卦，他请王姜去，王姜遇到金奎就问，金奎坐下来讲。妹妹躲在林子里，你把她吓出，兄去路上等，兄去路上守。等妹回来家，你就见她身，不用说弯话，我说你就准备。兄去路上等，兄去路上守，去山坳上等，等小妹来到。等妹回来家，才见妹妹身，抓金奎来打，谁叫你乱说。明天兄妹结婚，你说就挨打，摊布当路走，妹妹又气又怒。抓金奎来打，谁叫你乱说，他关心就问，你不应该说。明天兄妹结婚，你说就挨打，抓金奎来钉，明天兄妹结婚。不用说弯话，只剩咱们兄妹，同坐葫芦里漂浮，你说他扯谎。抓金奎来钉，兄妹才结婚，谈前又谈后，小妹很气愤。不用说弯话，只剩咱们兄妹，在邑完①同住，在邑眉②相聚，兄妹敬金奎，兄妹得成婚，兄妹配成双，同心共商量。在邑完同坐，大邑眉相聚，日夜共商量，早晚同商量。兄妹敬金奎，兄妹得成婚；同住了半年，生个儿子像磨石，这儿有脸没有鼻，砍这儿子成块，留天下同玩，造出人间村寨。同住了半年，生个儿子像磨石，拿木板来垫下面，用柴刀来砍。这儿子有脸无鼻，砍这儿子成细块，让乌鸦啄去撒，让乌鸦啄去分。过去三天七天，烟火冒纷纷，又拿柴刀来砍，分成三百六十块。让乌鸦啄去撒，让乌鸦啄去分，让鸭子啄去撒，让鸭子啄去分。过去三天七天，烟火冒纷纷，

---

① 邑完（Byalwanz）：布依族古代寨名。
② 邑眉（Byalmiz）：布依族古代寨名。

王报遍天下，有了布依族和汉族。重新播人种，五官样样有，一天比一天长大，烟火冒纷纷。王报遍天下，肝子给布依族，肠子给侗族，布依族或汉族，都重造人种。"① 这一传说也体现了布依族曾经历过血缘婚姻的历史阶段，同时说明布依族最原始的婚姻形态还是一种家族内婚制。

上述神话、传说、古歌其实折射出兄妹成婚的历史信息，大约在旧石器时代，布依族原始先民们并没有个体家庭，兄妹婚是最早的一种婚姻形态，同时也说明此时布依族的婚姻是按照辈分来划分的。还有关于布依族古歌《洪水潮天》中讲述的洪水之后，人类毁灭，唯一仅存兄弟二人。其中一人沿清水江②向上游而行，途中遇见猿，并与猿结婚生子，繁衍后代；另一人沿红水河③向上游而行，途中遇见猿，并与猿结婚生子，繁衍后代，这都反映出南盘江北岸、北盘江流域后来成为布依族主要聚居地之一的历史信息。

二 "一夫一妻制"婚姻形态

根据恩格斯的论断，人类的婚姻形态与社会的发展相适应。群婚与蒙昧时代相适应，对偶婚制与野蛮时代相适应。到野蛮时代的中级和高级阶段则进入一夫一妻制的父权制社会。直到一夫一妻制建立以后，母权制被推翻且被父权制所取代。

关于布依族一夫一妻制婚姻制度最早的记载，例如摩经《安王与祖王》说，盘果王打鱼打回一条鲶鱼，鲶鱼变成女子与盘果王结婚，生下安王；安王打得鱼回家，欲烹食，其母告诉他说鱼是舅父，不能吃，安王不听，其母愤而回到水中。盘果王于是通过媒妁续娶，生下祖王。这里反映的是布依族母系向父系制社会过渡的婚姻状况，而且此时的婚姻是对偶婚。《大明一统志》提及的"男女自婚"，指的是青年男女可以自由选择配偶，也就是自由恋爱。弘治《贵州图经新志》记载："歌唱相悦者，然后论姿色妍媸，索牛马多少为聘礼。"《兴义府志》记载："新妇行

---

① 黎汝标、黄义仁等编译整理：《布依族古歌》，贵州民族出版社1998年版，第156—165页。

② 指北盘江。

③ 指南盘江。

年二九差，也通媒妁也行茶。"当事人预先可以自由选择对象，再由家长请媒人出面与对方家长商定聘资。布依族青年男女自由择偶，是要通过布依语称为"朗绍""朗冒"的社交活动，借对歌之机相识，并互相了解，建立感情，再行谈婚论嫁。例如，贵州省关岭县的一些地方，男方事先要请人送手巾或腰带等礼物给女方，女方接受了就是表示同意相会。相会的地点要为他人能看见而听不到讲话的地方，一般是双方相离数尺。双方都是用唱歌形式来互相了解，建立感情。多次见面，情投意合后，才提到婚事。到了明代，布依族的婚姻缔结采用的是自由选择和凭媒说合两种制度并存，并且以后凭媒说合的情况越来越多，越来越普遍。清代，贵州省独山县一带布依族"嫁时，新妇徒步，送亲幼妇成群，明早携瓮出汲，登梯上楼，即随送亲群妇一路同归"①，可见只有通过媒妁结婚，才有群妇送亲。荔波县"娶必求姑之女，名曰要回"，是一种"亲上加亲"的婚姻缔结形式，一般是由父母做主。有些地区，婚姻仍然尊重当事人的意见，贵州省册亨县到民国时期仍旧尊崇"男女互通情愫，自相择配后，始通媒妁"，即由当事人自己择定，再请媒去说亲。结婚时，男方家要交付女方家一笔聘礼。明清时期，一般以牛马为聘礼，数目是以"姿色妍媸"来定。到清代中叶以后，贵州省独山县一带是"牛、银并用"，数量多少不等，这是由牛改银为聘礼的开端。同一时期，荔波县"聘礼或以牛或以钱"。清末，聘礼都用银锭。到民国年间，一律用银圆或礼物，例如贵州省兴仁县"改聘以金银"等。

布依族家庭实行的是一夫一妻制，中华人民共和国成立前，有少数个别的纳妾现象。当时一些有钱人纳妾主要基于三个因素：一是有权有势者贪图女色，另求新欢；二是家产多，而且无男孩，希望纳妾生子将来继承家业；三是想纳妾又不想遗弃结发妻子。在家庭生活中，妾所生孩子与结发妻子所生孩子具有同等的权利。

第二节　婚姻程序

婚姻程序往往受到婚姻观念和婚姻形态的影响，可以说婚姻观念、

---

① 清乾隆《独山州志·苗蛮》。

婚姻形态支配和左右婚姻程序，布依族独特的婚姻观念和婚姻形态决定布依族的婚姻程序。布依族古代社会的婚姻程序主要包括：择偶、定亲、要八字、结婚四个步骤。

一 择偶

明代以前的布依族社会，青年男女择偶完全是自由恋爱，明代以后由于受汉文化的影响，逐渐过渡为自由择偶与媒说相结合。布依族择偶从一种开放式择偶逐渐过渡到半开放式择偶方式。在开放式择偶时代，布依族青年男女通过"郎冒、郎绍、赶表"[①]，借以相识，相互了解，建立感情，而后进入谈婚论嫁阶段。例如，关于"郎冒、郎绍、赶表"，是指布依族青年男女在公开场合进行的一种社交活动，主要通过"对歌"选择自己的意中人。布依族青年往往以情歌对唱表达爱慕之情，当然在这一布依族青年的社交活动中，也有着严格的"族规"用以规范这一社交活动，主要有四个方面的规定：一是对"赶表"的规定。"赶表"场所必须在田块或者大路旁边，体现"赶表"活动的光明正大，即在光天化日下"谈恋爱"。如果男女双方见面地点，选择在光线阴暗且很少有人经过的地方，被姑娘的兄长和家长发现，将会受到体罚。二是男女双方相约见面时，必须保持一定距离。也就是说双方见面开始"对歌"，要保持三米左右的距离。双方禁止一些轻浮的行为出现，否则将遭到人们的制止。三是双方必须相互尊敬，做到语言文明、行为庄重。禁止说流话、脏话，不允许"伸脚动手"。四是必须把握好见面的时间。"赶表"多在赶场天（赶集的日子），另外就是在红白喜事或者节日期间的集会上进行。禁止在夜间"赶表"，男女双方在"赶表"活动中无论见面时间长短，必须在太阳落山前分离，否则将被视为不正当行为。

布依族男女青年以歌寄情、以歌求爱的择偶方式，表现出布依儿女自由婚配的婚姻观念。布依族的情歌抒发着少男少女的钟爱之情、相思之情、坚贞之情，例如，表达初恋之情的《称赞情歌》《初恋歌》（一）、《初恋歌》（二）。布依族情歌，布依语叫"问尤"［Ww：n^{1}jiu^4］，是布依族男女谈情说爱时唱的歌。布依族青年男女的择偶往往是通过公开社

---

① 谈情说爱。

交活动来完成，其中对情歌是布依族青年男女选择对象时最为主要的一种社交形式，对于这种习俗，布依族聚居区的不同地方有各自不同的名称，大部分布依族地区把这一传统习俗称为"浪哨"①［naŋ⁶sa：u¹］，也有地方叫"古长"［ku⁶sam²］。布依族婚姻制度文化中有"同姓不婚"的传统习俗，就是同氏族的男女，不许有夫妻关系。因此，"浪哨"活动只能是在不同村之间相同辈分的男女间进行，这与原始社会氏族外婚制的情况基本相同。由此推测，古代情歌在原始社会进入氏族外婚制时就已开始萌芽②。布依族古代情歌从流传至今的情况来看，是丰富多彩的。按布依族青年男女爱情的各个阶段、各个方面来划分，可分为相会歌、相思歌、相爱歌、失恋歌、光棍歌、鸡叫歌、逃婚歌、请媒歌等。③从以上划分来看，布依族古代情歌对唱有一个先后顺序，一般是由相会歌开始。为体现出男方主动、女方矜持的性格特征，开始"对歌"前通常是男方主动邀请女方，但是女方并不一定立即回答，往往需要男方多次催请后才用歌声来回答男方的邀请。例如，流传于贵州省罗甸县的相会情歌是这样开头的："男：哪条河有干石头，哪匹坡有石块，哪个寨子有未出嫁的姑娘，哪个寨子有未嫁出的姑娘，请你妹帮我问一下？女：河水干了就有石头，陡坡就有石块，我们寨子里有未出嫁的姑娘，我们寨子里有未嫁出的姑娘，我在家等你来认亲。男：我已长这样大，和我房下的黄果树一样高；我的父亲呀像那寨脚的大树一样，没有哪个来服侍，家里没有哪个帮舂米。妹家瓦房铁门扇，哥家草房木门扇，想找个姑娘又怕配不起，不知到哪里去认亲妈，不知去哪里认亲爷，我走来走去，你妹要是讲真话，就去你家认亲妈，去你家认亲爷，经常到妹家。"④

当然，除上述情歌外，布依族神话、传说和故事，对青年男女择偶也有相应的记录。布依族青年男女还有通过"赶场"等社交活动进行择偶，利用赶场时大家到齐的机会，去寻找自己心仪的对象。在古代北盘

---

① "浪"是坐的意思，"哨"是姑娘的意思。"囊哨"意思是"和女青年交朋友"或"玩耍"，即谈情说爱。
② 何积全、陈立浩主编：《布依族文学史》，贵州民族出版社1992年版，第214页。
③ 何积全、陈立浩主编：《布依族文学史》，贵州民族出版社1992年版，第214页。
④ 贵州省民间文学工作组编：《民间文学资料》（第四十二集，布依族情歌集），第181—182页。

江流域，布依族青年在场坝上遇见自己动心的对象时，青年男子往往会送一枚铜圆给一个和女子相熟的人，大概是她同行的女伴，请她约那女子道："他愿和你谈话。"倘那女子表示首肯而心悦的话，他们俩在赶场的归途中，就会相约而行。

布依族男青年在对歌场上或在其他社交场合，通过"浪哨"与女子相互认识，产生爱慕后，往往会告知父母。随后，男方的父母便会请一个与双方都熟悉的人作为媒人。媒人，布依语称"布社"，指到女方家去说媒的人。布依族古代社会对媒人十分尊重，在社会中流传着"天上无云不下雨，地上无媒不成亲"的说法。男方家请媒人到女方家提亲，一般要跑几个来回，爽快的人家也要媒人至少跑三次左右，这样才显得自家女儿的珍贵。一桩婚姻的媒人，一般有两个。男方先请一个，女方随后也要请一个。双方互相传达信息，全由这两个媒人代表双方去完成。当然，随着时代的发展，现在的提亲已经比过去的提亲方式简单多了。现在的年轻人相识后，有的会先走到一起来共同生活。如果遇到这种情形，则男方请媒人前往女方家提亲，只是按传统习俗履行手续，表示对女方的尊重而已，对这桩婚姻的成败没有多大影响。

二　定亲

定亲，也称订婚，是指双方亲事说定后，男方家择定吉日邀请几个朋友携带礼物到女方家去举行订婚仪式，一般称为"吃定亲酒"。布依族的婚约，一般首先通过自由恋爱择偶阶段之后，由父母请媒人，通过媒妁之言而最终订立。当然，其中也包括父母包办婚姻，同时布依族人订婚的年龄一般较小，女孩订婚年龄绝大部分在15岁之前。通常是家庭越富有，订婚的年龄也越早，甚至有"指腹为婚"的。婚姻的订立一般都需要媒人说合。媒人不拘性别，大都是男方的至亲好友，年龄在中年以上，配偶健在，子女旺盛者居多。人们认为，替人做媒人是办好事，等于修桥补路。因此，媒人不受金钱报酬，为双方自愿奔走。如果男方和女方家之间不熟悉，媒人奔走的次数就会很多。当媒人初次向女方提亲时，女方家为显示自己女儿的高贵，即便心中十分乐意接受男方，也要故意推卸几次。如果经过媒人多次探访后，女方家仍然表示不同意，这桩婚姻就没希望了。在说合过程中，如果女方家有意泄露女儿的生辰八字，就有许诺之意。贵州省安龙县、册亨县一带媒人去求亲时，必须带红糖二三斤，俗称"走路糖"，如果女方家愿意收下糖，表示许可婚事，如果女方家坚持要退糖，表示谢绝。当婚姻说成后，男女双方要宴请媒人，并送鸡一只、酒一壶，表示谢媒。在贵州省镇宁县、关岭县、普定县一带的布依族择定配偶之后，即由男方家通知女方家订婚吉日。届时男方家亲友二人或母亲、嫂子和族中老妇一人携带公母鸡各一只、酒二至四斤、糖二斤等礼物前往女方家。女方家将鸡烹熟后，与糖酒一起敬祖。敬祖后即以鸡酒宴请男方家来宾，并请家族中二位老年人作陪。至此订婚仪式就算结束。在贵州省安龙县鲁沟和册亨县一带，订婚时要由媒人送聘金给女方家，聘金多少视男家经济情况而定。

三 要八字

按照布依族婚俗，"订婚"环节之后就到"要八字"环节了。如果女方家同意，则会将该女子的八字交给媒人。媒人将女方的八字拿到男方家后，男方父母会将自家儿子的八字和女方的八字一同告知摩师，请摩师择算这两个年轻人的八字是否可以婚配。如果是一对理想的婚配八字，则第一步告成。如果双方的八字不利于婚配，摩师则会给男方指出不理想的因素是什么，有的因素可以通过解关煞化不利为吉利，则婚姻可以继续发展；而有的因素是通过解关煞也不能化不利为吉利的，摩师会告诉男方，请其另择他人。如果是上述这种情形，且夫妻双方在今后的家庭生活中都顺利，则很少回过头来理论八字。但是，如果双方的婚姻家庭生活不太顺利，人们往往会回过头来，请摩师看看双方的八字是否存在婚姻相配上的缺陷，要是存在缺陷，就要通过化解，解除婚姻缺陷关煞，从而化不利为吉利。

例如，贵州省贵阳市一带的布依族，女方家认为女儿订婚是一件大事，届时要宴请亲友，当众郑重表示自己的女儿已许配终身。如果女方家经济有困难，宴客可过段时间再举行。贵州省镇宁县扁担山一带的布依族，在订婚后结婚前要举行隆重的"拿八字"仪式。那天，男方家携带蜡烛一对、鞭炮一串、"鸾书"一套、席菜八碗、猪腿一只、猪肉一块、公母鸡一对、酒十二斤、糖两斤和银圆若干①送往女方家。客人到达后，女方家举行祭祖仪式，将写好女儿生辰八字的鸾书、银圆和糖放在祖宗牌位前，供奉饭菜，燃烛鸣炮。接着宴请男方家来客，分数席就座，由女方家请族邻作陪。席间主人殷勤劝酒，来客皆大醉。当男方家客人告别并取走鸾书时，出门时双方代表又要对饮一杯，订婚后两家从此变成亲家。在贵州省兴仁市屯脚一带的布依族，有"背八字"的婚俗仪式。在这一天，女方家用二尺红布或蓝布将女儿的八字包好，放在祖宗牌位前面，男方家会专门请一位聪明大胆的儿童去取得"背回"。当这一儿童到女方家去取时，女方家要用水去浇他，他要尽可能避免水淋。但在这一场合，往往是儿童被淋得满身湿透，引得在场人捧腹大笑。这一儿童取得八字后，女方家要送他一元二角钱和一升米。"要八字"，贵州省黔西南一带布依语称"拜熬诗明"，意即"去要命书"，去的人数为五至十一人中的单数，回来时有女方家"八字"，也要算一人，就合成双数，以示吉利。男方家去女方家时要带上酒、肉、粑粑、红糖、香、纸烛、鞭炮等。女方家会将送去的礼物祭祖之后，开出"八字"，才入宴饮酒。去"要八字"的人，必须当天赶回男方家。

四　结婚

结婚这天，以贵州省黔西南婚俗习惯为例，男方请人去迎亲一般是三四十人，花轿一乘，"押礼先生"骑马。富有人家则五马三轿，扛彩旗。一般人家都要请八仙乐队。中华人民共和国成立后，轿子被废除，迎亲大都是乘车或步行。迎亲的礼物有香、纸、烛、鞭炮、酒、肉、粑粑、糖以及给新娘的衣服、首饰等。另有八个"红封"，新娘的外祖父、堂伯（叔）、裁缝、厨师、开坛、上轿、谢祖、梳妆者各一封。此外，还要送一壶酒、一块肉、粑粑等给新娘的同伴做夜宵，意即让新娘与陪伴她的同寨姐妹吃一餐"分离饭"。当迎亲队伍到达新娘寨门或她家院门外时，新娘童年的伙伴及寨中儿童即组成一道"人墙"，将迎亲队伍拦在外面，用事先准备好的粘草籽②向迎亲队伍投掷，使迎亲者很难前进。这

---

① 银圆块数为双数。
② 又名窃衣籽，野生草本植物，黏性强。

时,"押礼先生"则将小粑粑、硬币向人群抛撒,趁姑娘、孩童们在欢声笑语中"抢夺"粑粑、硬币之机,突破"防线"到达新娘家。女方家举行祭祖仪式,一般由新娘的外公、舅舅或叔伯主持,说吉利的四言八句,燃放鞭炮,通称"烧纸",然后摆筵席招待亲友。

第二天清晨"发亲",一般新娘要"哭嫁"。在"发亲调"的唢呐声中举行祭祖仪式,新娘由送亲婆及伴娘扶出,拜别祖宗神位及父母和族中长辈。然后由自己的兄弟背出大门。在新娘出嫁时,她的小弟妹们缠要"分离钱"。他们坐在嫁妆上不下来,或者在"发亲"时将"押礼先生"的东西"偷走","押礼先生"要费尽口舌,说尽好话,一次又一次地给他们几张崭新的小钞票后才勉强让步。新娘到达男方家后,先由"押礼先生"在院子里举行"回车马"仪式,意为驱除邪气,期望万事吉利、夫妻百年偕老。之后,新娘入堂,与新郎拜堂,进入洞房。新娘还备有蜡染垫单、布匹、布鞋等礼物,分赠给爷爷、奶奶、母亲、父亲、哥嫂、兄弟、姑妈、姑姑及新郎的外公、外婆、舅舅、舅母等,接受馈赠的人,也要回赠一点礼物,以表谢意。

结婚当晚到第三天回门期间,新郎新娘不同房,新娘由两位伴娘伴宿。第二天黎明,新娘就要到井里挑水,把水烧热后端给公婆等长辈洗脸。新娘还要给新郎的亲族挑"新娘水",表示她的贤良和勤劳。婚后第三天,新郎带上酒、肉、粑粑等礼品,在寨中伙伴陪同下,送新娘和伴娘回娘家,称为"回门"。回门后,新娘即在娘家过着不落夫家"不坐家"的生活。不落夫家的原因,是由于当时多数地区实行早婚,新娘年纪小,父母不忍离别,留在家中学习针线纺织,使她今后到夫家能从事繁重的体力劳动和独立从事女工。同时,过早地去住夫家,会被同伴耻笑。到十七八岁,在节日、农忙或夫家有婚丧喜庆时,夫家母亲会带上礼物到新娘家,将新娘接回夫家住一段时间,接的次数多了,女方也逐渐在夫家住下了。另外,过去富有人家还给女儿留有"姑娘田""姑娘牛",待女儿住夫家后再送给女婿家。

中华人民共和国成立后,随着《婚姻法》的颁布实施,布依族男女也逐渐按法定婚龄结婚,虽然还遵守"不坐家"的习惯,但多则一年、少则半载,没有过去时间那么长了。寡妇在布依族传统社会中,与汉族不同的是,不仅得到同情,其改嫁与否,也还是比较自由的。有一些亡夫的父母对儿媳妇感情特别深，寡妇再嫁时，还另制衣饰，当亲生女儿一样看待。招婿入赘一般发生在有女无儿的人家，称为"上门"，招赘女婿可以继承女方父母产业，双方都有奉养父母的责任和义务。所生儿女，均随母姓，要过三代之后才能随父姓，称为"转祖"。布依族的家庭是父系家长制，父亲有支配家中经济和成员的权力，重男轻女的意识较深，儿子有财产继承权，过继和抱养子在家庭中的地位同亲生儿子一样，得到平等待遇，有财产继承权。儿子分家，在分配财产时，一般要给父母留"养老田""养老牛""养老树"等，"养老田"由弟兄轮流耕种，使老人生有所养，老有所终。财产不多的人家，也要商量出赡养老人的具体办法，不能弃之不管。如不奉养老人，便会视为忤逆、不孝，受到社会舆论的谴责和人们的鄙视孤立。

第三节　婚姻习俗

社会制度文化往往是随着社会形态的变化而发生变化，原始社会时期的婚姻制度文化与今日信息化社会生活中的婚姻制度文化，当然大不相同。但是，原始社会的婚姻制度文化仍然在现代社会留下了一些原始的文化习俗遗存。在布依族古代社会，人生的关键节点包括出生、成熟、结婚和死亡等。布依族先民在人的出生、成熟、结婚、死亡等人生节点都会举行相应的仪式，因为"仪式表现了社会凝聚力，把社会价值和情景灌输给个人，它又是一个确认的时间、地点、器具、规章、程序以及一个特定的人群网络的人居关系的'公共空间'"[1]。其中，布依族结婚仪式在所有仪式中最隆重，在婚姻缔结过程中，通过神秘的宗教礼节和仪式来表达婚姻缔结，从而体现出多彩烂漫的婚姻仪式，形成布依族先民充满浓郁民族特色的婚姻制度文化。

一　不坐家

新娘被迎进新郎家门后，双方相敬如宾，新婚之夜新郎与新娘并不同房。例如，生活在今天贵州省贵阳市附近的布依族先民，婚姻仪式中

---

[1] 彭兆荣：《人类学仪式研究评述》，《民族研究》2002 年第 2 期。

就有新婚之夜新郎与新娘不同房的习俗。结婚当天,男方家会派人到女方家迎接新娘,新娘被迎进新郎家门后,一般由新郎的妹妹相伴,先拜祖宗,再拜土地神、菩萨及灶神,最后与新郎家众亲友行相见礼,各长辈均须出钱为礼。新娘在新郎家共住三天,夫妇不同房,新娘由新郎妹妹陪宿。在这三天中,新娘不做家务,犹如新郎家客人一般,与新郎不交谈,并羞于见面。到第四天,新娘回娘家,之后只有到农忙时,夫家才可以派人将其接回夫家住,但农忙之后,仍然回到娘家,只有生小孩之后,才开始常住夫家,这一婚姻习俗也称"不坐家"。另外,贵州省安顺市布依族婚姻仪式与贵阳市附近布依族婚姻仪式,在"不坐家"习俗方面又稍有不同。例如,男女新婚第三天,当前来祝贺婚礼的众亲友散去后,新娘同伴娘拜见翁姑①后,就回娘家。过数日后,女方家再派人到男方家接女婿"回门",大约款待二三天后归家。之后,每逢过节或者农忙时,女婿照例到女方家接女子回家,开始女子在夫家住一二天就回娘家,逐渐住的次数增加和时间增长,女子一旦生小孩后就在夫家常住不归了。在北盘江一带居住的布依族中就流传有这样的歌谣,反映"不坐家"的婚姻习俗:"婚嫁原来是仲家②,好通媒妁也行茶,夜晚又向西邻卧,连续三年才坐家。"③ 坐家习俗按照我国民国时期人类学家陈国钧教授的分析,有两层意思。一是从结婚程序上看,婚后处于"试婚"状态之中,直到怀孕生产后,妻子才与丈夫开始进入同居持久生活,说明生育孩子是奠定夫妻关系的基础。二是布依族古代社会由母权制向父权制过渡阶段的遗迹,并与经济因素有关联。因为在布依族古代社会中,男女在经济上没有太大的差别,女子婚后住娘家,可以通过劳动抵偿结婚时娘家消耗的一些损失。中华人民共和国成立后,随着《婚姻法》的颁布实施,布依族男女也逐渐按照法定婚龄结婚,虽然还遵守"不坐家"的习俗,但在娘家多则一年,少则半载,没有过去的时间那么长了。新娘新婚后回娘家,虽然不在夫家"坐家",但是按照传统习俗,其行为与未婚姑娘具有严格区别,主要体现在三个方面的规定:一是在行动上要

---

① 新媳妇的公公婆婆。
② 指后来的布依族。
③ 吴泽霖、陈国钧等:《贵州苗夷社会研究》,民族出版社2004年版,第258页。

受到限制。走出家门到外参加社交活动必须有女伴陪同，否则，其家长是不允许出家门的；二是在"赶表"活动中，其"对歌"等社交行为要受到其兄长、丈夫和伙伴们的监视，只能显示自己的才华，而不能有其他非分之想；三是自己在思想意识上要清醒地认识到自己是有家室的人，"赶表"这一类的社交活动能不参加或少参加最好，这是对自己身份与尊严的保护，否则将会受到人们的歧视和丈夫的嫌弃。

二　戴假壳①

"假壳"一词源于今天的北盘江上游贵州省六枝特区郎岱镇、镇宁县扁担山一带的布依族妇女头饰。布依语称"戴假壳"叫"戴更考"。民国时期，我国人类学家陈国钧教授到贵州省黔中地区调研时，也把"戴假壳"称作"戴角"，并将其调研论文《北盘江夷人的婚俗》发表于民国三十一年（1942年）六月三十日的《贵州日报·社会研究》上，文章中陈国钧教授对布依族婚俗的主要调研观点有两个，一是，"戴角"是已婚妇女与未婚少女的区别所在；二是，新娘大多不愿意"戴角"，"戴角"过程具有强迫性。按照陈国钧教授的说法，未婚少女用花帕裹头，而已婚妇女头上则戴一种用竹笋壳做成的角②。古代布依族新娘初婚时一般都不愿"戴角"。因为一旦"戴角"就标志着新娘正式成为妇人，不能在娘家长期坐家。而且，新娘未"戴角"就怀孕，其子女来历的正当性往往会受到人们的质疑。"戴角"通常由新郎母亲或嫂子具体实施，按照当地习俗，"戴角"如能一次性戴上，表示吉利。然而，由于新娘不愿"戴角"，新郎母亲、嫂子一般都会选择时机，趁新娘不备出其不意强迫其"戴角"，大多数情况下新娘都会反抗。因此，在古代贵州省镇宁县扁担山一带的布依族婚姻仪式中，有"戴假壳"婚俗。过去男方家需要新媳妇来家常住时，还得经过一次"戴假壳"的程序。"假壳"是一种形似畚箕的女帽，以竹笋壳为架，用青布包扎制成③，一般是成年的女子结婚后

---

① 也称"戴角"。
② 这种用竹笋做成的角，先用油漆刷在其上，并用布包起来，戴在妇女的头上，标识这位妇女已婚。
③ "戴假壳"时，"假壳"上还须加上一块花帕。

两三年才开始戴这种帽子。以头饰区别姑娘、媳妇和老年人，共分顶花帕、戴假壳、戴考帽三个阶段。顶花帕是姑娘的头饰，先是用四尺白布作汗巾，然后用四尺青布绣成花帕子，将头发辫盘绾在花帕外面。头饰前面是一条粗发辫盘花帕，后面是六七寸长的帕子盖在脖子上。已婚妇女二十岁以后，改戴假壳，假壳是用一块竹笋壳由一丈二尺布和一块花帕子包成宝塔形，前面略大于后面，形如宝塔的假壳，艺术功夫在花帕上。花帕是一段海蓝色和一段青蓝色花帕接成一块海波浪形的长花帕，两端及中间都用彩色花绵绣花。一段绣有牛、羊、鱼、龙等，布依语叫"万私"，象征万贯金银；另一段叫"答令"①，上面绣有太阳花、海波浪等，象征兄弟团结、民族团结。到了老年，就不顶花帕和戴假壳了，改用一丈二尺青布包头，叫戴考帽。这类服饰，衣裳为大领，右衽，两襟和衣边都绣有花，领口和盘肩用一个古代印章作花，袖子用三节花布连接，两端是蜡染印章花，中间是手工刺绣花。裙长到遮脚后跟，裙头是蜡染印章花，印章花有甲骨文似的图案。其他部分为染太阳花，围腰长约一米，系两根漂亮的飘带，颜色鲜艳，图案花纹别致，行走起来，犹如翩翩起舞的花蝴蝶，美丽婀娜。"戴假壳"要经过一场斗争，男方家对此进行的一切准备都是秘密进行的。届时，男方家的母亲、嫂子或另请亲戚中的二位女子携着一只鸡和"假壳"，偷偷地溜到女方家，躲藏起来，抓住适当机会，乘新娘不备的时候，突然上前把她抱住，强行把她的辫子解开，并把"假壳"戴在她头上。如果抓住了她，但当辫子未被解开，她就挣扎跑掉，这一次就不算数了。"戴假壳"往往需经过几次才能成功。新娘一戴上"假壳"就标志着距离她到夫家去常住的时间不远了。当地布依族中的青年妇女们有一种传统的观念："坐家"的时间越长，越觉得荣耀，对结婚不久就与丈夫同居的女子，会被鄙视。因此"戴假壳"给她们带来了恐惧、忧虑和羞耻，头几次她们总不顾一切地抗拒逃跑。甚至由于不满意自己的丈夫，在被捉住强制"戴假壳"时而投河自杀。在新娘被捉住解去发辫之后，都要痛哭一番②，头两三天都躲在房里不见人。"戴假壳"有时间规定，只能在每年八九月到第二年的四月这段时间内进行。在这些时日里，新娘们都会提心吊胆，随时警惕。等到四

---

① 答令：布依族古语。
② 无论夫妻感情好否照例要痛哭，这已形成了一种婚姻仪式习惯。

月以后，她们就可以松口气，到八九月后再来对付强迫"戴假壳"行为。所以，古代布依族聚居的贵州省六枝特区郎岱镇、镇宁县扁担山一带流传一种传说：四月以后蛙声遍田野，老年人不愿在这类似啼哭的声浪中再听到由"戴假壳"而引起的悲哀号泣。其实四月到八九月间正是农忙的季节，一切活动都须服从于生产，劳动生产忙，自然就顾不到其他活动了。"戴假壳"婚俗，正好反映布依族社会由母系氏族社会向父系氏族社会制度的过渡，同样也是"母权"制的遗存。

三　打亲骂亲

"打亲骂亲"是指在古代布依族婚姻缔结过程中，接亲与送亲两支队伍相遇后，双方从对骂开始到相互动手打起来的一种原始习俗。例如，贵州省安顺市布依族，在婚姻缔结过程的接亲环节，送亲队伍与接亲队伍，双方有对骂，甚至动手相互殴打的原始习俗。送新人送至半途，送亲队伍返回新娘父母家，而新娘则与接亲队伍直接到新郎家。正如我国民族学家吴泽霖所说："从民俗学和社会学的观点，苗夷族[①]结婚的礼节是最值得研究的。一部分代表古代留下来的遗俗，一部分是适应特殊环境的产物，更有一部分是苗汉同化后的成绩。"[②] 这种"不打不成亲"的婚姻缔结仪式，以及在摩洛哥和印度的一些地方均有新娘亲属用石块投掷迎亲者的文化习俗，完全有可能是古代掠夺婚姻的原始习俗在婚姻仪式文化中的遗存。

四　娃娃亲

"娃娃亲"，也称为"背带亲"，就是指定亲时男女双方的年龄都很小，有的一岁左右或者几个月，有的刚满月就定亲。"娃娃亲"一般是由男孩的父母请媒到女孩家提亲，布依族地区有"女大三抱金砖"的说法，就是说将来结婚成家，女比男大是好事，女方比男方成熟有利于管理家务。所以，男孩的父母请媒到女孩家提亲，女孩的年龄可大于或小于男孩的年龄，但双方年龄不能太悬殊。当然，男孩的父母请媒到女孩家提

[①] 这里指后来的布依族。
[②] 吴泽霖、陈国钧等：《贵州苗夷社会研究》，民族出版社2004年版，第233页。

亲双方结成亲家，不是一件简单的事。媒人在其中穿针引线，来回要多跑几次。女孩父母即便就是心里愿意这门亲事，但也要找出各种借口回绝第一次上门提亲的媒人。一是显得自家女儿高贵，二是考验一下男孩家是否有诚意。等待媒人多跑几次后，把握住时机，女方家才会同意这门亲事。关于男孩父母请媒人到女孩家提亲时的礼物，各个地方的规定不尽相同，但是酒、公鸡、猪肉等一般都要有。在定"娃娃亲"时，由于双方年龄都还小，随着岁月的流逝，双方自身或家庭环境均可能发生一些预想不到的变数，如果男方提出"退亲"即解除"娃娃亲"关系，就不能向女方家索要"定亲"时给女方的钱物。如果是女方家提出"退亲"，一般要将男方家"定亲"时给女方家的钱、物统一折算成钱一并退还男方家。还有就是"娃娃亲"一旦定下来，就不允许再与他人定"娃娃亲"，双方的"定亲"行为将受到双方亲朋好友的监督。

五　哭嫁

新娘到发亲的时候，在房内大声哭泣不愿离开父母，经婉言相劝后由两名女青年扶到中堂向早已等候的家族先辈们一一叩头泣别。先辈们先说一些祝福话后把准备好的红包送给新娘，新娘在出门之前，前来接亲的两位妇女手撑红伞在门前等候，新娘到门前后将伞交给扶新娘的两名女青年把新娘遮挡出门。新娘家请寨邻和亲戚组成送亲队伍把新娘送到新郎家，送亲队伍人数不限，一般20人以内。在接亲路上，若遇上另一帮接亲队伍，要及时相互避让，如避让不及，就要相互交换礼物。

六　抢婚和逃婚

布依族古代社会，存在抢婚和逃婚现象。抢婚有几个原因：一是青年男女私订终身，后来遭到女方父母反对且要求女子另嫁他人，男女双方私下商定，以抢婚方式造成事实婚姻。二是原先私订终身之后女方又反悔，另嫁他人，导致原男方抢婚。在这两种情况下，抢婚成功双方共同生活一段时间后再去向父母认亲。三是地方上的恶霸豪强通过抢亲，强迫良家妇女与其成婚，这种情况在布依族地区很罕见。逃婚多是反对父母包办婚姻，与不相爱的人举行形式上的婚礼后与意中人私奔。在封建时代，美满的姻缘往往被残酷无情的封建礼教拆散，促使广大青年在心灵深处逐渐萌发不满情绪,并进而发展到怨婚和逃婚。例如《逃婚歌》所唱:"我们一起逃吧!逃到遥远地方;远处比这里好,远处比家乡强。这里没有我们的自由,这里没有我们立脚的地方;离开这黑沉沉的家乡,离开无情无义的爹娘!去到那光明的世道,逃到那自由的地方。"这就是当时对逃婚现象的真实写照。

七 离婚

布依族历来把离婚视为不吉利、不光彩的事,布依族传统社会几乎没有离婚现象,离婚率很低。离婚一般都是父母包办婚姻和缺少道德教育的恶果。过去离婚多由寨老亲朋调解,出具离婚字据。在这一问题上男女双方极不平等,例如"男嫌女一张纸,女嫌男等到死"的说法,说明男方想离只需要写一张休书即可,而女方想离男方不同意就离不了。

八 再醮

寡妇再嫁的情况不太多见,但是在贵州省镇宁县一带的布依族中,也存在寡妇再嫁的情况,而且公婆还会向对待亲女儿一样给她备上一份嫁妆。当然大多数寡妇不愿改嫁,因为假若改嫁,在原夫家的财产不能带走,新夫还得偿还寡妇当年结婚时男方家的聘金,而且社会舆论也会让再嫁的寡妇感到有压力,加之思念前夫和挂念幼儿等因素的影响,绝大多数寡妇都不愿再嫁。当然,如果双方父母同意且本人自愿,也可以进行转房①。

九 招婿入赘

一般是有女无儿的人家,才招婿入赘,称为"上门",招赘女婿可以继承女方父母产业,双方都有奉养父母的责任和义务。所生儿女,均随母姓,要过三代之后才能随父姓,称为"转祖"。

十 要回

布依族聚居区域,过去流传一句俗语:"好酒不过滩,好女不过山",

---

① 转房:兄终弟及之意。

就是姑娘选对象注重选择本地人。甚至在传统的布依族社会盛行姑表亲，舅家的姊妹称姑母，姑母的女儿必须嫁给舅舅家儿子，名曰"要回"。如要外嫁，则需由男方家出"舅爷钱"，钱的多少不等。还有姑表亲、侄女赶姑妈、姨妈亲等旧姻联习俗，现代社会这些习俗已经消失。

十一 婚俗禁忌

布依族古代社会婚姻缔结仪式，除具有民族性和时代性外，还具有强烈的地域性特征，本书以南盘江流域布依族婚俗礼仪为例，分析布依族婚姻仪式中的禁忌，从而凸显布依族婚姻制度文化的地域性特征。南盘江流域布依族古代社会婚姻仪式共分六个步骤：第一步"走糖路"[1]，第二步"悄悄话"[2]，第三步"订婚"[3]，第四步"烧香"[4]，第五步"请期"[5]，第六步"结婚酒"[6]。布依族婚姻仪式的每一个步骤都有一些禁忌。

从第一步"走糖路"看，男方家所请的媒人是有经验的妇女，而且必须是两人，称"双数"。男方请媒人送去给女方家的礼物件数也必须是"双数"，或者重量是"双数"，例如红糖二块，肉两斤。

---

[1] 指两个媒人带着男方家的礼物去女方家提亲，如果是产糖区就带大概两斤重的二块糖，如果是非产糖区就以糕点、杂糖、饼干为礼品。

[2] 指"走糖路"成功后，婚姻仪式进入第二步，男方家托两个媒人带上一只大公鸡、两瓶酒、两斤肉到女方家，女方家请来主要家族长者，杀鸡做菜，同桌吃饭交谈，此为婚姻的奠基仪式，布依语称为"醪傍椅"，汉语的意思是"火笼酒"或"悄悄话"。

[3] 指通过"悄悄话"议定好后，男方择吉日请六个人或者八个人，带上几十斤红糖分送给女方家族成员，同时带公母鸡各一只，红纸条封的肉、酒、香、纸、红烛，一壶两斤甜味火酒（以适量红糖调配的米酒或者苞谷酒）到女方家，由女方家请主要亲戚及家族成员吃订婚酒，布依族称为"嘎醪介"或"跟醪当"，汉语意思为"烧香酒"或"吃鸡酒"。男方家派去的人回来时，女方家将被求婚者亲手做的一双白毛底布鞋和一匹亲手编织的青土布作为赠给新姑爷的礼物，这桩婚事就算订了。

[4] "烧香"，也叫"开庚"，布依语称"醪薅诗"。"烧香"这天男方家既按照传统礼俗将"礼金"及"礼物"送到女方家，又要按照程序喜获女方的"生辰八字"，"烧香"时间为结婚前的半年至三年之间进行。

[5] 请期，即"告期""下日子"，布依语叫"到诗"。

[6] 结婚酒，结婚日为两天，第一天是女方家的正客日，这天，女方家宾朋祝贺恭喜，第二天才是男方家正客日。第二天女方家送亲，男方家迎亲，古代社会新娘一般不允许步行，方式有三种：坐轿、骑马、乘车。

从第二步"悄悄话"看,男方家选择吉日,托请的媒人和礼物件数仍然均为双数,礼物只是比起第一步"走糖路"增加了内容。例如,在红糖、饼干、糕点的基础之上增加鸡肉、猪肉、白酒等礼物,礼物更贵重了。

从第三步"订婚"看,男方家择吉日请六个人或者八个人带上比第二步"悄悄话"更重的礼物送到女方家,去女方家的人数增加了,但仍然是双数,礼物内容增多,重量增加。例如,红糖从几斤增加至几十斤,不仅送女方家,同时包括女方家族。礼物除红糖、饼干、糕点、鸡肉、猪肉、白酒外,还增加香、纸钱、红烛、甜酒等,而且礼物的外包装要用红纸条封上。同时,被求婚的姑娘会亲手做一双白毛底布鞋和亲手编织一匹青土布,作为赠给新姑爷的礼物带回男方家。订婚之日若杀鸡时摔坏碗,或听到响雷,视为恶兆,男女双方自动放弃这桩婚姻;择吉日结婚,"红砂日""破群日"不能婚配,初一之日不行嫁;婚事当日,全寨人家忌"推磨舂碓",否则视为故意"舂跑磨丢"人家的"福"与"喜"而被全寨人斥责。

从第四步"烧香"看,"烧香"也叫"开庚"。"烧香"这天,男方家按照当地习俗将"礼金"及"礼物"送到女方家,并按照程序喜获女方的"生辰八字"。"礼金"包括买蓝靛染料钱(40—60元)、妹妹钱(1.20元)、穿衣钱(1.20元)、开门钱(1.20元)、递斗笠钱(1.20元)、三位男性长辈钱(每人12—18元,后来增加为40—60元)。"礼物"是男方家自纺纱线和雄公鸡。"烧香"之日,男方家必须取得女方"八字"。我国古代以干支记年记时、天干地支相配组成的60组名目及其顺序分别指代着一定的年月和日时。每一个人的出生年、月、日、时由四组干支指代,共有八个字,这就是年柱、月柱、日柱、时柱,称"四柱八字",即"生辰八字"。

中国古代命理学是由《易经》演绎而来,命学的两大主干是"阴阳",阴阳五行"就是包容了天干与地支。用在命理的六十甲子,这是将十天干与十二地支按序配合组成六十组不同的干支。以其分别记载年、月、日、时。为人论命时,根据命主的出生年、月、日、时查定其四组干支以后,这才能依照看命程序操作,然后再推命和论断。经此极复杂的运作后，也就完成整个推命了"①。这里的"命主"就是指准备婚配的男女双方，经布摩或者寨老以男方"八字"为基础，看男女双方的"八字"与"五行"是相生或是相克来判断吉凶，如是相克不算严重，通过布摩或者寨老解关煞也可化"凶"为"吉"，如果不能化解就主张最好不要婚配成家。布依族古代社会的人们认为，八字与五行②的契合而生成人一生的命局，古代历法中，甲、乙、丙、丁、戊、己、庚、辛、壬、癸共十个字，称十天干；子、丑、寅、卯、辰、巳、午、未、申、酉、戌、亥共十二个字，称十二地支。布依族历史上是一个有语言而无文字的民族，"布依语里，没有十天干的单独称谓，而是借用汉语的称谓。布依族民间使用的地支，与汉族民间使用的地支相同，只是用布依语认读而已"③。按照五行相配相生相克原则，例如，金命男与水命女相配为吉，这样的婚配为上等婚配；而金命男与木命女婚配则为凶，属于下等婚配。

另外，按照十二属相④与生辰八字的合与不合判定婚姻是否相宜。关于属相禁忌，布依族古代社会民间流行许多俗谣。例如，相合的婚配称："灰兔黄狗古来有，红马黄羊寿命长；黑鼠黄牛两兴旺，青牛黑猪喜洋洋，龙鸡相配更久长。"不相合的婚配称："羊鼠相逢不到头，从来白马怕青牛，金鸡遇犬同桌办，猪见猿猴一起休，猛虎蛇肉一刀割，巫龙玉兔一旦丢。"由于布依族古代社会的人们受封建思想的影响，男女双方其他条件再般配，只要八字不合，仍然不能成婚。例如，在今天的册亨县一带旧时有一句顺口溜："从来白马怕青牛，羊鼠相逢一旦休，玉兔逢龙少合味，金鸡遇犬泪双流，虎蛇一家不到老，猪猴相遇难白头。"⑤ 正因如此，聪明的后生在恋爱过程中，往往会开展"地下工作"，准确掌握自己恋爱对象出生年月日时的相关信息，预先找布摩看后再决定是否请媒人提亲。布依族婚俗禁忌中还有一条，就是男方家派到女方家参与"烧香"的人即便返回男方家的路程遥远也不能在女方家留宿，只能在返程

---

① 秦伦诗：《四柱推命研究经验学》，内蒙古人民出版社2013年版，第8—9页。
② 五行：金、木、水、火、土。
③ 樊敏、梁朝文译：《布依族婚嫁经》，贵州大学出版社2016年版，第2页。
④ 生肖。
⑤ 黄义仁：《布依族宗教信仰与文化》，中央民族大学出版社2002年版，第122页，引文中"虎"笔误，应当为"犬"。

途中投宿亲戚家，然后再赶回男方家。当回到男方家未跨入门槛时鞭炮声就会响起，随后举行"浪诗"① 仪式。

从第五步"请期"看，请期即"告期""下日子"，布依语叫"到诗"。请期就是男方家占卜择定结婚的吉日良辰，委托媒人告知女方家，征求女方家的同意。请期仪式的禁忌，主要依据是占卜，通过占卜看男女双方是否犯凶年、凶月。例如，男婚凶年是：子忌未、丑忌申、寅忌酉、亥忌午；女嫁凶年是：子忌卯、丑忌寅、寅忌丑、亥忌辰。对于男女双方的出生月份，如果适合就称为"行嫁月"，可以嫁娶，其依据是民谣"正七通鸡兔、二八虎共猴、三九蛇亥猪、四十龙和狗、五冬并牛羊、六腊鼠马走"② 等。同样地，迎亲、送亲的人与新娘属相不能相克，也就是不能犯属相忌讳等禁忌。布依族结婚仪式在时间方面的禁忌有：结婚仪式不能安排在夏季，因为布依族居住地区大多处于河谷地带，夏天大多处于雨季，雨季常常伴随雷雨天气；布依族举行婚礼仪式时，最忌怕打雷，因为布依族认为"雷打鸳鸯散"。因此，在布依族古代社会很少有人在农历的三至九月期间办结婚酒。当然，这也与布依族在夏季正好处于农忙时节有关，因为举行婚礼会耽误农业生产。所以，婚期往往会选择秋收后，最好在冬季农闲时节最为妥当。

从第六步"结婚酒"看，结婚日共两天，第一天是女方家正客日，第二天是男方家正客日。结婚日第二天新娘由送亲队伍送往男方家，与此同时，男方家派出接亲队伍去迎亲。无论是送亲还是接亲队伍的人数必须是双数。新娘出亲过程中，必须坐轿、骑马、乘车，早期都是坐轿，在1954年左右改坐轿为骑马，再后来变成乘车。接亲途中如果路上碰到庙、祠、坟等，都要把接亲轿子遮起来，以避邪气；如果遇到另一家接亲的，轿夫们要比试技艺，尽量使轿子抬得平稳些，双方新娘互换巾帕；如果遇见出殡的，接送亲人员都要说："今天吉祥，遇上宝财啦！"③ 按照布依族古规旧俗，新娘迎进新郎家门后，与新郎拜完堂就与

---

① 浪诗：庆祝"庚书"到来之意，仪式由布摩主持。
② 这里的月份均指农历。
③ 中国人民政治协商会议黔西南州委员会编：《黔西南布依族文史资料专辑》（上），第111页。

接亲的两个"稍戌"①和送亲的伴娘寸步不离，夜间同宿于洞房中，也就是说新娘不与新郎同房。新娘在新郎家住两天后，第三天"回门"，整个婚姻仪式的主要步骤基本完成。关于布依族婚后不坐家的习俗，由于布依族聚居地域的差异性，其习俗也有所不同。有的地方新娘回门后，到第二年的农忙时节，丈夫家会派人来接回去稍住几日，最先在丈夫家住的时间较短暂，慢慢就会变长，最后久住不归娘家；也有的地方，新娘在农忙时间被接回丈夫家帮助干农活，但是当天必须回娘家住，如果丈夫家与娘家距离太远，当晚也只能到与丈夫家毗邻之家借住并与其家闺女同宿。不坐家是布依族古代社会传统婚俗，其存在的主要原因有以下几个方面：一是新娘结婚太早，未到婚龄，不坐家待成熟些有利于夫妻生活；二是新娘未准备完一生穿的衣服，可利用不坐家时间在娘家编织缝制充足的衣服；三是新娘不坐家，可减少娘家因出嫁女儿造成的劳力损失；四是依照传统习俗，如果坐家早了会被他人耻笑；五是家庭基础是孩子，所以只有怀孕分娩前才不坐家。从新婚拜堂后到坐家的时间长短，要看夫妻双方感情，如是双方有好感，一二年后就坐家，感情很一般的会长达五六年后才坐家，也有的永不坐家，婚姻名存实亡。

另外，关于布依族结婚仪式举行过程中的禁忌，有的地方在新娘送亲途中如遇当天也有其他送亲队伍走过的路就得绕道而行，不与当日别的送亲队伍重辙，否则不吉利。新娘被迎进男方家门时要左脚先跨进门槛，有的还要跨过马鞍②。有的地方新娘被迎进新郎家门后，婆婆要躲避，甚至全家都要躲避，以示将来由新娘当家。有的地方新娘被迎进新郎家门后，要请巫师"退车马"，或称"刷身上"，有辟邪之意③。有的地方新郎不去接亲，而由八个男青年去接亲，新娘由八个姑娘送亲，新娘不坐轿④。有的地方新娘出嫁的当天早晨梳妆完后就开始"哭嫁"，其中新娘的妹妹、姑母、婶娘等陪哭⑤。

---

① 布依语，汉语的意思是指女宾。
② 贵州省平塘县通州一带旧时婚姻仪式禁忌习俗。
③ 贵州省威宁县布依族旧时就有这一婚姻仪式禁忌。
④ 贵州省长顺县古羊一带的婚姻仪式禁忌。
⑤ 贵州省平塘县通州一带的婚姻仪式禁忌。

第四节　家庭状况

家庭是因婚姻关系而产生的亲属团体，布依族古代社会由于长期受封建文化的影响，家庭关系中封建意识比较浓厚。在家庭关系中主要实行父系家长制，当然有的地区也十分强调舅权的权威。实行父系家长制的主要表现是父亲是家长，有权支配家庭经济，主持日常家务。

一　家庭类型

布依族古代社会出现个体家庭以后，家庭主要分为两种类型，一是血缘家庭，二是非血缘家庭。血缘家庭以父系血缘为主体，包括夫妻共同生育的子女、丈夫的兄弟姐妹、父母、祖父母、曾祖父母。一般由父母子女组成，同时有由祖孙三代组成的三世同堂家庭，甚至还有由曾祖至重孙组成的四世同堂家庭。血缘家庭以父系血缘为主体的标记，还体现在家庭中神龛牌位上仅书写父系姓氏，而不写母系姓氏，例如，家庭中父亲姓"韦"，母亲姓"罗"，神龛牌位上就会写上"韦氏宗亲"而不是"罗氏宗亲"；另外，如果这个家庭中的父亲去世，其墓碑上就会写上"韦公某某之墓"，如果是这个家庭中的母亲去世，那么其墓碑上就会写上"韦母罗氏之墓"，墓碑上写已故父亲"韦某某"的姓名，而不写已故母亲的姓名，只写姓氏即可。古代布依族社会妇女只有姓氏，而无姓名，嫁到夫家后，一般就按照夫家姓氏称呼，如"韦罗氏"这样的称呼很普遍；到了近代社会，特别是中华人民共和国建立以来，外出就学或者参加政府工作的妇女才开始有全名；随着社会的进步和人口的流动，妇女逐渐采用自己父亲姓氏并有自己的全名。布依族古代社会的血缘家庭中还有一些比较特殊的情况，比如，丈夫去世，嫂子嫁给小叔子，组成新的家庭，也属于血缘家庭。一般情况下，丈夫去世，如果家中有小弟，嫂子本人同意嫁给小弟，二人可以结婚，包括嫂子带过来的子女，可以重新组成新的血缘家庭。如果嫂子同意嫁给小弟，小弟不同意娶嫂子，而小弟的父母坚持要两人结婚，小弟的反对无效，还必须听命于父母。例如，过去在贵州省安龙县一带就流传有一些诸如"筷子断了筷子接，哥哥死了弟弟接""肥水不流外人田""一叔管三嫂"等这样的俗语和谚语。但是，值得注意的是，丈夫死后，丈夫的哥哥不能娶弟媳为妻，俗语中有"弟可要大嫂，哥不可娶弟媳"的说法。非血缘家庭的组成可分为两种情况：一是由丈夫与再婚妻子，以及再婚妻子带过来的异姓子女共同组成的非血缘家庭；二是由无子女的夫妻与收养的异姓子女共同组成的非血缘家庭。

布依族古代社会家庭，属于典型的父权家长制家庭。无论是血缘家庭还是非血缘家庭，家长有财产继承和支配权，家庭中男性具有家庭财产继承权，而女性则没有这项权利，当然有的地方女儿出嫁时留有一块"私房田"，但是耕种三五年后，还得交还给家中兄弟。虽然家庭财产继承在兄弟之间是平等分配，但是家庭财产支配权由长兄掌握。家庭中父母有养育子女的义务，同时子女长大后也有赡养父母的义务。受汉族正统观念的影响，在家庭关系中，长子的地位较高。例如，长子住长房、长兄如父、长房中德高望重者大多会成为寨老等均凸显出父系家长制特征。女儿在家中没有财产继承权，但是可以自己积蓄一些"私房钱"，待到出嫁时将这些"私房钱"带到夫家，比较富裕的父母也会给自己的女儿准备一份田产或牛马等到女儿出嫁时当作"陪嫁"赠送给女儿。

在布依族古代社会家庭生活中，有的地区舅权也比较凸显。例如，家庭中遇到分家、婚丧嫁娶、建房搬新家等重大活动均离不开舅父的参与。分家时产生纠纷，舅父有权进行调解；在丧葬仪式上舅父的祭奠最为隆重；建房中的"上梁"活动，其房梁就是由舅家用红布系着送来的等，这些均凸显出舅权的重要性。在没有男孩的家庭中，也可以有过继子和养子，他们与亲生女儿享有同等的权利和承担同等的义务，但是大多数情况下还要视其在家庭中的表现，给予他们适当的权利。在布依族家庭中，儿子长大娶媳妇后分家时，一般要给父母留"养老田""养老牛""养老树"等，待父母年老后，"养老田"由兄弟轮流耕种，使老人生有所养、老有所终。

二 家庭称谓

布依族古代社会对家庭中的称谓具有严格的规定，对直系血缘关系、夫妻关系、姑亲关系和姨亲关系之间的称谓都有不同规定（见表 6-1、表 6-2）。

表 6-1　　　　　　　　　直系血缘关系及称谓①

布依族家庭按照辈分从上至下的称呼	汉族家庭按照辈分从上至下的称呼
鲍达雅达	最高辈分夫妻往上无限远
祖达	爷爷的曾祖父和曾祖母
祖翁	父亲的曾祖父和曾祖母
祖公、祖奶	父亲的祖父、祖母
公	爷爷
奶	祖母
波	父亲
乜	母亲
波耶	伯、叔
卑老	伯娘
纳	叔娘
雅帕	姑姑
比隆	兄弟姐妹
尔	儿
尔迷	女儿
兰	孙
利	重孙以下无限远

表 6-2　　　　　　　　　姻亲关系及称谓②

妻子称呼丈夫	丈夫称呼妻子
奎勾（我夫）	雅勾（我妻）
乜佐尼（孩他爸）	扎雅（妇人）
某某③"波"	某某"乜"

布依族古代社会中姻亲关系除夫妻关系外，还有姑亲和姨亲关

---

① 根据伍文义等《中国民族文化大观（布依族篇）》（暨南大学出版社 2018 年版）第 164 页至第 165 页的内容整理而成。

② 根据伍文义等《中国民族文化大观（布依族篇）》，（暨南大学出版社 2018 年版）第 165 页的内容整理而成。

③ 某某，指孩子的姓名。

系。在布依族传统社会里，普遍流传"一辈亲、二辈表、三辈四辈认不了"的俗语。在以父系为主体的血缘体系里，女儿出嫁后，其所生子女记入丈夫家血缘体系，子女姓氏也是按照丈夫家的姓氏。虽然说出嫁的女儿永远是自己父亲的血缘载体，但是随着她的离世，这一载体形式上似乎就已经终结。出嫁的女儿与自家兄弟姐妹的亲情关系较浓，但到了第二代表兄弟、表姐妹之间，亲情就不如上辈浓，再依次到第三代、第四代，这种亲情关系就会逐渐淡化（见表 6-3、表 6-4、表 6-5）。

表 6-3　　　　　　　　　　姑亲称谓①

布依族姑亲称呼	汉族姑亲称呼
雅帕	姑妈
鲍帕	姑爹
比隆兰	表兄弟姐妹
鲍双、雅双	亲家父母

表 6-4　　　　　　　　　　姨亲称谓②

布依族姨亲称呼	汉族姨亲称呼
鲍维响	姨爹之间互称
雅维响	姨妈之间互称
乜响	双方子女称姨妈
波响	双方子女称姨爹
比隆兰	表兄、表弟、表姐、表妹之间互称

---

① 根据伍文义等《中国民族文化大观（布依族篇）》（暨南大学出版社 2018 年版）第 165 页的内容整理而成。
② 根据伍文义等《中国民族文化大观（布依族篇）》（暨南大学出版社 2018 年版）第 166 页的内容整理而成。

表 6-5　　　　　　　　　　　外家亲属称谓①

布依族外家亲属称呼	汉族外家亲属称呼
鲍龙	舅（母亲的兄长）
纳	舅（母亲的弟弟）
鲍嗒	岳父
雅代	岳母
公代	外公
奶代	外婆

另外，如果是小辈称呼祖父母以上辈分老人的时候，往往是把称呼人最小辈长孙子的小名放在被称呼人前面，以示对老人的尊敬。在布依族古代社会家庭中，"对老人，子孙可直称公、奶、波、乜、波耶、雅帕……外人称呼同上所述。对子孙的称谓，直系血缘中的长辈可直呼尔、兰、利，但外人只能呼其小名，否则被视为戏谑他人。"② 家庭成员之间严格按辈分关系互相称呼。丈夫称妻子，公婆称儿媳均为"乜某"③；妻子称丈夫，父母称已有孩子的儿子均为"波某"④。结婚生子后，"波某""乜某"同时成为一种大家对自己的称呼，从此社会上其他人一般不会再称其乳名，而是称"波某""乜某"，或加上姓，称"罗波某""侬乜某"等。

三　家庭道德与伦理

家庭道德与伦理，是约束家庭成员之间，维护家庭正常运转和有序运行的行为规范和准则，是家风、家教和家规的重要体现。我们在生活中，常常会从一个人的言行举止和谈吐，来判断其家庭教养、家风情况及成长经历，家庭道德修养和家庭伦理道德教育，对一个人的成长可以说起着至关重要的作用。

---

① 根据伍文义等《中国民族文化大观（布依族篇）》（暨南大学出版社 2018 年版）第 166 页的内容整理而成。
② 伍文义等：《中国民族文化大观（布依族篇）》，暨南大学出版社 2018 年版，第 165 页。
③ 布依语，汉语的意思是"某某的妈妈"。
④ 布依语，汉语的意思是"某某的父亲"。

布依族家风,是布依族家庭世代相传沿袭下来体现家庭成员精神风貌、道德品质、行为习惯,通过家庭成员之间潜移默化的方式,在长期家庭生活中自然形成的家庭风尚。可以说,家风对家族的传承、民族的发展都起到重要影响作用。在布依族古代社会中,家庭成员之间自然形成的家庭风尚,首先体现在尊老爱幼方面。

尊老,是布依族家庭中的传统美德。布依族普遍认为:"有布须有布扣,有锅须有三脚架。"由此,让人联想到有父母,才有子女,子女的生命是父母给的,所以必须尊敬父母;有长辈,才有晚辈,所以要有长幼之别,做到尊老爱幼,这是做人的基本准则。尊老体现在对长辈的训斥,无论对错,要"照单全收",不能辩解,不能顶撞,做到"有则改之,无则加勉";向老人表述话语,首先要恭敬地称呼老人,再讲述具体内容;在路上遇见老人,要停下脚步让老人先行;在老人面前,不能对着老人洗脚;不能当着老人的面,开玩笑、说笑话;宴席上要让老人坐上位,好吃的让老人先吃;家中50岁以上的老人,不能让其到田间干活;家中60岁的老人,不能让其到野外干活,否则家中年轻人将被别人耻笑。

爱幼,就是家庭中有爱护小孩的传统习惯,不允许遗弃幼婴,不允许虐待小孩。布依族老人在获得家庭和社会普遍尊重的同时,也十分珍爱小孩,例如,老人在外吃完宴席回家,往往会带回来一些糖果分给家中小孩。

尊老爱幼成为家庭风尚,是布依族人民的美德,是布依族群体形象的体现,体现出年轻人对老年人的尊敬和老年人对年轻人的殷切期望。布依族古代社会家庭中尊老爱幼的传统美德,随着社会的不断进步和发展,已成为布依族社会的重要精神财富,许多布依族村寨为弘扬这一家庭美德,将其订立为"村规民约",上升为布依族村寨人们共同尊崇的行为准则。布依族家庭成员之间注重相互谦让与和睦相处家庭风尚的培育,家庭成员中婆媳关系、姑嫂关系、妯娌关系、夫妻关系中的相互包容、谦让、理解最为重要。当夫妻之间产生矛盾时,公婆总是说道自己的儿子,为儿媳妇宽心解恨,而媳妇有什么事,也总是向婆婆诉说并寻求解决办法。姑嫂之间、妯娌之间,也总是相互珍惜,相互包容与谦让。

布依族家教,是子女在家庭接受的影响和教育,是长辈对子女的言传身教。可以说是一个人一生的初始化教育,是培养家庭成员品德、才智和审美观的关键。布依族家庭历来重视对子女德育的培养和教育,使子女从小尊重别人、懂礼貌、团结互助、和睦相处、诚实厚道。在育才方面,通过古歌传唱、讲述故事、仪式活动等方式,将其古歌、神话、传说、故事中蕴藏的深刻道理挖掘出来,教育子女,启迪后代,良好的家教在润物细无声中开花结果。例如,通过古歌《辟地撑天》《十二个太阳》教育后代不畏困难、克服艰险的传统美德;通过古歌《造万物》《赛胡细妹造人间》教育后代团结奋斗的精神;通过故事《阿方和娘琼》教育后代纯朴善良、助人为乐等优秀品质。

　　布依族家法,也称家规,是家长规范家庭成员的行为规范和准则,一旦触犯,将受到惩罚与制裁。家规主要针对过失行为、反叛行为、破坏行为进行规范和处罚,诸如虐待老人、遗弃婴儿、嫖娼、赌钱、偷盗、杀人等行为。布依族民间记载于家谱中的家法,内容保存比较完整的有贵州省罗甸县明朝万历年间所修的《黄氏家谱》中的祖训条款。由此说明,布依族家法已广泛存在于布依族古代社会中,由家族中的长者在祭祀仪式上宣读,凸显其神圣性和权威性,为维护古代布依族社会秩序和发展生产起到了积极作用。

　　综上所述,布依族古代社会婚姻家庭制度文化内容浩如烟海,在此对其婚姻形态、婚姻程序、婚姻仪式、家庭状况的初步探寻只是揭示出冰山一角,随后还有待于专家学者深入研究。

第七章

宗教制度文化

在布依族古代社会,由于布依族先民受文化传统、社会形态、地域环境等各种因素的影响,宗教信仰及宗教活动方式有其独特的文化内涵及地方特色,宗教制度文化渗透于物质文化和精神文化之中,并成为维系布依族传统文化的载体和力量。

第一节 宗教信仰

布依族的宗教制度文化是随着布依族的社会历史发展过程和民族形成过程逐步发展起来的,其宗教信仰体系中,既有本民族原始宗教的遗存,又有汉文化及其他宗教对布依族宗教信仰的影响。

一 多神信仰的原始宗教信仰体系

布依族宗教制度文化反映出布依族信仰多神,未形成一神教。这一信仰体系主要由自然崇拜①、图腾崇拜②、鬼神崇拜③、祖先崇拜④等构成。同时,在布依族多神宗教信仰体系中蕴含着教化育民、传承习俗、抚慰心灵、社会整合、文化交流等重要的文化价值。

(一)自然崇拜

自然崇拜是人类最早的宗教意识活动,是人类对自然的最初认识和

---

① 对日、月、星辰、风、雨、雷、电等的崇拜。
② 对鱼、龙、蛇、猿猴、鹰、牛、竹等的崇拜。
③ 对独邑上、独然、独热、独相、独塘、堕魂、堕血凡、堕防凶等的崇拜。
④ 最原始的祖先崇拜包括图腾崇拜。

反映。在社会生产力水平低下的时代，人们对既能为自己提供生存条件又能给自己造成数不清的灾难和变化无常的大自然无法理解，因而把个人的饥饱冷暖病痛悲欢以及一切希望都同大自然联系在一起。为了生存，人们对大自然诸多现象的关注，往往会超越对自身的关注，认为大自然拥有能给自己提供生存条件，并保护自己物质利益的巨大力量。从这个认识出发，便产生了"万物有灵"的观念，把山岳大树、怪石悬崖、日月星辰、风雷雨电等都视为有神灵依附，作为神圣的东西来加以崇拜，祈求大自然永远为人们提供日常生活之需和不给人们降灾临祸。同时人们也认为大自然的"万物神灵"能够理解和满足人们的这些要求和愿望，这就是对各种自然物崇拜的思想基础。

布依族自古以来，大多居住在溪河两岸的坝子旁边或海拔较低的河谷地带，往往会依山傍水而居，村寨周围层林环绕、风景秀丽、气候宜人。同时，聚族而居，一个家族同村，或几个家族共寨，连成一片。布依族聚居的大部分地区，特别是那些边远山区，一直保持着历世流传下来的原始宗教信仰。

布依族在历史发展中，崇拜物象的心理久远而不衰，他们对日、月、星辰、风、雨、雷、闪电等的崇拜，使其至今仍然保留着祭祀神山、神河、神庙、神岸、神洞、神树等习俗。布依族古歌《十二个太阳》唱述：布依族古代社会曾经有十二个太阳齐出，地面被强烈的阳光晒开裂缝，草木被晒枯，牛羊被晒死，秧苗被晒枯黄，人无法生存。这时，布依族青年卜丁用弓箭射落十个太阳，留一个照万物，就成为今天我们见到的太阳；留一个照夜晚，人们可以在她的照射下在夜间行走，这就是我们今天见到的月亮。布依族先民长期以来，把太阳看成是恶神，畏惧其神力给人间带来的干旱，所以要祈求他的保佑。同时，先民们把月亮看成善良美丽的神灵，年轻人可以在月光下谈情说爱，儿童们可以在月光下捉迷藏，人们可以在月光下产生许多美丽的遐想。关于星辰，布依族与汉族有相同的看法，就是把星星与人世间的人和事联系起来，认为流星、彗星的出现与人间吉凶相关，布依族摩公结合自己的一些天文知识，创造出许多吉凶的根据来给人们占卜。布依族古歌《洪水潮天》唱述的雷神是一种恶神，他一旦发怒，就会大吼几声，瞬间就会出现倾盆大雨淹没人间，而且他的响声可以劈断树木，轰垮房屋。同时，布依族先民也把雷神立为正义之神，如果人间发生诸如人们不珍惜粮食、孩子打骂父母等不良行为就会震怒天庭，雷神就会发出轰鸣声警示有不良行为者。由此产生出许多禁忌，如小孩吃饭不准洒落在地上；小孩从小要尊敬长辈，不准许骂父母；人们做事要凭良心，不能做违背良知的事，否则就会出现电闪雷鸣、天怒人怨等。以上均为布依族先民对自然崇拜的历史痕迹，并在此基础上演变为人们对天的崇拜。

布依族认为，神仙在天上，凡事人在做、天在看，人不报、天会报，受了委屈就会含冤，被诬陷的可以对天赌咒，天神最具有正义性，天神一定会惩恶扬善。凡人千万不要侮辱天神，否则他所在村或族的所有人都将会遭受天谴。除对天的崇拜外，地上的自然资源作为布依族先民赖以生存的基础，也是他们崇拜的对象。首先，布依族认为，山林是人类赖以生存的基本资源。布依族把大树叫"风水树"，山林叫"风水林"，其神圣不可侵犯，就连枝丫也不能砍伐，枯干的老树也不能砍伐，风雨吹倒的树木也不许动，不许拾回家，不许作材烧。谁砍了神山上的树就会中邪，就会遭到惩罚。砍了"神树"的按照族规、寨规就要被罚种树、修路。其次，布依族认为，石头是伟大、坚固、永久的。不许随便开山炸石，否则就会惹怒神灵，被五雷轰炸，给村寨带来厄运。最后，布依族认为，水是万物之源。万物之生命不可缺水，有水才有灵气。每年的"三月三"，布依族村寨要停止劳动，邀约到神山上杀猪宰牛举行祭山活动。于是神山的一草一木、一石一土都显得十分神圣，任何人都不敢触犯和破坏。因为布依族把祭供神山这种最原始的宗教活动作为赖以生存的基础，就像人需要阳光、空气、森林、水和爱情一样。布依族长期崇拜自然生态，便形成和牢固树立了热爱大自然、保护自然生态的良好生态观念。同时，地上之神以土地菩萨为代表，布依语把土地菩萨称为"苏慢"①，一个村寨的土地菩萨会管理整个村寨的风水、安全，因此，土地菩萨受到村民的普遍尊重，布依族寨子都立有土地庙，在重大节日还要准备酒肉开展祭祀活动，每年的大年初一上午要给土地菩萨拜年，以求得寨子平安。否则，某人一旦激怒菩萨，全家人乃至整个村的人都会遭遇灾祸。所以每年春节、"三月三"和"六月六"等节日，布依族村寨

---

① 苏慢：布依语，汉语是寨主的意思。

都要开展祭祀天神和土地神活动，祈求神灵保佑风调雨顺、五谷丰登。由于害怕神灵的威严，布依族村寨中的人们都会严格约束自己的行为，不敢对他们怠慢与不恭，也不敢做出伤风败俗之事，否则将招致神灵的惩罚。布依族"万物神灵"的观念，使人们认为大自然在赐予人们生活所需之物的同时，也会降灾祸于人世间，这便产生了人们对自然物崇拜的思想，通过祈求大自然"神灵"护佑，实现福至避灾，于是就有了社神、山神、石神、龙神、门神等名目繁多的神灵及崇拜仪式。

社神：布依族的每一个村寨，一般都有一个社神，多设在寨子中央或村寨边的大树林中。社神被认为是保护该村寨的神灵，人丁的兴旺、畜牧的平安和收成的好坏，都赖于社神的庇佑。布依族俗语说："社神不开口，老虎不咬猪"，把社神视为主宰一切、至高无上的神灵。祭社神，一年之中分为春季和秋季两次。春祭是求社神保护庄稼和人畜，秋祭是还愿，感谢神灵赐以丰收，人畜平安。祭祀社神时，先由一位德高望重的寨老发号村民集资，派人购买祭品，一般是一头牛和一头猪。届时各家一名男性村民，牵牛抬猪，挑锅提碗，集中祭祀社神。到时大家动手，有的翻盖神棚，清除垃圾杂草；有的杀牛宰猪，拾柴砌灶。待祭品备办完毕，才由摩师主祭，摩师念咒语请社神赴坛享受祭品，还小声通读经文，内容是求社神消灾降福，保佑安康。祭祀活动的最后环节就是杀一只公鸡，把鸡血洒在符上，然后把符夹在一根草绳中间，拦在村口的大路上以镇魔压邪。祭毕，参祭的人在社神地聚餐，但每人都要给家里留一份肉，没有男性参加敬社神的人家，也能分到一份肉，以便让全寨人都能享受社神恩赐的肉。

山神：布依族认为，山皆有神灵主宰，而且认为山神是一个集团，是古代同侵略者战斗阵亡的首领和兵驻守在那个山头上，他们虽然死了，但其灵魂还在，这些灵魂管辖这片地方的万事万物，还要向辖区内的人间收租纳贡，人们只能乞求他们庇护。因此，布依族人民在山上开荒种地、修沟造田、砍树狩猎、埋葬死人时，都要点香烧纸，通报山神。如在山地种棉花，播种那天需用花糯米饭、腊肉、炒鸡蛋祭祀山神。祭毕，把蛋壳挂在小树枝上插在地里，预示棉花像蛋壳一样又大又白。

石神：布依族认为，村边路旁的某一怪石巨石也有神灵的依附，石神能保佑小孩快快长大，聪明伶俐。每年元宵节、中元节、中秋节，人们要带着祭品，背着小孩到怪石巨石前敬拜。平时小孩有病，也要带祭品和香烛冥纸到怪石巨石前去招魂。不生育的夫妇，正月元宵节要带祭品去祭石神，乞求生儿育女。

龙神：凡有水的地方，都归龙神管辖，江河深潭、山塘水库，都是龙宫水府。布依族把龙分成善龙和恶龙，善龙赐福于人，恶龙作祟于人。患水肿的病人，被认为是被龙神抓去做苦役而致病；患瘦病的妇女则被认为是龙神要其去做妻妾而致病。由此，要请摩师到河边或山塘水库去"破龙"，用鸡、鸭、肉、米酒作祭品，还要用芭茅秆、竹枝做成箫笛、二胡等小乐器，用五色纸剪成五彩衣挂在水边，摩师念诵经文。当斟酒到第七杯时，把铁渣①丢进深潭，接着摩师手持患者衣服向深潭招魂三次，念咒语呼唤患者的名字，表示已把患者的魂从水府里抢回来。接着患者的亲属手持患者的衣服和三炷香，呼唤患者的名字回家，摩师在后面念咒语作"封路"法。

门神：布依族认为，门神是一个家庭的守护者，在祭祀祖宗时，要在门边插一炷香，正月间还要在门边安放两个杯子，早晚烧香献茶。

此外，布依族信奉的灶神，其意与汉族相同，认为是玉皇大帝派下凡来体察人间善恶的神，每年腊月二十三回天庭汇报一次，所以这天要煮汤圆送灶神。布依族还信奉汉族民间信奉的五谷农神、南海观音、福禄财神、杜康神等。布依族把一切大自然现象都人格化、神灵化，他们不独自信奉一个神灵，而是信仰多神，乞求大自然神灵的恩赐。

（二）图腾崇拜

"图腾崇拜"是一种宗教信仰，约发生于旧石器时代晚期的氏族公社时期。"图腾"一词是18世纪末叶，由约翰·朗格（John Langer）在《一个印第安译员兼商人的航海与旅行》一书中首先创造。"图腾"（totem）来源于北美阿尔昆琴（Ojibwa）印第安人的方言"Ototeman"，意为"他的亲族"或"他的氏族"。澳大利亚则有"科旁"（Kobong）一词与图腾同意，相当于是整个部族的标记，许多氏族往往以它命名。将"图腾"一词引进我国的是清代学者严复，他于1903年翻译英国学者甄克思（Jenks）的《社会通诠》一书时，首次把"totem"一词译成"图腾"，

---

① 传说恶龙最怕铁器。

成为中国学术界的通用译名。

图腾崇拜（totem worship）是指关于人与某一图腾有亲缘关系的信仰。图腾崇拜是将某种动物或植物等特定物体视作与本氏族有亲属或其他特殊关系的崇拜行为，是原始宗教的最初形式，布依族先民长期以来将鱼、猿猴、老鹰、牛、竹等视为自身图腾崇拜的对象。

布依族先民的主要聚居地是南盘江北岸、北盘江及红水河流域，布依族习惯于沿河、顺江而居，所以，也有人将布依族称为"水边"族。布依族古歌《祖王与安王》记载："安王十有三岁，到河边去打鱼，打得一条大鱼，大鲇鱼被他捉上。得鱼急急回转，心喜返家忽忙。到阶前就说，到园边就讲：'妈妈呀妈妈！我得一条大鱼，大鲶鱼被我捉上，煮吃要和你商量。'母亲开口说话，母亲急忙答言：'哟！鱼是你家舅爷、鲶是外公外婆。'安王开口说话，安王急忙答言：'舅爷就是舅爷，姨妈就是姨妈，杀一个放在锅上。'母亲听了这话，急忙奔向阶前，从此不知何往！"① 这首古歌告诉人们，鱼与布依族先民有血缘关系，布依族对鱼产生崇拜。而且，鱼在人与神之间构成一座沟通的桥梁，人间有难时，鱼会彰显神力而出手相助，例如，古歌《祖王与安王》中就有在祖王害安王时，鱼出手相助而使安王转危为安的情节。至今在布依族的服饰中，仍然有鱼鳞纹的图案。

弗雷泽认为，这种模仿动物的倾向与原始民族的宗教信仰相联系。对鱼的图腾崇拜，其实就是对自然的崇拜，布依族古歌《造物歌》记载："哥哥沿红水河而上，和猴女婚配；弟弟沿白水河而下，与猿女婚配。"② 古歌叙述了布依族地区洪水泛滥之后，只有兄弟二人幸存下来，他们分别与猿猴婚配，沿红水河与白水河两岸繁衍后代，布依族先民这种人类再生的说法既有别于汉族女娲抟土造人神话，也有别于《洪水潮天》《赛胡细妹造人烟》等古歌关于肉坨坨造人、汗毛造人的神话，反映出布依族先民对人类起源进行大胆的探索和思考，同时反映出布依族先民对人类起源的美丽幻想。猿猴既是布依族先民崇拜的图腾，也成为布依族崇

---

① 贵州民间文学工作组编：《民间文学资料》（第四十一集，布依族古歌、叙事歌），第2—3页。

② 布依族文学史编写组：《布依族文学史》，贵州民族出版社1992年版，第43页。

拜的祖先。布依族古歌多处提到勒灵、翁戛、补杰、布灵等神话人物，在布依族先民心目中，这些神话人物就是猿人，就是布依族的祖先，这是布依族神人杂糅的宗教观在现实生活中的客观反映。

布依族先民把鱼、猿猴作为图腾，这是独特的图腾崇拜，从上述古歌可知，鱼、猿猴和布依族存在某种关系，反映出布依族先民朴素而大胆的进化论观点。

至今，在贵州省晴隆县中营一带，布依族每年"三月三"都有祭祀老鹰坟的文化习俗。这一习俗源于布依族先民在这一带生活时，由于遇洪水，准备逃到河的对岸寻求生路，面对汹涌澎湃的河水，先民们无法渡过。正在这危急关头，幸有老鹰驮着他们飞过河去，到了江河对岸，才得一条生路，从此布依族先民们在那一带繁衍后代。古歌《祖王与安王》唱述老鹰当说客的内容："……祖王请老鹰来吃饭，请乌鸦来做客。请它们去请安王。乌鸦来见安王，老鹰来见安王：'王呀王！冤仇是祖王起的，百姓没有过，请王回家转，请王返故乡。'安王开口说，安王答言道：'后母有二心，祖王不相让，如要地方清吉，保世代平安，分租①给我用，分税来给我。'不久又有三年黑暗，七年长夜，一个不见一个。王母开口说，王母忙言道：'祖王呀祖王！请你哥哥回家转，请你哥哥返故乡，让印给他拿，地方给他管。'祖王请乌鸦来做客，请老鹰来吃饭。乌鸦来见安王，老鹰来见安王：'安王呀安王！仇是祖王造的，不要叫老百姓受难。请安王回家管印，请你回去管地方。'安王开口说，安王答言道：'后母心不让，二弟有二心，要天下光亮，要人们平安，分租给我用，分税来给我。'又有三年痢瘟，四年霍乱，小孩们死于肚痛，大人死于痢疾，死的不停不断，死的不断不停。王母开口说，王母开言道：'祖王呀祖王！请你哥哥回家转，请你哥哥返故乡，让印给他拿，地方给他管。'祖王请老鹰来吃饭，请乌鸦来做客。老鹰见安王，乌鸦见安王说：'安王呀安王！仇是祖王起的，不要叫百姓受难。请你回家转，请你返故乡，回家去管印，回去管地方。'安王开口说，安王答言道：'后母有二心，弟弟不相让，要地方清吉，要世代平安，分租给我用，分税来给我。'又有三年痘疫，四年麻疹，小孩们死于痘疫，死在娘肚的也有。王

---

① 租、税，意指每年祭祀的纸钱、祭品等。

母开口说，王母开言道：'祖王呀祖王！请你哥哥回家转，请你哥哥回故乡，让印给他拿，地方由他管。'祖王请老鹰来做客，请乌鸦来吃饭。乌鸦去见安王，老鹰去见安王：'安王呀安王！仇是祖王造的，不要叫百姓受苦，请你回故乡，请你回家转，请你去管印，请你管地方。'安王开口说，安王答言道：'后母有二心，弟弟不相让，要天下清吉，要地方平安，分租给我用，分税来给我。'"① 当时安王在天上，没有人愿意去，只有老鹰和乌鸦历经许多困难，飞到天上成为人间与天上的使者，说服安王不要报复人间。

铜鼓是布依族的神圣之物。在贵州省普安县的铜鼓山，发现一种铜鼓上绘有牛的图案，说明布依族先民崇拜牛。相传布依族先民在逃难时，来到这一带生活找不到水吃，后有"白牛指引"才找到水源。例如，关于布依族《白牛角》②的传说："布依族由江西来的时候，大家走在路上，因找不到水喝，口渴得要死，坚持不住了，就在一个坡腰休息，都睡觉了，大家在熟睡中，突然有一头白牛来到大家身边叫'吼'一声，惊醒了大家，大家一看，白牛身上沾满了稀泥，当时引起了大家怀疑附近一定有水，这时牛就走了，大家就跟后追去，到牛停步的地方果然有一口水井，大家终于饮到清甜的井水。之后，白牛就跟随大家同行，不久牛就死了。江西来的路途中历经苦难和磨孽，大家患难与共，结成最真挚的感情，于是同行的这十二姓就结拜为兄弟，并把白牛角锯成十二瓣，每姓保存一瓣，从此这十二姓之间互不通婚的习俗延续至今。"③ 至今贵州省贞丰县一带的布依族有忌吃白牛肉和妇女们戴牛角形头帕的服饰文化习俗。

布依族人世代与竹为邻，种竹、爱竹、敬竹、用竹使布依族生活环境融入了一个"绿色"世界。至今，在贵州省的普安、晴隆、六枝、册亨、望谟一带仍然流传着竹王的传说。布依族以竹为图腾的民间信仰，保留在民间宗教活动中，即在祭祀活动中按照传统礼节摆上具有神性的

---

① 贵州民间文学工作组编：《民间文学资料》（第四十一集，布依族古歌、叙事歌），第26页。

② 布依族传说，卢登泽1959年收集，由布依族王荫卿老人口述。

③ 中国作家协会贵阳分会筹委会、贵州省民族语文指导委员会、贵州大学苗族文学史编写组编：《民间文学资料》（第十九集，布依族神话传说故事童话寓言），第24—25页。

"新竹子"，由布摩唱古歌《魂竿经》为逝者超度亡灵，旨在"年老逝世随竹升天"。这里说的竹竿，不是一般的竹竿，而是充满"神力"的"魂竿"，竹子在这里成为人与神交流沟通的桥梁。

（三）鬼神崇拜

远在三千多年前的殷商时代，史前时期的自然崇拜已发展到信仰天神和天命，鬼神崇拜起源于灵魂不灭观念。古代人认为，人的生命过程都是灵魂某种活动的结果。原始人的生存本能自发地促使他们总是追求更好地生，避免令人不快的病、老与死，这就进一步导致他们与想象中的"灵魂"打交道，形成了当时人类的灵魂崇拜活动。鬼神崇拜，即崇拜各种鬼魂，以为天地万物皆有抽象的鬼魂、鬼灵或精灵。这些魂灵有超凡的能力，他们能决定人们的生死祸福，因而人们敬畏和崇信鬼魂，便产生了鬼神崇拜。布依族长期以来将独岜上、独然、独热、独相、独塘、堕魂、堕血凡、堕防凶等视为自身对鬼神的崇拜。

布依族先民在特定的文化生态环境中，除产生自然崇拜和图腾崇拜外，还有对鬼神的崇拜。布依族的"灵魂"一词，就是用"种子"来表示，这是一种生死轮回观。布依族先民经过漫长的自然崇拜的历史阶段以后，随着社会生产力发展和生产效率的提高，人和自然的关系发生了变化，人们对自然的认识能力大为提高。人们通过梦呓的启发和联想，对灵魂观念进一步复杂化，从而出现将对自然神灵的崇拜扩大到对已故先人的崇拜，认为一个人死后，躯体虽不复存在，但灵魂永远不灭，灵魂可能会对人施以好的或坏的影响。当灵魂对人施以坏的影响时，人们对其产生恐惧；当灵魂对其产生好的影响时，人们对其产生崇敬心理，这就是一种鬼魂观念。根据布依族学者黄义仁先生的说法，在贵州省望谟、罗甸县一带居住的布依族，他们将鬼魂分为善鬼与恶鬼两大类，对鬼魂的崇拜，主要是对独岜上、独然、独热、独相、独塘、堕魂、堕血凡、堕防凶八种鬼魂的崇拜。而在贵州省册亨县一带的布依族又将鬼魂按照等级分为百余种，如碾山、王海、大山等鬼名鬼职。这是人鬼同源共存，人分善恶，鬼也分善鬼与恶鬼；像人一样，鬼也分职位高低，人与鬼没有不可逾越的鸿沟，没有明显的界线，这也是古代社会人神杂糅的宗教观。布依族先民在"灵魂不灭"的基础上，认为人死之后有五个魂。第一个魂随着尸体守在坟墓里，没有坟墓的就守在尸体腐烂的地方；

第二个魂在自己子孙的神龛上；第三个魂同老祖宗一道回到原籍，这在布依族唱述的古歌中有所体现；第四个魂同被捉去的鬼或鬼集团在阴间的另外一个世界云游，这就是人们常说的鬼；第五个魂被超度到天庭，就是臆想中的极乐世界，在那里等待轮回转世还生。

鬼魂观念的出现，源于古代人们将人的肉体与精神分开。正如恩格斯说："在远古时代，人们还完全不知道自己身体的构造，并且受梦中景象的影响，于是就产生一种观念：他们的思维和感觉不是他们身体的活动，而是一种独特的、寓于这个身体之中而在人死亡时就离开身体的灵魂的活动。从这个时候起，人们不得不思考这种灵魂对外部世界的关系。如果灵魂在人死时离开肉体而继续活着，那就没有理由去设想它本身还会死亡；这样就产生了灵魂不死的观念。"[①] 布依族古歌天籁般的歌声往往起到"文通神人"的媒介作用。由于布依族古歌传唱的环境与时间有特定性，为此通过传唱布依族古歌会使其氛围更加浓厚，似乎使人与神的距离在歌声中走近。布依族认为，在自家神龛上的那个魂同人间保持联系，特别是同自己家族的子孙保持最密切的联系。因此，在布依族传统社会里，人们观念中的祖宗被赋予超人的力量，被神化为禀承天命的神灵。把人间的祸福和理想都寄托于祖宗，以此来虔诚地加以敬奉。布依族人将人生的繁衍、生老病死、吉凶祸福、日月星辰、风雨雷鸣等社会、自然的客观现象，都视为神灵给人带来的实惠或灾难。这种宗教观念构成了布依族先民崇拜神权的文化心理特征。由于布依族对鬼魂的崇拜，所以人们在自身的行动上总是显得处处小心翼翼，惧怕因行为不检点而得罪鬼魂，招致鬼魂作祟，所以在生活上、行动上有许多禁忌，例如在贵州省望谟县一带就有大年初一忌晒衣服、动土、扫地、吵闹、借钱等。

今天，随着社会生产力的不断发展和科学技术水平的不断提高，人们用科学技术来驾驭自然、改造自然，布依族先民留下的这种崇拜神权的文化心理特征已经有了改变，因此，社会的变迁必然带来文化的变迁，这是社会发展的历史必然。

（四）祖先崇拜

中国自古以来就有对祖先的崇拜，史前时期的巢氏、燧人氏、伏羲

[①]《马克思恩格斯全集》第28卷，人民出版社2018年版，第331页。

氏、炎帝、黄帝被尊奉为中华民族的人文始祖。祖先崇拜，或敬祖，是儒教（宗法性宗教）的一种习惯，是基于死去的祖先的灵魂仍然存在，仍然会影响现世，并且对子孙的生存状态有影响。

在原始公社为私有制个体家庭所代替后，布依族对祖先的崇拜也由奉祀共同的祖先演变为奉祀自己家庭的祖先，这种崇拜是以"灵魂不灭"的观念为基础。他们认为，活着的人有三个魂在前，五个魂在后，共八个魂，比道家说的三魂七魄少两个。布依族说的八个魂，实际能司职的魂只有五个，即认为活着的人有一个魂跟随肉体，另外四个魂时而依附肉体，时而在外云游。他们认为，人做梦是那些云游的魂的反映。

布依族的鬼观念很复杂，把鬼分成善鬼和恶鬼两大类，区别是以死者生前的行为决定。死者生前行为端正，心地善良，而且是寿终正寝的，死后便是善鬼。死者生前为非作歹，死后便是恶鬼。有的生前虽然没有做坏事，但属非正常死亡的，称为冤魂鬼，也属恶鬼之列。冤魂鬼到阴间总不服气，时刻找人替身，并向人间勒索金银财宝以赎身。布依族认为，恶鬼是自成一伙的鬼集团，且"恶海"鬼是最大的恶鬼集团，它们有首领、旗手、总管和兵丁，等级森严，有男鬼和女鬼。如果有人突然昏倒，口鼻流血，就认为被"恶海"捉去，要请摩师到某大山顶去奉祀。在奉祀"恶海"鬼时，除了给首领、旗手和总管各安放一个桌位外，还要放120个杯子给鬼众。摩师在念咒做法事时，还要反复说明，请众鬼千个共杯、万个共盏。

布依族认为，在自家神龛上的那个魂同人间保持密切联系，特别是同自家子孙更为密切。因此布依族人民观念中的祖宗被赋予超人的力量，被神化为察承天命的神灵。把人间的祸福和理想都寄托于祖宗，以此来虔诚地加以敬奉。每逢年节，都要举行隆重的祭祖活动，要祭已故的高、曾、祖、考四代祖宗。

布依族把人生的繁衍、生老病死、凶吉祸福等自然的、社会的现象都视为神灵给予的。这种原始宗教观念构成了布依族人民崇拜神权，贬低人的个性化发展的文化心理特征。随着社会生产力的发展，科学技术的不断发达，社会的变迁带来了文化的变迁，布依族先民留存下来的许多迷信蒙昧的文化心理已有很大的改变。

祖先崇拜具有范围的规定性，并不是对所有死去的祖先都进行祭祀。① 这种范围的规定性主要以血缘为依据，即同一宗族传下来的子孙对老祖宗的祭祀。祖先崇拜是鬼魂崇拜的另一种形式，但其崇拜对象为与自己有血缘关系的人，崇拜者有祭祀的义务，而且把这些鬼魂当作保护本族或自己家庭的神秘力量而崇拜。对一般鬼魂的崇拜是不固定的，也是一时性的，然而祖先崇拜是固定和长期性的。

布依族最原始的祖先崇拜，当然也包括图腾崇拜在内，但图腾崇拜的对象是自然物，而祖先崇拜的对象是从鬼魂中发展起来的另一种灵魂力量，这种灵魂力量与自己的血缘有关。所以某人一死，就要举行隆重的悼念仪式，这就是世代流传下来的一些丧葬礼俗。

在传统的布依族社会里，对祖先的崇拜对象以自己向上的三代为主，其他的归类为列祖列宗、古老前人、地盘业主等。列祖列宗是指历代祖先，这里所提及的祖先虽然久远，但仍然与祭拜人有血缘关系。古老前人，就是指很久以前的老前辈，往往与祭拜人没有血缘关系，是布依族尊敬老人伦理观念的体现。地盘业主指的是土地神，因为布依族有悠久的农耕文化，其耕作与居住之地，农作物丰收与安居乐业显得十分重要，这些离不开土地神的保佑。

布依族祭拜对象以三代为主，并不仅限于世系三代，其中也包括三代以上，所以布依族先民在祭拜活动中，口中会吟念列祖列宗，这些在丧葬礼和扫墓祭祖中也可以看出。在举办丧礼时，要把父母的灵魂送到以往祖先们住过的地方，让他们同远祖亲人在一起。对父母的过世，子女有责任承担丧葬的费用，办完丧事后，每年"三月三"或清明祭扫时，主要以父母这一代为祭祀的对象。其他远祖会作为附带的祭祀，祭拜人口中也会吟念邀请他们来与父母一同吃食。

在布依族传统社会，办丧事时多由外家来帮忙主持，砍牛和送大礼的都是舅家，这保留了母系氏族社会的原始习俗痕迹。另外，神龛上供奉的神位，正中写有"天地国（君）亲之位"或"某氏宗亲之位"，但两侧写多种神位，例如玉皇大帝、关圣君、观音大士、至圣先师、鲁班、杜康、伏羲、神农、灶王、财神等，凡是中国古籍有的名人，都尽量地

---

① 宋仕平：《土家族古代社会制度文化研究》，民族出版社 2007 年版，第 170 页。

写上去，说明除祖先崇拜之外，还有多神崇拜的思想，同时也是学习汉族文化的表现。但这种多神崇拜与原始社会多神崇拜有所区别，其只算是思想意识的残余，当然布依族祖先崇拜的思想很牢固。布依族自儒家思想的"忠、孝"传入以后，就普遍流传到今日，认为崇敬祖先，是"孝顺"的体现，要深切怀念祖先的恩德和养育的情义。这种传统道德观念，已成为做人的行为准则，对家庭和谐及社会稳定起着重要的促进作用。

多少年来，这种传统道德观念虽然遇到一些干扰，但仍然一直保持下来，真是难能可贵。例如，法国天主教于清道光年间即在望谟县城设有教堂，多年来传教士采取笼络利诱等方式发展信徒，直到中华人民共和国成立前，这里的四五百户人家中仅有三家信教。且这三家在神龛上设正位的还是祖先神位，旁边才是圣像，可见当地布依族的"祖先不敬，敬洋人不干"的思想非常牢固，任何势力都不能改变。

祖先崇拜的形式是祭祀。布依族的家庭祭祀中，对各自家族的列祖列宗，尤其是血缘关系很近的祖先常年供奉。受汉文化的影响，在"过年"和"鬼节"时尤为重视。过年祭祀含有请历代祖先与后代子孙吃团圆饭之意；鬼节祭祀时，后代子孙为历代祖先送钱粮以表孝意。虽然布依族的祭祀习俗形成时间晚，但一经形成，便呈现纷繁的文化事项。姑娘出嫁前，要"哭辞祖宗"，出嫁时，还要举行祭祖告别仪式。如遇婚丧酒席，则先盛一桌饭菜，由辈分最大者带领大家敬奉祖先和死去的亲人，然后再宣布众人"入席"等。

二 其他宗教对布依族宗教信仰的影响

布依族在吸收外来先进文化的同时，其宗教信仰也受到外来宗教的影响。布依族地区从汉代开始，就受到汉文化的影响。对布依族宗教信仰影响较大的首先是儒家思想，其次是道家和佛家思想，最后是天主教思想。

（一）儒家、道教、佛教思想对布依族宗教信仰的影响

据历史考证，儒家思想大概在汉代就已传入布依族地区，道教与佛教思想的传入可能是在南北朝时期。南北朝统治者信奉黄老学说，中央王朝通过这一思想遥控或直接统治牂牁地区，因而便于儒、道、佛思想

相继传入，并广为流传。此后三家思想又与布依族原始宗教信仰形成了大交流、大融合的局面。但不少地区仍保持原来的信仰，或者在融合中加入自己的创造，保留自己的特点。以布依族地区丧葬仪式为例：

起道场、念经和超度的过程——布依族不少地区在父母过世后起道场，请道士念经以超度已故父母亡灵，希望自己的父母能安然地到达极乐世界，即"旁班"①"旁现"②，这就有了信仰佛教与道教的思想。又希望父母亡灵"盘班"③"盘现"④，因此，灵堂之上设有日、月、星、云、雾之类背景图，并挂上"升天图"⑤。这幅图大约有三米长、二米宽，上面画有天上、人间、地狱三层。上层有日月、星云以及众多神仙，有许多马要御下，描写亡人将到达天上的情况；人间这一层画有曲曲折折上天之路，路上有马和人，这些马和人是要上天为亡人服务的，还画有送行的男男女女、房屋、花草和各种动物等；最下一层有龙、鱼怪。图意清晰地表明，要到这极乐的仙界就要超度。有钱人家起道场有五天到七天，称为"正三天，假五天"，意即开始头两天和结束前两天不计算在内。先由众道士协助把灵堂装点好，即着道冠道服，然后开始念经。接着举行"立幡""取圣水""巡""小祭""大祭""破""点主""都茫"⑥"欧""送殡"等仪式。以高两三丈的大楠竹为幡柱，幅长丈余，宽尺余，上剪贴些佛语。幡端以铜钱为坠并系有十多块红布条，布条随风飘荡，以互相缠结为吉。取圣水则在夜间卯时，届时一人担着水桶，一人吹笛，一人打锣，沿途吹奏凄婉的笛声，凄切动人，到河边取得清水来祭奠亡人。小祭则在灵堂内举行，届时道班敲锣打鼓、念经，孝男、孝女以及至亲亲献供品之后，跪在灵堂聆听念经，哭声大作，直到午时散祭。大祭那天，要举行大型舞蹈"回旋舞"，即道士手执令旗，接着道士班的锣鼓手、笛手，还有孝男、孝女以及所有亲戚和朋友，组成一长蛇阵，围绕幡竿行进。执令旗的道士行到一定的地方即向后转穿插至队

---

① 佛地。
② 仙地。
③ 成佛。
④ 成仙。
⑤ 灵堂图。
⑥ 超度。

伍中逆行，后面的人跟着，先是一人一人的穿插，次是二人二人的穿插，再是三人三人的穿插……直至结束又重新开始。众人的舞步是一致的，随着笛声、锣声的节奏行进。远看如龙蛇盘绕，笛声锣声凄厉，十分壮观。这时女婿家供祭整猪整羊，以及用糯米制成的米花米叶，插上各色的纸人纸马，进行供祭。远亲近友也备果品供祭。同时还举行点主仪式，热闹非常，直至晚饭收场。

大祭之后，当晚举行"都茫"[①]仪式。约鸡叫时分，道士敲打锣鼓，声音大作，笛声凄凉。道士展开双袖遮住额角，仰望天空，说是已见到亡人灵魂，于是孝男、孝女以及所有亲人大恸起来，哭声震天，到卯时收场。次日即举行"砍幡""送殡"仪式，送灵柩上山安葬，整个丧葬仪式即告结束。这其中包含有原始宗教思想，儒、道、佛教思想以及布依族自己的创造，形成一个大融合。

在保持原始宗教信仰的地方，富有之家请老摩来帮助设立灵堂，灵堂多半设在堂屋中，灵前挂有布和升天图，灵前设有供桌，祭供果品、粑粑、香烛之类，老摩在供桌前念"摩经"。晚上有青年人参加表演"铜鼓刷把舞"。几对男女双手执竹筒刮析而成的刷把，互击有声，按铜鼓的节奏起舞，直闹到鸡叫时收场。次日即举行大祭、赶鬼场[②]、砍牛。砍牛时在广场上设立鬼竿，上挂纸钱吊及谷穗之类，孝男、孝女及众亲友，跟着念经的老摩围绕鬼竿转圈，待老摩念完经之后，即由女婿手执大刀，左右比画，考虑如何砍断牛颈。众人围观，以三刀砍断为吉。这种砍牛习俗，意为让牛魂与亡人一同上天，为亡人服务之故。这种残忍做法，如今许多地方都已改革，大祭以牛肉供祭就表示这个意思了。另外，最边远或最穷困的人家，老人过世后就请老摩念一晚上的"摩经"，次日即安葬，称为"姑借"或"左"[③]。这种仪式很简单，即准备一些粑粑以及香烛之类，祭在门边及灵前，由老摩率领孝男、孝女绕灵读经。有的地方还有人扛起犁耙随后，表示不离庄稼、勤耕守制的意愿。一人执起火把照老摩读经，经书多提孝子孝道的例子，使孝男、孝女感动地痛哭流涕。

---

① 超度。
② 有的地方称古夜王，即做鬼客的意思。
③ 丧礼的称呼。

经书的内容——布依族的"摩经",包括的内容很多,名称也不一样,但通称为"超度的经书"。贵州省望谟县、册亨县、罗甸县一带称"诗借",镇宁、关岭、六枝一带称"诗摩些"。不少经文内容都融有儒、道、佛教思想的条文。据周国茂教授收集的资料,荔波县《条把经》中有汉诗:"长生不老人人爱,一梦而终个个惊,生死原来是有命,阎王许定到如今。日落西山还见转,水流东海不回头,阎王簿内定时刻,千金万两也难求。乾坤数尽情难尽,江河流干泪不干,念佛念经为根本,观望父母往仙乡。"这三首诗不但是汉文,而且包含有仙佛的思想。另外,"摩经"还有"丁兰刻木""董永卖身"之句,对二十四孝也非常崇敬。《神仙传·彭祖传》有仙人"或食无气,或茹芝草"的记载,也有"以花卉为食"之句,并且念符喷水之前要念:"太上老君,急急如律令"等。而太上老君就是老子,是道教的开山祖师爷。《指路经》中有"左青龙,右白虎,前朱雀,后玄武"之句,这是古代的四神,道家常以他们作为护卫神。"摩经"中有"婆婆世界""南瞻部洲"的概念,是佛教观念中的"四大部洲"之一;又"摩经"构想的"幽冥世界",要过十二狱门,才被风车转到"旁仙"(仙景),其中的十门与佛教的十殿相似。凡此种种,"摩经"经文都融合了佛教与道教的思想,说明佛教与道教的思想传入布依族地区后即被接受。

(二) 天主教对布依族宗教信仰的影响

近代以来,天主教传入中国。天主教的外国传教士凭借不平等条约的保护,到贵州许多地方传教,道光二十六年(1846年)在贵州设立了代牧区,积极展开天主教义的传播,并广收信徒。道光二十七年(1847年)至二十九年(1849年),外国传教士先后到兴义、兴仁、安龙等布依族地区,购置田产、修建教堂。其后又来一批传教士,窜到桑郎王母、者述、打言等布依族地区。他们采取威逼、利诱、欺诈等手段,使布依族人民信教。据不完全统计,1921年,包括布依族在内的贵州教徒已有三万人,外国传教士达五十余人。次年,罗马教廷划"盘江八属"①、罗斛②和广西五县为安龙牧区。1927年升为正式的代牧区。1947年再升为

---

① 指贵州省册亨县、安龙县、贞丰县、兴仁县(兴仁市)、兴义市、盘县(盘州市)、普安县、安南县(晴隆县)八县之称。

② 贵州省罗甸县。

"圣统教区"。至此，天主教就有更大的权力裁夺该区的一切教务、行政、财务和外交等。

在贵州安龙天主教区，每年的"圣诞节"，教区都会聚集众多布依族教徒，约占参加瞻礼教徒的三分之二，其中，年纪大的六七十岁，小的十来岁。天主教早在明末就已经传入布依族地区。有实物可考，2004年12月，安龙天主教教堂出土了"太名圣马利亚"圣塔。圣塔铭刻壬寅1662年[1]，为明末永历皇太后信仰天主教而建的圣塔。法国传教士毕方济、瞿纱微、卜弥格时常出入永历王朝宫廷，朱由榔的嫡母王太后、生母马太后、太子慈煊等58人都由瞿纱微受洗入教。瞿纱微给王太后取教名"厚烈纳"，《贵州通史》记作"赫肋纳"；马太后取教名"后亚纳"；太子慈煊取教名"当定"，《贵州通史》记作"公斯当定"。圣塔均刻"厚烈纳""后亚纳""太子当定"，证明在清康熙以前天主教已传入兴义府属地。嘉庆六年（1801年），中国神父骆马弟管理贵州的西区包括兴义府教务。法国传教士利用布依族没有固定的正式的宗教信仰、聚族而居和头人寨老有较高的威信这些有利条件，深入布依族地区传教。

长期以来，布依族排遣心中诉求和灾祸的方式是多神崇拜，信鬼崇巫，认为山、水、石、木都是神灵，可以寻求其庇护，以期避灾获福。法国传教士当时到布依族地区传教，不仅要克服瘴烟和水土不服，还需克服语言障碍。传教士一般首先会动员布依族头人和寨老入教，并让信教者取消家神神龛，安放马利亚画像。宣传圣主就是最大的主，布道福音。教徒没有饮食和婚姻禁忌，瞻礼仪式简便自由，一般不会影响生产、生活。其教义主张"和平、和谐，友善、互助、宽容、内省"。布依族地区偏僻，布依族人民深受疾病困扰，尤其是疟疾、甲状腺病，传教士用喹啉、碘给予治疗，药到病除。此时，传教士借机宣扬是"主"赋予的福音，以吸收更多的布依族信仰天主教。南盘江畔的者隘[2]、乃言[3]、打言、者述、纳闹几乎全寨人都入了天主教。当时的安龙教区设立贞丰总区，辖贞丰、兴仁、盘县3个天主堂4个传教站；望谟总区辖望谟、罗

---

[1] 清康熙元年。
[2] 今广西壮族自治区百色市隆林县新州镇下辖的行政村。
[3] 今贵州省黔西南州册亨县八渡镇乃言村。

甸、包包树、石电4个天主教堂3个传教站；册亨总区辖乃言、者述、洛央3个天主教堂3个传教站；广西者隘总区辖者隘、科皓、常井、刘家沱4个天主教堂4个传教站；在册亨的威牛单独设立1个传教站。传教士卫利亚用法语字母拼写布依族语言词汇，编缀布依族单词2万多个，搜罗布依族习惯用语、短语和布依族民间歌谣几百首，著成《布法词典》，于宣统元年（1909年）由香港教会印刷出版，发给在布依族地区传教的传教士，供他们学习掌握布依族语言之用。卫利亚还将《圣经》中的短经文译成布依族语言，散发给布依族教徒念诵。随着布依族教徒文化水平的提高，青壮年汉语文知识的丰富，贵阳天主教区把常念的《圣经》利用民间小调谱成圣曲，教布依族教友唱诗。

1951年，安龙天主教三自革新筹备会成立，全面接管天主教安龙总堂。"文化大革命"期间，天主教宗教活动受到冲击。1979年天主教恢复宗教活动，四大节日正常举行庆祝仪式，南盘江畔布依族教友汇聚安龙天主教堂参加宗教活动。天主教教友们认为，人的出生、婚嫁婚娶、死亡、疾病等，不用请"摩公""走阴婆"；生孩、嫁女，由教友念经即可；有病就医，亡人超度，请神做祷告，不花钱费米。者述一寨除两户人家不信仰天主教外，全寨加入天主教。南盘江畔信仰天主教的某些布依族村落，一些布依族民风、民俗甚至消失，但是丧葬仪式中择日和选择阴地仍然还是依照布依族传统风俗习惯。

天主教传入布依族地区以后，教会各个堂口对教区内进行经济掠夺，强占大量的好田好地。特别是教会利用布依族人民遇天灾人祸危急时，以低价购买，或以某种借口强占田地，然后又出租给农民耕种收取高额租谷。例如，贵州安龙教区每年收租谷600多亩（每亩300斤）。此外，贵州省册亨册阳教堂田地产量年收租谷120亩，者述教堂年收租谷40亩，洛央教堂年收租谷10亩。

外国传教士在布依族地区传教时，口头上宣称他们是"超然的"，"不管国家政治的"以及专管"传教救灵"的，但背地里仍进行传教以外的政治活动。他们在教区内采集矿产和动植物标本寄回他们的国家；拍照记录教区内的地理环境、山川形势、民情风俗；进行人口统计，收集人口分布情况；唆使教民逃避政府法令、抗粮抗款，勾结土匪扰乱地方治安；私贩军火，囤积粮食，奴化人民，干涉地方行政等。如贵州册亨央庆教堂收养一个孤女，生病后不管不治，而把她扔到荒野使其冻死饿死，因而引起"者七教案"。法国神父杜公谋在洛央教堂主持教务时，有一对教友因结婚到教堂洗礼、办告解。杜见女方有几分姿色，在把男方支走后，企图奸污女方。女方大哭、奋力抗拒，终于挣脱了杜的魔掌。事后女方的叔叔，时任册亨县洛央区的区长事庆芝，当着几百个教友的面，捆绑杜公谋，按照当地风俗，把杜的大胡子一根根的全部拔掉，不到一个月，杜就因此而死掉。1944年，洛央教堂神父黄修远奸污教堂的一盲女致使其怀孕。群情激奋的教友押着他口含马屎敲锣游寨示众，过后不久他也一命呜呼。册亨布依族历史以来主要信奉原始宗教，天主教传入以后，有部分人选择天主教。这除了由于不同内涵的民族文化因子相互碰撞和融合而吸收外，还有其社会政治经济的原因，随着社会的变革和经济的发展，皈依天主教的教徒越来越少。部分年份的教徒情况如表7-1所示。

表7-1　　　　　　　　部分年份的教徒情况[①]

年份	教徒（人）	年份	教徒（人）	年份	教徒（人）
1922	4500	1955	3062	1997	1089
1936	3429	1982	312	2002	644

中华人民共和国成立后，布依族地区贯彻执行党的宗教信仰自由政策，1952年明确规定："天主教内不搞革新；对信教群众进行爱国主义教育；进行劳动生产教育，劳动自给；机关占用的亲教房产要让出来，交信教群众集体管理；教徒做正常的礼拜受到政府的保护。"土地改革时，除没收其土地分给农民外，房屋、工商业部分予以保留。对教堂的神职人员和修女做适当的安置，有的搞饮食，有的搞缝纫，使其自食其力。合作化时期都参加各种行业，接受社会主义改造。2002年，布依族地区成立天主教爱国会挂靠在民族宗教机构，但没有专门的神职人员主持工作，没有正规的活动场所。遇到正当宗教活动或重大的教节日，有的教徒自发组织到外地参加

---

① 数据来源：中国人民政治协商会议黔西南州委员会编：《黔西南布依族文史资料专辑》（上），2007年，第45页。

活动；小的活动则在自家进行。正当的宗教活动受到法律保护。

三　布依族宗教信仰变迁的影响因素

宗教信仰对人类生产生活有着重大的影响和作用。长期以来，布依族地区的社会生产水平低下，科学文化不发达，信仰原始宗教极为普遍。历史上虽有外教的传入和文化经济的交流，有的地区有变化，但未能影响全局。

中华人民共和国成立前，布依族地区的落后状态，体现在居住环境大多是边远山区，山高坡陡、草深林密、交通不便，对外界的了解与交流不多，处于相对闭塞状态。在布依族传统社会里，在长期自给自足的自然经济条件下，人们形成一种"养猪为过年，养鸡为换盐巴钱"的生活状态。这些地区除盐巴依靠外地供应之外，其他产品多是自产、自用、自销，少有产品外出销售。家庭手工业如编织、刺绣、蜡染等虽很有名，但没有形成批量的生产，整个社会仍处于落后停滞的状态。

在传统的布依族社会里，人们自然形成一种"命中只有八合米，走遍天下不满升"的观念，认为自然物的神力强大无比，人力难以战胜，缺乏人定胜天的勇气，因而影响人们与自然斗争和征服自然的信心，导致人们对自然物的崇拜十分虔诚。加之旧社会统治者往往利用宗教的权威来愚弄人民。例如，称人们的生存生活，是命运决定的，一切灾难和幸福，都是鬼神的赐给。甚至在占卜中，将吉利时称为统治者的德行，凶兆时则认为是受鬼魔所困扰，用这些宣传方法来愚弄人民，以达到其压迫剥削的目的。

当然，布依族先民在忍无可忍的情况下，也会利用宗教的活动来反对统治者。例如，"南笼起义"的领袖王囊仙就是利用宗教迷信活动来动员群众，反对清王朝。起义军占领了半个贵州，斗争达一年之久，后清王朝调集川、云、贵、桂四省的兵力，才把起义镇压下去。由于有这种宗教思想束缚人民的生产积极性，所以这些地区一直处于贫困落后状态。

鸦片战争以后，随着一系列不平等条约的签订，法国天主教取得了传教的特权。然而，名为传教，实为进行经济、文化渗透，所以自天主教传入布依族地区之后，洋货大量地向布依族地区倾销，使布依族长期赖以生存的家庭手工业如织布业等濒临破产，加速了布依族地区的半殖民地半封建化。

布依族群众最初对天主教持怀疑态度，多数对"不要自己的祖宗而崇拜洋人"很不愿意。然而，面对传教士与地方官吏的勾结和威胁利诱，少数农民为了获得一些小恩小惠，积极地入教。以后则成批成群地加入，形成一股风潮。但经过一段时间，大家发现教会有多种欺骗行为，渐渐地与教会发生对抗。清代曾发生过许多教案，大部分在布依族地区。例如"青岩教案""贵定教案""兴义教案""独山教案""永宁教案"等，均轰动一时，特别是发生在贵定的以罗发先为首的"反教会""反清廷"的起义斗争，更是轰轰烈烈、可歌可泣，给教会和清朝统治以沉重的打击，是布依族反帝反封建斗争的光荣历史。

第二节　宗教活动

宗教信仰者内在的宗教体验和宗教观通过外在的身体动作和语言形式表现出来就是宗教行为。表现形式多种多样，各种形式在各种宗教中都经历了从自发到自觉、从分散化到规范化、从无序到有序的过程。[1] 可以说，宗教活动是宗教信仰者宗教观念及宗教情感的外在表现。由于信仰者表达信仰的目的及方式不同，于是便出现了不同的宗教活动。就布依族而言，其宗教活动主要有巫术、雷神祭祀、龙神祭祀、山神祭祀、火星神祭祀、土地神祭祀等。这些宗教行为作为宗教观念之外在表现，从不同方面反映了宗教的本质，有助于我们更加具体、更加深入地研究宗教活动，从而揭示宗教的本质。

一　巫术

巫术是一种广泛存在于世界各地区和历史阶段的宗教现象。[2] 宗教活动中的巫术，往往是通过一种仪式表演，利用和操纵某种所谓超人的神秘力量来影响人们生活或者自然界的事件，从而以满足一定的目的。在中国古代《国语·楚语下》《尚书·伊训》《后汉书·伏湛传》《论语·子路》等文献中对巫术均有比较详尽的记述。今天，尽管现代科技水平

---

[1] 吕大吉：《宗教学通论新编》，中国社会科学出版社2010年版，第232页。
[2] 吕大吉：《宗教学通论新编》，中国社会科学出版社2010年版，第232页。

发展迅速,现代生物学、医学等学科早已形成独立学科,并对过去的一些未知领域作出了科学客观的诠释,但是巫术在城乡一定范围和人群中仍然存在,"信巫不信医"现象并未从人们头脑中彻底根除。西方中世纪以来,基督教把巫术视为异端,而到了19世纪晚期,宗教学才把巫术问题纳入学术研究领域。其中,泰勒(Taylor)、弗雷泽(Frazer)是这一研究领域的先驱。泰勒在其专著《原始文化》一书中认为,巫术是假定的因果关系,只不过是观念的主观联想,是一种"假科学"。关于巫术与宗教的关系,弗雷泽认为:"如果把巫术看做直接从推理中得出的结论,那么人们的思想也就陷入了误区,宗教可以说是,以脱离愚昧而联想出的概念为基础形成的。所以在人类发展史上,巫术的产生极有可能早于宗教,也就是人们在通过祈祷、献祭等温和手段安抚神灵之前,也曾试图凭借符咒法术迫使自然界按照人们的愿望发展。"① 也就是说,巫术通过较强硬的手段无法改变自然界服从人的意愿,这时才产生宗教,而宗教往往通过祈祷神灵而实现自己的意愿。马林诺夫斯基认为:"巫术与宗教都是起自感情紧张的情况之下,也就在这种情况而有功能——那就是生命转机,重要业务的失望,死亡与传受部落秘密的戒礼,失恋与莫可如何的恨怒等情况。巫术与宗教都是在这等情况之下、这等碰壁的情况之下有所逃避。因为在理智的经验中没有出路;于是借着仪式与信仰逃避到超自然的领域去,超自然的领域,在宗教有对于鬼、灵、天意的原始预兆。部落秘密的保卫神等信仰;在巫术有对于巫术已在荒古而存在的威力与效能。巫术与宗教都严格地根据传统,都存在奇迹的氛围中,都存在奇迹能力可以随时表现的过程中。巫术与宗教都被禁忌与规条所包括,以使它们的行动不与世俗界相同。"② 从以上西方学者对巫术与宗教关系问题的研究可知,他们认为巫术与宗教两者有着密切联系,但是两者又是完全不同的社会文化现象。而我国宗教学家吕大吉认为:"因为巫术并不是宗教之外的另一种社会文化现象,而恰恰正是宗教本身的一种

---

① [英]詹姆斯·乔治·弗雷泽:《金枝》(上),陕西师范大学出版总社有限公司2010年版,第60页。
② [英]马林诺夫斯基:《巫术科学宗教与神话》,李安宅译,中国民间文学出版社1986年版,第75页。

表现形式和现象形态。宗教不过是把支配着人们日常生活的外部力量幻想地反映为超人间力量的一种社会文化形式。巫术信徒之所以进行巫术活动，正是在于他们在幻想中相信有某种支配人们日常生活的外部力量的存在。只有有了这种信仰，他们才进一步通过巫术去利用这种力量。在这个根本点上，巫术和一切宗教一样，没有性质上的不同。"① 按照吕大吉的观点，在一般情况下对于如何处理人与神的关系，人们总是软硬兼施。软的一套手法宗教化后就成为各种宗教的祈祷、献祭、忏悔、礼拜等；硬的一套手法则宗教化为各种形式的巫术活动。世界宗教史的实际情况是，由于历史条件和文化背景的差异，这两种方法和手段在各种宗教体系中的地位和作用可能有先后轻重之不同②。例如，在布依族学者韦兴儒家乡贵州省镇宁县扁担山一带的布依族，为了治疗眼病，除进行各种赶走病魔的巫术以外，也对病魔献祭和祈祷。而且一般通常是先使用献祭和祈祷的一套手段，然后才使用强制性的巫术手段。韦兴儒认为："我家乡的巫，从功能上来说分为以下几种：一、医疗性巫术；二、娱乐性巫术；三、宗教巫术③；四、占卜、预测与禳解巫术。"④ 其中，关于医疗性巫术，在韦兴儒《女巫》一书中有这样的叙述："奶奶看眼的情节我见过多次。病人到家，由于屋里光线暗，她把病人带到门口，把病眼的上眼皮稍往上提，一边看一边口中念念有词，最后果断地对围观的人说：'你们来看，眼珠上那个×××⑤，很清楚……'虽然别人什么也没看见，都摇着头，但她我行我素，到家里拿来一枝麻秆，念上几句咒语，交给别人说：拿起这个，找你曾碰过的这×××，一边拍打一边念'解犯解犯，解了就散'⑥，念一次拍三下，念完三次眼就好了。奶奶看病时我也曾去凑过几次热闹，但我确实什么都没看到。来找奶奶看病的，都是本寨的人，看完眼后下午或者第二天，我见到他们的眼睛都好了。"⑦

---

① 吕大吉：《宗教学通论新编》，中国社会科学出版社2010年版，第237页。
② 吕大吉：《宗教学通论新编》，中国社会科学出版社2010年版，第238页。
③ 包括神判巫术。
④ 韦兴儒：《女巫》，贵州人民出版社2001年版，第3页。
⑤ 生活中的接触物，树木、楼梯、桌椅等。
⑥ 用布依语说。
⑦ 韦兴儒：《女巫》，贵州人民出版社2001年版，第4—5页。

二 雷神祭祀

布依族称雷神为"雷公"。过去如有人家房屋或人遭到雷击,人们认为是遭难者有不孝顺父母或践踏粮食等恶迹而受到上天的惩罚。遭难的人家要备办雄鸡、酒、肉、香、纸钱等,请摩公在院中祭"雷公",这充满了因果报应色彩。布依族认为,"雷公"是主持公正、除暴安良的神。有人丧失伦理道德如虐待父母兄长等,就要被天打雷劈。为保佑一年的平安和丰收,立春后第一声春雷要祈祷。

三 龙神祭祀

龙神祭祀,即对"龙"崇拜,认为"龙"是吉祥之物。每年正月初三到十五,布依族小伙子们要舞着彩龙,走村串寨去拜年,到哪家,其主家必燃上香、烛,封好"红封"迎接。在爆竹锣声中,小伙子们要在主家的院子里舞龙,领头的对主人家说些吉利的"四言八句"。如久旱不雨,一些布依族聚居区就要由众人集资购买猪、雄鸡、酒、香、烛、纸钱等祭礼,抬到龙井边由摩公主持祭"龙王",祈祷降雨。有的地方不用祭品,而是将七个猪笼每隔5米左右放置一个,再用绳索串起来,每个猪笼用木棒绑好,遍插柳枝,这样就成了一条"水龙"。由后生们举着"水龙",敲锣打鼓逐寨去要龙求雨,每到一家,主家及围观者就用水泼龙,水泼得越多越好,认为这样"龙王"才会降雨。

四 山神祭祀

据传说,过去布依族居住的地方森林茂密,豺狼虎豹多,经常伤害人畜,人们认为野兽属"山神"统管,因此祭祀"山神",祈求平安。祭祀"山神"是三月第一个虎(寅)日或猴(申)日举行。祭时即宣布封山、封寨,当天在寨子路口,用鲜茅草绾成锄把粗的绳索,绳中央贴一张符,悬挂在两边树上。祭"山神"三天内本寨人不准上山砍柴割草,外人一律不准进寨。同时,许多布依族居住的村寨,都有自己的"神树"。对这些"神"的住所,任何人不许冒犯,不许在附近吐痰,大小便和高声喧哗。

五 火星神祭祀

布依族居住地集中，一旦失火，往往酿成极大的灾害。过去，人们认为发生火灾是因为得罪了"火星神"。如果在夜晚发现流星"落"到哪个寨子，某年看到"扫帚星"（彗星）从哪个寨子上面飞过，以及黄牛进到堂屋里，狗爬到灶上或屋顶上，都认为是"火星神"降临的预兆，全寨就要集资购买猪、鸡、香、烛、纸钱等祭品，在田坝中央请摩公祭祀"火星神"，称为"送火星"。

六 土地神祭祀

一些布依族村寨前建有用石板、石条建成的土地庙，内供有石雕或泥塑的土地菩萨。每年农历正月十五和七月十五，由寨内每户轮流或公推一人祭祀一次。布依族崇拜自己的祖先，主要表现在供奉家神和其他一些祭祀活动。每个家庭都设有神龛，作为祖先神位。节日、嫁娶喜庆，都要祭祀供奉，祈祷祖宗神灵保佑子孙平安，一切顺利。另外，在"三月三""六月六"祭祀活动中，要祭祀本民族的英雄人物和为布依族做过好事的历史人物。例如，在南笼府么塘乡当丈一带祭祀清嘉庆初年布依族农民起义领袖七绺须①，其他地区祭祀汉族将官岑彭、马武等。

布依族信仰多神，还表现在当人们遇到疾病、自然灾害或不祥之兆时，就请摩公或"迷纳"②来禳灾祈福、驱鬼解邪。这些活动都是原始宗教的残余，有浓厚的迷信色彩，是过去布依族地区生产力低下，科学知识贫乏，缺医少药的产物。中华人民共和国成立后，随着社会的进步、科学的发达以及医疗条件的改善，这些迷信活动已逐步消失，有的已经绝迹。

第三节 宗教职业

宗教是一种社会性的活动，因此，宗教组织的存在是不可缺少的。宗教组织之所以得以形成，宗教制度之所以得以建立，其根本性的基础

---

① 韦朝元。
② 即"走阴婆"。

和条件就在于宗教信仰的群体性或社会性。当宗教活动向着专门化的方向发展时，各种独立的组织形态、独特类型的设施、独特的训练方法以及专业宗教职业者等都成为宗教制度的必然产物。如果说，宗教组织是信仰者对所信仰对象进行有组织的信仰和崇拜活动的一种群众组合，起着沟通信者[①]与信仰对象[②]的桥梁作用的话，那么，宗教组织中的神职人员就是人与神的中介，是这座桥梁的架设者，甚至可以说，就是这座桥梁本身。于是，宗教职业者或称神职人员因为精通宗教仪式的知识与技巧，成为沟通神人关系的特殊人物而居于宗教组织的核心地位。在布依族地区，从事原始宗教活动的祭祀人员称"摩公"，或者称"布摩"。

布摩——又称摩师、老摩、摩公，是布依族民间从事祭祀、占卜、禳灾、驱邪等活动的人[③]。从历史文献的记载来看，在布依族古代社会中，从事占卜和祭祀的人译为"报暮"[④]，后来译为"老摩"（仅指男性）或"迷拉"（特指女性）[⑤]。近代以来，在科学话语体系之下，有关祭祀、占卜等活动，曾在相当长的时间内被视为"原始宗教之残余"或者是"封建迷信之余孽"。也正因为如此，"布摩"曾经也被简单粗暴地定义为是"从事封建迷信活动的人物"[⑥]。但是，实际上布摩堪称布依族民间的精神领袖和文化职司，是布依族传统文化最具权威和影响力的传承者，在布依族发展史中具有极为重要的不可替代的作用[⑦]。

道士——"奉守道教经典规戒并熟悉各种斋醮祭祷仪式的人"[⑧]。通常而言，即指道教的宗教职业者（从业人员）。从历史文献的记载来看，在西汉以前，并没有"道士"这一称呼。据赵善政《宾退录》记载："古无道士，《黄帝内传》虽有道士行礼之文，但谓有道之士非今之道士也。"[⑨] 东汉时，张陵创"五斗米道"，后人始称其徒为"道士"。《一切

---

① 指人。
② 指神。
③ 肖毓：《论布摩在布依族社会的地位及价值》，《人民论坛》2010年第35期。
④ 《南笼府志·地理志》。
⑤ 《册亨乡土志略》。
⑥ 《布依族简史》编写组编：《布依族简史》，贵州人民出版社1984年版，第170页。
⑦ 肖毓：《论布摩在布依族社会的地位及价值》，《人民论坛》2010年第35期。
⑧ 任继愈主编：《宗教词典》（修订本），上海辞书出版社2009年版，第973页。
⑨ 《钦定古今图书集成·博物汇编·神异典·方士部》。

道经音义妙门由起》称："所以称之为道士者，以其务营常道故也。"并认为道士有六阶：一天真道士，二神仙道士，三山居道士，四出家道士，五在家道士，六祭酒道士。金元之际，全真等派兴起，世有"全真道士"和"正一道士"之称；又因道士的穿戴和追求成仙，世又以"黄冠""女冠""羽人""羽士"等代称之①。

　　传教士——一般而言，所谓"传教士"一词中的"教"，通常是指近代以来西方的基督新教和天主教，所以，传教士（Missionary）一般是泛称从事基督教信仰传播工作的人员。具体而言，有国内传教士和外方传教士两种。在中国，此词一般指外国传教士，即由海外（主要指西方）传教会（差会）派遣去别国进行传教的人员。传教士随着基督教的产生而产生，对基督教的传播起了很大的作用。早在基督教产生后的第一个千年中，基督教已传遍整个欧洲以及北非、西亚地区，最远传至印度、中国等地。在进入近现代社会之前，天主教修会如方济各会、多明我会的传教士的足迹已多次远抵东亚地区，是为近现代意义上的海外传教之始。近现代意义上的海外传教主要是西方教会成立专门传教机构面向亚、非、拉美地区进行的传教活动。海外传教是近几个世纪以来西方教会的重要使命之一，为此西方教会成立了大量海外传教会（差会），设立了许多海外传教士培训机构。近几十年来，由于第三世界国家的独立发展和教会的独立自办，此种传教士人数每年都在下降，而且还出现第三世界教会向西方派遣传教士的情况。②

---

① 此外，佛教初传我国北方时，于佛教僧侣也称为道士，如宗密《盂兰盆经疏》卷下："佛教初传北方，呼僧为道士。"另，两汉时，有时称"方士"也为道士，如汉时有西门君惠，在《汉书·王莽传》及《后汉书·光武帝纪》里俱称"道士"，桓谭《新论》则称"方士"，特为补充说明。参见任继愈主编《宗教词典》（修订本），上海辞书出版社2009年版，第973页。

② 文庸、乐峰、王继武主编：《基督教词典》（修订版），商务印书馆2008年版，第83页。

第八章

丧葬制度文化

在布依族古代社会，丧葬制度主要是通过民间的丧葬习俗与丧葬礼仪表现出来的，其内容既有对死者遗体处置方式的规定，又有对丧葬仪式与丧葬用品的要求。作为一种独特的文化现象，布依族的丧葬制度与其宗教制度有着紧密的联系。从一定意义上讲，布依族的丧葬制度是布依族民族文化的一个综合载体。本章着重从布依族丧葬习俗的变迁轨迹、丧葬礼仪的地域差别以及丧葬制度的文化意义等方面对布依族古代社会的丧葬制度文化作一些理论探讨。

第一节 丧葬习俗

布依族古代社会的丧葬习俗主要根据考古发掘的文物、布依族古歌传唱内容、相关史料记载及原始丧葬习俗遗存等方面来再现。根据不同的历史时期和不同的聚居区域，布依族古代社会曾出现过不同形式的丧葬习俗，归纳起来大致有三个方面：一是"弃尸"习俗；二是"二次葬"习俗；三是"棺葬"习俗。

根据布依族古籍文献《古谢经》中《穆稳》[1]的记载，《咒牛经》是在古谢的砍牛场上吟唱的，唱完了即砍牛。古谢[2]时为什么用牛来祭祖呢？这首经词唱得很清楚。大意是：在远古时期，人和猿[3]还同居一处。

---

[1] 《咒牛经》。
[2] 古谢：直译为汉文的意思是"做客"，指布依族中有老人去世时，要举行隆重的超度仪式，来客很多，多达数千人，故有"古谢"之称。
[3] 即野人。

由于食物缺少，老猿死后，大家共分肉来吃。等到人的父母死时，猿知道后，就上门来要肉吃。人不忍拿父母肉来吃，悄悄做棺材来埋老人，于是双方争执起来。由于人吃过猿人父母的肉，讲不过理去，于是提出用牛来替换父母肉，猿同意了，这才算了了一桩事。从此以后，人与猿就分开了。为了抵偿这一笔债，让老人死后到阴间去不受猿魂的打扰，就兴起古谢时砍牛超度亡灵的风俗。这首《咒牛经》反映出布依族先民在原始时代还没有兴起丧葬的习俗。随着社会生产力的发展，人们开始认识到人有肉体和灵魂两个部分，当人死后灵魂离开肉体，为保护好肉体不被其他动物吃掉才开始出现丧葬习俗。随着布依族早期丧葬习俗的出现，因时代和居住区域的不同，其丧葬形式有所差异。但总体上看大致有三种形式：瓮棺葬、木棺葬和石棺葬。

瓮棺葬：汉文史资料有古骆民族瓮棺葬（亦称瓮葬）俗的记载，现今在布依族第三土语区的一些古老寨子，都有保存完好的瓦棺墓葬群。瓦棺墓的墓穴一般一尺见方，由前后左右四块石板和一块盖板构成。前面一块石板可以随时打开，内存放一个高七八寸、上有顶盖的瓦棺，瓦棺内存放亡人骨灰。不垒土、不砌坟堆。墓址的选择与布依族民居依山靠水的选择相似，一般选在靠近田坝的坡脚或田坝中的高地，也讲究前后左右山水的自然协调统一。从布依族民间传说和"摩经"中的记载反映出古代布依族先民辞世后，首先对遗体进行洗沐，换装、穿戴、整容后，安坐在堂屋椅子上享受后嗣子孙的初祭，然后仰卧于中堂的"纨亡"（灵床）上。"纨亡"与活人高架床相似，只不过更高雅华丽。一般人家用五色纸装饰，也有富贵人家用真丝绸装饰。"纨亡"顺屋梁安放于堂屋正中。至今大多数布依族在家中停棺，仍然依"顺梁"古习安放。顺梁的原因是布依族居住地多是依山傍水的河谷坝子，民居选在坝子边上的坡脚，所以采用半边楼房的干栏式建筑，楼上住人，楼下关牲畜。这种建筑门前的坎子都高，不便出入，大门只作通风采光用，出入都从山墙上的侧门，因此顺梁放棺便于从侧门出殡。现在有少部分布依族依照汉族葬礼骑梁放棺，因此也有"顺梁者，其祖人属奴隶，没有出入大门的权利，故顺梁放棺，侧门出殡；骑梁者祖人是奴隶主，可以从大门出入，从大门出殡"的说法。显然这种说法是带着浓厚的阶级色彩去猜度民俗现象的。古时出殡，就抬着"纨亡"从侧门出去，抬到山上，搭一个棚子，将"纨亡"安放在棚子里，等到来年①，尸体腐烂后，才将尸骨火化装入瓦棺内安葬。古时逢年过节，孝子要到坟山上将瓦棺取出，用火把在罐底象征性地烧一下，布依语叫"尧抱"②。然后轻拍瓦棺三下，请祖人灵魂回家受供，布依语叫"播抱"③。布依族先民为什么要用火葬，请祖人回家受供时为什么要"抱"呢？因为布依族先民的生活环境气候温热，水产资源丰富，以渔业和农耕为主要生产方式。那时人类的生产力十分低下，经常在江河湖海中打鱼，水难十分频繁。对于在水难中的死者，人们采用水以火制、冷以热温的方式来安葬，故而形成火葬、热棺的习俗。《破水狱经》对这一习俗的形成作了较完整的叙述。过去布依族针对死者，只要和水相关，例如死于水肿、水鼓病、难产等，就要进行火葬。另外，布依族古代社会盛行二次葬。根据明朝郭子章《黔记·仲家》载："葬以伞盖墓，期年而火之，祭以枯鱼。"在布依族人口最集中的贵州省黔南和黔西南这两个布依族苗族自治州境内，至今未发现明代及以前的坟墓，因为这些地区到清初仍行二次葬，但文献记载已增加杀牛、卜地、择日安葬等丧葬习俗。例如，"贵阳、都匀、镇宁、普安……丧，则屠牛招亲友，以大瓮贮酒，执牛角遍饮……主人不食肉，只食鱼虾。习阴阳家言，葬用棺，以伞盖墓上，期年而火之，不上冢。以后垒为坟，立碑，子孙循时扫墓"④，就是以鱼或鱼骨的墓祭形式。因布依族先民打鱼，故必祭鱼。至今布依族仍有扫墓时在墓前吃供品的习惯。因鱼骨尖利，容易伤人，所以无论何时何地，布依族都有把鱼骨放好的习惯，所以墓前会出现鱼骨。直到清朝初年在布依族聚居区，棺木葬并不普遍，贵州安顺布依族聚居区仍然是"葬不用棺"。按照布依族古代丧葬传统习俗，凡行二次葬的要"等三年之后，视尸腐烂，举火焚之，以瓦缸检灰埋窖"⑤，用骨灰埋窖，不垒土，不上坟，所以后代都不知道祖先的葬所。例如，中华人民共和国成立后，在贵州省罗甸县高兰、平塘县克度、安顺市平坝等地，因掘地无意中发现数百具骨灰缸，这些发现充分说明布

---

① 也有等两三年的情况。
② 是将祖人的尸骨温热的意思。
③ 是叫醒祖人灵魂的意思。
④ 《贵州通志·蛮僚》。
⑤ 《黔南识略》。

依族古代社会二次葬的丧葬习俗。布依族古代社会中为什么要实行瓮棺葬，即进行一种捡骨二次葬，按照伍文义教授在其专著《中国民族文化大观（布依族篇）》中的研究表明，主要有三个方面的原因：第一，新坟安埋数年后，如果家中遇到不吉不顺之事，请祭师占卜，认为是该坟作祟，只有迁坟才能转运，那就必须捡骨装进瓦棺内选块风水宝地进行二次葬；第二，布依族有停棺待葬习俗，摩公按照死者八字推算认为死者不宜当年安葬，必须把棺材抬到山上停放数月或者数年后另卜吉期安葬，即进行二次葬；第三，对于非正常死亡的尸体必须进行火化后安葬。以上三种情况，均用陶瓮或者陶罐收殓骨骸安葬，所以也称为瓮棺葬。

木棺葬：瓮棺葬这一古老习俗到何时才改为现今的木棺葬呢？这在不同地域，改变的先后各有不同。木棺葬习俗显然是依照汉族葬礼，因此一般来说，与汉族杂居的地域改瓮棺葬为木棺葬时间就要早些，布依族聚族而居的地方要晚些。特别是在布依族第三土语区内，至今尚未发现明朝以前布依族的木棺葬。最早的木棺墓葬出现在清康熙和乾隆年间，特别是清朝中叶以后，随着汉文化的逐渐渗透，布依族地区依照汉族的丧葬习俗，渐渐改变二次葬，普遍采用木棺葬，并垒土为坟，富者还立墓碑，子孙循时扫墓。当然在布依族的一些地区，在很长一段时间内，仍然保存停待葬或先浅葬的习俗[①]，即"大殓""开路""祭奠"完毕之后，出殡停柩在"鬼场"边或山上，等待吉日才正式下葬[②]。另外，最早的木棺墓都是在瓮棺墓附近，说明早期布依族的木棺葬还不请阴阳先生寻龙点穴，还未像汉族那样注重亡人"八字"与坐山的配合。后来，随着丧葬习俗的逐渐汉化，坟墓才开始不一定非要在瓮棺墓附近安葬，而是按照汉族习俗讲究"龙、穴、水、砂、向"的协调，并注重坐山的配合等。当然，布依族丧葬习俗与汉族丧葬习俗仍然存在较明显的区别，例如在布依族第三土语区，有正月十五不到祖坟"亮灯"[③]，清明节已经出嫁的女儿不回娘家"上坟"[④] 等习俗。

[①] 何时正式深埋下葬要根据布摩推算的时间而定。
[②] 黄义仁：《布依族宗教信仰与文化》，中央民族大学出版社2002年版，第135页。
[③] 正月十五晚上到已故亲人的坟墓前举行祭祀活动。
[④] 清明节到已故亲人的坟墓前举行挂青祭祀活动。

石棺葬：又称石室墓，1975—1991年发掘9座，有砖室、石室墓。兴义万屯汉墓群，位于贵州省兴义市万屯镇新桥村北，为东汉时期墓葬。在新桥、张屯与贾家坝三地2平方公里范围内分布17座，除2座墓葬封土不存，其余皆保存较好，墓呈圆形，高约1.5—2.5米，直径6—15米。位于兴义市区东北35公里处的万屯镇简槽沟一带，墓室数量众多，考古工作者于1975年试掘了7座，1992年再次发掘1座。交乐墓群位于贵州省黔西南布依族苗族自治州兴仁市雨樟镇交乐、龙树脚、云南寨、长庆四村，有古驿道经此。墓区占地广达9平方公里，拥有汉墓90多座。其中，1975年发现并发掘其中5座，墓葬形制有土坑墓、砖室墓、石室墓三类。1983年，长方形石室券顶的6号墓被盗挖出铜车马、摇钱树、连枝灯、提梁壶、陶抚琴俑等一批文物。1987年，贵州省组织力量又清理发掘13座墓。其中14号墓为多室券顶，封土直径15米，墓壁残高2米，为男女墓室并列的异穴同冢，由主、前、后、侧四室组成，占地百余平方米，为贵州省最大的多室砖墓。另外，贵州省安顺市的镇宁县、关岭县、普定县等黔中地区有"石头王国"的美誉，曾经针对镇宁县有诗为赞："石桥屋石山，绿水碧水蓝天，欲问君在何处，疑为世外桃源。"这一带有享誉世界的黄果树瀑布，距瀑布仅6公里有一个小寨子依山傍水，古色古香，名叫"石头寨"，因这一带的石头很多而得名。在布依族古代社会，这一带石墓一般以石块垒砌或者用大石板镶成长方形竖穴，上盖大石板。

第二节　丧葬礼仪

在布依族古代社会，丧葬习俗礼仪由布摩主持，其礼仪主要是针对正常死亡人的治丧与埋葬，大体上分为入殓、祭奠、安葬等主要程序，当然每一过程又包括诸多礼俗，从而形成丰富多彩的布依族丧葬礼仪文化。布依族丧俗分为寿终、善终、夭折、凶死、产亡等，由于死亡类型不同，丧仪各不相同，在这里主要对正常死亡的丧葬习俗进行研究与分析。

一　入殓

入殓是指把死者装进棺材。但是，由于不同民族传统的丧葬习俗不尽相同，所以对入殓的程序要求也各有差异。在传统布依族社会的丧葬文化中，入殓也因地域不同而产生不同的习俗。布依族丧葬文化中，入殓大体包括以下环节：报丧、沐浴、小殓、大殓等。

（一）报丧

当老人要断气时，亲属要集中"守气"。老人去世后，亲属把他扶到堂屋中间坐在板凳上，面向家神，用艾叶煮水洗其身，男的剃头修面，女的梳妆打扮。梳洗完毕，给死者穿寿衣新鞋。又给死者口中含些银钱，两手握些菜种、芝麻种，再用白纸把死者的面部遮住。接着在堂屋中间架床，把死者放在床上，用白布盖上。死者的床，顺房梁安放，死者床头点一盏灯，放一个香炉点三炷香。

诸事完毕后，要吹牛角、鸣枪、敲铜鼓或放鞭炮报丧给全寨人知道，亲邻闻声即赶来帮助料理丧事。如亡者是女性，要赶往舅家讣告；派人到女婿、侄女婿、儿媳妇、侄儿媳妇外家报丧。报丧后，死者亲属陆续前来参加料理。死者亲生女儿、侄女、儿媳等家中女眷每人都要送一段白布盖在死者身上，表示对死者的孝敬。报丧后，族中一亲属带上三炷香和三张冥纸去请摩师择定吉凶。摩师根据死者生死时的年月日时进行推算，若推算是犯"三丧""重丧""阴阳错"之类的凶星，待摩师做法事解"凶星"后眷属才能哭泣。摩师择定办理丧事的日期后，叫死者亲属家来的人带一把宝剑到死者家。接着摩师在他自家的祖师牌位前点香烧冥纸，默念"某寨某人度化归天，请祖师在阴间扶持超度"等语之后就往死者家去。在去死者家的路上，摩师还要默念很多咒语，如"隔鬼法""自身变化法"等。到了死者家门前，摩师用左脚推门踏进门槛，直接走到停尸床边念咒作法绕尸三圈，然后用脚尖轻轻地踩死者的手腕，男踩左腕，女踩右腕。做完诸事，众亲友忙着搬来棺材，待吉时装棺入殓。关于布依族先民丧葬文化中报丧的情节，黄义仁老先生在其专著《布依族宗教信仰与文化》一书中，根据不同地区的丧俗概括为以下情形：有的地区的孝子拿着一瓶酒、孝帕若干张、龙竹一根，去外家报丧，见外祖母或舅父母时，跪下哭诉，舅家即同孝子到丧家，共同商议办理丧葬事宜；有的地区的孝子到外家送上孝帕之后，即到水缸边舀一匙冷水吃，并不说话，外家即知情，立即同孝子到丧家商量办丧事；有的地区的老人一断气就放铁炮①三响,表示老人已亡故,全家举哀,门外竖立一纸钱吊杆,把写有"当大事"三个大字的白纸贴在门上,以表示这家正在办丧事。

(二) 沐浴

用香汤给死者沐浴。男性要剃发、修面、剪指甲,女性要梳妆等。关于布依族先民丧葬文化中沐浴的情节,黄义仁老先生概括为以下情形:有的地区的老人一断气,由孝子脱去老人生前穿的旧衣、裤、鞋、袜,点着香,然后到河边取清水来洗遗体;贵州省罗甸县一带用艾蒿洗。亡者是男性就将其头剃光,亡者是女性就将其头梳好。

(三) 小殓

为死者沐浴后,即为其穿上寿衣、寿裤、寿袜、寿鞋,包寿帕。然后将死者停在堂屋用门板搭起的停尸床上,称为"上停床"。关于布依族先民丧葬文化中小殓的情节,黄义仁老先生概括为以下情形:贵州省贵阳市花溪区、贵州省惠水县一带,女亡人要穿裙子,上着和尚衣裹上白布盖上一方红绫,头上包土黑纱帕,老父母还在的死者,一定要头包白帕,表示戴孝入棺,待亲人验看完毕即盖棺。棺材忌放铁钉和铁器之类。一般用熟石灰、草木灰及木炭垫在棺材底板上,再铺上厚厚一层草纸、白纸等,然后才把尸体安放进去。贵州省罗甸县、望谟县一带的媳妇和亲戚都要送一方白布去垫裹。亡者口中含一小块碎银,有的地方放了一下就取出。棺材缝用白纸糊好。棺材放在两张凳子上,一般不着地。棺材安放一般头靠神龛,足蹬大门②。贵州省贵阳市花溪区一带无忌讳。棺材下面放一盏菜油灯,名叫"长明灯"。棺前放一张供桌,上放香烛、果品等供品。贵州省长顺县、镇宁县一带,老人病重即送到神脚或厨房来调理,一家人日夜守护,老人一落气就入殓。贵州省罗甸县一带用一只鸡来扫棺,扫后女婿们争要这只鸡,谁得这只鸡就做主祭人。贵州省镇宁县一带老人将断气时,所吐的口沫,媳妇争着用围腰兜起来,认为这是得到老人的福气。贵州省长顺县一带母亲过世报外家,父死不报。贵州省独山县江寨一带,看准时辰即把棺材抬出门停放,不要置放堂屋,

---

① 有的放爆竹。
② 有的按姓氏习惯顺梁安放,头朝厨房。

一般都由丧家族长揭开死者脸上白布和白纸，让全家亲人最后一次向死者告别，再鸣炮三响、铜鼓三声，以示哀恸。另外，在小殓程序中有些例外情形和禁忌：例如，贵州省长顺县一带暴死或发现尸体有血痕或伤疤，就连棺材一起焚烧，然后埋葬。对于凶死的人，要杀一头牛来做替身。凡亡人入殓时，忌讳仇人接近，认为仇人将危及父母的灵魂。贵州省罗甸县一带棺木木头是单数，忌讳双数，表示亡人只能走一个，不能牵连别人。各地入殓都要看时辰是否吉利。贵州省罗甸县一带夫妇一方死了，另一方就到其棺前牵一条白布剪断，表示阴阳分离。未婚儿女死亡后，在第一个正月十五或者二月初二，父母要做花树，请亲友吃席，以示纪念。

（四）大殓

请摩公测定吉时，等死者的儿女到齐后才入棺。若死者是女性，则要等她娘家的亲兄弟到来后才入棺。正如谚语所云："爹死抬去埋，妈死要等外家来"。大殓前，由摩公念摩经"扫棺"，然后用白蜡、米漆密封棺底，铺垫就绪，将死者入棺，用白布、红布覆盖在死者身上。接着，儿女们分别将一些碎银放入死者口中，并将死者生前心爱的首饰放入棺中殉葬，即击铜鼓、鸣枪、盖棺、封棺，停于中堂，在灵柩下点上"过桥灯"，供"倒头饭"，设灵牌、香炉供奉。用四方白纸覆盖家神，贴挽联，至此，尊礼成服。居丧之家，孝男不理发，不修面，孝女忌脂粉，忌穿红戴绿和金银首饰；不吃荤、不扫地；每夜孝男铺稻草卧于棺侧，称为"守灵"；每遇亲友首次来吊唁，孝男必须跪接。

入殓时，布依族摩公一手持剑，一手持法水碗，念诵《入棺科文》[①]。诵完，先在棺内铺一层草木灰，再铺一层木炭，又放九炷香和冥纸，最后铺上用白纸剪成八卦形的三张纸，将尸体装入棺内，盖好棺木。棺木上放一碗法水，叫"禁雌雄"水，用四把谷子压在上面。找来红、白、黑、蓝色各一小块碎布重叠起来，摩师手持斧子，把碎布钉在棺材盖上，男左女右。之后，叫死者亲属将身上穿的衣服下角放在碎布上，摩师做法默念道："天有九柱，地有九梁，今日今时亡灵亲眷上粮。"逐个做完，摩师用斧头画一个"粮"字。关于入殓时的禁忌：老人去世后，未入殓

---

① 布依族丧葬经书，是用汉字谐音书写的布依语。

前，孝子不准吃饭，即便是小孩饿了也不能动用碗筷吃饭，只能用水瓢、饭瓢盛饭吃。入殓时，忌讳在棺内放有任何金属物。入殓后在丧家房内，孝男孝女不可上楼，头不可高过棺盖，碗要低于棺底。吃饭不可用桌子，不准坐凳子，一律在地上吃。忌食动物油、肉等荤食，只吃米饭、豆腐、蔬菜、菜油之类的素食，直到安葬之后才可开戒。居丧中严禁赌博、酗酒、猜拳行令、唱情歌、与人打骂斗殴。三年孝服中不得婚姻嫁娶，不得变卖田产房屋。

二 祭奠

人死入殓后即要祭奠。在传统的布依族社会丧葬文化中，因地域不同，祭奠的传统习俗也不尽相同，大致包括以下环节：堂祭、砍牛、家祭、开路等。

（一）堂祭

为死者举行的祭奠仪式，在安葬的前一天举行。富有的丧家，杀猪宰牛招待众亲友，一般亲友的祭品有香、蜡、烛、纸、鞭炮、祭碗、祭幛。儿媳、侄儿媳的外家，除上述祭品外，还祭有猪头。丧家要给自己的姑娘、女婿、外甥每人送一套孝衣孝帕，以及为来下祭的亲友分发孝帕。

祭堂中亲女婿和外婆家来祭奠较为隆重。女婿家请八仙乐队或舞狮队，一到寨外，便奏起八仙哀乐，敲狮子锣，放地炮，打枪，放鞭炮等。祭品主要有化幡、旗伞、钱乐、引调、纸马、纸轿、素、荤两桌祭席和用糯米、麦面塑成的山、花、草、鱼、龙、果、鸟兽等动植物祭品，全用颜色涂画，另外还有上书"半子失依"的祭幛和全猪、全羊等。外婆家送的"灵房"[①]较为尊贵，这是送给死者到"仙界"居住的"房子"，还有上书死者生平的祭幛一幅。舅家送"灵房"、祭幛来，由死者长子将"灵房"背到灵前供奉，然后跪在棺旁聆听摩公或礼生吟唱舅家的祭文。关于堂祭，黄义仁老先生在其专著中有这样的描述："大祭那天，远近村人都来观看，因为表演有回旋舞场面以及一些动听的音乐，乐声凄厉，场面严肃，村人为之动情落泪。旧社会每一寨子或几个寨子共有一个道

---

① 竹编为宫殿式样的工艺品。

士班，专为丧家服务。其中主角称'高公'，八卦帽冠，手执木鱼，跪着念经。其余角色有笛手、鼓手、锣手、钗钹手等，各司其职。道士边念经边打锣鼓，有时只有高公一人念经。道场仪式大约分为立幡、取圣水、绕坛、占主、破狱赎魂、闭大祭、都范砍幡、送殡等。"① 在传统布依族社会的堂祭过程中，富裕的女婿当然礼重人多，而贫穷的女婿则会礼轻人少。但是，无论是贫穷或是富裕，每人都会尽最大的努力。甚至，有的人为了脸面，不惜借债都要把祭奠的场面撑下来。

（二）砍牛

大多数人家在堂祭那天举行砍牛仪式。当然有的地方在开吊这天砍牛，有的在出殡的前一天砍，也有在出殡当日砍。牛为丧家准备，由亲女婿来砍。砍牛时请死者舅家"镇场"②，由摩公将牛牵到场中，率孝男孝女边念《转牛场经》边围牛转，称为"转场"，念完后，用米饭喂牛、烧钱纸，才由"镇场"的舅家授刀给砍牛的女婿，击铜鼓，鸣炮，以三刀砍死为吉。牛首以祭死者，一支牛腿归砍牛的女婿，余则分宴宾朋。

关于砍牛祭奠丧葬习俗的产生，主要有两种说法，一是为亡人解除灾难；二是为改变吃亡人的丧葬习俗。在砍牛祭祀活动中，所砍的牛有的是丧家自己准备的，大多数情况由女婿家提供。砍牛仪式由布依族摩公主持，要设"鬼竿""鬼场"。在广场中立起二三米高的柱子，上挂纸钱吊、花纸等。例如，在贵州省贵阳市花溪一带砍牛祭祀活动中要挂三穗晚稻，用白纸把柱子包好，布依族摩公念牛经书后把牛牵鬼场绕鬼竿一圈，才把它拴在竿边，孝男、孝女、女婿等都穿好孝服、孝裙，长女及幺女手执亡伞，一起围着牛转三圈，转完即把牛砍死。有的地区在鬼场中插各种彩旗、纸人、纸马，砍牛时放鞭炮、击铜鼓、击锣助威，或者表演"转场舞"。砍牛多由女婿执行，以一刀砍断牛颈为吉。如平塘掌布一带，则一刀刀地把牛割死。这些习俗在大多数地区已改革，变为只念经不砍牛。还有的地方时兴砍马，其意义与此相同。

（三）家祭

入殓后举行家祭。孝男孝女跪拜灵前，先行点祖，然后跪着聆听

---

① 黄义仁：《布依族宗教信仰与文化》，中央民族大学出版社2002年版，第137页。
② 监砍。

"礼生"唱读孝歌和记述死者生平事迹的悼文。布依族对死者的祭奠很隆重，但要根据家庭经济而定，一般停丧开路超度和祭奠有三至九天不等，分别举行"破狱"道场、"五七"道场、"沐浴清醮"道场和"开路"道场，均由布依族摩师主祭。摩师都有一整套经书法具和神像，有的用布依语诵读，有的用汉语诵读，经文有《救苦经》《九函经》《朱陵经》《二十四孝经》《父母恩重经》《报恩经》《升天经》《灭罪经》《度人经》等。摩师给死者"开路"时要唱孝歌。孝歌除表达对老人的感恩外，还记叙了一个人从成胎到成家立业直到死为止的一生。孝歌要唱通宵。整部孝歌其实是一部说教书，有时令人泣不成声，有时又使人乱成一团。孝歌常常采用生动形象的比喻。例如，唱述夫妻生离死别："且忆当年初婚配，恰似鸳鸯对。夜间同宿日同行，同影又同形。比翼同乐河洲上，同飞而不散。今宵鸳鸯两分离，拆散各分飞。拆散鸳鸯不成对，各自孤飞去。结发良缘永不厌，恰似梁中燕。夜间同宿日同飞，同去又同归。相唤呢喃成匹配，朝暮成对对。今宵辞去两分飞，自去又自回。拆散姻缘不成对，各自孤飞去。结发良缘今宵别，含泪悲切切。生死离别恨悠悠，相思泪不休。阴阳阻断何时遇，哀号肚肠碎。拆散姻缘不成对，各自孤飞去。"[①] 祭奠活动很隆重，除死者亲属子孙女婿要备"三牲"礼办堂祭外，亲朋好友也要备办供品敬献。办堂祭供奉时，有专门的祭奠科文，用布依语和汉语同时念诵。祭奠时，把"三牲"祭品摆在桌上，吹大号唢呐，由摩师主祭点念祭品，祭品别名是：猪叫罡猎，猪肠叫双龙条，猪肺叫海龟，猪肝叫龟团，猪肚叫玉兔，鸡叫家凫，粽粑叫磊角，酒杯叫金酌，蜡烛叫光辉，筷子叫食柱，第一碗糯米叫金山，第二碗糯米叫银山，第三碗糯米叫宝山，白糖叫海沙，红糖叫红令，冰糖叫亮冰，杂糖叫斋糖，黄果叫斋果，布叫宝帛，冥纸叫财帛，鱼叫锦龙，大号叫大乐，横笛叫细律，等等。接着根据祭奠对象，朗诵祭祀科文。如祭祀父亲："恸念我父亲，深恩罔极；生鞠养育义包天，伏对灵前恩重义，抱恨无休。哀奠我严君，灵前空祭；摩瞻匪父泪湿巾，从此失怙心胆碎，悲痛何及。哀叹我父亲，一梦黄泉；万一莫报痛伤心，从此要见严君面，

---

① 中国人民政治协商会议黔西南州委员会编：《黔西南布依族文史资料专辑》（上），第170页。

梦里相逢。"① 再如祭祀母亲："鞠我坤娘身，深恩罔极；十月怀胎在娘身，不是新娘来抚育，怎有我身。最苦我母亲，未报深恩；移干换湿千般苦，未报万一莫见，抱恨伤神。痛念我慈亲，乳哺三年，襁褓不离顾颠倾，感我母仪何日见，泪倒灵前。"② 还有女婿祭岳父母、夫妻相祭、兄弟相祭、姊妹相祭、父母祭儿女等。如父母祭儿女诵道："刼子望终年，曾三养哲；谁知道颜路哭颜渊，哭子葬明闻子复，哀号动天。送死子大事，孝子慈孙；该是子女葬爹娘，老哭少灵奠自遂，当断亲肠。堪恸父母心，祈祠续后；第一预养以修坟，如今修坟乃父母，罕见深悲。"③ 还有用汉字作的献酒词，例如："初奠礼，把香焚，祷告亡魂；三魂不昧原遥闻，受此今时初奠礼，聊表衷情。二奠礼，泪珠流，永别故旧；人生恰似水东流，万里江河空渺渺，一去不回。三奠礼，不见颜，哭倒灵前；些时离别在千年，宗亲容颜难得见，梦里相逢。"④ 在祭奠过程中，布依族的丧葬习俗有许多禁忌，孝女解下发辫或发髻，用麻线扎散发披于脑后，脱下所有金银饰物，戴上孝帕。孝帕沿发际包到背后，打一个结，剩余的帕子两头拖在背后。不超度不穿孝衣，超度要穿孝衣孝鞋。孝衣不用纽扣，以布带代替纽扣，可以穿袖子、系扣子。男孝在不超度时也和女孝相似，超度时孝男不能穿袖子，孝衣只披在背上。男女都要用一根麻线作腰带，在腰后打结，吊上两个扎稻草，意为"披麻戴孝"。男女孝衣后背上都有一个规矩：父母都超度了的，没什么异样；父母都未超度的，孝衣背上有黑白两条飘带，意思是尚留着孝顺亲生父母；如果父母中已超度一人，则只留一条飘带。戴孝只能出入入孝的亲家族，到其他人家要将孝帕绾在头上，穿上衣袖，否则别人家会认为戴重孝入门不吉利。但在超度亡灵中，在摩师的带领下，到寨邻中慰问客人时，可以在别人家戴重孝跪拜，不忌讳。孝衣孝帕以孝父九十天、孝母一百

---

① 中国人民政治协商会议黔西南州委员会编：《黔西南布依族文史资料专辑》（上），第171页。

② 中国人民政治协商会议黔西南州委员会编：《黔西南布依族文史资料专辑》（上），第171页。

③ 中国人民政治协商会议黔西南州委员会编：《黔西南布依族文史资料专辑》（上），第171页。

④ 中国人民政治协商会议黔西南州委员会编：《黔西南布依族文史资料专辑》（上），第172页。

二十天为规矩，孝服满后统一在丧家烧掉。

（四）开路

由摩公主持，主要追述死者生平，念"摩经"。开路时要击铜鼓，女婿要为死者"上粮""偷猪"。"偷猪"颇具戏剧性，其过程是：丧家事先用口袋装上一只十多斤重的小猪，捆紧袋口，吊在灵前的房梁上；妇女们有的手持响篙，有的手扶桐油锅烟墨，守护被吊起的小猪，待摩公念"开路经"念到"偷猪"那节时，死者的女婿就去"偷猪"。早有准备的妇女们就用满手的锅烟墨往他脸上抹，用响篙"抽打"他。若口袋结扎得太死，待女婿将猪"偷"到手，已被抹成一个大花脸，惹得在场的人捧腹大笑。此猪亦归"偷猪"的女婿所有。

三　出殡安葬

堂祭后第二天早晨举行出殡安葬。黎明前，一切祭奠仪式结束，摩公带上徒弟，逐一念着死者祖宗迁徙地址，拔倒立在门口的"幡竿"，转身急入灵堂，一声号令，举剑砍翻油灯，众人一齐动手推倒灵柩前的客坛，将棺抬出户外。

由于布依族聚居地区的不同，出殡安葬仪式略有一些差异。在贵州省黔西南州的册亨县布依族村寨，出殡时，死者的女婿点上一把火，手持引幡走在棺材前，边走边撒冥纸直到墓地。另外，布依族地区一般都会在灵柩上放一只踩棺的大公鸡，一人丢"买路钱"，一路鸣放鞭炮。例如，在贵州省兴仁市、贞丰县、紫云县一带，孝子杵着龙竹棒[①]，由长子捧着灵牌走在前面，次子、三子及其他孝子们依次前行，在棺前引路，棺后簇拥着送葬的人群，八仙乐队吹奏哀乐，狮子锣轻敲细打。如果遇到路窄或上坡时，再需要增加人抬棺的时候，孝子跪下迎候。在贵州省贞丰县、紫云县一带，在出殡过程中，一般忌棺过桥，多蹚水而过，万一要过桥，由孝子们在棺底背棺而过。亲人中出生时辰与亡人相同者要回避。出殡抬棺走时，棺后跟着人拿纸人、纸马、纸幡，敲锣打鼓，吹唢呐，亲人们一路哭着把棺材送到墓穴后，有的把亡人的衣服、用具和纸人、纸马、纸伞等一起烧掉即先回家，有的葬好死者则把纸伞等留在

---

① 又称丧棒。

坟上，有的还特制一大只白鹇，盖在坟上，孝子和帮忙的人留下安葬死者①。墓地是请摩公选定的，挖墓的人事先用一只公鸡和酒在墓地供山神后才能动土挖墓，之后要把鸡吃完、酒喝完，不能带回家。在抬棺的队伍没有到墓地时，挖墓的人要先离开。摩公用踩棺鸡"滚井"，于墓穴中烧纸钱"暖井"，才将棺材入土，棺材要埋土前，先在墓穴里撒一把米，由摩师在墓穴中画"八卦图"，再放一只公鸡去啄食墓穴中的米，接着在墓穴中烧一叠冥纸，把棺材放入墓穴后，孝子先向棺材撒几把泥土，随后埋棺并垒丘为坟。这时，孝子跪祭一番，点烧柴草，大家从火焰上跨过，表示与亡人阴阳隔离，之后大家回家。孝子捧着牌位，在回家途中，摘一根草或小树枝回来插在神龛上，表示引亡魂回家。而坟上要插上一个用纸糊的灯笼，称为"长明灯"，表示亡魂不会遇到黑暗。②埋葬当天，丧家杀牛杀猪宴请送葬亲友。葬后三天，还要请摩公到坟上供奉，为死者"买地"，进一步修整坟茔，称为"复三"。丧家还要请摩师念诵经文给死者送饭到墓地。家中安置桌位供奉死者灵牌，从此每天早晚烧香，用饭菜供祭直到"除服"。从丧葬到除服的时间，长的三年，短的几个月，这段时间叫"守孝"。守孝期间，若丧母，孝男在120天内不准剃头发，孝女不准梳头；若丧父，孝男、孝女则90天内不准剃头发和梳头。孝男、孝女及族中亲眷不准划拳猜码，不准参加娱乐活动以示对死者孝敬。除服后，把死者牌位移到历代祖宗桌位上成为家神，同历代祖宗一道，逢年过节享受祭祀。

近代，解斋开荤时间各地不一，有的地区是在安葬死者后即由摩公解斋，有的地区要居丧持斋，父斋29天，母斋33天。经摩公解斋后，即可食荤，但丧家三年内不能挂红，不在家奏乐、歌唱，不嫁娶，孝子外出不吃鸡头、不坐上位，逢年过节只能贴绿纸、黄纸对联等。

布依族丧俗较为复杂，浪费也相当大，且多迷信色彩，有的人家因此弄得债务横生。随着现代精神文明建设的发展，现在许多地方的丧葬礼俗大多从简了。

---

① 黄义仁：《布依族宗教信仰与文化》，中央民族大学出版社2002年版，第138页。
② 黄义仁：《布依族宗教信仰与文化》，中央民族大学出版社2002年版，第138页。

第三节　丧葬制度的文化意义

布依族丧葬制度的文化意义在于，布依族丧葬制度从特定的角度反映了布依族的民族文化内涵，表达了布依族先民对生命意义的诠释，以及对自身民族生存的高度关注，从文化层面折射出布依族儿女的宗族信仰和宗教意识。

一　丧葬制度的社会功能

布依族的丧葬制度具有多方面的社会功能，在传递宗族观念、传承宗教信仰、强化民族意识、凝聚民族团结等方面发挥了一定作用。

首先，布依族的丧葬制度体现了强大的宗族观念，强化了宗族之间的血亲意识。布依族摩师给死者"开路"时所举行的唱孝歌活动是布依族人与同宗族的族人之间的一种天然的社交聚会，族人们借此机会交流情感、传播信息，于是，族人之间的血亲纽带更加牢固。丧葬活动也是一次加强宗族凝聚力的活动。整个宗族都要主动前来帮助，有钱出钱，有力出力，共同把亡人安葬好，大家齐心协力帮助料理死者后事，互助互爱，表现出强大的宗族乃至民族凝聚力。

其次，布依族的丧葬制度突出了长子的地位，维护了父权观念。在贵州省兴仁市、贞丰县、紫云县一带，孝子杵着龙竹棒，由长子捧着灵牌走在前面，次子、三子及其他孝子们依次前行，在棺前引路，棺后簇拥着送葬的人群，八仙乐队吹奏哀乐，狮子锣轻敲细打。

最后，布依族的丧葬制度还传承了布依族的原始宗教信仰。布依族丧葬制度文化中的"品亡"，即超度亡灵，全面再现了布依族原始宗教信仰。布依族古代社会先民认为，宇宙分为天界、人界和介于其中的鬼界三界。天界有与人界相应的地域，但不像人界那样有三灾八难、疾病痛苦、劳碌艰辛，而是尽善尽美。鬼界妖魔鬼怪横行霸道，肆无忌惮。人死后灵魂离开身体，进入阴暗的鬼界，成为鬼界的游魂野鬼，在鬼界中饱受妖魔鬼怪的欺凌折磨。超度亡灵，就是通过老摩念《超度亡灵经》（布依语为《膝品亡》），把亡人灵魂引过鬼天之界的木桥和铜桥（布依语为"求板""求隆"，近似道教中的奈何桥）上升天界，回归天界尽善尽美的老家,与天界上的列祖列宗团聚,荫佑子孙荣华富贵。不超度亡灵上升天堂,阴灵会在鬼界受折磨,子孙就多灾多难。因此,布依族将超度亡灵视为孝顺父母、立家创业的头等大事。过去亡故一人超度一人,现在有些地方改为数代一同超度。《超度亡灵经》的主要内容是,赎亡人在阳间欺瞒诈骗的罪孽,驱除鬼界纠缠亡灵的魔鬼,叙述人类从蛮荒进入文明的过程和大迁移的艰辛历程,给亡灵指引回归老家的路线,通告天界亡灵老家的列祖列宗接纳亡灵,超度亡灵过鬼天分界的木桥、铜桥,与天界老家的列祖列宗团聚。《超度亡灵经》去除迷信的外壳,是一部完美的布依族史诗,它倡导孝顺、文明、善良,反对邪恶,是研究布依族史、布依族民俗、布依族文化的重要资料。演奏铜鼓乐曲,是超度亡灵中必不可少的活动。铜鼓是布依族的神物。"抱老托"教认为,铜鼓之声能上通天庭,下连人间。过去每个家族都有铜鼓,而且各个家族的铜鼓都有不同的鼓曲。世间没有大小纹饰完全一样的铜鼓,没有完全相同的铜鼓鼓曲,天界的列祖列宗从铜鼓乐曲中知道自己的亲人快要上升天庭,便排驾到木桥、铜桥头等候。鬼界被超度的亡灵听到自己家族的铜鼓曲点子,踏着鼓曲点子,顺顺利利通过木桥、铜桥,归入天界。超度亡灵时,击铜鼓要丢头去尾,其原因是鬼界的游魂野鬼,一听到铜鼓之声,便抢着升天界,但没有听到曲头,踏错点子,就找不到入门。即使有鬼混进,上至木桥、铜桥头时,没有鼓尾,踏错步子,也出不了鬼界。鼓头鼓尾只凭亡灵的记忆踏鼓点子舞步,上升天庭。现在很多家族已失去族鼓,自然本族的族鼓乐曲,也随之佚亡。铜鼓租用,鼓曲也只好借代了。布依铜鼓乐曲都分为十二册,演奏完一曲铜鼓,大约要 30 分钟,曲子难记,演奏技巧难度大,现在已很少有人会演奏了。由此说明,铜鼓乐曲是一种无形的濒临消亡的亟待抢救的宝贵的文化遗产。

二 乐观的生命意识

死亡是一切生命个体必然面对的终极目标结果,世界上没有长生不老之人,也就是说人的生命是有极限的。但是,人们对于生命的价值、意义和对待死亡的态度却千差万别。从布依族丧葬制度可清晰地透视出布依族先民乐观的生死观。

首先,从布依族摩公超度亡灵的步骤来认识布依族的生命意识。布依族传统社会里对亡人要进行超度,整个活动分为招魂、请铜鼓、请幡竿、起经、传客、慰问客人、赶鬼场、献牲钱行、引路、出丧等几个阶段。从中我们可以感悟到布依族先民对生死的认识,即浪漫、乐观和顺其自然的态度。

招魂:布依语叫"游高"。对死了多年才超度的亡人,要进行招魂仪式,到江河或水井边,请亡人灵魂附着在用茅草扎成的茅人上,迎接到家中,以新逝礼仪装殓入棺才进行超度。对客死他乡的亡人,要先破"水牢"①(布依语叫"项亡"),即将亡人灵魂从十二层水牢中救出,招其灵魂附着于茅人上,再迎回家超度。破水牢的习俗,与布依族先民的渔业生活有关。

请铜鼓:用雄鸡"刀头"②米酒,将铜鼓从洞里或密室中请出,覆于灵堂虔诚祭供以备用。迎接铜鼓,祭供铜鼓,孝子都要行跪拜礼。这也是尊祖的礼仪。

请幡竿:拿酒到竹林中祭供后,请一根完整无缺的竹子作为亡灵上升天庭天梯的幡竿。孝子要跪拜迎接。对幡竿尊重,是间接地对祖人尊重。

起经:布依语叫"千考"。起经在棺边,古代在灵床边进行。老摩、送魂娘(由衣着古装的妇女扮演,据说她们是孝家送亡灵到天堂的代表,其灵魂要把亡灵送过木桥和铜桥,把亡灵交给他家的列祖列宗才转回人间。一般由超过超度亡灵人数一二人组成,布依语叫"雅坐且"),孝子全家依次站立棺边。《起经》,布依语叫《摩考》,要念两个小时左右,在这两个小时内,哪怕天塌地陷也不许任何人动摇分毫,否则亡人听不清经文,升不了天堂,是最大的不孝。《摩考》的大意是奉请山神、水神、树神,教宗"抱老托"坐镇神坛,驱除亡灵周围的妖魔鬼怪游魂野鬼,让亡灵忏悔阳间的罪孽净化灵魂,做升天前的准备。接着立幡竿、祭幡、升幡。击第一次通天鼓,通告天庭上亡人的"老家",他家即将有人上升天庭。起经需一天一夜时间。

传客:布依语叫"传越"。这天三亲六戚都前来祭奠,主要是外家客

---

① 相当于道教中的破地狱。
② 刀头:用来祭祀的供品,指带皮的一块猪肉。

和"马郎客"①。无论马郎客来得多早，都要等外家客先行，大马郎客、小马郎客随行。对每一拨客，孝家全家和送魂娘都要到寨门外迎接。送魂走礼仪碎步（每步约三寸）前导，孝子三丈一敬酒，五丈一跪拜，一直跪拜到灵堂前。客人祭供，孝子跪拜谢礼。布依族认为，超度老人时跪拜客人，是因为客人给自己的亲人送灵房、灵桥、冥马、宝盖、花幡之物，跪拜谢恩是对亡人的孝敬，所以十分虔诚。

慰问客人：客人吃晚饭到店家歇息后，老摩要带全部孝子包括女婿逐家慰问，同时给客人带去酒肉，让客人自己在店家做夜宵。首先慰问外家，外家是最尊贵的客人，夜宵要请厨师特意做好最丰盛的酒席敬献。孝子全员跪拜叩请外家训话。外家一位长者坐在堂屋正中高椅上，脚上垫一条矮凳，唱《温当》，《温当》的大意是赞扬姑父、姑母勤劳善良孝顺的美德，教育外甥辈要发扬光大父母的秉性，丕振家声。然后送孝子富贵钱、发财酒。其次慰问大马郎客，对大马郎客也要跪拜，因为这是间接地对亡人表示孝道。慰问大马郎客主要是做关于如何分配遗产的谈判。依古风，女婿给岳父母起房造屋②，所以声称要继承全部遗产。通过双方争辩、协商，达成女婿继承除田地房屋外的全部可动资产，包括所有牲畜。最后的焦点是铜鼓的继承问题，孝家总是推说老鼓已遗失，所用铜鼓是花了好多钱租用的。其实事先一切都早已协商好，常规是大马郎客享受岳父母生前所用的衣被，另加一套新衣被、一层衣柜、一整套炊具、一套桌椅、一头大牛。但做起来像演戏一样，争得面红耳赤，最后达成协议才皆大欢喜，热闹非常。

赶鬼场：布依语叫"荣且"。赶鬼场是超度亡灵的中心活动，也是整个活动的高潮。安排在传客的第二天上午举行，一般要四个小时。每个寨子都有固定场地，一般在护寨神树下进行。中心内容是模拟蛮荒的野人③时代，大马郎客扮野人，孝子扮开化的文明理智人。丧家死了人，野人要来分吃尸体，理智人与野人谈判，将自家一头最大的牛代替父母尸体让野人瓜分吃肉。这天清晨，各路亲戚都将带来送给亡人的宝盖、旌

---

① 马郎客：指姑爷。
② 这是母系氏族后期女婿入赘的遗迹。
③ 读蕹。

旗、花幡之类的帝王仪仗，依规矩列队于鬼场四周。各拨客自备一桌酒，吹唢呐。一桌老客人就座饮酒观看。只有外家客由总管备办，唢呐桌和老年桌都有丰盛的糕点水果下酒，有专人侍候。因为外家有至高无上的特权，请他们坐镇监督"赶鬼场"。首先由摩师肩扛马刀带领送魂娘、全部孝子，按固定程序绕圈念"摩经"，马郎客端着酒盘，轮流依次给外家、摩师、送魂娘、孝子不断敬酒。到一定次序，大马郎客装扮野人挥刀跳武士舞。这种舞矫健而滑稽，是研究布依族古代舞蹈的活资料。舞毕，摩师交给马郎客一根老鸹藤，叫马郎客到丧家的牛圈里拉来一头牛。这头牛布依语叫"其卡替"，就是代替死者尸体，送给扮演"读薤"① 的大马郎客杀吃的。由于它代替死者，孝子于心不忍，牛拉来后要像哭爹娘一样哭拜，一样喊爹叫娘，一样跪拜敬酒敬食，然后掩面让大马郎客屠杀。大马郎客请来的杀手早已在牛嘴里塞满稻草，不许其有叫声。若细微的牛叫声让掩面的孝子听到，激怒了孝子的孝顺义愤，杀手将被痛打一顿。在外家的监督下，还不许还嘴还手。牛由杀手抬到河边或井边煮吃。由于"其卡替"是死者的替身，很多人都不吃。与丧家同姓的人不吃，母亲与丧家同姓的不吃，未成年不吃，女性不吃，亲女婿不吃，还有一些听到"其卡替"就恶心的人不吃。这样，一般吃的人不多。"其卡替"的肉还不许拿进歇息的店家，也不许拿回大马郎客家中。连用过的炊具也不许进入其他家或丧家门。全套炊具是由丧家提供全新的，用完后由大马郎客洗净收拾回家。这是孝子慰问大马郎客时双方谈妥的，归大马郎客继承的家当之一。赶鬼场经文的主要内容是叙述布依先民自食同类的蛮荒时期进入文明的礼仪时期的发展史，从渔业到农业、从战争到失败的长途迁移的艰难跋涉，以及迁移到新址后的艰苦创业历程。其中叙述布依先民从蛮荒进入礼教的经文叫《构薤》，这是一份极为重要的文史资料。据考，"抱老托"教起源于原始社会后期，完善于唐宋。而《构薤》在《超度亡灵经》中是最根本、最能反映原始状态的重要经文，其也形成于原始社会后期，距今约四千年以上。在达尔文《进化论》公开发表以前，布依族先民已经能够认识到人类是从"类人猿"，即《构薤》中所说的"读薤"进化而来的，可以说《构薤》是人类自我认识史

---

① 野人。

上一颗尚未展示的璀璨明珠。关于摩师送老鸹藤给大马郎客去拉"其卡替"有个古老的传说，据说很早很早以前，布依族的始祖安王与敌人战斗，不幸落入深洞里，无法上来，后来有只老鹰，将洞口的一根老鸹藤啄下洞去，安王才抓着藤子爬出洞来。为报答救命之恩，安王对老鹰说："今后我养鸡给你吃。"对老鸹藤说："我将把你请到寨中供奉"。直到如今，布依族仍有"打死一只老鹰，十年数不清"[①]的说法，且布依族村寨的神树下有多种老鸹藤。

献牲饯行[②]：献牲的含意是拉牲畜送给亡人，在幡竿下进行。首先是外家献牲，然后依次是孝子、大马郎客和小马郎客。在幡竿下将牲口杀死，自己拾回店家做吃。孝子这次献牲只杀一只鸡，要待出丧以后才吃，因为孝子自父母去世后一直到出丧了事回来一直吃素，不爬高处、不进卧房，这是洁净孝顺之意。饯行在灵堂举行，用粑粑、鸡肉和酒逐一到灵堂给亡灵饯行。次序是先孝子，次到外家，然后才是马郎客。这是视死如生的一种礼仪。

引路：经文叫《摩当》，主要内容是：首先向亡人交代，孝子亲戚给了多少猪牛羊，多少灵房宝盖以及旌旗几面，孝子多么孝顺虔诚，亲戚多么热情慷慨，叫亡人到天界安享极乐，荫佑万代子孙、众方亲戚。然后孝家在大门口，摩师在幡竿下，由摩师问："亡人老家鱼篓放在哪里？开劈的水田在哪里啊主人家？"孝家根据自家的迁移路线回答，摩师根据孝家的回答通告亡人，叫亡人走出鬼界，跨过木桥，再过铜桥，顺着迁移路线回归老家，与老家的列祖列宗团聚。迁移路线布依语叫"湮哦"，各个家族的"湮哦"各不相同，是考证布依族先民迁移路线的重要依据。如晴隆县中营柏氏家族的"湮哦"便有色州、贞巴骈、元巴举、布朗山、埃郎汉、且奏梅、巴奔、巴眸、胆寒州、鲁卡等。据考证，这些地名都是布依语汉字译音。色州为广西百色，贞巴骈、元巴举、布朗山、埃朗汉、且奏梅在广西境内，巴奔、巴眸、胆寒州、鲁卡在贵州境内。再从祭祖的摆碗个数可知，柏氏的迁移路线是由广西，过南盘江，入北盘江。现在的"湮哦"多数产生于布依族大迁移后，约为秦汉时期，比布依族

[①] 不清：方言，不清静，即要倒运。
[②] 布依语称"很邦弯"。

姓氏的定格早得多。相同"湮哦"不同姓也是亲家族，同姓不同"湮哦"也不同宗，因此布依族认家族以"湮哦"为准。如罗姓，依"湮哦"分，就有田罗、虎罗、熊罗、毛罗、稀饭罗等之别。因为没有"湮哦"，老人死后就无从上升天堂，只能做鬼界的游魂野鬼，这是对祖先的最大不孝，所以忘了"湮哦"，就忘祖忘宗，连亲也难开。"湮哦"问到鱼篓放在哪里的问题，现今尚未发现谁家的"湮哦"能回答，这个问题的答案是古代以渔业为主时期的定居点。由此可见，"湮哦"的形成开始于渔业时期，而后随着居住地和从业的变迁而逐渐增加。

出丧：出丧、倒幡竿、毁灵堂、下铜鼓同时进行。摩师在棺木前念完《驱赶乌鸦经》①后一声令下，顿时喊声、地炮声、鞭炮声齐起。大马郎客负责扶棺木的小头、孝子扶大头出丧，大马郎客负责倒幡竿，收拾灵堂，孝女打扫房屋。一切紧张而有序，一直将棺木扶到寨中开阔地捆扎龙杆，各路亲戚依外家客、大马郎客、小马郎客、散客的顺序，灵几、灵房、灵桥、旌旗、花幡、宝盖依序列排成长长的仪仗队。孝子在前跪拜引路，一路唢呐呜咽，炮声震天，旌旗迎风招展，浩浩荡荡数百人队伍，与古代帝王出巡无异。一直送到坟地，或下葬或停厝好后，脱下孝衣才回来。布依族超度亡灵，对孝顺传统美德的教育有一定作用，但耗资大。因此贵州省六枝特区毛口、左客一带，中华人民共和国成立以后就没有哪家超度亡人了。摩师、铜鼓手的逐渐失传是一种珍贵民族文化遗产的遗失，确实令人叹惋。晴隆鸡场一带仍然坚持超度亡灵仪式，只是以羊代牛，以鸡代猪，用时仍然指羊为牛，指鸡为猪，既节省了开销，又不失古礼。对发扬民族美德有作用的习俗要继承，没有自己民族风俗习惯的民族，不算一个完整的民族。要继承，也要革新，如果不革除那些腐朽没落的陈规陋习，就难以适应客观条件的变化。

其次，摩公在超度仪式上吟唱的《嘱咐经》淡化了人们对死亡的恐惧。"摩经"中对人的生死轮回进行了生动形象描述，从中使听众感到人死之后并不是到阴森恐怖的地府，而是到天堂中去与自己的已故亲人们相会，并重新开创新的生活。例如《嘱咐经》唱道："天大亮了，甲虫也叫了，野鸡全都叫了，家鸡全都叫起来了，天大亮了，大亮了，牛儿成

---

① 瓮棺葬时恐乌鸦啄尸体。

群地放出来了,河滩满是鸭,田坝满猪羊,水坝满鸭子。牛儿满田坝。快起来吧,快起来吃饭,起来吃午饭,穿上布扣衣,梳妆去见仙。穿上绣龙衣,走到他乡去。起来穿上镶金衣,起来看祖宗。起来穿上衣镶银衣,起来看祖宗。匆忙穿花衣,似感觉轻松,即使亡灵的头发很乱,梳子梳即可。如果你嘴臭,用水冲牙齿。即使脸未洗,拿金烛来擦①。洗到哪里哪里净,擦到哪儿哪儿白,起来吃饭吧,快起吃午饭,起来吃祭菜,吃了就启程,梳妆前往汉人地,带狗去依人那里,东方变成汉人,到广变依人②子女,到京城去,到广东去。有孩儿热菜,有孩儿温饭,有孩儿热汤,有孩儿烤肉,他为你烤鱼。快来吃饭吧,快拿筷子吧,筷子断了,菜上都有蜘蛛网了。常人在一桌,你在上桌吃,他人在一桌,你一人自吃。你抬脚而入,你抬头来吃。不要等女儿,她们在舂米,不要顾及儿子了,儿子在劈柴,他们是守孝的人,男子旁边看③。若你吃不完,就留在缸里,藏在陶缸里,涨潮时节来享用,帮亲戚亲家。这一节我说过。"④ 摩公在超度亡灵过程中吟唱的这首《嘱咐经》具有浓厚的宗教色彩,体现了布依族对生与死、此岸与彼岸、宇宙万物、人与人、人与动植物之间的关系等问题的思考。这些内容一方面反映了布依族先民们对当时现实社会的不满,和对天上美好生活的向往,是一种对完美人生追求与对来世的美好寄托。另一方面也记录了布依族先民顺应自然、改造自然、探索宇宙奥秘和解密人生等内容,特别是凸显了布依族乐观的生命意识和淡化人们对死亡的恐惧。

布依族摩公在超度亡灵过程中吟唱的《殡亡经》中的《人寿的演变》,更是让人对死亡产生一种释然的感悟:"传说远古时,人人皆长寿,有的三百二,有的四百岁,有的五百六,有的六百岁,有的七百五,有的九百岁。年脱三回皮,年痛三次骨,眼凹如黄果,脑皱如茄皮,耳空如木耳,身弯如'桥邦'⑤。坐在箩斗⑥里,就像猪狗样,坐在萝斗里,

---

① 传说亡灵用烛洗脸。
② "依人"是过去其他民族对布依族的一种称谓。
③ 孝子只能站在旁边看,不能一起吃。
④ 黄镇邦译注:《布依嘱咐经》第二部分,贵州人民出版社2011年版,第13—18页。
⑤ 桥邦:架在卧室门上的竹拱桥,据说可起"避邪"作用。
⑥ 箩斗:用竹编来专供老年人坐的竹箩。内垫谷草。

腿弯像'案克'①。头上的瓣子，就像干茅草，无论老和幼，干枯如石头。姑娘一百三，迟迟才出嫁，小伙一百五，慢慢才成家，生儿又有孙。一代接一代，一辈子能见，十二代孙子，一辈子能见，十三代重孙。不管是姑娘，还是老妇人，寿命长又长，长如山如坡。今人嫌命短，古时怨寿长，说到死就喜，说到亡都欢。谁兴起寿长，天王兴寿长，谁人兴死亡，地王兴死亡，到咱这辈②人，到咱这时代，不如古时苦，寿无古人长。定成'柳'树寿，九十岁也死，定成'热'树③寿，八十岁也死，定成'辽'树④寿，七十岁也死，定成'栎'竹心寿⑤，六十岁也死，定成'打'竹⑥寿，五十岁也死。三人的寿命，一百二十岁，四人的寿命，总共一百岁，只活二十岁，也算为一世，活了三十岁，也算一辈子。姑娘十七岁，早早就出嫁，小伙十八岁，急忙就成家，一代接一代，就像种庄稼。一辈接一辈，就像橄榄花，人活一辈子，像一季庄稼，人活一辈子，如花开花谢。谁人定的寿，米禄簿定寿，让寿有长短，让魂有远近，使人分贵贱，使人分贫富。无论贵或贱，无论穷或富，无论贤或愚，寿尽活不了，死到逃不脱，禄簿笔一勾，魂归祖居地，魂赴祖宗乡。"⑦

布依族古代社会先民们认为，神仙不是人修炼而成的，而是鬼神到天上后修炼而成。他们认为，人死后灵魂与肉体分离到了另外一个叫"本陌"的地方。按照布依语，"本"即世界，"陌"即新的意思，"本陌"是一个阳光明媚、平等、和谐的崭新世界，人们到那里可以开始新的生活，以此来宽慰人们对死亡的认识，打消对死亡的恐惧心理。可以说，《人寿的演变》是布依族先民对人的生死所作的天真解释，在一定意义上起到抚慰心灵的作用。长寿可说是人类一直追求的梦想，经文内容从另外一个角度探讨人的生死观，并充满浪漫主义情怀，对死者具有宽慰之意。对当今的人来说，人们不可能相信经文内容，但听完经文吟唱

---

① 案克：布依语，指打草鞋时套在腰上系鞋绳的弯木。
② 这辈：泛指具有现在这种寿命特点的新人类。
③ 布依语：树、竹名。
④ 布依语：树、竹名。
⑤ 布依语：树、竹名。
⑥ 布依语：树、竹名。
⑦ 韦兴儒、周国茂、伍文义编：《布依族摩经文学》，贵州人民出版社1997年版，第11—112页。何安槐（当时65岁）唱述，1986年夏天阿冒翻译整理。

后，往往也会产生一种释然的感觉。这都表达了布依族先民乐观的生命意识，死亡是一切生命个体必须面对的人生终极选择。但是，布依族先民却能以坦然、乐观的心态对待死亡，以浪漫的方式化解死亡带给人们的心理恐惧和减轻情感方面的哀伤程度，也有其重要的意义和价值。

结　语

　　制度作为一种文化现象，是文化的表征形式之一，是人类智慧的集大成者，反映并体现出社会的价值观、规范体系、权威与地位结构以及社会机构的相关设置，这些既是制度文化的体系，也是文化制度化的必经之路。按照恩格斯的唯物主义观点，人类社会生活的"初始设置"主要是经济和家庭制度两个方面。[①] 总体说来，布依族制度文化包括政治制度文化、经济制度文化、法律制度文化、教育制度文化、社会组织制度文化、婚姻家庭制度文化、宗教制度文化、丧葬制度文化等，涵盖了布依族社会生活历史的各个主要方面。这些制度的形成、发展及完善过程，也正是历史的见证之一。

　　这其中，国家观念与公共权力半径延伸渗入布依族聚居区域，既巩固了中央政权对布依族社会的统治，又推动了布依族社会向前发展。从渔猎生活进入农耕生产以后，以水稻种植为主业，以自给自足经济形态为主体。自然、自发形成的如约定俗成的风俗习惯、礼节仪式等，以及有计划建立的诸如成文法规、明确的行为规范等，既各有界限，也不断相互影响及融合发展。社会组织制度体系既体现古代氏族制度的历史遗存，也是对古代民主制度的传承发展，同时还常常被打上深深的阶级社会烙印。教育实践过程中，通过古歌传唱、故事讲述等"活的"教育方式，收到润物细无声的教化效果。婚姻习俗的演进，见证了布依族婚姻制度文化的历史变迁。宗教与丧葬文化成为维系布依族古代社会生活的重要载体和力量。

[①] 恩格斯：《家庭、私有制和国家的起源》，人民出版社1972年版，第3页。

与此同时，制度作为一套完整的社会规范体系，其落脚点是对人们之间关系的协调，是一种特定环境中社会秩序的固化和具体体现，从群体及个体两个层次规范及约束人们的行为。制度的固化和传承可以说深入群体的思想及日常行为，同时也具有流动性和变异性。制度既是对曾经发挥历史作用或仍然维护现实社会关系的继承和发展，也承担着为了适应未来发展而进行改变的前瞻作用。而制度文化的发展，可看作一种文化形态的传承变迁史。

千百年来，布依族古代社会制度文化在布依族社会变迁的历史长河中不断演化，对后世制度文化的影响表现为"传承"和"变异"两种形式。在"传承"方面，如许多乡规民约至今仍然在布依族社会中调整着人们的行为规范，并逐渐在民族自治领域成为布依族聚居地方"自治条例"的萌芽；在"变异"方面，主要体现在作为社会历史现象的制度变迁上，通过制度的变迁，我们也可回顾制度文化历史发展的轨迹，找寻一些制度文化发展的脉络甚至特定规律。近几十年，在文化多元化的影响下，同其他多数少数民族类似，布依族制度文化也受到了较大冲击。客观来看，布依族社会在不断适应的过程中发生了较大变异，这既为布依族社会融入主流社会创造了机会，同时为本民族制度文化的传承也带来了新的挑战。

最后，在看待制度文化的未来发展上，我们应当吸纳国内外制度文化建设理论研究的新观点、新方法，从研究布依族古代社会制度文化入手，努力探索当下布依族制度文化的社会功能、价值及作用，积极做好传承工作。通过相关调研和研究，笔者认为，未来布依族制度文化面临着主动传承和被动传承两种局面。所谓的主动传承是指在当前及未来一段时间内，一些社会生活的制度文化环境仍然存在，生活于其中的人们仍然能够顺应环境并主动承担相应的角色及权责，维系制度文化的传承；所谓被动传承，多体现在对于传统制度文化的认知存在偏差，并将制度的生存空间和自身的生活世界相分离。特别是在多元文化的影响下，在一些较为古老的习俗及宗教仪式的传承上，出现了简化和异化。从文化生态学的相关研究我们可以看出，一个社会在适应其环境的过程中，重点是要确定这些适应是否引起内部的社会变迁或进化变革。正如前文所述，布依族传统制度文化呈现出复兴、衰退、变异交织的现状，这正是社会和社会机构之间以及它们与周边环境之间互动影响的结果。为传承和发展布依族传统文化，在对布依族古代社会制度文化进行整理和研究的同时，我们应意识到，变迁也往往表现在两个方面：首先是创新，有研究者指出，制度环境制约着制度文化。当前，变迁中的布依族社会与汉族等其他民族的交往日益频繁，主要的经济、政治及文化制度等都已经纳入国家的整体框架之中，许多新的制度文化得以产生和创新发展，可以说这种创新的背景是在大的政治框架之下对制度文化历史的扬弃。其次是衰退，对于身为能动者的个人来说，行为选择对环境的适应及影响也在微观上决定着制度文化的未来走向。当前，环境变迁的深度与广度已今非昔比，这恰恰和日常社会生活中利益关系格局的变革调整密切相关，在这一交往已极度频繁的内外部社会之间，生活于其中的人们做出的选择也暗含着某些制度文化未来衰退的伏笔，而这一动态过程仍然需要继续观察、追寻和思考。

参考文献

一 著作类

《布依族简史》编写组：《布依族简史》，贵州人民出版社1984年版。

《布依族简史》修订本编写组：《布依族简史》，民族出版社2008年版。

《布依族文学史》编写组：《布依族文学史》，贵州民族出版社1992年版。

《我爱黔西南》编写组：《我爱黔西南》，贵州教育出版社1992年版。

布依族古籍《古谢经》编委会：《古谢经》，贵州人民出版社1992年版。

陈民镇译注，贺红梅绘：《山海经》，岳麓书社2020年版。

管仲：《布依族》，新疆美术摄影出版社2010年版。

贵州省编辑组：《布依族社会历史调查》，贵州民族出版社1986年版。

贵州省编辑组、《中国少数民族社会历史调查资料丛刊》修订编辑委员会：《布依族社会历史调查》，民族出版社2009年版。

贵州省布依学会、黔南布依族苗族自治州布依学会：《布依学研究（之七）》，贵州人民出版社1998年版。

贵州省布依学会、中共毕节地委统战部：《布依学研究（之六）》，贵州人民出版社1998年版。

贵州省地方志编纂委员会：《贵州省志·民族志》（上下），贵州民族出版社2002年版。

贵州省地方志编纂委员会：《贵州省志·宗教志》，贵州民族出版社2007年版。

贵州省民委民族语文办公室：《布依族语常用词汇选编》，贵州民族出版社1998年版。

贵州省民族事务委员会：《布依族文化大观》，贵州民族出版社 2012年版。

贵州文化厅艺术研究室：《傩·傩戏·傩文化》，文化艺术出版社 1989年版。

黄龙光：《上善若水：中国西南少数民族生态人类学研究》，商务印书馆 2017 年版。

黄义仁：《布依族史》，贵州人民出版社 1999 年版。

黄义仁：《布依族宗教信仰与文化》，中央民族大学出版社 2002 年版。

黄义仁、韦廉舟：《布依族民俗志》，贵州人民出版社 1985 年版。

黄玉顺：《易经古歌考释》（修订本），上海古籍出版社 2014 年版。

黄镇邦：《布依嘱咐经》，贵州人民出版社 2011 年版。

惠水县布依学会：《惠水布依族》，贵州人民出版社 2001 年版。

惠水县布依学会：《惠水布依族文化》，贵州人民出版社 2005 年版。

蒋英：《布依族铜鼓》，贵州民族出版社 2006 年版。

瞿同祖：《中国法律与中国社会》，商务印书馆 2013 年版。

雷天佑：《布依族民歌概论》，大连出版社 1999 年版。

荔波县政协文史委员会：《荔波布依族》，中国文化出版社 2011 年版。

刘亚虎：《南方史诗论》，内蒙古大学出版社 1999 年版。

吕振羽：《史前期中国社会研究 殷周时代的中国社会》，湖南教育出版社 2009 年版。

马启忠：《瀑乡风情录》，贵州民族出版社 1991 年版。

马启忠、王德龙：《布依族文化研究》，贵州民族出版社 1998 年版。

宋才发：《音寨调查（布依族）》，中国经济出版社 2009 年版。

宋仕平：《土家族古代社会制度文化研究》，民族出版社 2007 年版。

王封常：《望谟布依族百年实录》，香港：环球出版社 2011 年版。

王封常：《望谟情韵》，光明日报出版社 2009 年版。

王国明：《土族〈格萨尔〉研究》，上海古籍出版社 2021 年版。

王娟：《民俗学概论》，北京大学出版社 2002 年版。

王明贵：《贵州彝族制度文化研究》，民族出版社 2015 年版。

韦启光、石朝江、赵崇南、佘正荣：《布依族文化研究》，贵州人民出版社 1999 年版。

韦兴儒:《女巫》,贵州人民出版社 2001 年版。

韦兴儒、周国茂、伍文玉:《布依族摩经文学》,贵州人民出版社 1997 年版。

吴泽霖、陈国钧:《贵州苗夷社会研究》,民族出版社 2004 年版。

伍文义:《云南布依族传统宗教经典〈摩经〉译注与研究》,暨南大学出版社 2012 年版。

伍文义等:《中国民族文化大观·布依族篇》,暨南大学出版社 2018 年版。

谢彬如:《民族民间文化艺术资源保护的理论与实践——以贵州为例的研究》,贵州民族出版社 2010 年版。

谢彬如等:《文化生态保护与民族地区社会发展——关于贵州民族文化保护与发展的研究》,贵州民族出版社 2004 年版。

徐扬杰:《中国家族制度史》,武汉大学出版社 2012 年版。

汛河:《布依族风俗志》,中央民族学院出版社 1987 年版。

杨震:《法价值哲学导论》,中国社会科学出版社 2004 年版。

杨芝斌:《布依族摩经文化研究》,黔新出 2011 年一次性内资准字(省批)第 67 号。

杨芝斌:《戴红帽的布依人》,镇宁文史资料选辑第十七辑。

月亮河研究组:《月亮河流域布依族文化研究》,贵州大学出版社 2009 年版。

张中笑、罗廷华:《贵州少数民族音乐》,贵州民族出版社 1989 年版。

中国人民政治协商会议黔西南州委员会编:《黔西南布依族文史资料专辑》(上)。

周国茂:《山水布依族·布依族》,贵州民族出版社 2014 年版。

周国茂译注:《布依族温经》,民族出版社 2013 年版。

周群:《宗教与文学》,译林出版社 2009 年版。

周相卿:《者术村布依族习惯法研究》,民族出版社 2011 年版。

朱崇先:《中国少数民族古籍文献整理研究》,商务印书馆 2017 年版。

朱健刚、王超:《水边人家——云南罗平县布依族村寨调查与研究》,知识产权出版社 2008 年版。

邹渊等:《贵州少数民族习惯法调查与研究》,中央民族大学出版社 2014 年版。

杜小真主编：《巴什拉文集》第4卷《水与梦——论物质的想象》，顾嘉琛译，商务印书馆2021年版。

二 译著类

［俄］叶·莫·梅列金斯基：《神话的诗学》，魏庆征译，商务印书馆2009年版。

［法］列维—布留尔：《原始思维》，丁由译，商务印书馆2019年版。

［法］孟德斯鸠：《论法的精神》（上卷），许明龙译，商务印书馆2012年版。

［美］Royce：《宗教哲学》，谢扶雅译，上海社会科学院出版社2017年版。

［美］路易斯·亨利·摩尔根：《古代社会》（上下），杨东莼译，商务印书馆2012年版。

［美］休斯顿·史密斯：《人的宗教》，刘安云译，海南出版社2013年版。

［英］马林诺夫斯基：《巫术 科学 宗教与神话》，李安宅译，中国民间文艺出版社1986年版。

［英］詹姆斯·乔治·弗雷泽：《金枝》（上下），赵昍译，陕西师范大学出版社有限公司2010年版。